民法学の羅針盤

平井宜雄　淡路剛久　太田知行
鈴木禄弥　奥田昌道　高 翔 龍

民法学の羅針盤

——激動の時代への先進の教訓——

吉田邦彦 編

学術選書プラス
4
民　法

信 山 社

編集にあたって

近年は民法研究者の世代交代は著しく、戦後民法学研究の第一線で活躍され、私どもの恩師でもあった先生方は、あらかた長年の大学教育からは去られてしまったと言っても過言ではない。世代交代はいつの時代でもあることなのかもしれないが、戦後の民法学を支えてこられた恩師の世代たちはまさに珠玉の研究者集団の観を今更ながら痛感するだけに、寂寥の感とともに嘆息なしにはいられない。

北大法学部では——北大法学会ないし北大民法理論研究会を受け皿として——一九九〇年代半ば以来、こうした長年の勤務大学を退職される先生方にターゲットを当てて、それぞれの先生方の自分史を語っていただく企画を進めてきた。北の大地での少人数の研究会で、気楽に思いのたけを話していただくという趣旨で始めたものであり、これまで細々ながら北大法学研究科の紀要（『北大法学論集』）に記録してきたが、勤務大学の紀要にも掲載されていない例も多く、この度、こうした先生方の自分史に溢れる教訓を広く学界で共有しようとする趣旨から、一書にまとめようとしたものである。

（もとより、この企画は、現在進行中のものであって、今後も次々と諸先生に研究者人生を語っていただきたいと考えているが、こうした企画を可能とした北大法学研究科の「学術振興基金」は、今や研究予算逼迫の折、打ち切られる事態となり、中断していて、休眠中という遺憾な状況となっている。こうした時期に、信山社社長の袖山貴さんから、是非一書にというお薦めを受けて、本書がなっているわけである。という事情ゆえに、本書にご協力くださっている先生方は、これまでの北大の招聘企画としてお呼びできた方という偶然からなっていることを改めて強調しておきたい。それにしても、それぞれの先生方が、戦後民法学の綺羅星のごとく光るリーダー的存在の方ばかりであることは、私の方から改めて申すまでもないであろう。）

なお、本書を編むもう一つの大きな要因としては、学界の近時の大きな変動時期である故に、こうした書物は単に回顧主義に止まらない、重要な意義を有すると考えるからである。「近時の法学界の激動」とは、言うまでもなく、例えば第一に、日本版ロースクールである法科大学院と法学部との併存体制による教育負担の増大、また法科大学院教育の司法試験志向ゆえのその受験予備校化という事態（法学教育の変質）、その反面での、研究時間の払底及び研究活動の変容・浅薄化、また第二に、そのことと関係するのであろうか、民法学研究が初学者にとって魅力がなくなっているのか、若手研究者が十分に育っていないこと、第三に、大学研究予算編成が変わってきて、競争資金と言われるものが前面に出るようになり、「研究とお金」との癒着関係、それによる歪みが出るようになり、他面で、予算執行のための書類書き、イベント作りに追われて、本来の創造的な研究のための余裕もなくなっている懸念もある。さらには、第四に、研究時間払底ゆえに、稀少となった研究時間で何が行われているかというと、債権法改正をはじめとする民法改正論議で覆われようとしているが、果たしてこれが研究者本来の仕事なのかという疑問は禁じ得ない。

そして、すぐにでも挙がるこうした事態は、いずれも本書に掲げた諸先生が現役の頃には、全く見られなかったことばかりであり、こうした諸要因の錯綜・競合による悪循環で、「日本の民法学は果たしてどうなってしまうのか」と悲観的になるのは、私ばかりではあるまい。ここらで、冷静に状況分析をしておかないととんでもないことになるのではないかとさえ思う。そしてそのためにも、民法研究の先達者たちが取り組んだ問題群、それに対する反応の仕方、ないし問題意識・課題意識から、謙虚に学び、それを継承していくという作業が怠られてはならないであろう。そのためにも、本書のような先人の教訓の書は、生かされるべきものと思うわけである。

＊　＊　＊

本書の内容及び掲載の経緯につき、簡単に説明しておこう。まず第一章の平井教授のものは、（先生自身による説明があるように）九〇年代半ば過ぎに北大民法グループが「民法解釈方法論ないし民法学の方法論」について、私法学会のシンポを行うこととなり、その準備会として、かかる貴重な機会を持てたことは誠に幸いなことであったと思う（因みに、先生は、東大でもこうしたテーマでは最終講義をされておらず、『法学協会雑誌』にも収められていない論考である）。また第二章、第三章は、淡路教授、太田教授のもので、たまたま平井教授とも年齢の近い川島博士の門下の方をお呼びする機会を得たので、続けて収めることにさせていただいた。淡路教授のものは、テーマ的にも平井教授とリンクしているところが多いので、この順序としたが、それ以上の意味はない。太田教授は、平井講演でも登場するように、本来は経験法学などの方法論を話していただくことも、企画側では予定していたが、このように各論的なテーマをあえて選ばれているところに、むしろ先生の法解釈論の趣を感じ取るべきもののようにも思う。

第四章の鈴木博士は、少し年代は上がるが、周知のごとく、戦後の民法学者の中でも最も多作かつ刺激的な研究で知られる先生の自分史である。北大にお呼びしてから、一年余りの後に昇天されたのは、痛恨の限りだが、それだけに貴重な記録であろう（多作な先生に、こうした論考がかつてなかったことは不思議なくらいである）。他方で第五章の奥田教授のものは、唯一京都出身の先生の自分史で、本書の異色の存在であろうが、それとともに、先生の学問においては、抜きにできない信仰の問題がかくも深く語られることは類例を見ず、掬すべきものであろう（教授の退官講義のテーマでもあったとのことであり、これも本来は、京都大学の紀要の『法学論叢』で収められるべきものであったろう）。

最終章の高教授のものは、先輩教授の気安さから来ていただいたものだが、言うまでもなく先生は、日韓民法学交流のパイオニアであり、かつ韓国民法研究者の代表論客である。二一世紀がアジア法学の時代であることに鑑みても、その先駆的地位を占める先生の自分史から学ぶことは、東アジアにおける日本の民法学、そして今後のアジアの民法研究者の交流を考えていく際にも、まずなされるべきことであろう。

最後に、こうした企画にご協力くださった諸先生に心より感謝の意を表したい。また、討論の再現に努めて下さった方々、特にこの春に退職された北大法学研究科の吉澤郁子助手をはじめとして、今野正規、水野吉章（以上、関西大学准教授）、和田美江、南部孝幸（以上、北大法学研究科博士課程）の各氏（因みに、鈴木先生の講演における人名録風の詳細な注は、今野君の労作である）に対しても、謝意を表する次第である。

二〇一〇（平成二二）年一〇月

初めて私法学会が開催された北大にて

吉田邦彦

目　次

目　次

目　次

目　次

民法学の羅針盤

第一章　民法学の方法・思想・思考様式

——平井宜雄教授

はじめに——平井民法学及び企画説明

瀬川信久

本学部の教官が中心になって一九九七年度私法学会の民法部会シンポジウムを担当することになり、それを準備するため、「現代社会と民法」と題する共同研究を進めている。シンポジウムでは、「民法学の方法と課題」（仮題）というテーマの下で、わが国の民法学が直面している問題状況を明らかにし、二一世紀に向けての展望を探りたいと考えている。実際の研究活動は、約一年半の計画で本年（一九九六年）五月末に開始した。この共同研究の一環として、本年九月二一日（土）に、平井宜雄教授（東京大学）をお迎えして研究会を開催した。ここに掲載するのはその記録である。

平井宜雄教授は、最初の御研究である『損害賠償法の理論』（一九七一年）から、『現代不法行為理論の一展望』（一九八〇年）、『法政策学』（初版・一九八七年、第二版・一九九五年）を経て、『法律学基礎論覚書』（一九八九年）、『続法律学基礎論覚書』（一九九一年）に至るまで、常に、そのときどきの民法学の問題性を抉りだし、それを克服する方向を提示してこられた。本研究会を企画したのは、そのご研究の軌跡を正確に理解することが、右の共同研究にとって不可欠だと考えたからである。

当日の研究会においては、平井宜雄教授から「『法的思想様式』を求めて——三五年の回顧と展望」と題するご報告をいただき、ついで吉田邦彦教授が、「現代思想から見た民法解釈方法論——平井教授の研究を中心として」と題する副報告を行い、その後に討論を行った。

ここに収録するもののうち、平井教授のご報告と吉田教授の報告は、あらためて執筆していただいたものである。討論の部分は、まずテープから起こし、ついで各発言者に目を通していただき、最後に瀬川信久と吉田邦彦が若干の整理をした。研究会の内容を収録するにあたり、本論集［北大法学論集］の「シンポジウム」のカテゴリーに入れ、「民法学の方法・思想・思考様式」という表題を付した。

われわれの勝手なお願いにもかかわらず、お忙しい中で報告と執筆の労をお引き受けくださった平井宜雄教授に、この場を借りて、心よりお礼申し上げる次第である。

・「法的思考様式」を求めて
──三五年の回顧と展望

平井宜雄

一　はじめに──「新カント派」的な問題

只今は、ご懇篤なご紹介をいただき、ありがとうございました。平井でございます。日本私法学会の明年度大会におけるシンポジウムの企画と報告とを北大を中心とする方々にお引き受け頂き、テーマを「民法学の方法と課題（仮題）」と伺った上で、その準備のために何か話をせよとのご依頼を受けたとき、私は何をおいてもこのご依頼にお応えしなくてはならないと思いました。と申しますのは、シンポジウムの企画および報告を学会として瀬川さんにお願いしましたのがこの私であったからです。ところが、ご依頼の内容は、─吉田邦彦さんからのお便りの表現をそのまま借りますと─「戦後民法学を総括し、そこにおける私（平井）の位置づけを示せ」というものでありまして、私自身がこれを行うには、はなはだしくためらいを感じさせる面映いものでありました。しかし、どうしてもお引き受けしなければなりませんでしたので、いろいろ考えた末、私が研究生活に入って以降の学界の状況とそこから受けた影響とを私なりにまとめてお話し、報告とさせていただくことでお許しをえました。副題に「三五年」とありますのは、私が研究生活に入りまして今年で三五年経ったからです。もちろん、個人的なことではなく、できるだけ学問といういわば「ザッヘ」に即して回顧するつもりでおりましたものの、話を聞いて下さるのは、シンポジウムの企画の中心となっておられるであろう瀬川さんや吉田さんなど数人位の方だとばかり思いこんでおりましたので、回顧めいた話をリラックスしてお話できるとばかり考えておりました。ですから、こんなに大勢の方がお集まりいただく機会だとは全く知らず、大変驚いているところです。しかし、今さら話の内容を変えるわけにもいきませんので、予定どおりお話をさせていただきます。このような機会を与えていただき、まことに光栄に存じております。

私が今日お話したい内容を最初にかいつまんで申しますと、こういうことです。

法またはそれを対象とする法律学をどう考えるかという問題につきましては、大きく分けて二つのアプローチがあると考えられます。一つは、法というものを社会の他の領域（政治、経済、社会行動等）に開放されているものとして捉え、それに依存し、あるいは従属すると考えるものです（生産関係という「土台」に従属する「上部構造」としての法というマルクス主義の命題がその例です）。これによりますと、法律学は、究極的には社会現象を扱う学問一般に還元されることとなります。仮にこれを「還元主義」と名づけることにします。他の一つは、法を社会の他の領域から相対的に独立した「自立的」な領域と捉える考え方です。これに従いますと法律学は他の学問分野に還元されない独自な対象をもつ学問だということになります。この考え方を仮に「自立主義」と呼ぶことにしましょう。

今日、「自立主義」は、あまりにも当然と考えられており、法律学の研究者でそれを疑う者はいないでしょう。そもそも、「自立主義」的立場を前提とするからこそ、判例を研究したり、裁判官や弁護士に訴えかけるための解釈論を唱えたり、教科書を書いて学生を教育するという仕事が営まれうるからです。しかし、私の研究生活の始まった一九六〇年代初期の学界はそうではありませんでした。後に述べますように、それは「還元主義」の時代でした。私はその中にあって「自立主義」を求め、「法」固有の領域は何か、「法律学」固有の性格は何かを考えてきました。話を大きくすれば、これは、一九世紀末のドイツで自然科学の興隆を前にしてヘーゲルでは行きづまったと感じカントへの回帰を説くことになった「新カント派」的な問いでもあります。ところが、「自立主義」が確立し、誰も法または法律学の自立性を疑わなくなった現在、「還元主義」の問題意識は、ふたたび「反時代的」となり、それだけにそこには尊重すべきものがあるように思われます。こう言うと、私がいかにも「あまのじゃく」だという印象を与えるかもしれません。しかし、社会現象のような複雑な現象を眺める場合の重要な注意点の一つは、対象を「複眼」的にとらえるということです。Ａという視点を採用することは、非Ａという視点を選択しなかったことですから、なぜ、いかなる文脈の下に、Ａを採ったのかが常に意識されていなくてはなりません（このような見方は一つの人間関係をあらゆる角度から吟味してその多様性を主張する法律学的思考の核心でもあります）。だから私は「還元主義」から脱却する過程をお話しすると共に、現在でも「自立主義」への批判的スタンスを維持したいと思っていることを述べたいのです。要するに今日の私の話は、「還元主義」と「自立主義」とのバランスを保つことの重要性を説くことにあります。

以下、まず**二**では、私が研究生活を始めた一九六〇年代の初期から一九七〇年代はじめまでの、私なりの眼を通して眺めた民法学界を中心とする法律学界の状況をお話し、次に**三**では、そのような環境に対し私がどのように反応したのかについて一九七〇年代中頃から八五年くらいまでの時期を中心に述べ、**四**では、それ以降現在に至るまでの時期において、以上から私が得たものについてお話し、最後の**五**で、現在の状況に対してもつ私なりの感想を述べてみたいと思います。

二　環　境――「経験法学研究会」

(1) リアリズム法学・論理実証主義・マルクス主義

幼児期の環境やその中での体験が人の一生に大きな影響を与えるとはよく言われることですが、私の学問的幼児期は一九六〇年代の初めであり、それは東大法学部の助手として研究生活に入った時から始まりました。丁度その時期に、川島武宜先生と碧海純一先生とを中心に「経験法学研究会」という名の研究グループが組織され、科学研究費を受けて活動を始めました。川島先生をいわゆる指導教官として仰いでいた私は、当然のようにこの研究会の一員に加えられ、連絡や会計等の事務を担当することを命じられたのです。メンバーは、民法や法哲学を専門とする方々のほかに憲法・刑法・法社会学などを含み、多数にのぼっていました。研究会は月一回くらいの割合で開かれていたと思いますが、夏休みにはかなり長期にわたって研究合宿が行われました。このほかに、若手研究者中心のいわゆる「サブゼミ」的な研究グループがあり、これらの人の日常的な接触でも話題は常に経験法学研究会での議論や文献についての話になっているという有様でした。私には「経験法学」という名の台風がまわりを吹きまくっているような気がしました。それくらい活気に満ちた環境でした。私はこのような環境から、決定的な影響――後述のようにそれがいわゆる「反面教師」的なものであったにせよ――を受けたと考えています。

「経験法学」の「台風の眼」は、先に述べたお二人の先生でした。その当時の川島先生の基本的な考え方はこうでした。――法律学上の抽象的な概念や理論は、すべて五官で感知できる経験的事実に還元されなければならない。法律学は、その経験的事実の中に規則性を発見し、それを基礎として仮説を構成し、将来生じうる事態を予測して、それを現実に生じた事態に照して検証しなければならない。その仮説がくり返し検証されると、それは法則として確立する。こういうプロセスを経てはじめて、法律学は自然科学と同様の意味における経験科学となる――。先生は、法律学の対象とすべき経験的事実の中心を裁判官の行動に求めました。したがって、経験科学としての法律学の任務は、裁判官の行動の予測、つまり生みだされる判決の予測についての仮説を提起することになるわけです。したがってまた、法律学者は、すべからく社会学や社会心理学の理論を学ぶべし、という帰結になります。こういう考え方がアメリカのリアリズム法学につながることは言うまでもありません。リアリズム法学の文献は研究会の必読文献でした。特に、F. Cohen の論文や J. Frank の著書は、強く推奨されました。

リアリズム法学が台風の眼の一つだとしますと、もう一つの「眼」は、碧海先生が拠っておられる論理実証主義でした。特に、「文章の意味とはその検証可能性であり、検証不可能な文章は『無意味（meaningless）』である」という命題は、研究会では広く――少くとも若い世代では――信奉されていました。若い仲間同士で何か議論が始まると、一方は、他方の主張を「検証」できるかと問い、できなければ「無意味」だとして攻撃するのが常でした。この「眼」のバイブル的存在は A. J. Ayer の Language, Truth and Logic で、吉田夏彦氏の翻訳が岩波から刊行されており、私達は一生懸命それを読みました。同じく、Ayer の編んだ論理実証主義のアンソロジー（Logical Positivism）も研究室の書庫にあり、これも皆で読んだと思います。プラグマティズムの系統に属する言語論、C. Morris, S. I. Hayakawa なども読みました。とくに Hayakawa の Language in Thought and Action という本の翻訳は、研究会発足の母体となった川島先生と碧海先生の共同ゼミ（私は学生として出席しました）の教材として用いられた記憶があります。

しかし、この研究会の若い世代が最も集中して読んだのは、何といっても T. Geiger の Vorstudien zu einer Soziologie des Rechts です。この本は、研究室の書庫に入っていませんでしたが、その一部がやはり今述べた川島＝碧海合同ゼミの教材として用いられましたので、川島先生の私蔵本ではなかったかと思います（川島先生は、すでにこの本を素材として論文を発表しておられました）。そこで、この本を全部読みたいという希望が私達の間から強く出され、誰がイニシアティブをとったのか覚えていませんが、この本を川島先生からお借りして数部複写し（現在のようなコピー機械がなかった頃ですから大事業でした)、大学院学生と助手とが集まってその輪読会をすることにしました。この輪読会は熱心に続けられましたが、そのうち成果を発表したらどうかという声が上り、川島先生に紹介していただいて、「法学セミナー」に、「ガイガー研究会」という名で何回か連載させてもらいました。今考えてみますと、川島先生のご紹介があったとはいえ、よくも掲載してくれたものだと不思議に思います。

これも今あらためて思うことなのですが、経験法学研究会の二大支柱であるリアリズム法学と論理実証主義のうち、とくに後者(リアリズム法学については占領下以来の影響なのでしょうか、比較的情報が入ってきたように思われます)についての――大変不遜な言い方になりますが――われわれ若い世代はもちろん、研究会全体の情報量も十分ではなかったように感じられます。たとえば、「意味の検証理論」は、ウィーン学団とWittgenstein(Tractatus Logico-Philosophicusにおける)との接触による刺激から生まれたものと考えられており、当時でもそのことはAyerの本から読みとれたように思われるのですけれども、Wittgensteinの名を聞くことはありませんでした。また、その当時すでに論理実証主義は人的にも内容的にも解体してしまっており、とくに「意味の検証理論」の解体は後期Wittgensteinの大転回ですでに示されていたと思うのですが、これも話題になることはありませんでした。さらに、私の記憶に間違いがなければ、Popperのfalsifiabilityの考え方は、verifiabilityと同じレベルで(Popper自身があれほど否定しているにもかかわらず)理解されていたように思います。もちろん、私は「だからこの点についての研究会のレベルが低かった」とは毛頭考えません(後述する「最新流行主義」は私の忌むものの一つです)。論理実証主義を通じて「言語」というものにはじめて法律学者の眼を向けさせた碧海先生の着眼は、何といっても画期的であり、日本の法律学にとっての意義ははかり知れない(しかし、このことがあまり意識されないままに、現在のわが国の法律学界は「言語ゲーム」的あるいは「構造主義」的言語観に染まってしまったように思われます)と思います。私が申し上げたいのは、現在とちがって、当時はいかに情報が入手しにくかったかということに尽きるのです。

ところで、研究会は、リアリズム法学と論理実証主義一色に塗りつぶされているわけではありませんでした。マルクス主義の立場に立つ法律学者がかなり研究会に含まれていたからです。そもそも、川島先生ご自身が『所有権法の理論』によって法律学に高度なマルクス主義的方法を持ちこまれ、大きな影響を与えたその第一人者と目されていました。ですから、マルクス主義的立場に立つ法律学者にとって、経験法学研究会を主宰する川島先生の立場が一種の「転向」と映ったのも、またやむをえないかと思います。したがって、そのような立場からは、「経験法学」的発想に激しい批判が加えられました（研究会の公式の席上ではありませんでしたが、いわゆる「土台」が上部構造たる法を規定するという命題はマルクス主義の究極的命題であり、これに賛するか否かを明らかにせよという「信仰告白」を迫られることもありました）。また、若手研究者に対しても、「われわれは骨身を削る思いで『資本論』に取り組んだ。それなのに、『資本論』も読みもせずに、経験法学にのめりこむとは何事だ」という批判が加えられたのも当然のなりゆきでした。こうして、経験法学研究会は決していわゆる「一枚岩」ではありませんでしたが、それだけに、私達の受けた刺激は強烈だったと思います。

(2)　理論社会学・司法行動論・予見的法律学

先ほど申し上げましたように、「経験法学」の基本的な考え方は、観察できる事実によって検証可能なように法律学の対象を再構成することにありました。その前提として、社会現象を「科学」として成立させるための理論が必要となるわけですが、その理論とは、すなわちT. Parsonsの社会学理論であるというのが、当時の川島先生のお考えだったように思われます。ということはつまり、私達もそれを勉強しなければならないと思ったということです。今から考えますと、一九五〇年から六〇年にかけてのParsonsは、驚くほど活発な執筆活動を行い、ハーバードの教授として、またその社会学部の創設者として高い威信をもっていましたから、社会学理論とはすなわち彼の理論のことだと誰でも考えたのは無理からぬことだと思います。私達は、まずその当時出た永井道雄氏らによるParsons and Shils編のToward a General Theory of Actionの翻訳によって勉強を始めましたが、よく理解できませんでした。

富永健一氏によってParsons and Smelser のEconomy and Society が二分冊で翻訳されていましたが、これも難しく思われました。当時はまだ訳されていなかったSocial System にも取り組みましたが、とても歯が立ちませんでした。ご承知のようにこの時期のParsons は、ＡＧＩＬ図式とか八つのpattern variables とかを駆使して論文を書いているのですが、こみいっていてどうもこれらをよく摑めないのです。しかたなく、図式や変数を暗記してみたりしましたが、暗記したところでどうにかなるものではありません。全くもってSocial System には悪夢のような思い出があります。そのうちに、Parsons の高弟R. Bellah がパーソンズ理論を応用したTokugawa Religion を書き、それが翻訳されて（『日本近代化と宗教倫理』）、その中に先日お亡くなりになった丸山眞男先生の書評が収められており、そこにパーソンズ理論についての簡単な解説があるのを知りました。それを読むとパーソンズ理論がよくわかったような気がしたものです。丸山先生の頭の中で完全に消化されて先生のことばで書かれているからだと思いました。丸山先生は私の学生時代（いわゆる「安保」の時代です）にすでに神格化された存在でしたが、これを読んで本当にすごい先生だとつくづく思いました。しかし、わかった気がしたものの、それを使って何か分析する作業となるとやはり絶望的でした。何しろパーソンズ理論がわからなければ、結局は、「経験法学」としての法律学もわからないと考えていたものですから、これは深刻でした。私は後になって、社会学理論というものは扱う対象が複雑なだけにかえって単純明快なものでなければならないと強く感じ、「単純な」社会学理論を探し、それに依拠するようになったのですが、それはおそらく、この「パーソンズ体験」のためではないかと思います。

時間的には少し後のことになりますが、いわゆる「司法行動論」(judicial behavior)」に関するDanelski 教授のゼミも「経験法学」の延長として思い出深いものです。裁判官の行動を分析してその結果を予測するという方向を進めれば、裁判官の行動の規定要因の（統計学的な）分析に至ります。川島先生はハワイ大学で、このような傾向のアメリカの政治学者と共同研究をされ、帰国後、そのような研究の代表的な一人であったD. Danelski 教授を東大に招請して、ゼミを開かれました。政治学者も参加したゼミで、教材としてはThe Federal Judicial System というリーディングズをはじめ Danelski 教授が編集し作成した論文や資料が用いられました。最初に各種の統計的手法が説明され、それを使った論文が読まれ、応用問題が出される、という方法で進められました。アメリカの大学院の教育方法というものに接したのは初めての経験で有益でしたし、実証研究にとっての統計学の重要性も理解できました。当時いわゆる東大紛争の最中で、研究室が封鎖されていたこともあり、通信教育で統計学を勉強した記憶があります。しかし、後に述べるように、その頃の私は、次第に「経験法学」から離れていくようになっていました。

このダネルスキ・セミナーはおそらく「経験法学」的手法の一つの到達点ではなかったかと思われます。そこで目指されたのは裁判の予見であり、それはもっぱら、裁判官の現実の行動の分析を基礎として行われると考えられていました。ということは、判決で表明された法律論は、この予見的法律学の構想においては何ら重要な地位を占めていないのです。川島先生が強調されるように、それは、さまざまの人格的・心理的要因の作用した結果、裁判官の到達した判断を事後的に先例や条文から導き出されたかのごとき外装をまとわせるために「合理化」した言明にすぎません。今になって考えてみますと、川島先生と碧海先生の依拠される論理実証主義との岐れ道は、この点にあったと思われます。

両先生とも、「経験に還元できない命題は無意味である」と考える点においておそらく一致があります。しかし、少なくとも「経験法学」の時代における川島先生においては、言語は人の思考を外界に伝達する手段としてのみ位置づけられ、言語そのものがわれわれの思考の世界を決定するとは考えられていなかったように思われます。もしそうであれば、判決中の事案と離れた法律論そのものを重視すべきではないと説かれることがなかったと思われるからです。

(3)　民法解釈学の位置

以上のような、極端な「還元主義」的傾向をお聞きになった皆さんは、それは川島先生を中心とした、東大法学部だけの、しかも民法研究者の間だけで見られたものにすぎないのではないか、とお感じになるでしょう。私も基本的にはそのとおりだと思います。その当時、たとえば、jus ad rem に関する好美清光さんの論文、請求権概念に関する奥田昌道さんの論文、瑕疵担保に関する北川善太郎さんの論文、などというような、戦後の民法学界で高い評価を受けた業績はすでに発表されており、「経験法学」の世界とこれらの業績の属する世界とは大きく異っているからです。しかし、だからといって、「経験法学」が全く孤立していたかと問われれば、私の感じでは必ずしもそうでないような気が致します。というのは、川島先生の強い学問的影響力や「経験法学」の名を冠した論文集が刊行されたこともありましょうが、それ以上に「経験法学」はあたかも時代の寵児のように扱われました（たしか「経験法学」を項目名とした法律学辞典の類いがあったと記憶しています）。ということは、つまりはその時代にこのような風潮に適した土壌があったからだと思われてなりません。

「経験法学」の時代は、敗戦後僅か十数年を経た時期であります。現代の第一線の研究者にその頃の雰囲気をお伝えするのは難しいのですが、法律制度全般にわたる大変革によって、伝統的な法解釈学はあまり役に立たなくなっていました。民法学に限ってみても、民法典（第四・五編）の大改正によって、多くの学者は家制度の批判と新民法の啓蒙普及に努めていました。農村における権利義務、官庁との契約、入会権・温泉権の調査、総じて、「封建的」な慣行の調査とその批判等が、民法学者の大きな関心でした。新制大学は多数設立されましたが、法学部の数は少なく、研究者の層は薄く、訴訟が一般の話題になることや判決例の蓄積も少なく、実務家の層も薄かった（もちろん「企業法務部」や「渉外弁護士」の概念すら存在しません）ように思われます。こういう時代では、伝統的法律学の影もまだ薄く、日本の現実を対象とした解釈論の意味は小さかったと感じられます。さきほど挙げた業績が、どちらかといえばドイツなどの外国法の学説史に傾斜した論文であったことは無理からぬ次第でした。おそらく、このような社会学的条件が「還元主義」の存在に好適であったと考えられます。

ところで、「還元主義」の大波にもまれながら、私には助手論文を書くという大仕事がありました。書くにあたっての基本的な選択は、「経験法学」的な論文を書くかそれとも「民法プロパー」の論文を書くかということでした。当時「経験法学」を信奉する私達がモデルとした論文は、穂積忠夫さんの「法律行為の『解釈』の構造と機能」という論文でした。この論文は、もちろん現在でも法律行為を論じる上で、欠かせない観点を提供した大変すぐれた論文ですが、民法プロパー（この意味は問題ですが、たとえば前に挙げた三つの論文がそうだとしましょう）の論文かといわれれば、答えは必ずしもイエスではありません。穂積さんご自身も書いておられるように、この論文は、川島先生の法律行為論を出発点としており、そして川島先生の理論はリアリズム法学の裁判過程の性質論に由来するものですので、一般的な法律学方法論の民法分野への応用という側面を備えていることになるからです。もう一つ、私達がモデルとする業績は、まだ刊行されていませんでしたけれども（後に『当事者間における所有権の移転』として刊行されました）、太田知行さんの執筆中の論文でした。この論文は法律関係を現実の社会関係に還元できる最も基礎的概念にまで分解し、そこから記号論理学の手法を用いて、「所有権の移転」という概念を分析するもので、もちろん画期的な業績でした。この論文は、所有権の移転時期についての解釈論上の主張（後に鈴木禄弥先生が同様の主張をされました）を含んでおりますけれども、その当時全貌に接していなかった私には、やはり一般的な方法論の応用という印象を強く受けましたし、また事実、太田さんご自身の強調された点もそこにあると思われます（ですから、鈴木先生が同旨の解決論を主張されたとしても、それによってこの論文の方法論上の意味が減じることはないと考えられます）。

これらのすぐれた業績に接して私に生じてきたのは、――これらの業績の価値を疑うのではなく、逆に感銘を受けたが故に――伝統的な法律学の固有の役割・固有の方法・固有の領域等はどこにあるのか、民法解釈学の位置はどこにもないのではないかという疑問でした。これは、「還元主義」の根本を理解しない疑問ではあります。「還元主義」は、元来、法律学を他の社会科学と同様に「経験科学」として構成するところにありますから、法律学固有の領域とは何かという問題意識は原理的には排除されているのです。もちろん、「経験法学」も法廷弁論や解釈論や裁判官の判断といった法律学の特質と思われるものに重要な意義を認めているのですが、法律学者と法律実務家とは「分業」

すべきであると説き、それらは法律実務家の扱うべき仕事であって法律学者の仕事ではなく、したがって、法律学者が解釈論を提唱するとした場合でも、それはたまたま分業の枠をこえて実務家の仕事をしているにすぎないと考えるのです。

助手の任期が経過していくにつれ、私にはそもそも「経験法学」的な仕事を行う能力はないと考えるようになってきました。その最大の理由は甚だ簡単なことで、伝統的な法律学の訓練も積んでいない私が法律学を「科学」にする仕事に参加するとは不遜きわまりない身の程知らずであるという意識を強くもったことです。このきっかけは、川島先生のドイツ民法に関するもの凄い学識に接したことです。先生からは、「君、ちょっとエルトマンのコメンタールの第何条を調べてくれたまえ」たしか右側のページにこれこれのことが書いてあったはずだ」とよく頼まれました。調べるとそのとおりなのです。後に来栖先生から、川島先生はすでに法学部の学生時代にエルトマンのコメンタールを読破していたという話を伺って合点がいきました。

Gierke, Brunner, Heusler 等の本の記述（いわゆる Deutsches Privatrecht に属するものですが）もよく先生の口を衝いて出てきました。ほんの一例ですが、“Augen auf, Kauf ist Kauf” などの法格言は、そうおっしゃった時の先生の表情を思い浮かべることができるくらい、なつかしい思い出を伴っています。こういう学識があってはじめて「経験法学」を唱える資格があるのだ、と私はしみじみ思いました。

この理由に加えて、だんだんと不遜な理由も生じてきました。それは、法律学者がなぜ現象の説明・分析に徹しなくてはならないのか、という疑問が生まれてきたからです。法律学者もまた法律家の一員であり、法律上の意見を述べたり実務家と議論したりするのが法律学界の貴重な伝統ではないでしょうか。なぜそれが法律学者の「本来」の仕事ではないのでしょうか。なぜ実務家との分業に徹しなければならないのでしょうか。民法解釈学を「復権」させなければ——身の程知らずにも私はそう思いました。

思い切って私は、「民法プロパー」の「純枠」な民法解釈学の論文を書くことに決めました。しかも、日本人である以上、ドイツ民法学説史の研究ではなく、日本の民法を対象としなければならないと考えたのです。こうして発表された私の助手論文は、研究室の親しい友人達を驚かせたに違いありません。友人達は、私が「経験法学」の「申し子」のような論文を書くと思い込んでいた節があるからです。ドイツ民法第一草案理由書の紹介から始まる論文の要旨を友人達との私的な研究会で読み終ったとたん、「これはまたクラシカルだなあ」というある友人の嘆声はいまだに耳から離れません。

このように、「民法プロパー」の論文たることをめざした私の助手論文は、まわりの「経験法学的」環境からすれば、きわめて「反時代的」で「異論」であったように思われます（ただし、川島先生ご自身は、私が「民法プロパー」の論文を書くときに反対されなかったどころか、積極的にエンカレッジされ、助力して下さいました。今考えると不思議な気がします）。ところが、最近若い民法学者から聞いたところによると、この論文の採用した手法――規定の沿革を探り（これは私が来栖先生から学んだものです）その解釈に影響を与えた業績（外国とくにドイツの学説）を確定し、それとの乖離を示した上で、解釈論を提示するというもの――は現在の民法学の「典型的」手法であって「法協型」とも呼ばれるのだそうです。また、私が最後まで採用すべきか否かで悩んだ、判決を本文の記述の中に組入れるという書き方――当時これは『総合判例研究叢書』だけの書き方で、実務家向けのものだから「学問的」な書き方ではないと考えられていました――も、今の論文ではよく見かけます。三十数年前を想うと学問的環境の激変ぶりにいささかの感慨を禁じえませんし、このことから当時の「還元主義」的傾向がいかに強かったかをご想像いただきたいと思います。

ともかく、助手論文を書く作業を通じて、私は「自立主義」への傾斜を強めたように思います。伝統的な法律学（民法学）固有の役割とその価値とは何か、つまり、法的思考様式とは何か、という問いがここから芽生えてきたのではないかと今にして思うのです。

三　反　応――「法政策学」と「反論可能性テーゼ」

(1)　民法解釈学における「漢意（からごころ）」の問題

助手論文を書いた後も、私はほぼ同じ問題意識の下に同じ領域の残された問題について書くことにしました。私の問題意識とは、日本の民法典はドイツ民法典と異なる構造をもっているのに日本の民法学がドイツ民法学の圧倒的影響を受けた結果、実務と乖離し解釈の対象となるべきではない問題をあたかも問題であるかのごとく扱ってきた（私はこのような問題を「仮象問題」と呼んだことがあります。当時の私がいかに論理実証主義の影響を受けていたかを示すものでしょう）のではないか、というものでした。したがって、日本民法学はドイツ民法学の影響から脱しなければならないというのが私の問題意識であり、後に『損害賠償法の理論』でこのことを整理して述べています。このような問題意識は、北川善太郎教授の「学説継受」という論文や、星野先生の「日本民法典に与えたフランス民法典の影響」という論文が現われたことにより、かなり一般化したように思われます。そしてこれは、「ドイツ民法学に対する嫌悪に近い反感」などと揶揄されることにもなりましたが、私は今もこの問題意識を持ち続ける必要があると思っています。しかし、それを持ち続けるには次のような苦い経験をくぐることが必要でした。

そのような問題意識を極端なまでに強く持っていた当時、私はしばしば「民法学は漢意（からごころ）を排して倭意（やまとごころ）に徹するべきだ」などと親しい仲間うちだけで冗談めかして言ったことがあります。言うまでもなく、これは宣長の真似ですが、国学は戦時中の狂信的な国家主義と結びついて理解されていましたので、それについて書くのはいわゆる「知識人」の間でははばかれたため、書きはしませんでした。ところがそのうちに――我田引水を覚悟して言えば――、「漢意」という表現はかなり本質を衝いているのではないかと思い始めました。つまり「漢意」という問題は、民法学の問題だけではなく、日本における知識のあり方一般の問題につながるという気がしてきたからです。たとえば、明治期以降のドイツ民法学と江戸の儒教とは似たところがあるのです。

中国では「天に二日なし、地に二君なし」ですから、「天」の命ずる皇帝権力の絶対至高性の弁証が中国儒教の役割です。ところが日本では、律令国家以前からの天皇が現実の権力者たる将軍と別に存在するわけですから（しかも将軍は天皇から官位を授けられています）、両者の関係を説明する必要に迫られます。このために、江戸の儒教は中国儒教の教義にさまざまな「解釈（たとえば権力をもたない天皇に服するのが将軍の有徳の証拠であるというような）」を施すことになります。これは何と、「相当因果関係」概念と四一六条との関係を説明する「解釈」とそっくりではありませんか。私は、日本の学問における外国の学説（民法について言えばドイツ民法学）の影響を常に意識することを「漢意意識」と呼びたいと思います。

しかし、「漢意」を徹底的に排するとどうなるのか。体系的知識をめざす以上は、宣長のようにおよそあらゆる理論化を拒否して済ますわけにはいきません。ここで、私は平田篤胤の「悲喜劇」を知りました。篤胤は、自説の壮大な体系化を試みた人ですが、彼はその際に天主教書つまり当時禁教だったキリスト教の影響を受けていることがはっきりしています。「漢意」を排して日本精神を鼓吹するのに、ほかならぬキリスト教の体系を借りるとは何たる悲喜劇でしょう。さすがに国学者はこのことをひた隠しにしたかったようですけれども、天主教書の丸写しであることが資料的にも裏づけられているとのことです。この事実を知ったとき、私は心に深い傷を負った気がしました。「漢意」を排したとしても、知識を体系化・理論化するのには、所詮別の「漢意」（もはや「洋意」かもしれませんが）の力を借りなければならないのが日本における知識のあり方なのです（私はこれを「篤胤の悲喜劇」と呼びます）。法律学もその例外ではありません。というよりもその典型なのです。私の仕事もまさしくそうでした。もちろん私は、わが国の判例＝実務に即し、つまり日本民法典の構造に即して理論をくみ立てる努力をしましたけれども、判例を仔細に観察すればおのずから「理論」を構築できると考えるほど、当時の私はもはや「実証的」かつ「帰納的」ではなくなっていました。

一九六〇年代の後半から一九七〇年代にかけて、伝統的な法律学への需要が急速に増大し、それは完全な復権を遂げていました。民法学の中にあった「還元主義」的要素はすべて法社会学その他の領域に移され、「自立主義」的要素のみが支配しました。交通事故・公害など新しい社会問題に対応するのに、実務は大変な努力をしていましたし、民法学者とくに不法行為法学者は大忙しでした。日本の社会が構造的変化を遂げたのは、おそらくこの時期だったのでしょう。しかし、私は「篤胤の悲喜劇」の衝撃で解釈学上の仕事になかなかとりかかれませんでした。

この頃、私ははじめて大塚久雄先生ほかの訳で Weber の『宗教社会学論集』の「序言」を読みました。Weber については、原文を直接読むよりも M. Rheinstein の Max Weber on Law and Economy のほうが解りやすいというのが助手当時さかんに言われていたことで、おそらく私の仲間は Weber といえばみなこれを読んでいたでしょう。ともかく少なくとも私は宗教社会学についてはよく知りませんでした。ところが、何度目かの在外研究からお帰りになった川島先生がわざわざ私を読んで、R. Bendix の Max Weber は名著との評判が高いのですぐ読むようにと教えて下さいました。正門前の書店に注文しに行ったら、もうペーパーバックが出ていてその場で買えたのに、驚いた覚えがあります。この本については後に折原浩氏の名訳が出たので、それとあわせて何度も読みました。この本をお読みの方も多いと思いますが、Weber の利用可能な全著作を読んで全体像を描き出したもので、数あるウェーバー研究書中、現在でもこういう本は――ドイツ的文脈の中で Weber を捉える最近の研究に比べて「社会学的」でありすぎるかも知れませんが――ほかにはないと思います。この本の最後で、Bendix は、Weber が西ヨーロッパ文明を分析したと同時にこれを擁護したと書いています。私には擁護したという意味がよく呑みこめませんでしたが、この「宗教社会学論集序言」を読んでよくわかりました。ご承知のように、そこでは、「西洋のみ」において合理的な法も合理的な音楽も生れたという主張、つまり、いわゆる Nur im Okzident Satz が並んでいるのです。そしてこれが、世界の諸文明を研究し尽くした彼の結論なのです。何という自信、何という傲慢さ、何という偏見でしょう。私は怒りと同時に、そう言われても仕方ないという情けなさを覚えました。それなのに、日本の学者にとってはWeberは「聖典」なのです。こうまで言われてなぜ日本の学者はWeberに怒りを覚えないのでしょうか。本当に不思議に思いました。そしてたとえば、江戸時代の商家には複式簿記があったとか、天守閣は日本の城郭建築の発明であるとか、Nur im Okzident Satzがあてはまらない例を挙げては心ひそかに快哉を叫んでいました。しかし、こんなことを繰り返しても何もなりません。丁度その頃、敗戦直後のいわば「自虐的な」日本人論に代って、復興によって自信をつけた立場からの日本人論が大流行をはじめました。私は何とか「自信」をつけようと思って、日本人論に関する本を次から次へと一生懸命読みました。しかし、学問的著作と感じるもの（社会人類学者の書いたものを含めて）にはついにぶつかりませんでした。学問的であるためには日本の歴史をよく知らなければならず、その上で、「篤胤の悲喜劇」とNur im Okzident Satzとを考えたい、という気持が出てきたのはこの頃です。

(2)「法と経済学」との接触と「法政策学」の構想

私は一九七〇年代の前半期に留学の機会を得てイェール・ロースクールに滞在しました。今にして思えば、その時期は、法学研究やロースクール教育の一つの転換期にありました。つまりその時期を境として「法と経済学（law and economics）」という名を冠した研究分野がほぼ確立したばかりでなく、それが教育内容にとり入れられたからです。たとえば最初の学期には、経済学的アプローチを用いた講義は、例のThe Costs of Accidentsの著者Calabresi教授のControlling Progressという名のクラスくらいしかありませんでした。ところが、次の学期が始まると二つのコースが新たに設けられました。いずれもロースクール始まって以来の経済学のコースということでした。一つはEconomics for Lawyersという経済学の初学者向けのコースで担当者は独禁法を主として教えていたBowmanという年配の教授、教科書としてAlchian and AllenのExchange and Productionというミクロ経済学の本が指定されていました。もう一つは、Klevorickという経済学で博士号をとった若い教授の担当するLaw and Econmicsというコースで、主な教材としては当時初版が刊行されたばかりの Posner, Economic Analysis of Law が用いられました。前者は比較的に平易で教科書もわかりやすかったと思いますが、後者は Klevorick 教授独自の内容のために大変高度で、出席する学生がどんどん減り、小さな教室に変えたところ、残った全員が大学で economics を主専攻にしていた学生という有様でした。しかし、何といっても刺激を受けたのは次の学期に始まった Calabresi 教授の Tragic Choices というクラス（その学期以降、同教授が裁判官に転身するまでの在任中、ずっとこの名で開講されていました）で、膨大な課題文献のほかに、後に刊行された同名の著書のドラフトが教材に指定されました。そのせいもあって講義の全体をつかむことができたような気がして、非常に勉強になりました。

これらの授業を聞いて私が強く印象づけられたのは、「市場」という概念が、それまでの私の知識のストックにあった「市場」とは全く異なっていたことです。私の学生時代の経済学といえばすべていわゆる「マル経」であり、「近経」の講義は一つ提供されていましたけれども、当時の法学部学生は、あまり聴講していなかったと思います。そのためか、私の中の「市場」のイメージは、強者の勝利と貧者の窮乏化をもたらし、社会主義によって克服されるべきものでありました。ですから、パレート最適の資源配分を実現するものとしての「市場」という概念は全く耳新しく驚きました。こうして私は、はじめてアメリカで経済学を勉強し直しましたが、しかし勉強していくうちに、経済学のリーズニングのしかたと法律学のリーズニングのしかたとは全くちがうことを感じるようになりました。これは、「法と経済学」の原点となった例の Coase の「社会的費用の問題」という論文を最初に読んだときよく理解できなかったことに由来しています。ついでながら、当時はこの Coase 論文はようやく反響を呼び始めた頃で「Coase の定理」という語もそれほど一般的ではなかったように思いますし、彼の主張が「真」であるかどうかについても争いがあり、長期的には妥当しないと主張する論文も発表されていました。まさに「法と経済学」の揺籃期でした。

ともかく、経済学的リーズニングに従うかぎり法律学者は経済学者に太刀打ちできないことは自明です。法律学特有のリーズニングによって経済学特有のリーズニングを再構成できるならば、法律学独自の世界から経済学者と議論できるのではないか、と考えたところに、法に固有の思考様式とは何か、という問題意識が生まれ、それが助手時代からの「自立主義」への志向と結びつきました。

帰国後、すぐに私は「季刊現代経済」という雑誌の座談会で、法律学と経済学とは基本的な点で違うところがあると発言したり、両者には「連続と不連続」があるという趣旨の論文を書きました。もちろん、とるに足らない内容のものですが、「法と経済学」を「法」の立場から考え直そうとする私なりの問題意識に裏打ちされていたものでした。また、「法と経済学」の研究の現状について日米法学会で報告させていただき、それを「アメリカ法」に発表しましたが、法律学者からの反応は全くありませんでした。驚いたことに、それから何年も経ってアメリカに留学した若い法律学者達が「法と経済学」に関する著書や論文を相次いで発表するようになって急に隆盛になり、「効率性」とか「パレート最適」とかの用語も法律学者の間で何の抵抗もなく用いられるようになって今日に至っています。ただし、私が最も関心をもっていた「法」固有の観点から経済学的なリーズニングをどう考えるか、という観点があまり見られず、アメリカの教科書や論文をそのまま引き写したような仕事が多いのにはいささか残念な気がします。

「法」固有の思考様式とは何かという問題についての考えが少しずつまとまってきたので、私は「法と経済学」の業績をその立場から再構成し、それを実用に耐えうるような知識の体系に仕上げようと考え、政策研究や立法学・問題解決学というアイデアを導入し、「法政策学序説」と題する論文を「ジュリスト」に連載しました。政策研究という視点にはイエールのLasswellやMcDougalからの影響があるのではないかと聞かれることが多いのですが、必ずしもそうではありません。私がイエールにいたときはLasswellはすでに引退していましたし、McDougal教授は現役でいわゆる看板教授でしたが、おそらく彼の法理学が展開されたのであろうLaw, Science and Policyという雄大なタイトルのゼミは甚だ難解というのがもっぱらの噂で、「パーソンズ体験」のために私は敬遠しました。むしろ私が基礎としたのは、かなり以前に興味をもって読んだPPBS導入に関するいわゆる「マクナマラのペンタゴン革命」に関する知識でした。PPBSそのものについての私の理解はもちろん不十分ですが、興味をもったのは、高度に理論的な知識が高度に複雑な現実に対しても高度に実用性を発揮しうる実験（結局は失敗したのでしょうが）としてでした。Hitch, McKean, Enthoven といった人々の名が、あたかも英雄のように McNamara の名と共に私の頭に刻まれました。

論文の連載を構想しながら、私はそれをテーマに東大でゼミを始めることにしました。最初、ゼミの題名を「法政策学の基礎理論」と名づけたところ、あまりにも耳慣れない題名のためか、ほとんど応募者がありませんでした。その上、たまたま通勤途中で一緒になった政治学のS先生が、この題名を法学部の授業科目表か何かでご覧になっていたらしく、「法政策学とはどういう学問なのですか。説明して下さい」と質問されて、私のアイデアです（「法政策学」という言葉を末弘先生がすでに使われていたことをその時私は知りませんでした）というようなおこがましいことは言えず、大変困りました。そこで、翌年から題名を「法と公共政策」と改めたところ、沢山の学生が応募してくれ、毎年選考して人数を制限しなければならなくなる事態になりました。本当に優秀な学生たちが参加してくれ、良いリポートを書いてくれて実に勉強になりました。本来の任務として民法の講義や演習という私の乏しい能力によっては十分すぎるほどの重い負担があったのですが、私なりに頑張ってこの演習を行い、「ジュリスト」連載論文完結後もそれを何度も書き直して使いました。B. Russell は、自叙伝の中で N. Whitehead と一緒に「プリンキピア・マテマティカ」を書いた充実した時期を「知的蜜月（intellectual honeymoon）」という美しい言葉で呼んでいます。私にとっても「知的蜜月」があったとすれば、あるいはこの時期の「法と公共政策」のゼミで学生諸君（「蜜月」の担手は多数ですが）と共にした時間だったかもしれません。

しかし、四・五年くらい前から「法と公共政策」のゼミには、ほとんどの学生諸君は関心を示さなくなりました。学部の学生にとっては、司法試験や公務員試験に通ることが最大の関心事となり、実定法以外の科目はすべて敬遠されるからですし、大学院の学生は、早くからテーマをきめて論文作成にとりかかっているので、テーマ以外の勉強は「無駄」だからです。次に述べる時期の特徴がよくあらわれていると思います。

ゼミでの何年かの試行錯誤を経て、私は『法政策学』という本（初版）を書きました。私なりに苦心したつもりなのですが、刊行してからまもなく大きな誤りをおかしていたことがわかってきました。Coase が論文集 The Firm, the Market, and the Law の刊行時につけ加えた箇所で、自分の考え方は取引費用の概念によって企業の存在理由を示すことにあったのに新古典派経済学者は誤解し完全競争市場との関連でのみこれを解釈してきたという趣旨を述べているのを読んで気づいたのです（それ以前に短いコメントの中で同じようなことを述べていたようですが、私には理解できませんでした）。たしかに Coase のいうとおりでした。私の知るかぎり経済学者のほとんどすべては Coase を取引費用ゼロから出発して理解していましたし、Calabresi 教授でさえ、――「frictionless Coasian world においては」などという洒落た表現を使っているものの――同じでした。私も「コースの定理」のこのような新古典派的解釈に全く疑いをもっていませんでした。考えてみると、Coase のこの文章は衝撃的でした。私は、あらためて Coase の考えの深遠さに脱帽すると共に、そんなによく解っていたなら勿体ぶらないでもう少し早く言って欲しかった（Coase の寡作ぶりは有名です）と思いました。これ以降、新古典派経済学とは結局アメリカの土壌に生まれたものだという意識を強くし、その地位を相対化して考えるようになり、またその後 Williamson らのいわゆる「新制度学派経済学」の仕事を読み直すようになりました。しかし、その結果を実現するのには長い時間がかかり、『法政策学』の第二版で不十分ながらようやく果たしました。それとともに「効率性」についても理論的根拠をもつ「規範的」な提案がありえないことをはっきりさせました。

(3)「議論」と「反論可能性」の問題

法または法律学固有の「ものの考え方」（私のいう「法的思考様式」）は何か、という問題の解答を自分なりに出せるようになったと思うにつれ、私はかつての「経験法学」的法律学または「科学としての法律学」の構想を批判する立場に立てるようになったと思うようになりました。そうすると、いわゆる「利益考（衡）量論」に対してどういうスタンスをとるべきかも明らかになってきます。私は、利益考量論が戦後の法解釈論争に始まる「科学としての法律学」（とくにそのリアリズム法学的側面）の構想という流れを受けついでいると考えていましたから、当然これに批判的な立場になるのですが、当初利益考量論は学問上の解釈方法論という形で述べられていましたので——私自身が批判的ではあっても学問上そういう立場がありうることは言うまでもないわけですから——何も批判する必要はありませんでした。

ところが、一九七〇年代の後半から八〇年代にかけて、大学の役割が変わるにつれ法律学者の役割にも変化が見られるようになりました。それは、後述するように、法律学の「教師」としての役割を果たすことがますます要求されるようになったからです。そのためか、利益考量論は学生も学ぶべき民法解釈の方法論として唱えられるようになり、民法学教育上の問題となってきました。このことに気づいたのは、司法研修所のある教官が、「このごろの一部の修習生は何かといえば利益考量とか価値判断とかを持ち出しますが、東大法学部ではそのような教育をしているのですか」という趣旨のことを大変遠慮がちに（もちろんニュアンスはそのような教育では困るという点にあります）尋ねられた時からです。私は、「それは学者間の議論であって、教育は別であろうと思います」とお答えしておきましたが、その頃は、研修所教官や裁判官などと接触の多かった時期で、そのような機会に同じことが同じニュアンスで話題になるのです。これらの方々は紳士揃いですから、もちろん非難めいた口調でおっしゃるわけではありません。しかし、利益考量論を教えられたのでは法律家としては勤まらないという点で、おそらく暗黙の一致があったと思います。とくに、ある練達の裁判官の方（私が最も多く教えを受けた一人はこの方です）は、この問題についての私と二人だけの会話の中で、自分が一番嫌いなのは「利益考量」とか「利益状況」とかという言葉だとはっきり言われました。このことは私に深い印象を残しました。利益考量論の法律家養成にとって持つ意味を考え始めたのは、この時の会話からだったと思います。そして、そう思ってまわりを眺めると、その頃から東大法学部の学生の間に利益考量論の影響がどんどん拡がり始めているような気がしてきました。このことを強く感じたのは、私の演習における一つの体験からです（この体験については、『法律学基礎論覚書』の正続の中でも書きました）。

当時私は不動産取引法についての演習を行っていましたが、「履行の着手」についての判決をとりあげていたときに、ある学生がおおよそ次のような趣旨の発言をしました。――「履行の着手の意義が何かを抽象的に論じても無意味である。それは、買主の利益を保護すべきか売主の利益を保護すべきかという価値判断によってしか決まらない。この判決の事案をみると買主は消費者であり、売主は業者であって、自分は消費者保護という価値判断に立つから履行の着手の意味はその価値判断を実現するように定められるべきである（後半部分は明示的に述べられたわけではありませんでしたが、論旨はここにつながるのです）」。この学生は優秀な学生でしたから、このようにきちんと答えたのですが、皆に聞いてみると結局はそう解釈するのが民法のやり方だと教えられたと言うのです。もちろん、学生側にも誤解はあるでしょう。しかし、私は、どうしてもこのような解釈方法の影響を脱してもらわないと法律家として通用しなくなる、通用しなくなるような教育をしていてよいのか、という危機感を抱くようになりました。

利益考量論の影響は東大法学部に限られているので、そのような危機感には根拠がないと一笑に付す他大学の友人もいました。たしかに、東大の民法陣には加藤先生から始まって星野・米倉両教授（米倉さんを利益考量論者に算えるのはご本人がそのように自己規定しておられないだけに不適切かもしれませんが、書いておられるものを読むかぎり利益考量論者と考えて大きな間違いはないと思います）がおられたわけですから、他大学と比べて利益考量論の影響が強いとは言えるでしょう。しかし、民法解釈学の方法論としての利益考量論の影響は若い民法学者（それは大学の教師でもあります）に及んでいると思われますから、それらの人々は学生にもそのように教えこむかもしれません。こうして、私は、なぜ利益考量論が法律家の養成にとって有害なのか、を学問的かつ理論的な根拠（当然のことながら、実務家の方々は理論的に批判したわけではありませんから）をもって主張する必要を感じるようになりました。その機会は間もなく来ました。

その頃は、碧海先生ご退官後の法哲学の専担者が未定で法哲学の講義を何人かの教授が回り持ちで担当しているときでしたので、「法の解釈」というテーマで私にも何回分か講義を担当するようにとの依頼がありました。これを機に、利益考量論を中心に民法解釈の方法論を批判的に扱った講義を行い、その時の講義ノートを元にして、「ジュリスト」に、「法律学基礎論覚書」という副題をもった一連の論文を掲載しました。批判のターゲットは星野先生の利益考量論でしたので、連載が終ったすぐ後で、先生を混えてミニ・シンポジウムを行い、さらにその後当然のことながら星野先生が強い調子の反論を「ジュリスト」に連載されましたので、それに応えるために私も「法協」に論文を書き、これは別に書いた判例研究の方法に関する論文と一緒に『続・法律学基礎論覚書』として刊行されました。法協論文は、やはり翌年度の法哲学の講義のノートをもとにしました。

これらの論文の内容については、書いたことでもありますし、時間もないので、申し上げることはできません。ただ「議論」というものが法的思考様式の成立する社会学的状況と不可分であり、私のいわゆる「反論可能性テーゼ」はその「議論」の論理的帰結として生じる（したがってすべてが法的思考様式の問題に帰着する）ということだけあらためて申し上げておきます。この一連の論文に対しては、「法と経済学」のときとちがって私も驚くほどの反応がありました。まず、学生の演習の教材に法協論文の下書を使いましたところ、みんな興奮しているかのように熱をこめた報告をしてくれました。自分の担当部分を済ませた学生の何人もが「番外」で認めてくれといって自発的に長大なペーパーを出し、遅くまで議論しました。あるいはこのゼミも私の持った数少い「知的蜜月」の一つだったかもしれません。

学界の反応も私信の形を含めて沢山ありましたが、一々お答えしないうちにタイミングを逸してしまったのを申訳なく思っています。ただ、学界の反応の中に、法社会学会で私の論文をテーマに開かれたシンポジウムがあったのにはいささか驚きました。よろこんで出席させていただき大いに啓発されましたが、シンポジウムの狙いがどこにあったのか、その時も今もよくつかめていないのが心残りです。後に「ジュリスト」に掲載されたそのシンポジウムの記録には「法社会学的法律学の可能性」という題が付されていましたので、そこから推測すると、法的思考様式と「社会学主義」とは相反するという私の主張が、あるいは社会学的法律学や法社会学に否定的であるとうけとられ、反撥を招いたのかもしれないとも思います。もしそうだとすると、それは全くの誤解だと思います。くり返し述べましたように、この論文は法律家養成という角度から問題を扱ったものでありますし、また今までの話からお解りいただけるように、おそらく私くらい「社会学」あるいは「法社会学」固有の領域を尊重してきた者はいなかったと思うものですから（だからこそ、「還元主義」から独立しようとしたのですから）。

法学部の一般学生は、私の主張のいわば最大の「顧客」なのですが、私の論文や星野先生の反論について一般学生が読むはずはありませんので、民法の講義の時に、学生にわかりやすいと思われる、「良い法律論」か否かを判断するための「反論可能性」の基準について一回だけ話をすることにしました。民法の講義では話さなければならないことが沢山あるのに、あえて貴重な一回分を割いたところに、私の危機感がそれだけ強かったのだと言って言えないことはありません。しかし学生の反応がどうだったのか、正直なところよくわかりません。東大での民法の講義はいつも二階の大教室で行われ、終った後は学生も私も、教室の広さに比べれば不相当に狭い階段を押し合いながら降りるのです。学生同士も話しませんし、私に話かける学生もいません。降りて正門に連なる銀杏並木を通って研究室に帰るのですが、その時にはいつも南原繁先生の歌集『形相』の一首が胸をよぎります。――「足らはぬ講義をすましかへりしにうらがなしくて早く寝にけり」。しかし、この歌が胸をよぎらないですむ時も全くないわけではありません。少なくとも私自身について言えば、「良い法律論」について講義したときの一つは、そういう稀な時間であったと言えるかもしれません。

四　結　果――「法的思考様式」の構造

(1)「法的思考様式」の意味

これまで述べてきましたように、私は「還元主義」の圧倒的影響の下で研究生活をスタートさせ、そこから脱け出すために、法あるいは法律学固有のものの考え方は何か、ということを私なりに考えてきました。その結果は『法政策学（初版）』や『法律学基礎論覚書』の中で書いてきましたが、一応のしめくくりとして書いたものが、『法政策学第二版』です。したがって、私が法的思考様式をどのように解しているかという点については、時間もありませんので、今ここで述べないことにします。ただそこに書いてはいないことをごく簡単に言わせていただきますと、こういうことになります。私の考える法的思考様式についての記述は、①内容の部分と、②そのような思考様式が成立する社会学的条件との二つの部分から成り、①は Aubert や Eckhoff の理論に大きな示唆を受け、それに Weber の例の Grundbegriffe を参考にしており、②は、これらに加えて、Simmel や Caplow の理論を参考にしています。これらの業績が依拠する、規範の限界内での人間の効用最大化（または満足化）行動という単純な仮定から出発して、「法」的なるものの位置づけを比較社会学的に示してみたいというのが、法的思考様式についての考え方が固まった以後の私の新しい問題意識になりました。これを考えるにあたって Bendix の手法が参考になりました。もちろん、現在の比較社会学の巨匠と言えば、他に S. N. Eisenstadt をあげなければなりません。私は以前に彼の出世作で MacIver 賞をうけた The Political Systems of Empires を読み、資料の博捜と驚くべき博識に驚嘆した記憶があります。Eisenstadt は構造＝機能主義社会学に属する人で（もっとも彼の近時の回顧的論文によれば――Power, Trust and Meaning 所収――構造＝機能主義はかなり相対化されています）、読んだのはパーソンズ理論の応用を見出せるのではないかという興味からなのですが、パーソンズ理論への興味を失うにつれ、その後あまり読まなくなりました。しかし彼は Bendix と並んで Weber の比較歴史社会学的視野を受けつぐ人であり、そして、Bendix と同じく、おそらくはウェーバー的「傲慢さ」（引退しましたが彼はポーランド生まれでヘブライ大学で教鞭をとりつつ世界の学会や大学を馳せめぐった、いわゆる weltschwebende Juden の一人です）から免れているだろうと思われるだけに気になる人です。

それはともかく、私は Bendix が「国家」と「社会」という単純きわまるダイコトミーをもって、かつ権力関係

（およそ「法」的なるものは、これをおいては考えられません）に重点をおいて、歴史的事実を構成しつつ、西ヨーロッパ社会の構造的変化を基準枠とする比較社会学的方法をもって他の諸社会を分析していること（Nation-Building and Citizenship. ただし Kings or People になると、一層歴史そのものに傾斜していきます）に深い興味を覚えました。彼が古くからパーソンズ流の構造＝機能主義社会学への批判者であったことも「パーソンズ体験」を経た私に心理的満足を与えるものでした。そして、日本の社会構造を「法」的な角度から把握し、それを他の社会構造と比較して位置づけるにはどう考えていけばよいのかという問題を考え始めました。次にその点を述べたいと思います。

(2)　日本の社会構造と「法的思考様式」

日本の社会構造を「法的」に把えたいという問題意識は、先に述べた「日本人論」（それに加えれば「日本人の法意識論」）に対する満たされぬ思いと関連して生じました。私には、いわゆる日本人論は（社会構造に言及するものを含めて）あまりにも思いつき的・断片的・エピソード的に見えました。この点は、川島先生の有名な『日本人の法意識』についても同じでした。もちろん、意思調査の結果にもとづいた、実証的な「日本人の法意識論」もあったのですが、データに質問のしかたによって左右されるところが多く、私には茫漠としてつかみかねる印象しか与えませんでした。そこで、思いつき的・エピソード的ではなく、日本の社会構造を規定する歴史的事実の把握に立って、法的思考様式の問題を考えてみたいと思いました。それにはBendixが示したように、座標軸となる日本の歴史的社会を選ばなくてはなりません。私には江戸時代つまりいわゆる幕藩体制がそのための最も適切な座標軸となるように思われました。他からの影響をほとんど受けずに、いわば全く「自前」で一つの社会構造を生成させ、長期間その維持に成功したという点では、世界史上おそらく幕藩体制に比するものはないと思われたからです。こうして私は、江戸幕藩体制のしくみを徹底的に勉強すれば日本の社会構造の比較社会学的研究のための座標軸を得られるのではないか、と考えるに至りました。もとより歴史家ではない私に、江戸時代に関わる――「法」の観点からすれば権力構造および法制史的研究のみを対象とすれば足りるとしても、それでも――膨大な研究業績を渉猟する能力も時間もありません。そこでまず、どのような理論枠組みで幕藩体制全体を把えるかという、理論社会学的な問題意識から出発して、個々の歴史的事実をそれに照らして解釈したり、あるいはそれによって理論枠組みそのものを修正するという作業を続けました。その過程で大変興味深く思われたのは、幕藩体制を西欧中世のフューダリズムの意味での「封建制」と同じに解すべきではなく、それよりもはるかに中央集権的だと解する点で歴史家の間に一致がありながら、徹底した中央集権と解することまでに至っていない（もちろん、幕藩体制を「絶対主義」と規定する――かつての「日本資本主義論争」の文脈とは別に――歴史家もいますが、これが圧倒的多数説だというわけでもないようです）、むしろ「分権的」側面を強調する見解も有力で、結局のところ、「（中央）集権的封建制」という一種の形容矛盾ともいうべき概念規定が行われているという点でした。これと密接に関連しますけれども、幕藩体制がきわめてヒエラルヒッシュな社会であることについては異論はないのですが、そこにおける意思決定のあり方については、また議論が分かれているのです。

「集権的」側面を強調する説は、当然のことながら将軍または藩主が専制的に決定したと説きますが、「分権的」側面を強調する見解は、幕府・藩のレベルでも合議制または稟議制の存在を指摘するのです（折衷的に幕府権力のレベルでは専制的性格を、藩主権力のレベルでは合議的性格を、指摘する見解もあります）。しかし、合議制によって意思決定が行われた事実は史料上否定し難いようですし、権力の所在がヒエラルヒーの下へ下へと移転される傾向をもって江戸時代だけでなく日本の全政治構造を貫く「執拗低音」と解する見解（丸山先生の考えです）もあるくらいですから、少くとも伝統中国における皇帝の「専制的」な意思決定の仕方とちがうことは確かです。そこで、後者の見解をとるとしても、ヒエラルヒーの存在と合議による意思決定とは理論的にはどうも矛盾するのではないかという気がします。私はそれを説明するために、Simmel-Caplow の理論から示唆をえて、「弱いヒエラルヒー」という概念を作り出し、それをもって「集権的封建制」および「ヒエラルヒー下での合意による意思決定」を矛盾なく解くことを試みました。そして、近世日本社会を「弱いヒエラルヒー」の社会として位置づけ、そこにおける法的思考様式からの偏倚と規範のあり方について書き、現代においてもその影響がある旨を言及しました。これらは、『法政策学〈第二版〉』に書かれてありますので、ここでは申し上げません。

ただし、『法政策学〈第二版〉』では、以上の考えを、私が大きな示唆を受けた日本の近世に関する社会学と歴史学の二つの分野の業績のいわば「口を借りて」おそるおそる述べたのですが、それよりも少し勉強が進んだような気がしますので（もちろん私の主観においてですが）、ヒエラルヒー概念を拡大して市場対組織というダイコトミーに結びつけ、「法」という角度から現代日本の組織のあり方や、市場・組織から成るいわば社会構造全体の比較歴史社会学的位置づけについて考えているところです。

前者について言えばこうです。現在の組織の代表は、国家というやや特殊なものを別とすれば、官僚制・軍隊・企業になると思われますが、このうちとくに現在の日本の企業およびそれを取巻く環境（市場構造）については多くの実証的研究があり、そこから抽出された理論的命題が蓄積されてきています。私は、「弱いヒエラルヒー」という角度から考えていけば、それと青木昌彦氏やR・ドーア氏の立てた日本の企業組織についての命題と整合的であり、また日本の市場の特質として挙げられる「中間組織」の概念もその応用として位置づけられると今のところ考えています。そうだとしますと、江戸時代の組織（幕藩）と現代日本社会の組織との間に何らかの近縁関係があるのではないか、という問題が浮かんできます。この方向で少し考えをすすめてみたいというのが、今の私の問題意識です。

後者について一言しますと、ヒエラルヒーが「強い」か「弱い」かによって、「法」という視角から種々の歴史的社会の構造が位置づけられると考えています。というのは、こういうことです。

ヒエラルヒーとは、対等な二者関係（dyad）ではなく、他人をコントロールできる資源において階層的に大小の差のある社会関係と考えられますので、三者的（triadic）な関係と概念化されます。そこにいわゆる資源とは、さしあたり社会階層研究（これはいわゆるヨーロッパにおけるような「階級」概念と異なり、アメリカで発達した概念です）から借用しますと、「権力」・「所得（貨幣）」・「威信」・「知識（情報）」等を意味しますが、いかなる歴史的社会においても

図

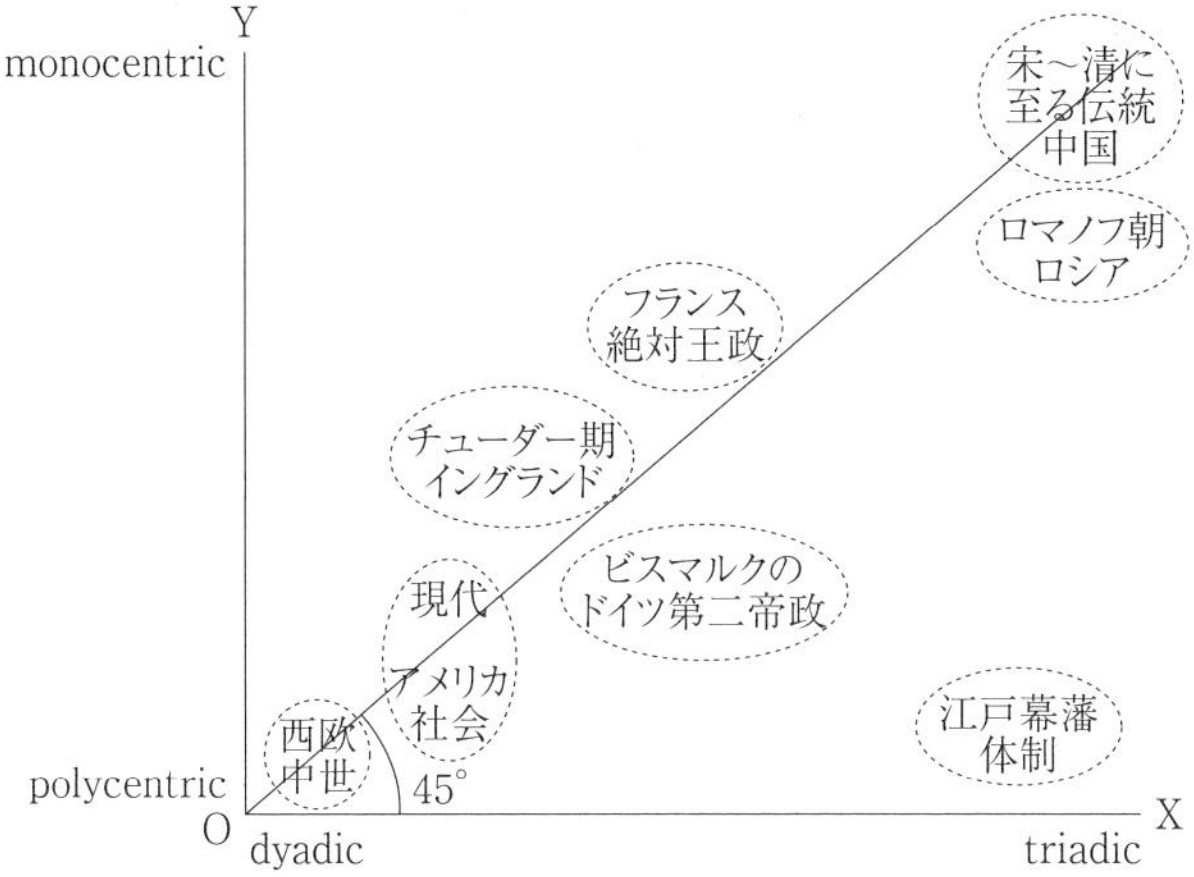

他人をコントロールしうる資源としての地位を保ってきたのは「権力」ですから、権力が一元的主体に集中されている社会を単中心的な社会（monocentric）、そうではなく権力主体が併立している社会を多中心的（polycentric）社会と呼ぶことにしますと、triadic-monocentric, dyadic-polycentric という対応関係が成立します。いまX軸に triadic-dyadic の関係を、Y軸に monocentric-polycentric の関係をそれぞれとり、原点に近いほど dyadic-polycentric だとしますと、四五度の線が今述べた対応関係を示すことになります。幕藩体制は、triadic でありながら、polycentric な権力構造だったとしますと、四五度の線より下に位置することになりますし、さまざまの歴史的社会もこの線上または上下に位置づけられることもできます。そして、ある社会が原点から四五度の線上で遠ざかるに従って、法的思考様式からの乖離は大となり、それらの社会における規範のあり方は、権利義務を単位とするものつまり「法」的なものから、権力者による行政的・制裁的命令という性格を帯びるものへと変化します。江戸幕藩体制はこの標準線から外れたものであるが故に、両者を混合した性格をもつ規範（私のいわゆる「根回し規範」）を発達させたものと解釈できます。

　ところで、多くを述べることができませんが、「弱いヒエラルヒー」が存続するための社会学的条件がありうると思われます。とくに、「弱いヒエラルヒー」の社会に対して外部からの「脅威」が存在しますと「弱いヒエラルヒー」の存続が許されず、「強いヒエラルヒー」の方向に向けて移動し（たとえば明治維新による統一国家の成立）、逆に「脅威」が小さくなると、polycentric かつ dyadic な方向に向けて移動する（たとえばソ連解体後のバルカン）ことになります。それに基いて法的思考様式との関係で「規範」の性格も変化するでしょう。今後の日本における組織（国家・官僚制・企業）はどういう方向に動くでしょうか。興味をもって眺めたいと思います。

五　おわりに——回顧と展望

私の話はおわりに近づきました。こう言うと、あるいは皆さんの中から「お前の話は法律学一般の茫漠たる話ばかりで、民法に関係する話は一つもないではないか。またシンポジウムと関連する方法論の話はどうなったのか」というお叱りの声が出るかもしれません。これに対しては私なりのアポロジーがあります。まず、現在の法律学の状況を私がどう眺めているかというところから話をさせて下さい。

いまさら言うまでもないことですが、伝統的な法律学（法解釈学）は戦後の一時期と違って完全に復権し、揺ぎない地位を占めています。民事に限れば、裁判官・弁護士といった専門的法律家の層も格段に厚くなりました（このほかに司法書士などいわゆる準法律家を加えることもできるでしょう）。企業の地位が大きくなるにつれ、いわゆる企業法務部という以前には全く考えもしなかった専門家層が確立し、魅力ある職業となってきています。行政が法律に基づいて行われる程度も格段に高くなり、もともと威信の大きかった行政官の地位が法律学を学ぶ者を一層要求するようになって、多くの人材をひきつけました。大学法学部の数も増え、法律学教師の数も飛躍的に増大しました。公刊される判例の数・法律学の文献も洪水のようにあらわれ、これらすべてに目を通すことは不可能に近くなりました。こうして、もはや「法律的知識人」ともいうべき広い階層が成立したとも思われます。それを需要者とする法律学の「自立」性を疑う人は誰もいないでしょう。

ところが、大学にいる者の立場から見ますと、少なくとも民法の分野に関するかぎり、「自立」した法律的知識の世界における大学の地位は凋落の一途を辿っているように思われます。新たな問題の発見やその解決・新たな知識の創造などの仕事は、むしろ法律実務家の手によってなされ、大学にいる者は、そうして形成された知識を整理して学生に伝達する役割に徹するようになってきたと考えられます。しかも、法律家的職業が魅力をもつようになり、そのためには国家試験に合格しなければならないとなれば、試験のためのテクニックを教える者が分化するのは自然です。つまり、予備校の発展とその夥しい刊行物の出現です。そうなると法律的知識の伝達という役割だけに徹するとしても、法律学の教授は予備校の教育や刊行物を意識せざるをえなくなり、ますます「やさしく面白くしかも試験に役に立つ」ような論文や本を書くようになります。この種の刊行物が氾濫していることは、ご承知のとおりでしょう。川島先生が言われたのとちがった意味での実務家と学者（というよりは法学教師）との「分業」が、先生の力説をまたずにおのずから成立したように見えます。

もちろん、教師としての役割は、他の法律家にはありませんから、「分業」が成立するのは自然ですし、そのことが、よく言われるように、教育に関心がなかった法学部教授のあり方を反省させる大きな意味をもつことも確かです。

しかし、先に述べましたように、私は「分業」に否定的です。法律学の教授は、何よりもまず法律家の共同体の一員でなくてはなりません。したがって、ゾルレンとしては、彼または彼女は、問題を発見し、その解釈のために「議論」に参加し、解釈論上の主張をし、その根拠を示し、反論を受け、再反論を行う能力、つまり言いかえれば、判決や準備書面を書き、法廷弁論をし、鑑定書を書く能力をも持たなければならないと思います。しかし、大学にいる者の特権は、実務家のように一定の期日までに解決する必要はなく、時間が与えられていることです。だからこそ問題を理論的につまり「根底（radical）」に問い、考えるのが、大学にいる「法律家」の義務でなければなりません。そしてラディカルに問うことこそ、最も「実用的」（これこそ法律学の価値の一つです）なのです。という意味はこうであります。

人間の知識は絶えず成長します。昨日思いも浮かばなかったことが、今日学んだ知識によって思いつくようになります。したがって、将来いかなる問題が生じるのか、その解決策は何かについて、現在の知識をもとにして予測することは論理的に不可能です。この点において、過去に生じた問題、それをめぐる議論・解決の試みなど――それについての知識量は加速度的に増大しているとはいえ――が原理的に探索できるのとは全く違うのです。しかし、最も「根底的」に問題を考えてその結果を明確に言語化しておくならば、将来未知の問題に直面したとき、われわれはその言明を手がかりとしてそこからの演繹や類推やそれをヒントとする洞察により何らかの解決策を推測し、議論し、見出すことができ、あるいはより適切なものにすることができるのです。これこそ理論家の最も実用的な価値ある仕事と言わなければなりません。現在では大学にいる人よりも、官庁や企業などははるかに膨大なファースト・ハンドの情報をもっています。しかし、これらの人が「根底的」に考えるのに難しい場合が少なくないかもしれません。そうだとすれば、――たといセコンド・ハンドの情報にせよ――それを基礎として「根底的」に考えるのは大学にいる者のみに与えられた特権であり、課せられた義務なのです。そして、このように「根底的」という意味でのラディカリズムが重要だと考えるのは、私の抱く民法（解釈）学の方法論（もっとも私は方法論の言葉を、次に述べる理由であまり好みません）につながっているのです。

私がかつて強調しましたように、「議論」と不可分である法律学の世界では、「発見のプロセス」と「正当化のプロセス」とが厳密に区別されるべきであります。前者においては、いわゆる「方法」は全く存在しません。既存の判例学説・比較法的研究上の成果・知識はもちろん、正義への情熱、バランス感覚、社会への憤懣、いや偏見や名誉心といった「俗物」根性さえも、ある法律論を「発見」するための源泉として許されるのです。「正当化のプロセス」においても、基本的には「方法」はありません。もちろん、「発見」の結果えられたものを法律家共同体の「議論」の場に登場させるには、そこにおける共通の言語（法律用語や受容された言明）におきかえ（そのためには共通の言語や言明を学生に教える必要がありますが、これこそが教師の役目です。したがって、厳密に概念の定義や要件効果を教える必要があります。「事例をあげて説明し学生に自分で概念の意味や定義を考えさせればいい」というような教え方は私のとらないところです。ところが、そういう考え方が「概念法学」だという批判を受けたのにはいささか驚きました）、これまでの「議論」の蓄積の到達水準に立脚し、かつそれとの関係を明確にする必要があると共に、問題発見とその解決についての自らの主張の根拠を言明によって「正当化」しなければなりません。そして、その正当化の根拠は絶えず反論にさらされなければなりません。大先生の説でもなく、最高裁の判決でもなく、反論を耐えぬいて生きのびた根拠だけが、その限りで正当化の根拠となりうるのです。正当化の根拠を常に「根底」から問い続けるのが大学に在る者の任務だとすれば、民法に関する、いや法の領域だけでなくして、ありとあらゆる知識が総動員されなければならないと私は考えます。問題はこうしてふたたび「還元主義」の意義と価値をあらためて確認することに戻ってくるのです。

現段階での私の「回顧」は、以上のとおりですが、最後に、「展望」（というより、時間もありませんので、若い研究者への「要望」になりますが）を述べさせていただきたいと思います。

第一に申し上げたいのは、われわれは「漢意意識」と同時に「篤胤の悲喜劇」を常に念頭におく必要があるのではないか、ということです。私は、以前にアメリカで「『脱行動論革命』を研究したいと思います」という若い政治学者に会ったことがあります。しかし、私のような門外漢でさえ、日本ではアメリカにおける司法行動論のような数量的・行動心理学的な、極端な実証的政治学は存在していなかったと感じていましたので、彼の問題意識そのものがアメリカ政治学の「借り着」のような気がしました。また、帰国後「『シュッツ＝パーソンズ往復書簡』に感動したので、構造＝機能主義批判の潮流を探りにアメリカに留学に行きます」と言った若い社会学者に会ったこともあります。しかし、日本ではパーソンズへの「叛乱」など生じなかったわけですから、反パーソンズという問題意識も、これまたアメリカ社会学の「借り着」のような感じを禁じえませんでした。

もし「漢意意識」を持っていたならば、彼らの問題意識は日本の現実に即したものとなり、そのことによってはじめて国際性をもつことになるのではないかと思います（おそらく、「脱行動論革命」や、「反パーソンズ」をアメリカで論じても相手にされないのではないでしょうか）。しかし、「漢意」を排したとして、「篤胤の悲喜劇」がわれわれを待っています。つまりは、「倭意」を表現するすべは、われわれには「漢意」によって得た言語によってしか与えられていないのです。かつて私はWeberを読み、情けなさと怒りとにおそわれました。しかし、今の私は、この現実をあたかもストア哲学者のように「怒りも熱狂もなく（sine ira et studio）」眺めています。そうする以外におそらく選択肢はないでしょう。大事なことは、われわれがそういう運命の下にあることを、絶えず意識することであります。ここから私は次のように申し上げたいと思います。

すなわち第二に、「最新流行主義」への警戒を怠るなということであります。「漢意意識」が希薄ですと、とくに最近のように情報化社会では、「最新流行」の知識が怒涛のように流入してきて影響されます。これを「最新流行主義」と呼びたいと思います。かつてのドイツ民法学の輸入も当時の「最新流行主義」の帰結であることは間違いないのですが、今はドイツに限られず（今やドイツはそのままフランスやアメリカにおきかえられています）また民法学に限られることはありません。「法と経済学」、現象学的社会学、ヘルメノイティク、エスノメソドロジー、言語行為論、関係的契約論、批判的法学研究、「法化」論、「オートポイエーシス」的法律学、ヨーロッパ的文脈での「ポストモダン論」等々をお考えいただければお解りでしょう。そして、「最新流行主義」は、しばしば、「遅れている」が故に排撃すべきだという主張に連なります。以前に私はPopperの科学論の要旨を紹介したとき、ある人から口頭で、Popperの主張はKuhnによって、「克服」されているからそれに依拠するのは誤りであり、さらにKuhn自体もすべてを相対化する「ポストモダン論」についていけなくなっているのだと批判されたことがあります。このことは、「最新流行主義」の発想を遺憾なく示していると思われます。

第三に、「植物主義」の排除であります。「植物主義」とは丸山先生のお使いになった言葉で、先生によりますと、植物主義とは、「専門がその研究の実質的内容に即して定義されるよりも、どの大学のどの学科を出たか（つまりどこに生えたか）ということによって想定される」という考え方です。どの講座に属しているのかをここに加えてもよいでしょう。たとえば民法講座に属する者だけが民法を講義すべきで、彼だけが民法学者であるというたぐいの発想が「植物主義」なのです。これが「漢意意識」の欠如と「最新流行主義」とに結びつきますと、同じ土壌に生えた一番新しい植物だけを選んで移植しようとするということになります。私は、「実定法学を専攻している割には、基礎法学的な関心が強い」と賞められたり（これが賞めことばだとすれば）、「民法学者のくせに何も知らない他分野に口を出す」という理由だけをもって非難されたり、してきました。非難するなら、無知の故に非難すればよいのですし、賞めるならその内容に即して賞めるべきなのです。そして、もしすべてを「根底的」に考えることが大学にいる法律家にとっての役割だとするならば、いかなる「土壌」に生えたかではなく、いかなる「果実」が生じたかあるいは全く不作であったかをもって論じるべきなのです。私は、若い研究者が「植物主義」的批判に屈することなく、あらゆる土壌で葉を繁らせ、果実を稔らせることを期待しています。ただし誤解のないように付け加えておきますと、私がこれまでの人生のほとんどを過した（少し早いかもしれませんが、「過去形」で表現します）東大法学部では、「植物主義」的批判に接したことはありません。私にとって東大法学部は寛容でかつ刺激的な研究環境を提供して下さいました。

終りに、ふたたび南原先生の『形相』から引用しますと、「うつしみの老いゆくわれのかがやきて今ひとたびを起たしめたまへ」との一首が今の私の胸にこたえます。これは現実を見すえれば起りえないことへの願望と幻想とを歌ったものでありましょう。しかし、「老いゆくわれ」はまごうかたなき現実であります。「老いゆくわれ」の話を聞こうとお招き下さったことへの驚きと感謝の念が、この幻想に私をおちいらせ、このような長い、お聞き苦しい話をさせたのではないかとおそれています。あらためてご清聴を心から感謝いたします。ありがとうございました。

［付記］　本報告は、一九九六年九月二一日、北海道大学法学会において行った講演の内容を大幅に加筆訂正したものである。講演の内容は時間の関係で後半になるに従って省略されたので、本稿のとくに後半部分は、実質的には新たに稿を起したのに等しい。また、若干の文献等を挙げたこともあって、本来ならば注を付すべきものであろうが、その余裕がなかったのでやむなく割愛した。当

日来聴された方々と読者のご了解を乞うと共にお許しを願う次第である。講演にあたってお世話になった北海道大学法学部の方々、とくに瀬川信久・吉田邦彦両教授に心から御礼申し上げる。

（副報告）

現代思想から見た民法解釈方法論
―平井教授の研究を中心として―

吉田邦彦

一　はじめに――若干の弁明

瀬川教授を主宰者として、この夏から来年（一九九七年）の私法学会の準備会を進めてまいりまして、本日の平井宜雄先生のお話のコメントをするように命ぜられました。しかしどう考えてみても力量不足で、広範囲の御報告内容にコメントし尽くすことなど不可能ですので、結局私自身の民法学方法論上の悩みをお話しし、その中で平井法学とのかかわりを述べるというやり方をせざるを得ません。

また、先程「外来知識の摂取」について警告されましたが――おそらくそれは、欧米におけるコンテクストに留意して、その直輸入には慎重であれということなのでしょう(1)――、昨年アメリカ留学から帰国した私にとっては、話のネタは外国法、とくにアメリカ法学に求めるほかはなく、その点は御了承願いたいと思います。但し、できるだけコンテクスチュアルに語りたいのです。それはこういうことです。数年前に設定した私の課題として、「現代思想から民法学は何を学べるか」という問題がありまして(2)、そのためにも、「批判的法学研究（ＣＬＳ）」について検討を進めることが必要であり、私は、その西と東の拠点である、スタンフォードとハーバードに滞在しました(3)。ところが、これが中々難しくて、包括的に書き進めることは大変なことだと思うようになりました。例えば、最近フランクフルト学派の中心論客のアドルノの翻訳が出されました（『否定弁証法』）が、これを理解するにはヘーゲルを知らねばなりませんし、さらには、ヘーゲルがカント・フィヒテ――さらにはユダヤ・キリスト教思想と申せましょう――と対峙しつつ着目したギリシア思想、とくにアリストテレスにまで遡る必要があるのです（そして同様のことは、ヘーゲル以降のニーチェ、ハイデガーなどについても言えるのです）。そういう具合ですから、これから述べることも自ずと中間報告、いや序盤報告とならざるを得ません。それでは始めます。

二　平井論文の方法論的意義――「議論」論の思想史的背景

まず、平井論文――とくにここでは『法律学基礎論覚書』『続・法律学基礎論覚書』〔以下、正・続で引用する〕を念頭においていますが――の方法論的意義を検討します。しばしば、平井教授の立場は「議論のアプローチ」として整理されていますが(4)、それだけでは何故そのようなアプローチが採られたのかがよく理解できません。それを知るためには、思想史的バックグラウンドを視野に入れる必要があり、そうすると、いわゆる「第二次法解釈論争(5)」の哲学的意義としては、言語論的転回（これは、平井教授がハーバーマースの言語行為論やポパーの後期の「世界3」の議論に触れられる（続・八頁以下、六〇頁以下）ことにも示されています）を踏まえた上で、「議論」ないし「法的構成」、あるいは法的議論の空間の理論的意義を明らかにされたところにありまして、これは教授の元来の出発点であった（論理）実証主義ないし基礎づけ主義（foundationalism）を批判する結果をもたらしているように私には思われるのです（さらに、第二の意義は、日本の法思想において、法律論の意義を論ずることにはアンチ・テーゼ的な意味があるということでありまして、これについては後に述べます）。具体的な説かれ方として例えば、「『マクロ正当化』が確実な基礎づけによって究極的に『正当化』されなければならないという考え方はこれを棄てるべきである」とされる（五五頁）ところに端的に示されており、さらに、決め手は、「経験的事実による実証」ではなく、「相互主観的な批判的討論」を保証する社会制度（制度的枠組）ないしそれを支える規範を維持発展させることだとされ（二八―二九頁）、多種多様な法律論を提供することが重要で（四四頁）、価値のヒエラルヒアではなく、コンフリクトの状況にあると述べておられます（四五頁）。ここには従来の考え方を突き抜けるものがあり、プラグマティズムの精神に充ちているように私には思われ、認識論（epistemology）上の転回が見られるのです。

　このことを敷衍するために、私自身の「この問題群への入り方[6]」を話してみます。「法とは何か」に関心を持ちつつ渡米した私は――恰度平井論文が日本で出されていた頃――実践的法学研究ないしプラグマティズム法学と呼ばれる潮流に関心を持ちました。これは多義的なのですが、その第一の系譜として、リアリズム法学への批判としての法実証主義ないし形式主義の復権現象だと思いました（平井論文で挙げられているワッサーストロームの他、バートン、シャウアー、ドゥオーキン、ラズ、パターソン、スティック、ワインリブ等）。そしてこの哲学的バックグラウンドは、オックスフォードの「日常言語学派（ordinary language school）」があると見て、ハート（『法の概念』）やJ・L・オースティン（『言語と行為』）などを勉強し、その淵源には後期ヴィトゲンシュタインの言語ゲーム論的考え方（『哲学探究』）（周知のように、前期の『トラクタース（論理哲学論考）』の頃は、世界と言葉との関係についての写像理論を採り、論理実証主義の中心人物でしたが、その後大きく転回を遂げたのです）があることもわかりました[7]（実証主義的な設計主義批判としてのハイエクの議論（とくに『法と自由と立法』）も連続的に捉えることができます）。そして、大陸に目を転ずると、客観的・超越的真理が実在することを疑う現象学及び解釈学の潮流がありまして、純粋意識からの働きかけ（意味づけ）として対象が構築されるというフッサールの「内在・超越［これは、可疑的なものの意です］」ないし「ノエシス・ノエマ」論及びそれを継承するハイデガーの「（現）存在・存在者」の考え方が代表的ですが[8]（フランスへは、メルロポンティに、アメリカ社会学へは、シュッツ、バーガー＝ラックマン、さらにはガーフィンケルらのエスノメソドロジーに波及します[9]）、古くは、アリストテレス（『形而上学（第一哲学）』）のプラトン批判――プラトンは、超越的イデアを真実在とするのに対し、アリストテレスは、個物（これを第一実在とします）から出発し、形相（エイドス）を述語化し、個物はエイドスでは汲み尽せない実体（ウーシア）で、それらの秩序の問題を扱うのが存在論＝神学（テオロギケ）だとするのです[10]――にまで遡るのでありまして、ここには、経験主義・感覚主義、そして自然（ピュシス）との融合という色彩があるのです。自然の魂としての神［第一動者］（可能態［デュナミス］）は、個物たる実体に現実態［エネルゲイア］として体現し、規定し、意味づけるものであり、後世（新プラトン主義以降）のようなピュシスを越える――その意味で宙に浮いた――超越的存在論は採られていないことが重要でありまして、この点で経験的・直観的内在たる生活世界に戻って、「客観（客体）的」世界を現象学的に還元しようとする考え方と通ずるものがあるのです（それゆえに、アリストテレスを志向したハイデガーは、（本来の）「存在忘却の歴史」と述べたのです）。こうした、ヨーロッパの哲学的潮流は、アメリカにおいては、昨今のプラグマティズムの再解釈、復権現象という形で呼応して現われているようであり、ローティ、パトナムらが中心となり、しばらく前までは見向きもされなかったJ・デューイの哲学――その民主主義論、共同体志向、自然主義等――が脚光を浴びるに至っております[11]。そして、その法学版が、冒頭に述べたプラグマティズム法学の第二の系譜であり（クロンマン、レイディン、ミノウ、ファーバー、C・ウェスト等）、これらの論者は、近代の合理主義、理性中心主義、個人主義を批判・克服するために（ネオ）プラグマティズムを使おうとするのです（ポズナー流の道具主義的・科学主義的プラグマティズムは、孤立的位置を占めています）。従って、この系譜のネオ＝プラグマティズムは、――第一の系譜ともオーバーラップするのですが――批判的方法論として位置づけられ、いわゆるレフトの論者によって説かれることが多いのです。

やや長くなりましたが、平井論文の問題提起はこうした思想史的転回につながるのではないかと思って前に論文を書きました（注（6）参照）。平井教授は、議論・討論の「実践」に立ち返り、超越的な価値の実在化――そして基礎づけ的（foundational）な「マクロ正当化」――を、先に引用したように拒否されるわけでありまして、そのコロラリーとして、星野教授の「価値のヒエラルヒア論」を批判されます。しかしだからと言って、それを価値相対主義（ニヒリズム）ないし価値不問主義だと言って反論するのは、転回前の実証主義的な立場にたつことになります[12]（誤解を避けるため申しますが、私は、利益考量論が、議論の場で法命題（法律論）として用いられることには、問題はないと考えるのです。ただ従来は、「利益考量」の射程は広く――それが悪いことだとも思いません――、法命題たりうるそれか、そうでないそれかを、区別する意識が弱かった[13]。その点を、法言語空間の強調とタイアップして、衝いたところに平井論文の意義があるのだと思います）。むしろ現実には、多元的な――そして場合によっては非通約的（incommensurable）な――「意味づけ」（フッサール）の林立状況があるわけでして、価値論については進展的な（evolutionary）捉え方がなされ（続・二八頁以下）、絶えざる批判の繰り返しの所産としての遂行的な（performative）法秩序と言うイメージになるわけです。

具体例な民法の例を出します。(1)先週の瀬川教授の本準備会の報告の中で、利息制限法一条をめぐる判例法理の展開［元本充当法理（民法四九一条）による法一条二項の空文化］に言及されて、星野評釈（注（13）参照）を援用して、やはり背後には裁判官の「勘」が作用し、このような規制を加えても金融梗塞にならないという社会的実態によって根拠づけられる旨指摘されました[14]。しかし、前にも書きましたように[15]、第一に、それは確かに有益な示唆ないし見方（perspective）かも知れませんが、もしそれを法社会学的に見て唯一客観的な「金融秩序」の規制のあり方だとされるのならば、実証主義的なファラシーがあり、方法論的に見て「第二次解釈論争」以前のリアリズム法学的前提が見え隠れしています。望ましい金融秩序という意味づけは多元的なのであり、他方では、厳格な利息制限法の規制には反対されて、「中利貸し」の必要性を説く竹内博士（金融法研究三号）のような見方もあるのです。また第二に、利息制限法上の規制と金融梗塞の有無との法社会学的因果関係論を――これは従来の「利益考量論」の一環で説かれていたようですが――果して「法命題」として法的議論の場に出せるのか、という見地からの検討も必要でしょう（そういう議論をしだしたら、すぐ反論されてしまうのではないでしょうか。もっとも、学者の社会学的知見としては貴重であることを否定するわけではないことは、言うまでもありません）。(2)また、借地借家法の「正当事由」論（同法六条、二八条）による法規制に対しては、周知のように、経済学者より、効率性ないし借地借家市場への参入拡大の見地からの批判がありますが[16]、「居住秩序」（住まいの意味）についての別の意味づけがありますから、そう簡単にはいきません。(3)さらに、過失責任主義（民法七〇九条）についても、法原理的に必然のものではないのですが、他方で、「不運」との線引きはどこかでしなくてはなりません[17]。そしてそれは、個別具体的に――例えば、交通事故、医療過誤、製造物責任、薬害責任、国賠責任、近隣訴訟等――遂行的に「生活秩序」を形成するほかないものだと見ることができるのです。また、過失相殺（民法七二二条）につきましても、寄与度減責的見方が唯一のものなのではなく、別の被害者保護的意味づけの余地があることも示されています[18]。

ともあれ、私の方法論的彷徨にとって、こうしたメタのレベルでの言語論的・解釈的転回は一つの展望を与えてくれましたが、それだけでは決着しないのです。と言うのは、解釈者との関係での語用論、あるいは「意味づけ」が重要だと言ってみても、それだけでは済まされず――遂行的秩序は、右（現状維持的）にも左（批判的）にも捉えられるのです――、これから先、どう意味づけて「実践」するか、（私の場合批判的実践に魅かれますので）それを次にお話しします。

三　批判のエンジン――「現代社会」の解釈・意味づけ、規範への反映のさせ方
――私法体系のゆらぎとミニ理論の「デパート化」

(1) 序論・プラグマティックな法社会学的批判理論（ミニ理論）の可能性

そこで、既存の法秩序に批判的な意味づけ、議論をするための、具体的問題に即しての幾つかの視座（perspectives）――その意味での「ミニ理論」としての批判理論――の必要性を感じ、以下にさしあたり思いついた（トポイ）カタログを述べてみます。[19]これがどのように平井教授の議論とかかわるのかを一言しますと、第一に、おそらくこうしたことは、『法政策学』のスキームでは、「プリズム」としての正義論（同書（以下では『法政』と略す）九四頁、一一〇頁）がその役割をするのでしょうが、やや理論として一般的にすぎる感じがしますので、[20]もう少し具体的にトポスを示してみたいと思います。そしてそのためには、結局社会をどう見るか、解釈するか、という法社会学的考察を余儀なくされます。また第二に、法命題の開拓、彫琢のための「発見のプロセス」として従来ともすれば定石化されていた利益考量の方法に対して、平井教授は異を唱えられたわけですが、[21]ここではそれを意識しつつ種々の態様の批判的議論をお示ししようと思っています。

レジメに示した私のカタログ［三(2)～(6)の見出し］をご覧になると、非体系的、相互分裂的であると訝しく思われる向きもあろうかと思いますが、その際ターゲットとして絶えず念頭にあったのは、川島博士の私法理論（『所有権法の理論』『債権法総則講義』等）、そしてさらにヨリ一般的理論としては、個人主義・リベラリズム・合理主義・理性中心主義などと言ったものであります。それでは、何故今日では川島理論のようなものが説かれなくなったのか、を考えてみるのは興味深いことです。私は考えますに、川島博士のような構想力のある民法学者がいなくなったというよりも、現代の社会実態がそれを許さなくなったのではないでしょうか。[22]考慮すべき観点が多元化し、相互に相克す

る状況を呈し、自ずとプルーラルな理論を示さざるをえなくなった（しかし相互に全く関連しないわけでないことは、後に示します）のです（これを、ポスト＝モダン的状況と言えるかも知れません。「デパート」というのは村上教授の言葉です）[23]。しかし、かと言って、ただ個々の判例研究などに投入しさえすれば済まされるものではなく、社会学などの法教義学以外の他領域にも目配りをして、何らかの「ミニ理論」を考察していくことは必要だと、私は思うのです。かくして、エッセンシャルないしファウンデイショナルな議論ではなく、状況や問題に適合的な、プラグマティックな議論をせざるを得なくなっているということが、社会背景としてあると思います。

(2)「共同体」「関係」的視角

そこで批判理論の中味に入りますが、まず「個人」に対して、「共同体」をどう捉えるか、どう位置づけるかという問題があります。平井理論の思想的バックボーンとしてヴェーバー（ないし方法論的個人主義（これについては、『法政』四八―五〇頁））がありますが（ついでに、それ以外のバックボーンとしては、カント、ポパー、そして丸山眞男を挙げることができるのではないか、と私は見ております）、それを意識してというわけでもないですが、私はデュルケムの社会理論に魅かれるようになり[24]（とくに『社会分業論』）、それを――昆虫学なども踏まえて――契約法に応用して、伝統的（古典的）契約理論の一面性を批判する関係契約理論を提唱したI・マクニール教授[25]の仕事に着目し、同教授の下へ、最初の留学先として参りました（一九八九―九一年）。具体的には、継続的契約の扱い方について特色が出て、その場合に連帯性（関係維持）、柔軟性、社会的背景との調和、権力コントロールなどを強調されるのですが[26]、この点はその後内田貴教授も力説されるところですから[27]、皆さん御存知でしょう。

より広く、個人主義ないし資本主義社会における「疎外」の問題及び「類的存在」（Gattungswesen）の確保のあり方は、初期マルクスも説いたところですし（『経済学・哲学草稿』『ドイツ・イデオロギー』）、今日の批判的な論者には、マクニールの関係志向的契約理論ないし官僚制権力に見られるような道具的合理主義の批判（非官僚的な共同体を強調します）と同様の問題意識は共有されていると言えるでしょう（例えば、R・ベラーらの社会学的著作は注目されるところでしょうし、現代社会の多元的・多文化的状況においては、アイデンティティの拠点としてのローカルな集団（分権的共同体）への帰属の意義が説かれている（C・テイラー）ことも逸することができません）[28]。さらに、大陸に目を転じますと、N・ルーマン等のシステム社会論が耳目を引きます。彼のオートポエシス論は多分に比喩的であって中々法理論としては使えないのではないかと思いますが（平井教授も批判的です（『法政』三八―四〇頁））、これは一種のギールケ流の社会有機体論の復権現象でありまして、トイブナーの議論などはマクニール理論と共通する面もあるのです[29]。なお、この点で触れておかなければいけませんことは、平井教授の近時の『法政策学』の第二版では、組織論にも分析が及んで、それに法政策学上の一定の理論的地位が与えられるに至っている（一五六頁以下）ということです[30]。

(3)「(厚い) 人格」論及び所有論

次に、「人格」の捉え方、意味づけの問題があります。従来はカント的な（薄い）人格論が一般に措定されていたようですが、近年はアリストテレスの復権もありまして、しばしば「人間的充実（human flourishing）」ないし「良き人生」ということが説かれます[31]（そして最近では、このような捉え方を「厚い人格」論などと言われたりします[32]）（ナスバウム、シャーマン、レイディン等）。そして、こうした視角は、例えば所有論において新たな展望を与えるように思います。私の今回の留学で、とくにお世話になったM・J・レイディン教授がヘーゲリアンだったこともあって、この点に関心を持ったのですが、カントの理論を「脱構築」しロマン化させたヘーゲルは、例えば『精神現象学』での「自己意識」のところで、物を製作し労働するという自己陶冶をした奴隷は、自己意識が形成されて、主人との形勢は逆転すると指摘する有名な部分がありますが、こうした人格と物と労働を一体として見る捉え方が、『法哲学綱要・法論』六六節の人格の構成部分をなす（所有）物の譲渡性の否定という議論につながっていくのでしょう。そしてこのことは、川島博士の『所有権法の理論』――すなわち、商品交換法としての所有法――の再検討を促すわけでして、「市場」の限界をいかに画定していくかという視角を与えてくれるのです[33]。

このような、コンテクスチュアルな自我論は、当然のことながら先に述べた「共同体論」とも関係しますし、そうなると伝統的個人主義（ないし人権の保障）との間に相克関係も生じかねません。例えば、近隣コミュニティやマンションにおける団体的規制は、微妙な問題を提供しています[34]。またさらに、この問題は、「法化」の限界問題――すなわち「共同体」内部の紛争にどこまで法は進出できるのか、また、法的紛争処理にはそれだけ意味があるのかという問題――にも関係しまして、現代的な紛争解決のあり方の再検討が余儀なくされるのではないか、と思います。具体的には監護紛争がよい例です[35]。

(4)「権力」の問題

さらには、「権力」の問題があります。これは、現代において遍在する権力による抑圧現象をいかに察知して、法規範論に汲み上げるかということでして、CLS、さらには批判的フェミニズム、批判的人種理論が提起しているところです。思想史的には、まず挙がるのが、マルクスの階級的権力論ですが、今世紀にそれをジェネラライズさせたフーコーの議論が重要でして[36]（権力的関係として、マルクスのように労働契約に限局せず、その他の制度――例えば、病院、学校、監獄、収容所、軍隊、会社、家庭等のあらゆるものに見るわけです）（とくに『監視と処罰』『知への意志』）（ニーチェ『力への意志』）との関わりも看取できます）、これとの対比というわけでもないですが、大嶽教授が、川島法社会学においては、「権力現象」を前近代的なものに矮小化し、近代法の下での権力作用を等閑視しているとの指摘[37]が興味深いのです。

具体的には、セクシャル・ハラスメント及びポルノ規制に関してアメリカ憲法上多くの議論[38]があるところですし、民法上の問題としては、例えば、継続的契約の解消におけるフランチャイジーの保護[39]、あるいは、下請負契約における転用物法理による下請業者の保護の問題は、権力分析（これは、取引当事者間の格差、取引の態様など、個別具体的

（アド・ホック）な検討もありましょうし、社会的圧力と言ったある程度一般的なものもあろうかと思います）を加えることにより、バックアップできるのではないかと思います（もとより、これは実証的データとはなりにくいですし、法命題にもなりにくいのですが、批判的法規範生成のための「発見のプロセス」としては作用するでしょう）。

(5)「非合理」「情緒」「生」の問題

さらには、こういうタイプの批判もできます。近代法の拠って立つ合理主義、理性中心主義では、「非合理」「情緒」「生」などと言った問題が抜け落ちていると説かれるのです（例えば、クロンマンは、こうした見地から、同情（compassion）、共感（fellow-feeling）と言った「想像力」を強調するのです）(40)。これは思想史的には、ユダヤ＝クリスト教的伝統よりもむしろギリシア思想に目を向ける系譜と見ることができまして、アポロに対するディオニソス的なものに注目して、ニーチェが理性批判を行った(41)（『悲劇の誕生』）ことに端を発しますし、さらにそれはハイデガー、またフランクフルト学派、いなそれよりもフランスのポスト構造主義（デリダ、バルト等）に強く見られる流れです(42)。

少しわかりにくいかも知れませんので、昨今議論の多いフェミニズム理論に即して申しましょう(43)。フェミニズムと聞くと、今尚実存主義的・リベラリズム的な――あるいはアンドロセントリック［男性志向的］と言えるでしょう――それを思い浮かべる方がいらっしゃるかも知れませんが、フェミニズムはそれほど一枚岩ではありません。むしろ、先に少し触れた（(4)参照）フーコー的な権力批判のラディカルフェミニストもかなり有力であり（C・マッキノン、A・ドゥオーキン等）、しかし他方で男女の相違を強調するガイノセントリック［女性志向的］なフェミニズムもかなり根強いのです（中心人物はC・ギリガンで、彼女はフロイト、ピアジェ、コールバークの精神分析ないし道徳発達論に対する批判から出発しています。チョドロウも社会学的見地からフロイトを批判します(44)。その他、ノディングス、法学者としてはR・ウェストなどがこの部類です）（また後二種のフェミニズムは部分的にオーバーラップしていることもあります）。そこでは、「配慮（caring）」が、ガイノセントリックな視点のキーワードとなっていますが、例えば、監護紛争におきましても、母子の情緒的、精神的ふれあいの価値を重視して、親子関係の特殊性が強調されることになるのだと思いますし、親子関係の決定に際しましてもわが国で根強い血縁主義よりも「妊娠・出産、養育という共同生活」などの関係的視角が重視されるのでありましょう。[45] 別の例として、昨今のホット・イシューである老人介護の問題を考えてみましょう。近い将来に導入が予想されています公的介護保険につきましては、数多くの議論がありますが、[46] 費用・便益の効率性分析や地方自治の問題を捨象して、ここでは原理的問題だけ考えてみましょう。すなわち、公的介護保険構想を推し進めることは、従来家族共同体内部で担われていた親族扶養に市場の論理を拡充することを意味していますし、それは「扶養」を外部化、社会化するということでありまして、そうなると、近親者間の介護に見られる「愛情」「情緒的な心の交流」、「共同体的団欒」の価値が軽視されていくことは否めないのではないかと思います（しかし、他方で、「ふれあい」「団欒」の美名の下に、現実には「嫁」に対する抑圧状況があることも事実でして、そうした相克状況を直視することが必要でしょう）。こういうことを言うと、近代合理主義・個人主義の論者からはアナクロと言われかねませんが、しかし毎日の生活に不安な高齢者、あるいは死に直面した高齢患者に対して、近代法原理である「自己決定原理」をふりかざすことの現実的抑圧状況にも、思いを致してみるべきではないでしょうか（ですから、目下検討中の成年後見などによる高齢者のサポート体制を進めることは望ましいことです）。

平井教授の議論から、少し横道に逸れた感じもいたしますが、教授は「技術的合理主義批判」の問題に対しては、「正義論」のレベルで受け止められると、前に書いておられます。[47] しかし、ニーチェは、「正義」「平等」（「神」）などと言う背後に、生の抑圧（ルサンチマン）があると説いております（『道徳の系譜』）ように、「正義」論だけで状況を汲みつくせるのかという問題を出しうるのです。

(6)　「目的」の設定のしにくさ

色々申しましたが、最後に、現代社会においては、そもそも「目的」自体見えにくくなっているとも言えます。この点は、自己目的的な消費社会（ホードリヤール、ベル等）という問題とも関係するでしょうし、また近年は社会の自己組織性、自己言及性ということもしばしば語られるところです[48]（ドイツにおけるポスト・モダン論でも、まま説かれるところです）。

具体的問題としては、例えば、未来は必ずしも予測することが容易ではなく、環境規制の基準を実証主義的に示せなくなり、決定をプロセス化せざるをえなくなったことは、既に指摘されているところですし[49]（K・H・ラデーア）、またそもそも過失主義の基準自体もゆらいでいることは先に述べたとおりです。

四　制度的問題 ――「法的思考」・「裁判」・「立法」

(1)　「法的思考」の役割

ところで、「法的思考」とは何かを考える上で、裁判制度に注目されたところ（正・六五頁など）も秀れた指摘だと私は思いまして、それを採り入れた論文も書きました（注（6）参照）。しかしその後私の関心は、立法ないし政策論の議論の場での「法律家」ないし「法的思考」の役割は何なのか、という点にも及ぶようになりました。そうなりますと、第一に、政策問題に関するいわゆる「司法消極主義」に対していかなる態度で臨むのか（この点については、平井教授の立場は必ずしも明らかではありません[50]）、あるいは、第二に、法形成における「司法」の位置づけ ―― 熟慮ある民主政（deliberative democracy）における司法的推論の意義 ―― をどう考えるのか、についても一定の立場を持つ必要があるようにも思われました。

あまり練れてもいないのですが、私は、第一の問題については、あまりに立法に追随的に信頼をおくのもどうかなと考えまして（とくにアメリカの場合には、公共選択論のリアリスティックな分析にも見られるように、立法過程に制度的障害が多すぎてその非効率性も指摘されておりまして[51]、その分、裁判所における「実践的」法解釈が重要だとされるのです（例えば、エスクリッジ[52]）。もっとも、この点につきましては、日米の立法過程の異同も斟酌する必要もありましょう）、私は、故Ｒ・コウヴァ教授の「矯正的憲法体制（redemptive constitutionalism）」と言った考え方[53]にも教えられまして、プリンシプルに依拠した法的推論の今以上の必要性を感じております（その意味で、積極司法志向があります）。しかし、先の第二の問題にかかわりますが、あまりにラージスケールの法的推論をするのも、議論の収拾をはかるという観点からは望ましくなく、ミドル＝レベルの「実践的」法的推論をすることに実際上の法的議論の意味を認めうるのではないか、と思います（この点は、Ｃ・サンスティン教授に示唆を得ました[54]）。

(2)　ルール V. スタンダードの問題

このことは、ひいては、ルールとスタンダードの問題にも関わります。そしてこの点で、『法律学基礎論覚書』における平井教授の立場は、ルール志向、演繹志向が――おそらく私以上に――強いようにも見受けられます（もっとも、一般条項のようなスタンダードを拒否されるわけではなく、それをできるだけルール化することを説かれるのです）（正・一〇〇頁以下、続・三四頁以下）。

そして、ここで注意しなければいけないのは、このことが、日本の法思想においてはアンチ＝テーゼ的意味があったということです。何となれば、私は考えますに、わが国におきましては、しばしば「概念法学」が攻撃の的となったのとは裏腹に、法実証主義的考え方［法概念と法的理論によって議論を決着させるというものです］は、少なくとも日本の「生ける」法思想としては定着していなかったのではないか、つまり社会実証主義的な見方が元来強かったのではないか、という仮説を持っております。それだからこそ、戦前から社会学的研究が盛んであり、戦後はアメリカのリアリズム法学が、何なく受け入れられて、また、利益考量論がこれだけ持て囃され、他方で、経済還元主義的なマルクス主義法学が一頻り流行し、さらに一九七〇年代後半以降は「法と経済学」研究が好意的に受け止められたのだ[55]、と考えるのです。

(3)　二つの思考様式の関係

また、付随的問題として、法解釈論と法政策論との関係はどうなるのかということがありましょうし、また、二つの思考様式——すなわち、「目的＝手段思考様式」と「法的（法＝正義）思考様式」——の関係はどうなのか[56]、両者はあまりに対蹠的に扱われすぎていないか、というようにも私は思うのです。実はこの点は、私もかつては相容れないものの如く考えていたのですが、現代のプラグマティズム論から学ぶところがありました。最近のホームズの再解釈（とくにグレイ論文[57]）に教えられたのですが、簡略化して申しますと、ある行為の目的が定まりますと、道具主義的な目的・手段の関係となりますが、目的が自己目的化すると義務論的な思考をせざるをえず、帰結主義的思考と融合するというもので、この背後には、「目的」は暫定的、プラグマティックにしか措定できないという現代的問題状況があるように思われます（もっとも、既にJ・デューイが同様の発想を探っていたようです）。

五　欧米の思想・理論と日本法——日本における「意思決定」「法意識」のあり方

最後に、日本における「法意識」「意思決定」論について述べてみます。実はこの部分——日本の組織における「根回し」的・手続的決定を、ジンメルやキャプロウのモデルを用いて説いておられます箇所（『法政』一二一頁以下、一五七頁以下）——は、第二版で新しく加えられたもので本書の特色の一つとなっておりまして、本日の話は、日本の社会構造（国制）史の観点から、さらにそれを発展させたものでありましたが、私には現在のところそれを論評することはできません。オリジナルな学者の常として、次々と関心を移していかれることに感銘を受けました。

ただ、若干の疑問をあえて申しますと、『法律学基礎論覚書』では、先述しましたように、言挙げしないわが国の文化への警鐘として「法律論」「議論」論の意義を説かれました（正・四七―四八頁）。しかしこれに対して、『法政策学』では、日本の組織における「根回し」的意思決定を容認されるかの如くです（わが国では、規範の共有がなされており、手続的正義論で足りるとされているようです（『法政』一五八―一六一頁））。だがそうだとすると、現状追認的に作用しないのか、日本社会においては、ともすると法原理的思考が軽視される嫌いがあるという印象を拭えないだけに、――また、法解釈論のレベルでの「議論」の強調との整合性という点でも――果してこれでよいのかな、と思いました。また第二に、従来の「日本人の法意識」論に関わることとして、日本の組織の権力（ヒエラルキー）分析の視点から「弱いヒエラルヒア」論を介してわが国に多く見られる手続的＝根回し的意思決定を基礎づけておられ、それを歴史的実証分析で補強されていることが（『法政』一二二頁以下、一五六頁以下）、注目されるのですが、このような新しい実証主義的パラダイムを提示される要因となったのは、おそらくは、川島法意識論に対する反発であるようです[58]。そして、川島博士の分析に対して断片的、印象批評的、エピソード風だとして批判されており（同書一二三頁）、確かに「法意識」に対する分析、アプローチの仕方は全く違いますし、いわばパラダイム・シフトとしての意義は大きいでしょう。ただ、私には両者の「非通約的（incommensurable）」な研究は多元的に併存してもよいようにも思われます（先の「批判」で、川島博士の研究スタイルを全く否定し尽くせるのか、よくわかりませんし、「法意識、法文化、法規範」という解釈次元を含んだ法の問題は、社会・経済構造と直結できないことは、近時しばしば言われることでして（逆に基礎づけ主義的に直結させたのが、マルクス主義の陥穽だと言われています[59]）、そうなると、ローカルな「語り（narrative）」ないし個別的実践を通じた法へのアプローチもありうるように思われるのです。さらに、川島博士を離れても、例えば、ユング心理学（フロイト批判という意味では、前に述べましたガイノセントリック・フェミニズムとも通ずるものがあります[60]）を、日本における人間関係・家族関係に応用し、母性的な包含原理、「場」の論理が支配するとされる河合隼雄教授の所説に関しても、私はこういう精神分析学的スタイルのアプローチも、平井教授の歴史的権力ヒエラルキー分析とともに併存してよいのではないかと思うのです）。また、川島博士の「前近代」への消極的スタンスを捨象すれば、どちらも考察対象は、中間団体（経済学者は、中間組織・内部組織と言いますが、平井教授も、第二版で、個人主義（市場主義）からこちらにシフトされたのです）でありますし、またそこでの規範現象も、権利義務規範に明示化されない「根回し」なり「手続」ということとなりますと、[61]「法意識」それ自体の捉え方にはそれほど隔たりがないと考えてよいものかという点も教えていただきたいところです。なお、付随的なこととして第三に、先に申しましたように、権力状況と規範のあり方との連関の御指摘には示唆を受けましたが、法的思考様式との関連では単中心的（monocentric）か多中心的（polycentric）かの方に、最近の研究の関心の力点が移り、かつてのAubert的な二者紛争、三者紛争の図式（これは、利益紛争、価値紛争に対応するものとされ、後者の方が法＝正義思考が強くなるとされていました[62]）の影が薄らいでおり、同じく二者関係（dyad）、三者関係（triad）と言っても権力関係の観点から見たそれであって（だから、アメリカ社会は、——価値紛争があるはずなのに——dyadicだとされるのです）、かつての用法とは少し異なるように思いました。少々長くなりましたが、以上です。

（1）ヨーロッパ的伝統は、コンテクストを捨象して日本へ移入すると、いわゆる概念の「機能転換」の問題（これについては、丸山眞男『日本の思想』（岩波新書）（岩波書店、一九六一年）一六—一七頁［丸山眞男集第七巻一九五七—五八（岩波書店、一九九六年）二〇三—二〇四頁］）が生じかねない。従って、例えば、ハーバーマスの（フッサールに由来する）「生活世界」論やハイデガーやガダマーの解釈学的存在了解を、日本の法思想・法文化にも適用して、「納得の合理性」を説かれる（内田貴「現代契約法の思想的基礎」私法五四号（一九九二年）五九—六〇頁、「現代契約法の新たな展開と一般条項(4)」NBL五一七号（一九九三年）三七—三八頁）際には、その種の問題があることに注意されるべきであろう。

（2）拙稿「『債権侵害と法解釈論』再論（下）——私の近時の問題関心の覚え書」法的六四巻一三号（一九九二年）二四三頁参照。

（3）CLSについては、松井茂記「批判的法学研究の意義と課題（一）（二・完）」法時五九巻九号、一〇号（一九八六年）、内田貴『契約の再生』（弘文堂、一九九〇年）一八一頁以下、阿部昌樹「批判法学と法社会学——法意識研究をめぐって——」大阪市大法学雑誌四〇巻四号（一九九四年）、和田仁孝『法社会学の解体と再生』（弘文堂、一九九六年）三二頁以下などがあるが、必ずしもその全貌を伝えていない。

（４）例えば、瀬川信久「民法の解釈」民法講座別巻１（有斐閣、一九九〇年）七六頁以下。

（５）碧海純一「合理主義と法解釈論——平井宜雄教授の論文に触発されて」ジュリ九四〇号（一九八九年）六一頁の言葉。

（６）その貧しい成果を圧縮してまとめたのが、拙稿「法的思考・実践的推論と不法行為『訴訟』——アメリカ法解釈論の新たな動きを求めて——（上）（中）（下）」ジュリ九九七—九九九号（一九九二年）、とくに（中）である。

（７）この系譜を概観する上で有益な近著としては、Frederick Schauer, Playing by the Rules (Oxford U.P., 1991)（議論の場を限定し、決定資源の浪費を回避するため、「権力の配分」——立法と司法の分立などの決定主体の分化——に、ルールの意義を認め、また、協調行為（coordination; collective action）の問題との関連では、個人ではなく共同体という制度に権力配分するところにもルールの役割があるとする（158–166, 171–174, 229–233））; Dennis Patterson, Law and Truth (Oxford U.P., 1996)（法的言明の真理を、言語と離れて理解するのではなく、後期 Wittgenstein また近時の H. Putnam の如く、法的言語の「実践」の場、法的正当化のグラマー——意味作りの法的文法としての議論の形式——を解明することを強調する（19, 21, 152, 158–179）。Patterson 教授は、自身の立場をポストモダン法学と呼ぶが、Toulmin を引きつつ法的議論の形式を分析するところなどは、平井『法律学基礎論覚書』（一九八九年）一六頁以下とも類似する）がある。なお、ヴィトゲンシュタインの思想を知る上で、参考になったのは、Hanna Pitkin, Wittgenstein and Justice: On the Significance of Ludwig Wittgenstein for Social and Political Thought (Univ. California U.P., 1972) (new edition 1993); Saul Kripke, Wittgenstein on Rules and Private Language (Harv. U.P., 1982) であり、邦語文献としては、橋爪大三郎『言語ゲームの社会理論』（勁草書房、一九八五年）、同『仏教の言説戦略』（勁草書房、一九八六年）、落合仁司『保守主義の社会理論——ハイエク・ハート・オースティン』（勁草書房、一九八七年）、さらに、Ｐ・ウィンチ（森川真規雄訳）『社会科学の理念——ウィトゲンシュタイン哲学と社会研究』（新曜社、一九七七年）も参照。

（８）Pitkin, *supra* note 7, at 317では、ヴィトゲンシュタイン哲学は、大陸の実存主義、現象学の哲学的潮流及び初期のアメリカのプラグマティズムと共通するところが多いと説き、ハイデガーの流れを引くアレントの「公共空間」論にも言及している（329–332）。現象学については、木田元『現象学』（岩波新書）（岩波書店、一九七〇年）、同『ハイデガーの思想』（岩波新書）（一九九三年）など定評があり、竹田青嗣『現代思想の冒険』（毎日新聞社、一九八七年）、同『現象学入門』（日本放送出版協会、一九八九年）も有益である。

（９）Peter Berger & Thomas Luckmann, The Social Construction of Reality (Anchor Books, 1966)（山口節郎訳『日常世界の構成』（新曜社、一九七七）は、今日では現象学的社会学の古典である。

（10）今道友信『アリストテレス』（人類の知的遺産８）（講談社、一九八〇年）三一四—三二八頁には、アリストテレスの個物主義を現象学と類比させて論じている。落合仁司『トマス・アクィナスの言語ゲーム』（新曜社、一九九一年）は、アリストテレスを復権させるトマスの神学に言語ゲーム論を応用しようとするが（八四頁以下）、アリストテレスの神学（第一哲学）の対象たる実体存在の全体としての秩序（今道・前掲書二二二頁参照）は、言語ゲームの問題だと思われる。

(11) 例えば、Alan Ryan, John Dewey and the High Tide of American Liberalism (Norton, 1995) 352〜は、デューイ復権の背景を的確に伝えてくれる。

(12) 「ミニ・シンポジウム法解釈論と法学教育」ジュリ九四〇号（一九八九年）四六―四八頁（田中成明発言――星野教授の立場からは個対相対主義云々が問題になるとされる）、四九頁（星野発言）。また、星野教授は、自身の立場を真、善、美、聖、正義といった客観的価値を求める「価値客観主義」であり、それに対して平井教授の立場が「実質的価値不問主義」「議論絶対主義」だと説かれる（「『議論』と法学教育（4・完）」ジュリ九四三号（一九八九年）五六―五七頁）が、その前提として、本文に述べた認識論的転回以前の「対応説」的発想がある。

(13) この点で、最近星野教授は、――近時の議論を踏まえてか――自身の立場は、ハートの「内的視点」に立つことを力説されており（「民法学（法学）以前」千葉大学法学論集六巻三＝四合併号（一九九二年）二四頁以下〔民法論集八巻（有斐閣、一九九六年）二四頁以下〕、『法学入門』（放送大学教育振興会、一九九五年）一四頁以下）、それ自体はある意味で当然であろう。しかし、例えば、後述する利息制限法や金銭債権の増額評価の可否に関する判例評釈（各々法協八七巻一一＝一二合併号一一一四―一一一五頁、法協八〇巻二号二七一頁。前者については、後に触れるが、後者においては大所高所からの社会の金融体系、現代の社会における金融の構造・地位と社会における裁判所の役割・能力を問題とされている）では、通常理解されるところの「外的視点」からの分析であると思われる。そして私は、法学者は両視点を持つことはおかしくないし、持つべきであろうとも考える。むしろ、問題は、両視点が従来必ずしも意識して区別されていなかったところにあるのである。

(14) 「『平井宜雄・法律学基礎論』再考――社会学的法律学の可能性について――」と題する報告（一九九六・九・一三）。瀬川教授は別稿で、七〇年代以降のサラリーマン金融においては、問題状況が変化し、消費者金融重視、そして「超高利少売」から「高利多売」、さらには「薄利多売」へ変化したという社会認識を示されており（「『豊かな』社会の出現と私法学の課題」法の科学一九号（一九九一年）一〇〇頁）、そのことも念頭にあるのであろう。

(15) 拙稿・前掲（注（6））（上）ジュリ九九七号（一九九二年）六四頁注（38）参照。

(16) 例えば、野口悠紀雄「日本の都市における土地利用と借地・借家法」宇沢＝堀内編『最適都市を考える』（東大出版会、一九九二年）一三六―一三七頁、一四六頁以下、福井秀夫「借地借家の法と経済分析（上）（下）」ジュリ一〇三九号七九頁以下、一〇四〇号八九—九一頁（一九九四年）（八田＝八代編『東京問題の経済学』（東大出版会、一九九五年）に所収）、八田達夫「ニューヨークの家賃規制と日本の借家法」住宅土地経済一九九四年秋季号（一九九四年）六頁など。

(17) これについては、嶋津格「不法行為法における『不運』の位置について」棚瀬編・現代の不法行為法（有斐閣、一九九四年）一四九頁以下。

(18) 窪田充見『過失相殺の法理』（有斐閣、一九九四年）参照。

(19) 言うまでもなく、T. Viehweg, Topik und Jurisprudenz (C. H. Beck, 1953) S.23の用語である。

(20) 例えば、平井宜雄『債権総論（第二版）』（弘文堂、一九九四年）六頁［初版（一九八五年）五頁］では、現代社会における市場機構への国家ないし権力の増大は、債権と物権とに変化をもたらし、より具体的には、法定担保物権（先取特権）の拡大、不動産利用権の保護、債権債務概念の拡大等がそれであるとされているが、『法政策学』の理論枠組を用いて、そうした法現象を示していただきたい気もする。

(21) 平井『法律学基礎論覚書』（有斐閣、一九八九年）五一頁では、「言明『発見』…のプロセスにおいては、『利益考量・価値判断』はもとより、考え方・議論・勘・ひらめき・直観・バランス感覚・洞察・迷信・偏見など、ありとあらゆる知識の源泉がいずれも等しい価値をもって存在しており、『発見』はこれらからの思考の自由な創造と飛躍とによって行われる」と述べられる。

(22) 村上淳一『現代法の透視図』（東大出版会、一九九六年）一七四頁では、「近代を近代たらしめるために仮想の秩序が必要であった」とされているが、今日ではもはや近代法理論のフィクション性が無視できない綻びを示していると言えないだろうか。

(23) 一九九三年度の法社会学会での村上教授の報告（「ポストモダンの法秩序」法秩序の近代と現代・法社会学四六号（一九九四年））の前に、学会の企画を評してこう言われた。

(24) Steven Lukes & Andrew Scull, Durkheim and the Law (Blackwell, 1983) からは、示唆を得た。邦語文献としては、宮島喬『デュルケム社会理論の研究』（東大出版会、一九七七年）、同『デュルケム理論と現代』（東大出版会、一九八七年）参照。

(25) R・ゴードン教授は、かつてマクニール理論について論文を書かれているが（*Macaulay, Macneil, and the Discovery of Solidarity and Power in Contract Law*, 1985 Wis. L. Rev. 565）、同教授と昨年対談した折に、マクニール教授は、戦後の最もオリジナルな契約理論家だと言われたことが、強く印象に残っている。

(26) *The Many Futures of Contracts*, 47 S. Cal. L. Rev.691 (1974) に始まる一連の研究がある。私なりのささやかな成果としては、拙著『債権侵害論再考』（有斐閣、一九九一年）七〇六頁、七〇九—七一〇頁（初出、北法三八巻五＝六合併号（一九八八年））、拙稿「（論文紹介）I. R. Macneil, *Economic Analysis of Contractual Relations*」アメリカ法［一九八九—二］（一九八九年）八〇頁以下、同「アメリカ契約法学における損害賠償利益論――『法と社会』批判研究瞥見――」アメリカ法〔一九九二―二〕（一九九三年）二四六頁以下参照。

(27) 内田・前掲書（注（3））五五頁以下、一四五頁以下、二一六―二一八頁など。

(28) I. R. Macneil, *Bureaucracy, Liberalism, and Community — American Style*, 79 Nw. U. L. Rev. 900, at 917～（1984-85）には、自説（共同体ビジョン）と、「法と経済学」ビジョン、CLS的ビジョン、リベラル主流のビジョンとの対比がなされていて、興味深い。See also, Robert Bellah et al., Habits of the Heart: Individualism and Commitment in American Life（U. Cal. P., 1985）266, 271, 275～（島薗＝中村訳『心の習慣』（みすず書房、一九九一年））（脱産業社会、ポストモダン社会、「限界の時代（era of limits）」における共同善のあり方が模索され、人々の公的モーレス、公共的政治言説の喚起ないし共同体的・倫理的コミットメントにより、疎外感や管理的専制を克服し、人間相互の社会的エコロジーを修復すべきことを説いている）; Charles Taylor, Hegel and Modern Society（Cambridge U. P., 1979）116-118, 129-133（渡辺訳『ヘーゲルと近代社会』（岩波書店、一九八一年）は誤訳が多い）, do., *The Politics of Recognition*, in Amy Gutmann ed., Multiculturalism and "The Politics of Recognition"（Princeton U. P., 1992）36～（辻康夫訳・佐々木他『マルチカルチュラリズム』（岩波書店、一九九六年）五一頁以下）（同質化の波に対して、活力ある共同体による分化・多元化の承認、そして、差異の政治を論ずる）。

(29) See, Gunther Teubner, Law as an Autopoietic System（Blackwell, 1993）116-117.

(30) その延長線上の実定法学的問題として、継続的契約論が位置づけられることは、平井宜雄「いわゆる継続的契約に関する一考察――『市場と組織の法理論』の観点から――」星野古稀『日本民法学の形成と課題下』（有斐閣、一九九六年）参照。

(31) E. g., Martha Nussbaum, The Fragility of Goodness（Cambridge U. P., 1986）237～; do., Love's Knowledge（Oxford U. P., 1990）54～; Nancy Sherman, The Fabric of Character（Oxford U. P., 1989）. さらに、Hilary Putnam, Words and Life（Harvard U. P., 1994）3～も参照。

(32) Margaret Jane Radin, Contested Commodities（Harvard U. P., 1996）60-62. See also, Michael Walzer, Thick and Thin: Moral Argument at Home and Abroad（U. Notre Dame P., 1994）.

(33) この点については、拙稿「アメリカ法における『所有権法の理論』と代理母問題（前編）」星野古稀『日本民法学の形成と課題下』（有斐閣、一九九六年）、同「日本版リバタリアニズム所有権論に関する一考察――とくにヘーゲルの人格的所有論を手がかりとして」民商一一五巻一号（一九九六年）参照。

(34) 寺尾美子「アメリカにおける所有形式集合住宅の増加と多数派支配の問題――コンドミニアムを中心として――」田中（英）還暦

『英米法論集』（東大出版会、一九八七年）が、この問題を扱っている。その後のすぐれた文献としては、Gregory Alexander, *Dilemmas of Group Autonomy: Residential Associations and Community*, 75 Cornell L. Rev. 1 (1989) がある。また、共同体論の消極面一般については、例えば、井上達夫「リベラリズムと正統性」岩波講座現代思想16（岩波書店、一九九五年）九二頁以下参照。

(35) 私もこういう観点から、かつて監護問題を扱った（拙稿「子の監護紛争をめぐる日米の法状況（上）（下）――現代的紛争解決論から見た理論的考察」ジュリ一〇四八号、一〇四九号（一九九四年））。

(36) Marxと対比しつつ、このような形でFoucaultを論ずるすぐれたものとして、Jean Cohen & Andrew Arato, Civil Society and Political Theory (MIT Press, 1992) 256～を挙げておく。邦語文献としては、杉田敦「ミッシェル・フーコーと政治理論」思想七八二号（一九八九年）、同「政治における『近代』と『脱近代』」岩波講座社会科学の方法Ⅶ政治空間の変容（岩波書店、一九九三年）、早川誠「ミシェル・フーコーと権力論」国家学会雑誌一〇七巻一一＝一二合併号（一九九四年）参照。

(37) 大嶽秀夫『戦後政治と政治学』（東大出版会、一九九四）四七－四八頁。

(38) これについては、中田裕康『継続的売買の解消』（有斐閣、一九九四年）一六頁以下、四四四頁以下が包括的であり、その他、行澤一人「継続的取引関係の終了に関する法的考察（一）～（六・完）」神戸法学雑誌四一巻一～三号、四二巻一号、三号、四三巻一号（一九九一－一九九三年）、川越憲治『継続的取引契約の終了――販売店契約・下請契約・継続的供給契約をめぐって』（別冊NBL一九号）（一九八八年）、同「継続的取引契約の終了に伴う諸問題」『現代法律実務の諸問題（上）平成五年度版』（日弁連研修叢書）（一九九四年）なども参照。

(39) これについては、さしあたり、藤原正則「建築請負人の債権担保に関する考察（一）～（三・完）――スイス法、ドイツ法を手掛りに、転用物の視角から――」商学討究四六巻二＝三合併号、四号、四七巻一号（一九九六年）（同『不当利得法と担保物権法の交錯』（成文堂、一九九七年）に所収）を参照。

(40) E. g. Anthony Kronman, *Living in the Law*, 54 U. Chi. Rev. 835 (1987); do., The Lost Lawyer: Failing Ideals of the Legal Profession (Harvard U. P., 1993) chap. 1, 2.

(41) ニーチェのこのような議論を概観するには、三島憲一『ニーチェ』（岩波新書）（岩波書店、一九八七）とくに第四章、同『ニーチェとその影――芸術と批判のあいだ』（未来社、一九九〇年）など参照。

(42) この点については、C・ノーリス『デリダ――もうひとつの西洋哲学史――』（岩波書店、一九九五年）第八章参照。

(43) アメリカのフェミニズム理論の分布状況についての私なりの整理は、拙稿・前掲（注（33））（前編）（一九九六年）一一九三頁以下参照。以下の説明は、これによっている。

(44) See, Carol Gilligan, In a Different Voice: Psychological Theory and Women's Development (Harvard U. P., 1982, new edition 1993) 19; Nancy Chodorow, The Reproduction of Mothering: Psychoanalysis and the Sociology of Gender (U. Cal. P., 1978) 150, 166-167. なお、コールバークの道徳発達心理学については、松村良之「個人の法的発達」碧海還暦・上原＝長尾編『自由と規範』（東大出版会、一九八五年）参照。

(45) 日本の遺伝的血縁重視に対する私の批判は、拙稿「アメリカ法における『所有権法の理論』と代理母問題（後編）」山畠＝五十嵐＝藪古稀『民法学と比較法学の諸相Ⅰ』（信山社、一九九六年）二一四―二一五頁参照。日仏の比較法研究を通じて同様の批判をするものとして、水野紀子「実親子関係と血縁主義に関する一考察――フランス法を中心に――」星野古稀『日本民法学の形成と課題下』（有斐閣、一九九六年）一一三三頁以下がある。

(46) 例えば、里見賢治＝二木立＝伊東敬文『公的介護保険に異議あり』（ミネルヴァ書房、一九九六年）、ジュリスト一〇九四号（一九九六年）（公的介護保険制度の特集号）の各論文、岡本祐三編『論争高齢者福祉――公的介護保険でなにが変わるか』（からだの科学臨増）（一九九六年）、同『高齢者医療と福祉』（岩波新書）（岩波書店、一九九六年）、本沢巳代子『公的介護保険――ドイツの先例に学ぶ』（日本評論社、一九九六年）、新藤宗幸『福祉行政と官僚制』（岩波書店、一九九六年）とくにⅣ章、京極高宣『介護革命』（ベネッセ、一九九六年）など参照。なお、本文に述べたことも含めて、私なりの検討については、さしあたり、拙稿「アメリカにおける老人医療（長期ケア）保障と家族責任（老親扶養）」石川＝吉田（克）＝江口編『高齢者介護と家族――民法と社会保障法の接点――』（信山社、一九九七年）の後記（これは、実質的には、拙稿「在宅ケアに関する民法上の諸問題」ジュリ増刊『高齢社会と在宅ケア』（一九九三年）の補論である）に譲る。

(47) 平井宜雄「法政策学序説・再論」ジュリ六六八号（一九七八年）九四頁、九五頁注(19)。D・ベルの『資本主義の文化的矛盾』を引かれている。

(48) 例えば、村上泰亮『産業社会の病理』（中央公論社、一九七五年）、同『新中間大衆の時代』（中央公論社、一九八四年）、また、今田高俊『自己組織性』（創文社、一九八五年）、吉田民人『情報と自己組織性の理論』（東大出版会、一九九〇年）など参照。

(49) K・H・ラデーア（村上訳）「規制主義と経済分析主義を超えて――環境法の新しい課題」岩波講座社会科学の方法論（岩波書店、一九九三年）、また、村上淳一・前掲（注(23)）（一九九四年）六四頁以下。

(50) 平井宜雄『現代不法行為理論の一展望』（一粒社、一九八〇年）一九七頁によれば、司法消極主義に必ずしも批判的ではなさそうである。

(51) この点は、平井教授も指摘する（「座談会・立法のあり方を考える」ＮＢＬ六〇〇号（一九九六年）一八頁では、アメリカの立法は、社会的資源の無駄使いという気もするとされている）。

(52) William Eskridge, Dynamic Statutory Interpretation (Harvard U. P., 1994).

(53) Robert Cover, *Nomos and Narrative*, 97 Harv. L. Rev. 4 (1983), now in: M. Minow et al. ed., Narrative, Violence and the Law (Univ. Michigan P., 1992).

(54) See, Cass Sunstein, Legal Reasoning and Political Conflict (Oxford U. P., 1996). 本書のもととなった、スタンフォード大学でのレクチャーには、私も出席した。

(55) 確かに、平井教授は、「法と経済学」研究を紹介する当初から、経済学的思考と法思考の不連続面を指摘されている（「アメリカにおける『法と経済学』研究の動向」アメリカ法［一九七六―二］一九一―一九二頁、「法律学と経済学――その連続と不連続」季刊現代経済24（一九七六年）ところは、流石であるが、それでも、例えば、カラブレイジイの事故法理論と結びつけた解釈論を説かれるところ（前掲書（注(50)）（一九八〇年）第四章）は、本稿で述べた、言語論的・解釈的転回以前の――社会の効率性に志向した――実証主義的色彩があるのではなかろうか。

(56) この点については、既に、瀬川教授も質問されている（前掲ミニシンポ（注(12)）ジュリ九四〇号（一九八九年）五一―五二頁参照）。

(57) Thomas Grey, *Holmes and Legal Pragmatism*, 41 Stan. L. Rev. 787, at 851-861 (1989).

(58) 『法政策学（第二版）』が出る前のものとして、平井教授は、法意識に関する川島テーゼを、「権力の在り方」の見地から再検討する必要があることを力説されていた（「（ディスカッション）厳しい規律、緩やかな運用と国民性」新堂幸司編『社会人のための法学入門』（有斐閣、一九九二年）二五一頁以下）。

(59) 例えば、Mark Kelman, A Guide to Critical Legal Studies (Harvard U. P., 1987) 249-250では、法の相対的自律性を説き、法とは結局法的サブカルチャーの理解と先例から導かれる「実践」であり、外在的ファクターから説明し尽せず、また外在的ファクターも、法的実践の内在的特徴に依存すると述べている（法を機能主義的、物質主義的に説明できず、法それ自体の意義があるとするTushnet, Gordon の見解を引いている）のが参考になる。

(60) 著作は多数あるが、例えば、河合隼雄『母性社会日本の病理』（中公叢書）（中央公論社、一九七六年）（本書三〇頁で、日本とは対照的に、アメリカでは「今まであまりにも切り棄ててきた母性をいかに取り戻すかという点で、大きい問題をもっている」とされるところは、文中でも触れたフェミニズムの隆盛にも対応しており、正鵠を得ているように思われる）の他に、同『家族関係を考える』（講談社現代新書）（講談社、一九八〇年）、『日本人とアイデンティティ――心理療法家の着想――』（創元社、一九八四年）

など参照。なお、ユングのすぐれた入門書としては、林道義『ユング』(清水書院、一九八二年)が参考になる。

(61) 因に、川島武宜『日本人の法意識』(岩波新書)(岩波書店、一九六七年)九四頁、一二七頁、一四〇頁などでは、問題が起ったら、権利義務を主張しないで、その時に「話し合い」をして解決し、「誠意をもって協議し」、そうして、権利義務が明確・確定的でないことによる当事者間の友好的な或いは「協同体」的な関係が成立しまた維持されているという件がある。

(62) それが強く出ている頃のものとして、例えば、平井宜雄「現代法律学の課題」平井編『法律学』(日本評論社、一九八〇年)一五頁以下、二五頁以下参照。そしてこの理解は、同『法律学基礎論覚書』(有斐閣、一九八九年)六〇―六二頁でも維持されている。

討論

瀬川信久（北海道大学法学部教授）（司会）　吉田邦彦さんの方から包括的な議論をしていただきましたが、それについて平井先生の方から何かございますか。

平井宜雄（東京大学大学院法学政治学研究科教授）　皆さんのご議論の中でお話しできればと思いますので、どうぞ先におすすめ下さい。

瀬川　それでは、どなたからでも御発言下さい。できれば最初は、今日の平井先生のお話で、わからなかったところの確認というあたりからしていただければと思いますが……。

（一）　日本社会のヒエラルヒー・モデル的特性

吉田克己（北海道大学法学部教授）　最初ですので、質問というより多少確認させていただきたいと思います。最後におっしゃられました、日本の社会構造――これは、吉田邦彦さんのコメントの中でも日本社会組織論として『法政策学』〈第二版〉における発展として取り上げられていたと思いますが――、に関して二点ほど確認的におうかがいしたいのです。第一点は、この点に関する展開は、初版にはなかったようで、第二版の非常に大きな特徴だと思いますが、これはそういうふうに理解してよろしいのか、つまり初版の時点ではこの点についての十分理論的な詰めはまだなされていず、第二版で明示的に打ち出されたそういう理論として受け止めていいのか、ということです。もう一点は、もう少し内容にかかわります。一番最後に今後の方向について触れられまして、日本社会というのは今後ダイアディックな方向に進展していくのではないか、とおっしゃった後で、領域を分けておっしゃったように思うのですが、私、十分に聞き取れなかったところがあります。私も関心がある問題ですので、もう一度御趣旨を聞かせていただけませんでしょうか。

平井　第一点についてはおっしゃるとおりです。第二点ですが、難しいご質問だと思います。一般的には諸組織が自立的性格をもつほど社会はダイアディックになりますが、外部からの脅威が高まればトライアディックになるといえます。たとえば、はげしい競争をかちぬいて成長した企業は創業者の強いリーダーシップの下でトライアディックな組織形態になっていると思われます。安定した大企業でも、株主代表訴訟などで外部からの脅威が高まれば、「強いヒエラルヒー」に変化する可能性があります。幕藩体制が外国の開国の要求によって統一権力になったと同じようなものですね。ですから、いろいろな条件にかかっているので、一般論はできないのですが、今後市場原理が浸透していくことを考えると私は日本社会の「弱いヒエラルヒー」的構造は各組織の単位でみると「強い」ほうへ動く可能性のほうが大きいと思っています。

吉田（克）　今の点の延長線上なんですけれども、今の平井先生のご説明を踏まえた上で、また二つお聞きしたいと思います。ひとつはその黒板というか白板に書かれている図式で、その左側、つまりポリセントリックでダイアディックな社会に向かう可能性もありうるということですけれども、平井先生は、「あるべき論」として日本社会はその方向に向かうべきだとお考えになるのかどうか。これがお聞きしたい第一点です。それともう一点は、中間組織論にかかわります。私もこの『法政策学』の第二版を読ませていただいて、中間組織論のところは非常に印象的でした。日本社会が全体的に中間組織的な特徴を持っているというのは、おそらくその通りでしょう。ただ、他方で、中間組織といってもいろいろあるのだろうと思います。もう少し具体的にいいますと、中間組織として典型的にいわれるのは、たとえば、下請関係であるとか、一定の協力関係にある企業の間の継続的取引関係で、これらについてはまさに中間組織的なつかまえかたができると思うんですね。ところで、それらとは別に、大企業相互の取引というのもございます。これは、普通は、まさにダイアディックな関係だと思いますけれども、星野先生もよく強調されますように、日本では、大企業間の取引もお互いの信頼関係に基づくという性格が強い。となると、それにもまた中間組織的な性格が入ってくることになりましょう。とすると、そのような大企業相互の取引関係と、最初に申し上げた下請関係などの典型的な中間組織といわれるような類型とを、中間組織ということで同じ論理でつかまえてよいのかが問題になるようにも思われます。同じ中間組織といっても両者で区別されるということはないのか、私は区別したほうがいいんじゃないかという気もしているものですから、そのへんのところをお伺いしたいというのが第二点です。

平井　「あるべき」かというご質問にお答えするのは難しいですね。もし、「権利義務」のタームで社会関係がすべておきかえられるのが「近代」的で望ましいという一時期のような考え方を私のスキームに応用しますと、ダイアディックかつポリセントリックな社会が「望ましい」ことになります。しかし、アメリカのような社会（これも「特殊」な社会です）が「望ましい」ということは、すべての人が賛成するかといえばそうではない。私はもう少しダイアディックかつポリセントリックになってもよい、なるべきだと思いますが、しかしほどほどにしてほしい、先の図でいけば、江戸時代よりも四五度の線上に近くなってほしいということでしょうか。それから第二点ですが、社会学的には（解釈論上は別です）大企業相互の関係と下請関係とは概念的には区別できないし、しなくてもよいというのが、いまの考えです。いわゆる「二重構造」という考え方に対する反撥があるものだから、とくにそう思うのかもしれません。すべて「中間組織」と考えてよいと思っています。

瀬川　よろしいですか。それじゃ、藤原さんどうぞ。

(二)　利益考量論の土着性

藤原正則（小樽商科大学助教授）　私、藤原と申しまして、小樽商大で民法を勉強しているものですが、先生の議論のお話を聞いて、丸山先生の『日本政治思想史研究』とか『日本の思想』を思い出したんですけど。それで、思ったんですが、先生のお考えですと、星野先生や加藤先生というのはある意味じゃやまとごころなんですよね。ただしそれは非常に卑俗な実用主義で、その意味では、デアリクティックではない社会での土着思想の深さということになりますよね。先生のお考えだと。そういうコンテクストで戦後の法律学というのを整理されたというふうに私は感じたのですけれども。で、そうすると、「王朝の興亡」のように入ってくる思想が、先生が最初の研究生活を始められた頃の思想ですし、それから今では、ポスト・モダンということになりますよね。しかし、先生がおっしゃったことは、そういうふうにいつもやっていると、およそ法律学というものはできないと。ですから、ポスト・モダンなんかに振り回されないで、ある意味じゃ、昔の日本の国学と同じように、西洋のオーソドックスというものを日本の材料を使ってちゃんとやりなさいと。だから、その意味では先生はマックス・ウェーバーは気にくわないっておっしゃいましたけれど、合理化の過程というのは普遍的なものとして認めているし、法律学の合理化というんですか、法律学でやることっていうのは、要するに議論ですよね。ないしは、言語化の技術ということですよね。だから何というんですか、道具としての西洋の法技術をもっと学びなさい、というふうに、そしてそれで日本の分析をしなさいと、で、しかも、日本の社会を、日本の法律学を、材料を説明しなさいと、いうふうにおっしゃっているように私には聞こえたんですけれども、そういう理解は正しいでしょうか。

平井　利益考量論が日本の土着の思想に近いのではないかというご指摘には、私は賛成です。私に言わせれば、利益考量論は心理的過程と言語的過程とを同一化している。このふたつを区別しないのは、丸山先生が言われたようにイデオロギー批判の早熟的登場という日本の伝統思想ということにつながっています。リアリズム法学を受け入れる下地は日本の伝統思想にはあるのではないでしょうか。それから、後半部分も藤原さんのご説明のとおりだと思います。つまり、相手の言っていることを言葉に対する批判としてとらえないで、実は心の中でこう思っているからそう批判するのではないか、というのは、法律学の基本に反する考え方であることを意識しなくてはと思います。

瀬川　関連した質問をしていいですか。今の利益考量論批判のところですが、大枠としては日本の社会では、文化的なアイデンティティが非常に強いために言挙げしないでも一定の合意がなされ、決定がなされるというのはわかるのですが、ちょっといくつか疑問があります。ひとつは、利益考量論なんですが、たしかに加藤先生の判例評釈なんかを見ますと今おっしゃったようなのがある〔例えば、最判昭和三四年二月二六日民集一三巻二号三九四頁の判例評釈（法協七七巻四号）〕と思うんですが、しかし、来栖先生とか星野先生は、研究会でなんかそういうことおっしゃっているかも知れませんが、書かれたものの中では、保護されるべき利益は何か、というだけです。これは解釈をしている人の職業だとか、性別だとかそういうことじゃないわけですね。だからその議論の理由として出されるものに心理的なものではないと思うんです。それから、お互いに心理を理解することによって合意に達する場合もあるわけですね。そして多分日本の場合は、そういうことが、小さい村とかで多かったと思うんです。お前は外から来たからわかんないんで、ここに五年か十年住んでみろ、この部落は別のやり方でやっているんだというような議論の仕方ですね。で、そのような議論が、全部、法律論から落ちてしまうのかどうかが、やっぱりどうも気になります。

（三）　概念法学との関係

もうひとつは、ちょっと別の方向の問題なんですが、先生は「自分が概念法学といわれるのは変な話だ、もともと法律学というのは概念法学なんだ」とおっしゃるんですが、ただ、言明で議論するといっても、概念法学とは違うスタイルもあるのではないでしょうか。前にも書いたことあるのですが〔『不動産附合法の研究』二一八頁注（５）〕、ボアソナードが「日本の古くからの慣習と新しい民法典」という論文の中で自分は日本に来て、ずっと日本語が出来なかったので日本の法律はわからなかった。ところが、ウィグモアが「全国民事慣例類集」を翻訳してくれて初めてわかった。それによると、日本というのは実は法が非常に発展してた国で、自分の考えているような自然法の考え方もある。ただ、法観念 notion légale がない。法学上の定義というのがない。考えてみると、法の école、学派というのがない。踊りにしたってお茶にしたってこれほど流派のある国で、法についての流派がなくて学問的な議論がないというのは、非常に奇妙だということを言っているんですね。何かそのへんの違い、つまり、概念でもって法律論を作るということがなかった。それで、富井先生が強調されたことですが、今からの社会は概念をいろいろ作り変えたりずらしながらやっていかないととても新しい紛争に対応できないということをおっしゃった。それが川名先生や石坂先生に受け継がれた。末弘先生が皇紀二六〇〇年の記念論文の中で、川名先生の学問を論じながら、非常に概念法学の核心をついたことをおっしゃっている（「民法学生成時代の回顧」東京帝国大学学術大観・法学部経済学部）。で、それは、私は日本だけじゃない、ドイツなんかでも同じだと思うのです。ですから、概念法学の問題はそれとして、先の、言明で議論しなきゃいけないという問題とは切り離して考えるべきことだと、申し上げたいんです。今の概念法学の問題と、言明による議論という問題を先生のように同一視するのは、なんか問題の射程を切りつづめてしまうのではないか、と思います。

平井　法を社会学的事実としてイメージするか、それとも言語に結晶化されたものをイメージするかという問題で、法とは後者に近いものとしてとらえると、日本人には法がなくなってしまう。しかし、社会学的事実としてみると規範がなくては秩序がなくなりますから社会は成りたちえなくなります。日本みたいに見事な秩序を持っている国はないという点は、安土桃山時代の宣教師も書いていますね。ですから、日本でもその意味での法がないわけはない。言語化された法もあるといえばある。たとえば武家諸法度というのがあって、十何条しかなくとも、繰り返し改定されて実効性があったと考えられている。幕府や諸藩が何をなすべきかどうかは、いかに茫漠としていても、あれで決めていたことは確かなのですね。だから、法がないというのは、具体的な紛争において当事者が自らの利益を守るために援用できる言語化された規範がないという意味です。なぜ、そういう意味での法がないかといえば、意思決定の単位が細分化されていてそれがずっと連鎖的に繋がっていき、そのひとつひとつの意思決定単位が、情報の共有、規範の共有という形で、言語化しなくともひとつの秩序をなしていた。そういう社会では、明示的な法はいらなかった。しかし規範は明らかに存在していた。しかしその規範は、私のいうポリセントリックかつダイアディックな社会での法と非常に違っていたということです。この意味の法は常に言葉の争いとして問題になるのですから概念法学と言語とはやはり関連しているといわざるをえないのではないか。

瀬川　それには、私も反対していないのですが。ただ、先生のお考えが私にも大分わかってきました。

（四）日本社会の変化と利益分析の意義

瀬川　ちょっと話を元に戻しちゃうんですが、先生の『基礎論』の中で、言明によって議論をしなくちゃいけないんだとおっしゃっている。それは先生の正当化の構造の中でいうと、ミクロ正当化だけじゃなくてもちろんマクロ正当化も、言明によってやらなきゃいけないということだと思います。そこのところで十分理解できてないのでお聞きしたいのですが、手附の例で申しますと、履行の着手になったかどうかという問題を、先生はミクロ正当化のところの例として出されていた。この履行の着手については、このあいだも最高裁の判例があって、法協には田中君の評釈が出ていますが（最判平成五・三・一六民集四七巻四号三〇〇五頁法協一一三巻一号）、そこでは、結局最初の手附を渡したときの意思解釈の問題じゃないかと言われるのです。要するに、これは普通の手附ではない趣旨であったというような意思解釈の問題になっている。で、そうすると、その履行の着手があったかなかったかという時もその手附が渡された時の具体的な状況を少しずつ確定して、確定することによってその手附の授受が持っている意味をお互いに理解する、その理解を通してはじめて議論ができると思うんです。このように、これはどういう場面であったかということを議論していくわけで、利益考量論とか、利益分析というのは、この点を強調していた。その部分は、私は利益考量論の貴重な成果だったと思うんです。そんなものは、我妻先生以来やっているじゃないかと言われればその通りなんですけれども、しかし、私の理解では、昭和三十年代の末〔一九六〇年代半ば〕から社会状況が非常に変わっていく時に従来の概念だけにしがみついて議論をたてようとしてもだめだ、もっと具体的な場面に即してやっていかなきゃいけないということを言った。それは先生のおっしゃっている言明を通じての議論というのと全然矛盾しない、というふうに理解してよろしいんでしょうか。

（五）発見のプロセスと言明（正当化）との区別と相互関係

平井　利益考量論がそれまでの民法の解釈方法論に対して問題提起的な意味がある点は、私は否定していないのですよ。しかし、言明を通じての議論という考え方と矛盾しないかといわれれば、やはり矛盾する。そもそも利益考量論者は、議論ということを念頭においていない。だから私のいう「正当化のプロセス」と「発見のプロセス」を区別せず、裁判官または解釈論を立てる心理の問題として考えがちである、というところが最大の問題点なのです。

高見進（北海道大学法学部教授）　平井先生のおっしゃることを十分理解していなくて、初歩的な質問で申し訳ありませんが、さっきおっしゃったように、ある時代に、ローマ法源の解釈というかたちでしか結論を正当化できないというところでは、そういうその利益分析みたいなものは、正当化のプロセスとしては入ってこれない、そういう時代的制約があると思います。しかし、たとえば東大法学部なり、ここの法学部で、星野先生のような方がずっとこの利益考量で講義をし、それを学生もみんな納得し、そういう人たちが裁判官になってきた場合に、それらの裁判官が、こういう社会関係ではこちらのほうが抽象的、一般的に保護すべき利益だという議論を正当化のプロセスとして納得すればね、それはそれで正当化できることになりますね。

平井　そうです。

高見　だから、発見のプロセスが、正当化のプロセスに転化するっていうことは、あり得ることですね。

平井　それは正当化そのものなので、「転化」という表現は適当ではないと思いますが、考え方としてはおっしゃる通りです。

高見　そうすると、発見のプロセスのひとつとしては認められるものが、正当化のプロセスとして認められるその条件というのがもうひとつわからないんですが。

平井　考量されるべき利益とその優先順位が言語化されて、ある主張を根拠づける言明となっているときには、それは「発見のプロセス」ではなくて「正当化のプロセス」そのものなのです。たとえば、憲法訴訟におけるバランシング・セオリーとかハンド・フォーミュラと呼ばれるのがそうですね。私だって「過失」の概念を分析して三つの因子で注意義務の高低を決すべきだと主張していますが、これなどはバランシングなのですよ。問題はそれが言明として構成されており、それに対して反論できる形になっているかどうかなのです。つまり、議論できる形になっていることが、「正当化」としての資格をもつのです。

瀬川　そうすると、高見さんがおっしゃったように、どういうものが正当化のプロセスになりうるのかという条件の問題がありますね。で、法解釈方法論と普通言われているものは、正当化のプロセスに乗り得るものはどういうものなのかという問題を、ずっと考えてきたんじゃないかと思うんです。

(六)　マクロ正当化の問題

瀬川　ですから、先生がマクロ正当化とミクロ正当化を区別されるのはいいんですが、マクロ正当化は反論に堪え得たものなんだとおっしゃっている。しかし法解釈方法論というのは、事前にその基準を設定しよう、だからその部分の議論のあり方をある程度収斂させようとする試みじゃないかと思うんです。そこのところで先生が、反論に堪えぬいたものなんだって言いっぱなしにされると、それでいいのかな、って感じがするんですが……。

平井　反論可能性という考え方には、まず究極的な根拠づけを求めることはしない。つまりファウンデイショナリズムを捨てようという文脈での主張があるわけですね。デカルトのように、思考する「われ」は疑いえない確実なものだからそこから出発しようというような考え方を法律学においてはとるべきではない。法律家共同体において共有されている言明、共有財産となっている法律論からわれわれは出発すべきであり、その限りにおいてそれらは前提としなければならないものであると約束しようと考えるわけですね。しかしいつかそれは前提とならなくなるかもしれない、つまりそれを前提とすると適切でない主張をしなくてはならないかもしれない。このように、根拠は誤りうるものであり、批判にいつもオープンであると考えるわけです。法の解釈としてなにを主張するかは全く自由であって議論を終らせようとする意図で主張されてもそれは全くかまわない。しかし、それを決めるのは主張者ではない、議論をする共同体のその限りでの合意なのですね。

つまり、基準を設定するとか、議論を収斂させようとするとかいう権威はないということですね。ある説は、最高裁の判事が言ったがゆえに、あるいは我妻先生が言ったがゆえに権威があるのじゃなくて、ありとあらゆる批判を受けてなお堪えていれば、それは共有財産として残る。通説がもし合理的に基礎付けられるとすれば、それしかないと思います。通説とは、法律家共同体の中で、ありとあらゆる角度から議論されてなお、やはり理由があるなあと納得されて受け継がれていくというのが通説なんで、そういうものであって初めてわれわれはそれを尊重し、それを遺産として学生に教えるということが可能になる、と思うのです。

（七）『法政策学』と『法律学基礎論覚書』との関係

瀬川　ただ、私は、法解釈の議論に関して、メタの問題と議論そのものの問題と分けて考える必要があるんじゃないかと思うんです。たしかに正当化主義を批判されるのはわかります。

先生の『法政策学』の第一版のときには『基礎論覚書』との関係がよく分かんなかったんです。が、第二版では、『基礎論』の問題と非常に密接に関わっていることが、わかりました。しかしちょっと意地の悪い見方をしますと、先生がこの『法政策学』の中で効率性基準、正義性基準というふうに出されているのは、ある意味では、法的決定をするときにマクロ正当化のレベルで依るべき基準、正当化するときのチェックポイントみたいにあるわけですね。ですから、先生も出していらっしゃる。ただそれは、常にこれ自体がそのレベルでほかの議論から反論に耐え得なきゃいけない。でも、やっぱり、そういうものがある、そういうものがあるべきだと考えるからこそ、先生は効率性基準、正義性基準を書かれているわけですね。ですから、すべてを批判に対しオープンにしちゃうことと、利益考量論のような実質的な利益で議論せよとか、保護利益に着目せよということとは、私は矛盾しないと思うんですが。

平井　もちろん、この二つはレベルのちがう問題ですから、矛盾はしません。私の述べているのは、ある言明の根拠づけの問題なのです。議論はある主張から出発するわけですから、その根拠となる言明を全く無から作ることはできない。何らかの言明を前提として出発し、それを正当化の根拠として用いなくてはならない。なぜ、われわれはある言明を前提とできるか、その根拠を述べているわけなのです。それから私も自分の考えを言うときには、もちろん反論に堪えることを目ざすわけですね。しかし、反論に堪えたかどうかは私が決めることではない。これはあたり前のことで、それを言っているつもりなのですが。

瀬川　それはそうです。ちょっと一言だけ、さっき利益考量論のように権威でもって決めるべきじゃないとおっしゃったんですが、私は利益考量論者が権威でもって決めようと、言っていないと思いますが。

平井　利益考量論者が権威をもって決めようとしているなどと言ったかなあ。言っていないと思いますが、もしそう言ったとしたら完全にまちがい。貴方のおっしゃるとおりです。むしろ今までの法律学にそういう傾向があったのではないかということを反論可能性の意味を示すために言いたかったのです。要するに、私が言っているのは、利益考量論の問題じゃなくて、言明の根拠づけの問題です。

吉田邦彦（北海道大学法学部教授）　よろしいですか。法政策学、法解釈学の関係については、私はむしろ瀬川先生とは逆でしてね、『法政策学』と『法律学基礎論覚書』とは一貫しているように思うのです。『法政策学』の教科書の中で法的思考のタイプとして、自分はハート、フラー、ウェーバーのタイプのを採るのだということを言っておられますね（五五頁）。その限りでは一版と同じなのです。私がさきほどちょっとお聞きしたのは、二版になると日本的な組織論の分析が出てきて、根回し的な意思決定というのが出てきます。そうすると、その中には根回しによる言挙げしない文化というのが含まれてきますが、それをも追認されるのか、それは『基礎論覚書』でおっしゃっていた法原理論、言明論を重視して言明でもって問題を処理していくという先生の立場との関係がちょっとよくわからないのです。

平井　いや、追認するという意味じゃないのですよ。言語化されていない規範が成立する条件は何か、その条件をみたす社会は何か、ということを述べただけです。「弱いヒエラルヒー」の下ではその条件がみたされ、そして日本社会では「弱いヒエラルヒー」なのではないかということを言ったのです。

吉田（邦）　ディスクリプティヴにおっしゃっているわけですか。

平井　そうです、そうです。

長谷川晃（北海道大学法学部教授）　法哲学の長谷川です。今の点とも関係があると思いますし、また瀬川さんと吉田さんからもちょっと触れられた点なんですけれども、法政策学と法解釈論の意味ということで、うかがいたいと思うことがひとつあります。思い出してみますと私も修士のときに平井先生の特殊講義でまだ教科書にならない前の講義案やプリントで法政策学を聴講した覚えがあるのですが、その時以来、若干理解できないでいたことがひとつあったのです。というのは、平井先生は法的思考様式のあり方ということを問題とされていたわけですが、通常の観点からすると、それは法解釈をする場合の思考様式なのかと思われるわけです。ところが平井先生の方は考察の範囲を非常に拡げられていて、いわば立法論といいますか、立法学といいますか、実際法制度設計の理論と技法にまで範囲を拡げられて考えておられたわけです。これは平井先生の考え方の大きな特徴だと思うんですが、逆に最初の、括弧つき常識の方から見ますと、なぜ、そこまで法的思考様式の領域を拡げるのかという問題が出てくるだろうと思います。そういうことに関して平井先生がどういうふうにお考えになって法的思考様式の問題をこういう法政策学という形で出されたのか、ということを第一にうかがえればと思います。

第二番目は、今度平井先生が問題を拡げられますと、これは法的思考をするということを、言明の正当化というよりむしろヒューリスティックスの問題として位置づけていくことになると思うんです。そして、立法論としてはたしかにそれは非常に重要であって、その通りだと思うのですが、そうすると問題は法律が言明としていったん成立しますとその下で思考するわれわれは、法的言明を前提とした上で思考することになるために、ここでやはり立法論と解釈論は違うという問題が出てくると思うんです。その時に、平井先生が立法レベルにおいて作られた枠組で用いられるヒューリスティックスが、そのまま法解釈のレベルでも貫徹され、利用されるということを考えておられるのか、あるいは逆にそれはまた別の問題でもあり得るというふうに考えておられるのか、そこでは見方が分かれてくるだろうと思うのですが、その点をお聞きできればと思います。

もうひとつ、ついでなのですが、そこでは法的思考における議論の位置ということも関連して問題になるように思います。今日のお話では、平井先生は法解釈のあり方として議論の問題を立てられているということでした。そうすると、議論というのは、いろいろな解釈仮説を検討するというニュートラルな意味を持っているように見えます。すると、先ほどとの関連でヒューリスティックスとして開発されている法政策学が、どの程度の射程をもって議論と関わるのかという点がちょっと曖昧になるのではないかと思います。別の角度から言わせていただきますと、例えば、法哲学のほうでは議論といいますと、京都の田中先生が展開された対話的合理性論が出てくるんですけれども、田中先生の発想は、私が理解する限りでは、基本的には裁判の場面に定位しておられる、つまり法解釈の場面に定位しておられると思います。そして、田中先生の影響を受けられた方々も民事訴訟の問題に関心を持っておられますし、田中先生ご自身も最近『現代社会と裁判』という本でやはり裁判手続のあり方を重視しておられます。これは同じ議論ということでも、平井先生の議論のとらえ方と田中先生のとらえ方とではかなり違うのではないかということを示しているように思います。その点での異同といいましょうか、それもあわせてお聞きできればと思います。

（八）　法的思考様式という問題意識の背景

平井　まず、最初のご質問ですけどね。私は、アメリカで発達した経済学的な意思決定理論たとえばＯＲに出てくるものとか、システム分析とかいうものを多少勉強したことがあるのです。そしてそれが経済学や政策学の基本にもなっていて、意思決定といえばそれに決まっているのです。しかし、アメリカでさえ、そういう理論では価値やコンフリクトを扱えないのではないかという反省も生まれてきました。これらを扱うのがまさに「法」ですから、「法的」な意思決定とそれらとを対比させて扱おうとしたのですが、そのことが、おそらく法的思考様式を拡大させたことになったのだろうと思います。

二番目のご質問ですけれど、全くおっしゃるとおりのように思います。法政策学はヒューリスティックで、そこで用いられる法的思考様式は目的＝手段思考様式と常にいわば「妥協」しなくてはならない運命にある、しかし解釈論における法的思考様式は、何らの制約なしに貫徹されなければならない。そういうことになるだろうと思います。

第三の点ですが、これもおっしゃるとおりだと思います。私の「議論」という意味は、専門家の長谷川さんの前で言うのもどうかと思いますが、哲学的な意味で、つまりその構造上言語使用に一定の制約を課さざるをえない社会学的な状況という程度のものです。したがって裁判というようなスペシファイされたのとちがうと思います。

長谷川　よくわかりました。一点だけ、最初におっしゃった点なんですが意思決定理論にかなり強く関心を持たれたのは、どういうモティベーションがあったのでしょうか。

平井　そう、何といってもPPBSの発生から終焉までの歴史を知ったことですね。理論あり、政治あり、人間関係ありで、まるで一遍のドラマのように思いました。これをきっかけとして、たしか東大紛争中だったと思いますが、システム分析の本などをいろいろ読みました。それと日本の軍隊の歴史を比べて、アメリカのすごさに印象づけられましたね。マクナマラが自らの知識の力だけでフォード一族に代って社長になったばかりでなく、ペンタゴンに入って将軍達も圧倒するわけでしょう。知識が権力と結びつくと知識が支配する。これと将校の暴走を上層部でさえ止められなった日本陸軍と比べるとね、本当にすごいと思いました。

（九）　法律家共同体では狭すぎるのか

林田清明（北海道大学法学部教授）　林田と申します。長谷川先生の議論とか法的思考との脈絡で若干関係すると思いましたので、ここで質問させていただくことにしました。一つは、議論の空間といいますか、あるいは主体といったほうがいいかも知れませんけれど、その問題と、議論が最終的に合意なりに至るというときにそれがどういった正当性、どういったことで正当化するのかという二つの点についてお聞きしたいと思います。

まず一つは、議論の空間ないしは主体の問題なんですが、先生が、先ほどからお話で、あるいはお書きになったものでも、法律専門家の共同体というものを想定しておられますし、その共同体の中で議論によってコンセンサスに至る、つまり最終的にコンセンサスに到達するというようなことをおっしゃっておられるように読んだり、聴いたりしておりますが、これは一つは、そういう法律家専門家共同体内部だけの議論でよいのかどうかということと、それから、もう一つは、それが範囲としては狭すぎないかということです。そして、さらに非法律家のグループも議論に参加するだろうと思うのですが、最終的にその非法律家の共同体ないしはグループとのリアクションや、あるいはインタラクティヴというものも視野に入れられるだろうと思いますが、それはどういうふうなプロセスで出てくるものなのか、という疑問を覚えました。それからもう一つは法律家共同体内部で議論を重ねていって、ある種の合意に達するということになりますと、そこに正当性なりの根拠を見い出していくんだろうと思いますけれども、それを法律家以外のいわば外に持ち出すときに、なぜその解釈なり議論を経た合意なりのものが正当性を持ち得るのかというところが少し分からないものですから、教えていただければと思います。

平井　法律専門家の共同体に限るのは狭すぎるのではないかという点、よく私に対して言われることなのですが、こういうふうに考えているのです。司法制度を動かすのには、社会の問題が法という一定の特殊な言語に翻訳されなければなりません。その言語の使用に習熟している者の間で議論や合意がないと法律そのものが動きません。だから法律家の共同体に限られる必要があるのです。ちょうど、生物学や物理学の議論をするのには、それらの使用言語をマスターしていなければならないと同じことで、言語を知らない人は議論についていけないからです。ですから、社会の一般の人と切りはなされた法律家共同体を措定する必要があるのです。しかし、法律は一般人の生命や財産に直結していません。生物学や物理学はそうではないとは言いませんが、法律学ほどではないでしょう。だからこそ法律家は一般社会の「要求」を察知し、予測し、洞察して共同体内部に通じる言語に翻訳することが一層求められていると言えます。特殊な専門家集団だからこそ余計に倫理としてこのことが要求されます。これに加えて法的思考様式は、因果法則に通じなくても「判断」の要素を含むかぎりで一般の人も参加できる思考様式です。だから法律家共同体の合意はそのかぎりで常に一般の人のニーズやコモンセンスに合致しているかテストされなければならない。法律家は「合意」に対してたえず議論することを通じてそのテストをする義務を一般社会に対して負っている。それも法律家の倫理だと思うのです。つまり法律家共同体というように狭く限定したとしても、いや限定するが故に法律家という存在自体が倫理的義務として社会に負うものは重大になるだろうと思うのです。法律家内部の合意が正当化されるのもそこにあるのだろうと思います。もっともかつてのイギリスにみられたように法律家という職業と身分的特権や利害が一致すると大きな問題でしょうね。一般社会との壁を作ることによって利益をうけるわけですから。

林田　いや、私が知りたいのは、つぎの点です。法律家は善をなすんだろうと思いますけれども、法律家は一般にだいたいその似たような背景、バックグラウンド、それから知識を受けておりますので、合意に達する可能性、いや、コンセンサスに達する確率というのはかなり高いわけですよね。他方、一般の人はそういう専門的知識がないものですから、それについて様々な意見が出てくる。で、そこにギャップがあるものですから、それを、法律家の共同体ではこういうふうに合意したといったものを一般の人のところに持って行って、これは我々が合意したんですから受け入れませんかというときに、そこで一種の権威かなんか、政治力かなんかがあるのかなというように考えるものですから……。

平井　しかし、そうなると問題は法律家だけではなくて、医師もそうだし、政治力となれば医師のほうがもっと大ということになるのではないでしょうか。法律家の合意が一般社会に通用するかどうかは、法律家の倫理とそれを担保する制度という形で考えていかなくてはならないと思いますが。

瀬川　なるべく関連した問題で質問はありませんか。

（一〇）　法学の議論のスタイルの固有性？

松村良之（北海道大学法学部教授）　先ほどの長谷川先生の質問に対するお答で、ＰＰＢＳに言及されましたけれども、彼ら、つまりＰＰＢＳを推進する人々とかあるいはＯＲとか経済学の専門家は、多分平井先生のように話されると制約条件を工夫すればどうにでもなる問題だと答えると思うんです。結局そうだとすると、これは、法律家の取り扱っている対象の独自性ということではなく、対象はその学問のスタイルに対応してどういう形でもフォーマライズできるのであって、法学においてはその議論のスタイルの固有性、独自性が重要だということになるのでしょうか。

平井　制約条件というのは一定の理論を前提としてはじめて決まるものだと思います。たとえば経済学では所得分配の公平さを議論すると先へ進まないから、たとえば所得に応じて係数をかけるとかすべて平等とするのが公平だということですませてしまいますね。そして効率性という目的を達成するための制約条件を設定する。その前提をかえようというのが私の発想ですが。

松村　私が申し上げたかったのはその制約条件をフォーマライズするということが実際に可能かどうかという問題ではなくて、思考方法の問題です。

平井　思考方法としては経済学のような思考様式とは全くちがうと考えていますが、お答えになっているかよくわかりません。

（一一）　法解釈方法論はない

田村善之（北海道大学法学部助教授）　先ほどの長谷川先生のご疑問に対して先生のお答で、わからないところがありまして、それは特に先生の最初の『法律学基礎論覚書』というタイトルに端的に現れているように思うんですが、法政策学もそうですが、すべてその法律学の議論のあり方に関してのお話なんでね。僕自身、先生の本から多大な示唆を受けておりまして、少しでも反論可能性のある具体的な命題をたてようと日々努力しているのです。僕は立法をやるときもあれば、法解釈を——こちらの方が多いのですが——やるときもあって、そうするとやはり次の問題で、『法律学基礎論』も大切ですが、その次に「法解釈論基礎論」というんですか、その「法解釈特有のルール」ってものがあるんじゃないか。それで、いままでの人はそこを議論していたのが、先生は全部まとめてまず叩かれた。そうすると多分次が出てくるべきだと思うのですね。先生自身、債権総論のような教科書と法政策学とでは、やはり書き方を全く変えておられる。もちろん当たり前ですが法解釈では、どうしても条文か、もしくはせめて条文の構造ぐらいから出発しなければいけない。そうすると、いままでの法解釈論争というのはそこのところに関してどううまくやるのか、と。それで、類推解釈とか反対解釈などに関して議論があった、そういう技法の話もあったと思うのですよね。そうしたところ、先生が、それに対して、まずはとにかく法律学はこうあるべきだと叩いたんで、多分その次を先生ご自身の内部では、本当はお考えなのではないかと思うんですが。おそらくは、先生は、その技法に関しては多分なかなか合意がないだろうから、そこも反論可能性のある命題でどんどん議論をやっていけと、それで淘汰していくんだといっておまとめになるのでしょうが、それはそれで結構なんですが、もし何か先生の内にあるのであれば、もしそれで法解釈特有の立法論などと違った議論の仕方みたいなものがあるのでしたら、それもこの機会にお教えいただけると、うれしいのですが。

平井　今のお話は、解釈の方法論が何かあるはずだ、それを示せということでしょうか。法解釈にあたって常に従うべき方法があるか、と聞かれれば、私はないと思うのです。

小川浩三（北海道大学法学部教授）　それは絶対はないという意味ですね。

平井　そう思います。これはポパーの発想なのだけれども、これに対しては、これはあくまで哲学者の発想なので哲学をやる者はそれでよいが研究の「現場」にいる者はそれではとてもおさまらないという批判もあります。そういうご意見でしょうね。

田村　先生、でも、ご自身の中では、政策論を論ずるときと解釈を論ずるときで、やはり正当化の手法は違いますよね。それもやはり、違うことも含めてすべて反論の中につき晒されるというんですかね。僕が思いますに、微妙な違いというのは、先生にもおありになって、他のみなさんにも絶対おありになるはずなので、そこを前面に出していくことも必要なのではないかと。先生は、結局まあ、頑張って淘汰されるのを見ましょうということになるのでしょうけれど、僕は、気が早いですから、どれが簡単に淘汰されそうで、これはだいぶ生き残りそうだというのが、なんとなくあるのですよ、自分の心の中に。それで、そこも、立法論とか、普通の法律学一般じゃなくて、法解釈という場でなにか法というものを解釈する以上は、なにかあるその心のわだかまりみたいものをね、議論していく意味というのはやはりまだ失われていないような気が僕はするのですが……。

平井　もちろん私自身がこの解釈論は反対だと思ったり、しかも淘汰されそうだ、だから自分はこの解釈論を主張するということはいくらでもある。それについては情熱をもって主張しているわけで、私の教科書には、自説が過剰だという人もいるくらいです。しかし、自分がいくら情熱的に主張しても、それが他に優越して正当化できるかどうかは自分ではなくて議論と時間が決めることじゃないですか。

誰が言おうと、その内容つまりその言葉だけをとらえて勝負をし、それを評価するということが法律論のあり方だという気がするものですから、「正しさ」をきめる客観的な基準はないだろうと思います。客観的な基準というのはあくまでその議論の場にさらして批判をするというその相互作用の中で出てくるんじゃないかと思います。

（一二）　政策学と解釈論――再論

平井　政策論と解釈論とでは正当化のしかたがちがうという点は、そうだと思いますよ。もっとも私は議論の関連で解釈論を考えるので、政策論では「正当化」の語をあまり使いたくありません。しかし、政策論はある目的を達成するために何が最適かが、思考の基本であり、解釈論は、相対立する当事者のいずれになにを与えるべきかというのが主たる課題である。この点でこのふたつは違うんじゃないかと思います。

吉田（邦）　今の点はですね、私にとっては、ひとつのスペクトラム（連続線）上の問題のように思えます。先程の長谷川さんの発言の中で、法的思考の射程の問題という議論がありましたけれども、私も、前にちょっと論文を書いたときは訴訟とリンクさせたような筋立てにしたのです（ジュリ九九七―九九九号）。しかし、アメリカに今度行って、例えば代理母というおよそ確定した法律になってないような問題で、非常にポリティカルな議論・政策論が満ち溢れているようなところで、法律家として何をやるべきか、しかし、そこにも何か法的思考があるべきだというようなことを考えざるを得なくなったのですね。そうすると、自ずと法的思考というのも広める、裁判とのリンクと言う以上に、それを広めざるを得ないというようなことを感じましてね。ただ基本的な枠組というのはそれ程違いがなく連続的にあるのではないかというようなイメージですけれどもね。

（一三）　反論可能性だけでよいのか

瀬川　時間もそろそろせまってきたんですが、さっきの田村さんの質問で、私ちょっとおききしたいんです。私も多分田村さんのような考えだと思うんです。しかし、そのときに、たとえば我妻先生の「近代法における債権の優越的地位」という論文は、そういう中で、これからしばらく大事なのはこっちの方向だよということを示されたと思うんです。それから、丸山眞男先生が、「思想史の考え方について」という論文（『丸山眞男集第九巻』四五頁以下）の中で、思想というのにもやっぱり優劣あるんだ、問題をどれだけ広くつかまえて深く考えているか、ま、いわれてみればあたりまえのことなんですけども、でもかなり具体的に優劣の基準を出していらっしゃる。それで、反論に生き延びたというだけじゃないものがなんかある、それはやっぱり考えているんじゃないかと思うんですけどね。利益考量論、たしかに土着ですけれど、あの状況の中で、今やるべきことはこういうことだというのを、そこそこに組み立てて議論していらっしゃるような気がするんですけどね。
平井　それはおっしゃる通りで、あっという間に反論に負けてしまうようなのはね、価値が低い。隙だらけみたいな議論は。だからそういう角度の優劣の評価は可能ですけれど、それでもあくまで、反論に堪え得たかどうかという形の評価ですね。内在的にそれをこえて優劣があるとかね、というような議論をしてしまうと、あの先生の説だからとるべきだ、そういうふうになってしまって権威主義になる。それが問題なのです。

(一四)　ポスト・モダン論について――平井講演の受容の仕方

東海林邦彦（北海道大学法学部教授）　ポスト・モダン論について先生は最後のところで、日本でのそれはヨーロッパのように人文主義の伝統がないところでのものであって、まったくコンテクストが違うんだという、やや外在的な批判だけを提示されたように思うんですが、もう少し内在的、実質的なところでのお考えをお聞かせいただければと思います。吉田邦彦さんのコメントの特に三の(2)から(6)まであたり、(2)から(5)あたりまでのがそういった内容のことをいろいろ含んでいるのじゃないかというふうに、私としては理解したのですけれども、もし平井先生の吉田コメントに対する再コメントみたいなものがありましたら、お聞かせいただければありがたいと思うんですが。
平井　今いわれたとおり、ポスト・モダン論というのは、人文主義つまり反科学主義と科学主義という、西欧で絶えずあらわれる二つの勢力の前者がさかんにいっていることなのです。日本は反科学主義という伝統がないでしょう。はじめから科学の成果に降参して開国したわけだから。このヨーロッパの伝統をそのまま日本にもってきて、ポスト・モダンといっているのはおかしいというのが私の基本にあるのです。ただ、吉田君のおっしゃってることは僕も勉強していないですから、難しくてよく理解できなかったんですが、ポスト・モダンとして何を想定しているかによりますね。例えば、ＣＬＳとか law and economics とか全部含めてポスト・モダンだというふうに規定してしまうと議論が拡がりすぎますね。しかし、たとえば客観と主観の峻別の解体とか、存在論の優位とか、言語が中心と考える、というようなものがポスト・モダンだということならば、またそれなりの議論がありうると思います。つまり問題はポスト・モダンというものはいったいいかなるものと考えるかによると思いますね。たとえば東海林さんのお考えでは、ポスト・モダンの中核的なものは何ですか。

東海林　それは私にきくより吉田邦彦さんにきいたほうが……。

吉田（邦）　平井先生がおっしゃるとおり、ポスト・モダンをどう捉えるかという問題があり、仮に近代思想ないし近代性に対する批判と考えると（もっとも、通常はもっと狭くニヒリスティックな思想を指して使われるようですが、ポスト・モダンの概念規定（外延）を厳密に論ずることには、それほど意味があるとも思われません）、いろいろな主張があって多種多様です。そして、先のコメントの中でも申しましたように、平井法学にもポスト・モダン的な、そしてプラグマティックなところが多分にあると思います。それは既に申し上げた通りです。ですから、たとえば村上先生が、最近ＵＰで、短いエッセイを書いておられて（「ポストモダニズムと責任感」ＵＰ一八四号）、それによれば、ポスト・モダンときくと、故散くさいものだと逃げられてしまうとのことです。私は、それはいわゆる非合理主義だと思う。やっぱり、先生がいつもおっしゃっているように、いろんな諸々の欧米の思想に、自分をオープンに晒して、そしてもちろん、そこに漢意があることを忘れずに、日本の社会、思想を相対化させて捉えていく。その際、絶えずオープンに向こうの異質な思想を学ぶことは必要なのではないでしょうか。そして、そこから日本を位置づけていくのがないと。私などはそのように今日の先生の話を受け取っているのですけど。それを、もしかして誤解してですね、倭意とか平田国学などが出てくると、もうちょっとドメスティックに、日本の法学だけを考えていれば良い、それで事足りる、と考えるのはどうかなと思うのです。もし今後民法学がドメスティックに、しかも法教義学だけに萎縮していくとするならば、それでは面白くなってしまうのではないかという危惧を持ちます。そういうように、変な形で一面的にメッセイジを受けとって、外国のことは勉強せずに、日本のことだけ、しかも、法律構成やその体系論だけに終始することだけが、法学者の仕事だと捉えられるとまずいのではないかと思います。先生は他方で、発見のプロセスの多様性ということを強調されているわけですし、かつ、基礎理論をこれだけやられているわけですから、その意味で、私自身としては、今日の先生のお話の中での「還元主義」の時期に――その立場の採否はともかくとしまして――、民法学が他分野に開かれていたという意味で、ある種の憧憬を感ずるのです。それから、どうも、ポスト・モダンという言葉だけで嫌う人がいるものですから、「現代思想」という言い方をしました。例えばヘーゲルを見ると、そこでもう、現代思想につながる端緒的な新たな思想は、出てきてますね。そういうものは、ともかく学べるものは学ぶという感じで、受け取っています。また、言語論的転回について、先生はハーバーマスを引用されているところから、それはもう、すでにポスト・モダン的ですね。ハーバーマスは未完の近代という言い方をされますけど、言語交流的な合理性と言って、そういうもやもやっとしたものにしか基礎づけられないというところは、ポスト・モダン的なのですし、それは現代社会の変化とも関わっていると思います。もうファウンデーショナリズムの域を越えているわけですね。そういうレベルでは、非常に共有する面があると思います。それから、言い落としましたけど、ポパーも変遷がありますね。そして前期の、たとえば碧海先生を通じたポパー観を従来の日本の法学者は一般に持っていたと思うのですけど、それを『オブジェクティブ　ノリッジ（客観的知識）』などを引かれて「世界3」とかおっしゃるのは、これもポスト・モダン的なのですね。言語的転回を遂げているとも言えるものを引かれて、先生の理論と結びつけられている。論理実証主義から出発されながら、その後のものに着目されるという限りでは現代思想家（ポスト・モダン論者）と通ずる面があるのではないかと思います。この討論の中でも、平井先生はいみじくも、デカルト的なファウンデイショナリズムを捨てると言われました。そのことの思想史的・方法論史的意義を、欧米のコンテクストの下に据えて考え直してみたいというのが、私がコメントの中で申し上げたかったことの一つでした。そしてそうなると、木田元氏の言われる「反哲学」の系譜（同『哲学と反哲学』、『反哲学史参照』）にも思いを致すことになるのではないでしょうか。だから、後ろ向きに、ポスト・モダンと聞くとどうかなっていうのではなく、もっと中身に立ち入った議論をすべきだと思います。

平井　そういうふうに理解していただければ有難いが、そうなるとポスト・モダンという必要はないのではないですか。主観と客観の二分論の解体というような問題はもうすでにカントで出てるわけですからね。

吉田（邦）　ポスト・モダンというかはともかく、今日の思想的潮流を分解して勉強すべきところはするというようなことでよいと思うのです。

平井　どうも私はポスト・モダンという西欧的コンテクストに無批判に従うことにはつい反感をもつものだから。

吉田（邦）　おっしゃるとおりで、ポスト・モダン論には、背景として西欧的コンテクストがあることは無視できませんし、そのことは、私の報告でも強調したつもりです。それから、誤解がないように申しますが、向うの思想を「勉強する」ことと、日本へ「直輸入する」こととは、別問題です。先生の講演で強調されたように、日本社会の特殊性とか日本の伝統的思想、法意識とかにも目を向けて考慮する必要がありますから。ただ、共通に議論できたり、少なくとも参考になる側面があることもまた事実のように思います。丸山先生の有名なテーゼに、わが国は開国と鎖国との繰り返しであって、文化接触が大きな役割を演ずるというのがありすね（「開国」『丸山眞男集第八巻』一九五九―一九六〇所収）。今日の欧米における現代思想の隆盛の背景として、――もとより社会の変化ということもありましょうが、――思想史的には、報告でも触れたように、ユダヤ・クリスト教思想とは「異質の文化との接触」に源があるように思われます。そしてわれわれは、そこから知的刺激に「鎖国」的態度を採るべきではないでしょう。

長谷川　いまの点ですが、私は先ほどの吉田さんのコメントとそれから平井先生のお話をうかがっていて、基本的には私は平井先生と多分同じ考え方だと思うんですが、平井先生の考え方と吉田さんのそれが対立する重要な点が一つあると思います。それは、先ほど平井先生がＰＰＢＳの話をされた時に、マクナマラの例を出されたわけですが、そこに示されていたように主知主義的な立場をやはり平井先生は採っておられると思うのです。つまり、社会をコントロールする技法が存在して、それがかなりの射程で、法律家集団を通じて、全体社会をコントロールし得るだろうという想定を持っていらっしゃる。で、吉田さんの方はコメントの中で、こういうことをおっしゃったんですね。私の理解が正しければですが、現代は非常に価値が多元化しているプルーラル・ソサエティであり、いわば大文字の目的を定めるのが非常に難しい、だから小さい個別的な目的をどう定めてゆくかが問題になってくるのであり、それで、吉田さんはプラグマティズムの見方をとるんだとおっしゃったと思うんです。ここでお二人の間では社会に対する秩序のあり方のイメージが決定的に違うと思うんですね。この点では、平井先生はモダンの系譜に属していらっしゃって、多分吉田さんは、いわゆるポスト・モダンの系譜に属するというか、そういう違いとして非常に対照的なものがあると感じたのですが。

平井　その通りかもしれませんが、ただ私はモダン、ポスト・モダンという分類そのものが気にいらないものですから、どちらでもいいと思っています。実質的にはいまおっしゃったことは「設計主義」かそうではないかということに関連していますね。私は日本というのは律令制以来「設計主義」の国だと思っているから、モダンかどうかは別として、日本の伝統に反して考えているわけではないと思うのですがね。

吉田（邦）　私は、多元的に考えますから、別に設計主義的に考える人がいても構わないと思います。ただ、それで全てを覆い尽くすことはできないと見るのです。

（一五）最後に――正当化のプロセスの意識の仕方

松久三四彦（北海道大学法学部教授）　反論可能性の高い法律論をするためにその発見のプロセスと正当化のプロセスを区別する意識を持つ必要性についてなんですが、両者を明確に分けることはできるのでしょうか。法解釈者がある具体的な問題に対してある結論に至ったときには、両者はいわば混在というか分けられないようなそういう思考プロセスの中でその結論に至っていて、それを述べるときにいい法律論をするために、発見のプロセスと正当化のプロセスを分けて、ここでその正当化のプロセスに焦点をあててこう述べよう、とこういう形でたとえばものを書くとか、しゃべるということが出来るんだろうか、という素朴な疑問があるんですが、どうでしょう。

平井　だって法律家はみんなそうじゃないでしょうか。弁護士を考えますとね、彼がいろいろな法律論を主張するとしてもその心理的プロセスは自分の依頼者の弁護をするということに尽きますよね。

松久　弁護士の例では、それが心理的プロセスだというのであればそれでわかるのですが、学者がですね。

平井　学者の場合ですか。学者も法律家の一員として議論する以上は、ある主張がまず前提となるという点では同じと思いますが。

松久　こちらが意識すべきは、反論可能性の高い正当化を心がけるということであって、それをすれば自ずからですねそういう心理的なところに留まっているものは、その反論可能性の低くて悪い、いわば先生の言葉で言えば悪い法律論ということで自ずから淘汰されていくものではないかと。

平井　いや私は言語に構成され言明化されたものについてだけこの二つを区別する意味があると考えています。心理的なものに留まっているかぎりはおよそ法律論の圏内にはあがってこないわけですから。

松久　そうしますと、その区別するということがどこで実益として出てくるのでしょうか。

平井　実益というよりも議論をするということは、常に必然的にこの二つの区別を要求するのだということを言いたいのです。つまり、心理プロセスは、主張―反論において根拠とならないと考えているのです。

松久　私最初に読ませていただいたときには、先生の書かれたものから学びとるというか強く意識すべきことは、反論可能性の高い正当化を試みて議論の場におく、と。そこにポイントをおけばですね、発見のプロセスと正当化のプロセスを分けて云々というところは、かりにこちらがそれを意識しなくとも先生の言われる望ましい法律論が出来るのではないかと思ったものですから。

瀬川　まだまだ議論が尽きないようですが、そろそろ時間です。平井先生には二時からもうすでに四時間に亘っておつき合いいただき、お疲れのことと思います。長い時間ほんとうにありがとうございました。書かれたものでは分らないことを大変教えていただき、厚くお礼申し上げます。

（拍手）

平井　どうもありがとうございました。

瀬川　みなさん遅くまで討論に参加下さり、ありがとうございました。

（初出、北大法学論集四七巻六号（一九九七））

第二章　淡路民法学・公害環境法学の四〇余年

――淡路剛久教授

淡路民法学の特徴――業績・学風の紹介

吉田邦彦

北大大学院法学研究科のプログラムで、最近プロミネントパーソンに関する一連の講演が始まったようですけれども、私どもは、もうかなり前からその企画をやっておりまして、淡路先生にはその一環で、本日お迎えした次第でございます。簡単に先生の略歴、お仕事についてのことについて、若干のことを申し上げたいと思います。

先生は、昭和一七年（一九四二年）に東京都、一月一日元旦にお生まれになられまして、ですから、だいたい私より一五年くらい上の先生で、その世代の川島博士門下の論客は既に太田知行先生、平井宜雄先生、これらの先生方は既にもうこの企画で取り上げましたし、残る最後の先生ということで本日に至っております。

今、手元にございますのは、立教法学七三号（淡路先生の退職記念号）でして、そこで、先生の略歴業績等が詳しく書いてあります。高校は確か戸山高校だと聞いております。一九六四年三月に東京大学法学部を卒業されまして、直ちに川島武宜博士のもとで東大法学部の民法の助手になられました。その後一九六七年から立教大学にお勤めであります。その間、今日の話ででてくると思いますけれども、パリ第一二大学、パリ第二大学で、頻繁に客員教授をやっておられ、このたび、パリ第一二大学からドクトウール・オノリス・コザ（名誉博士）を授与されるとのお話もお伺いしております。

それで、立教を定年でおやめになられまして、現在は同大学の名誉教授ですけれども、同時に早稲田大学の法務研究科というところ、いわゆる早稲田の法科大学院の民法・環境法の看板教員としてご活躍のところでございます。

淡路先生は、申すまでもありませんが、第一に、損害賠償法の代表的な理論家・論客ということで、私は学部学生の頃、平井宜雄先生の民法第二部という不法行為の講義を聞いた世代なのですけれども、のっけから、淡路先生の『公害賠償の理論』の最先端の議論が、『損害賠償法の理論』と共に、随所に講義で出てくるというようなわけでして、まぁその頃から憧れの星みたいな存在でございました。

淡路先生は損害賠償法に関しましては、なんといいましても、ボリス・スタルク（Boris Starck）という先生に関する――同教授は、フランス損害賠償法の非常な理論家で淡路先生が着目された方で、急逝なさっておられますけれども――日仏法学に発表された論文が非常に印象的で一生懸命読ませていただきました。簡単に申しますと、もうその当時既に、過失責任主義に対するアンチテーゼということで、理論的に、アクイリア損害について、そういう一般的な考え方に対して疑問を投じて、権利者の側から保護を強化するというような主張だったと思います。その後、例えば、アメリカですと、モートン・J・ホーウィッツ（Morton J. Horwitz）教授の Transformation of American Law, 1780-1860（Harvard University Press, 1977; reissued ed., Oxford University Press, 1994）という書物で過失責任主義というのは近代法のイデオロギーの産物だというようなことで印象深く勉強いたしましたけれども、今から思えば、もう既にそういう視点をスタルク教授がされていたのかなという感じがいたします。

それから第二に叙述の明断さということがあります。損害賠償の叙述、それから、処女論文は連帯債務の研究でありますけれども、不法行為に関しましては、今もそうかもしれませんけれども、当時、百家争鳴の状況でありまして、文献によりましては、読めば読むほど頭の中が混乱してわからなくなるという先生もいらっしゃってですね、どうしたものかといろいろ悩みながら、なかなか独学が難しいのが不法行為の領域かなと思ったわけです。けれども、平井先生のもの、淡路先生のものというのは本当に導きの星でありました。今の方にとっては想像つかないと思いますけれども、私の一年上の世代は、加藤一郎先生から不法行為法を習われているのですね。法律相談所で議論していると、議論している内容が一年違うと全然違うことを話している、というくらいの激動期でしたね。その中で、平井先生のもそうですし、淡路先生のものも明断に書かれているということで、印象深く思っております。

また、第三は、法社会学的な研究ということです。淡路先生は長く法社会学会の理事もされていましたが、実際の社会の現場から、例えば公害の問題、スモンの問題とかいろいろあるわけですけれども、現場から問題を掴み取って、そして民法学界に問題を提起するという代表的な論客だったのじゃないかと思うのです。そういう点では、平井教授とも対照的で、ある意味で川島武宜先生の法社会学の系譜を承継されているのではないかなと思います。

また、淡路先生の『連帯債務の研究』（弘文堂、一九七五年）も、助手の頃に作った読書ノートをもってきているのですけれども、法協の八四巻一〇号、一一号、一二号、八五巻四号、一九六七年から六八年にかけて、「連帯債務における『一体性』と『相互保証性』」、これも星野先生のゼミでしっかり読まされた論文の一つでした。そしてこの論文は、社会実態に即して、従来の法理を考え直そうというベーシックな視点――社会との関わり――から書かれていて、その意味で川島武宜先生の『所有権法の理論』の系譜を受け継いでおられるのかなと思います。

その他に、淡路先生は外国語が堪能でいらっしゃいます。フランス語が堪能な民法学者は淡路先生の他たくさんいらっしゃるかと思いますけれども、淡路先生は随一の人かと思います。それからイタリア語もお出来になるのですね。ボアソナードは、イタリア法の影響も受けていますが、川島先生は、「イタリア語が読めることは、貴重である」と、言われていたと淡路先生からお聞きしたことがあります。研究者にとって、外国語が正確にできるということが非常に大事だと思うのですけれども、そういう能力もお持ちの方だと思います。

ところで、淡路先生に関しましては、私個人にとりまして、強く刻印されていることがあります。というのは、私は学部三年の平井宜雄先生の講義を通じて、それで『公害賠償の理論』（有斐閣、一九七五年〔増補版・一九七八年〕）というのを読んだことが淡路法学を知る出発点なのですけれども、私にとっては淡路先生との出会いというのは忘れようにも忘れられない経験がございます。昭和五七（一九八二）年、私の助手の頃に広島大学で慰謝料に関する比較法学会がありました。加藤一郎先生が司会をしておられました。その時に、淡路先生がフランス法の報告をしておられるということで、「雲の上の存在」の淡路先生をマークしてですね、私が先生の論文について、議論させていただくことを申し込んだのです（！）。ちょっと今だと考えられないかもしれませんけれども（笑）。当時は、私自身助手論文のテーマについて、暗中模索中だったものですから、何かヒントをいただこうという気持ちも多分あったのだと思います。淡路先生は即座に、「いいよ。それでは、一緒に食事でもしよう。」と答えてくださいました。

最近は、私はよく「研究上の個人主義」ということを言うわけですけれども、偉い研究者は皆さんそうですが、淡路先生もおよそ権威主義的なところはないのですね。しかしその代わり、研究姿勢について、非常に厳しいところがあります。まず、「あなたの問題関心はどうですか?」「どうして自分と会いたいのですか?」というところから始まってですね、ゴリゴリ私自身の問題意識を聞かれるのですね。それで、実際あの頃の記憶というのは、片言隻句まで良く覚えているので、当時の八ミリ映画を見るくらい鮮烈に記憶に焼きついています。研究は、チャレンジングでなければいけないこと、先生ご自身の研究上の悩みとかですね、初めて会ったどこのウマの骨ともわからない若造に対してそういうことまで率直に話してくださる先生ってすばらしいなと思いましたね。いろんなことを言われましたけれども、「研究者って二四時間勉強できる、それがいいんだよ」というようなこと、遊んでいる時でも、頭のどこかでは民法の研究のことを考えていなければいけないともいわれました。その後同じようなことは平井先生からもしょっちゅう聞かされていますので、たぶん川島先生が同じことを言っておられたのではないかなと今は思います。

昨日も、既に、淡路先生と三時間余り議論させていただいて、本日の前哨戦というか、第一ラウンドをやったわけですけれども、当たり障りのない世間話というのはほとんどないのですね。久しぶりにお会いして、もう五分後には、直ちに学問の話となり、そして、ずっとそうした話が気兼ねなくできる先生は、民法学者は多数いますが、そういません。先生は、私にとってそうした数少ない貴重な先生の一人だと今更ながら思っております。その代わり、厳しい方ですから、良くできる方というのは、必ず「誰それは良い、誰それは良くない」という評価をされるのですね。世間的には差し障りのある話が頻繁に出てきます。そうなるのが、この業界では不可欠だと思うのですけれども、そういうことも忌憚無く議論できる先生なのです。だからといっておよそ権威主義とは全然かけ離れていて、優れた創見に接せられたら謙虚に受けられるという先生のお姿は知っておりますし、今後とも、そうした面でもご指導を受けられたら…と思います。

ついでにちょっと若い人もいらっしゃるので申し上げますが、アメリカでは先程触れた「研究者の個人主義」というのは鉄則ですね。アメリカではコネとかはおよそ当てにならない。自分が一生懸命勉強していっていいなと思った先生にぶつかっていって、読み込んで手紙書いて面会を求めてゆけば、ほぼ一〇〇%向こうの先生は気持ちよく接してくださいます。そういうような形で私自身、二〇人、三〇人研究上の友人、先生というのを作ってきましたけれども、今から思うと淡路先生との出会いはその皮切りのような感じもいたします。ちょっと余計なことも申し上げましたけれども、差し当たりのご紹介というか、先生の代表作は、先ほど言いました『公害賠償の理論』、それから、『連帯債務の研究』（弘文堂、一九七五年）、『環境権の法理と裁判』（有斐閣、一九八〇年）、『スモン事件と法』（有斐閣、一九八一年）。それから『不法行為法における権利保障と損害の評価』（有斐閣、一九八四年）、ここには、さき程の日仏法学のスタルクの論文「スタルク教授の『保障理論』」（日仏法学一〇号）、ジュリストの論文「損害論の新しい動向 ―― クロロキン判決を契機に ――（一～五）」（ジュリスト七六四号、七七二号、七七四号、七七六号、七七九号）も収められていたと思います。それから、網羅的なものは先ほど紹介しました立教法学七三号をご参照くだされればと思います。

以上ですけれども、どうぞ、忌憚の無いご報告を自由にお話くだされればと思います。本日は、どうも年度末の大変お忙しいところにお越しくださいまして、我々一同、感謝申し上げております。

私の研究史断章
――川島法学・連帯債務・不法行為・公害環境法――

淡路剛久

一　序

(1)　本日は、お招きをいただきましてありがとうございました。北大の先生方には、いつもいろいろとご教示を頂き、また、なにかとお付き合いをさせていただきまして、感謝申し上げております。とりわけ、吉田邦彦教授には、今回、声をかけていただき、さらにお世話いただいていることに、心より感謝申し上げたいと思います。

本日出席いただいている方を拝見いたしますと、五十嵐清先生がいらっしゃいます。先生には、私が助手の頃からご指導をいただいておりまして、その後も一緒に著作物をつくらせていただくなど、大変お世話になっております。先頃は、私が現在勤めております早稲田大学の比較法研究所の講演会におきまして、先生が研究を続けておられる比較法の基礎理論のお話を伺いました。いつも本当に最先端の議論を展開されておられることに、ただただ感嘆いたしました。

北大の先生方には法学の理論家が多く、その中で、ただ、日本社会が大きく動いた一九六〇年代から現在に至るまで、現実社会のある種の要請に法学の領域から応えようとしてきた私の拙い研究史を、自分史の形でお話しさせていただくのは、大変おこがましいと思いますが、それでよいという吉田教授のことばを信じまして、話をさせていただきます。

(2)　さて、本日、私が話させていただくテーマですが、吉田教授からは、ただ自分史の形で話をすればよい、と言われましたが、実際に吉田教授から示された仮題では、「川島法学と連帯債務・不法行為・公害環境法」となっておりました。やはり川島法学のことや、私が研究生活を始めた当時の民法学の状況などに関心がもたれ、そこから始める必要があると思いましたが、私の研究テーマである連帯債務・不法行為・公害環境法を川島法学との関係に重点を置いてお話することはできませんので、並列的に、「川島法学・連帯債務・不法行為・公害環境法」とさせていただきました。

(3)　私が川島研究室に助手として残していただいたのは一九六四年ですが、私がこの時期以降、現在に至るまで研究テーマとした課題は、実にこの三年間の助手時代に出発点を有していました。

①　まず、助手論文の話をしなければなりません。私の助手論文は連帯債務でしたが、その議論の出発点の重要な一つは我妻民法学の連帯債務論でした。

②　その話に入る前に、一九六〇年代に至る民法学の潮流についてお話ししたいと思います。実は、今回、吉田邦彦教授を通じてお招きいただいたときにふと疑問に思ったことなのですが、末弘法学と川島法学との関係についてはよく語られ、川島先生は末弘先生から大きな影響を受けたと言われ、またそのとおりだと思いますが、我妻法学と川島法学との関係についてはほとんど語られることがありません。それはなぜかという疑問です。

私が、助手に残して頂いた一九六〇年代に至るまでに、日本の民法学は、日本の自前の民法解釈学を完成させつつあった我妻民法学と、解釈学にとどまらない新しい民法学を構築しようとした末弘──川島民法学の新たな潮流の二つが出現していたのです。まずは、そこらからお話したいと思います（以下、「です、ます調」を「である調」に直します）。

二　民法学の二つの潮流

(1)　日本民法解釈学を体系化した我妻民法学

(1)　我妻民法解釈学の意義を理解するためには、それまでの民法学説史をごく簡単にみておく必要があろう。日本の民法学の第一期は、民法典の制定からドイツ法学派が主流を占めるまでの時期であるが、民法学説は、民法典起草者の考え方に従うにとどまっていた。民法典が編纂されたばかりの時期であり、このことは当然であったと思われる。

第二期は、ドイツ民法流の民法解釈が日本民法の解釈として定着していった時期であり、明治後期から大正期まで、学説で言えば、鳩山秀夫博士の民法学までの時期である。この時期に、ドイツから学説継受がなされた理由については、これまで指摘されてきたような、ヨーロッパにおけるドイツの政治的な優越、わが国の国情との政治的な意味での類似性、民法典論争におけるドイツ法派の勝利、そして、わが国の民法典の構成が、旧民法典が採用したフランス民法典流のインスティッツィオネス方式から、ドイツ民法典流のパンデクテン方式をとったことなどが、いずれも妥当するものと思われる。しかし、それだけではない。この時期は、帝国大学および有力私大の法学部において、法学教育の必要が生じ、民法を体系的に教育する必要が生じていたところ、フランスでは、ナポレオン法典の権威によりしばらくの間は条文の注釈を中心とする注釈学派が中心を占め、学説による民法の体系化については大きな関心が払われなかったのに対して、ドイツでは、長年をかけて構築されてきたパンデクテン学説が民法典に結実したという法典編纂の経緯が異なり、ドイツ民法典流のパンデクテン方式を採用したわが国が、東大、京大などから多くのドイツ留学者を出し、ドイツ民法学説を継受したことは、ある意味で必然であったと思われる。

鳩山秀夫博士は、一九〇八年（明治四一年）東大卒業と同時に講師に任ぜられ、しばらく後にドイツに留学して、一九一四年、留学から帰国し、民法の講座を担当された。当時は、鳩山民法にあらざれば民法にあらずと言われ、大審院を始めとする裁判所もすべてが鳩山民法によって支配された、と言われている。鳩山博士の債権法総論は、いまでも引用しなければならないことが少なくないが、ドイツの学説継受の色彩が濃厚である。このような状況が変わるのは、末弘厳太郎博士のアメリカ留学以降である。末弘博士は、それまではドイツ民法流の解釈論を展開されていた。末弘・債権総論はそのあらわれである。しかし、アメリカ留学から帰国された末弘博士は、アメリカ流の判例研究方法の必要を説いて、東大判例研究会を組織し、また、ケース・メソッド方式を法学教育に導入された。また、法典の文言の上での論理的、概念的な解釈ではなく、日本社会の現実をみた解釈の必要を説かれた。鳩山民法学に対しては、これを厳しく批判されたようである。鳩山流ではだめだと言われた鳩山博士が、酒を飲んで、当時鳩山家に下宿していた我妻先生の手をとって泣いた、という話が述べられている（『日本の法学』（日本評論社、一九五〇年）五四頁）。末弘民法学の変化は、債権総論と物権法との相違として、はっきりあらわれている。

第三期は、大正期から戦後の一九五〇、六〇年代頃までである。その代表は、我妻博士であった。この時期の日本は、資本主義の発展期であり、我妻博士は、ドイツ法を基本的に承継するが、フランス法、英米法をも学ばれ、また、法哲学、経済学についても該博な知識をもち、これらの外国法、外国社会科学の該博な知識の上に、資本主義の発達と私法との関係を分析し、また、末弘博士が強調された判例研究を我妻法学の中心的な方法論として位置づけ、はじめて、ほぼ民法の全領域にわたって、法律構成を中心とした民法解釈論の体系書をつくられた（『民法講義』シリーズ）。

⑵　我妻民法学の方法論は、「私法の方法論に関する一考察」において述べられている。川島先生は我妻法学についてあまり多くを語られていないように見受けられるが、次のように述べられている文章がある（追悼文）。すなわち、川島博士によれば、我妻民法学の出発点は判例の位置づけにあり、大陸法の成文法主義の下で、判例をどう位置づけるかについて、英米法流のアナロジーで終わらせず、判例から抽象的な法的ドグマを構成する、そしてそれを成文法

の既存のドグマの体系の中に組み込む、という作業をされた、とされている。そうして、それが裁判の実務で我妻博士の『民法講義』が重要な参考書にされた最大の理由である、事件事実のシミラリティーから出発しないで、判決の中に書いてある説示から出発して法律構成しているところもあるが、それは多くない、とされ、単に、詳しいことが書いてある、判例がたくさん引用してある、というふうにみられては困る、と川島先生は評されている（座談会「我妻先生の学問と業績」ジュリスト五六三号（一九七四年））。

この鳩山民法学から我妻民法学への進展は、条文中心の民法学から、社会へ適用される民法学への飛躍的発展とみることができよう。

我妻民法学は、法学教育においても大きな役割を果たした。戦後の一九五〇年代頃以降、法学部の設置が増え、学生数が飛躍的に増加したが、民法の世界でいえば、そのような膨大な学生に一定水準の民法教育ができたことは、我妻民法学によるところが大きい、といえよう。もちろん、それぞれの民法担当の教授は、自己の研究を踏まえた学説を展開し、教育していたであろうし、ユニークな体系書、教科書も多数出版された。しかし、それは、やはり、明治期以来はじめて、日本社会を前提にして、資本主義の法として民法を位置づけ、ドイツ法をはじめとする外国法を相対化し、判例から法準則を引き出し、諸学説をそれぞれ位置づけつつ批判を加え、そのようにして、民法全体にわたって標準的な民法学説を構築した我妻民法学あったからこそ、可能だったといえるように思われる。

(2)　新たな潮流としての川島（民）法学

(1)　もう一つの潮流は、大正時代の末期に末弘法学より始まり川島法学によって具体的に主張された解釈法学（「ドグマティクとしての民法解釈学」）とは別の、民法学および法学を構築しようとする学問の潮流である。このような潮流は、末弘法学のみならず、日本における自由法論やマルクス主義法学などの諸学説をその基盤としており、各法学領域ではなばなしい活躍がみられたが、戦後、もっとも鮮明な形で主張を展開されたのが川島法学であった。

川島法学は、川島先生が自ら、「私は、或る意味で、法律学界では非常に変った歩みをしてきたような気がしています。それはどういうことかと言いますと、法律学においても、法社会学においても、私は絶えず自分の今までやってきたことに不満を感じ、また何か新しいものを求めてさまよってきました。つまり私の考えあるいは学説、特に方法論上の問題についての私の見解は、絶えず変転してきました。私ほど絶えず次から次へと新しい問題を提起したり、新しい見解を出したり、自分自身を踏み台にして新しいことを問いかけてきた学者はあまりいないかもしれません」、と述べられているように（川島『ある法学者の軌跡』（有斐閣、一九七八年）三五一頁）、時代に応じて、多様な領域において、多様な形で展開された。そのため、ときに学界の一部では、川島法学がある（一つないしいくつかの）時点で変わった（従来のものが断絶して新たなものに変わったとか、一貫性を欠くに至ったなど）、といった指摘ないし批判も見られたようである。

(2)　たしかに、川島博士の研究の軌跡をたどると、研究の対象と研究方法とにおいていくつかの時代に区分できる。たとえば、川島先生が亡くなられた後のジュリスト誌での追悼の座談会「川島法学の軌跡」（ジュリスト一〇一三号（一九九二年））では（この座談会では、主として民法学、法律学、および方法論が扱われ、法社会学は原則として除かれている）、この座談会を準備された平井、太田両教授は、四つの時期に区分されている。大ざっぱにいうと、第一の時期は、民法解釈学に専念された一九四五年以前、第二の時期は、民法教科書と『所有権法の理論』が書かれ、戦前の前近代的な日本社会の分析がなされた一九四六年から五三年まで、第三の時期は、法解釈論争に始まりアメリカのリアリズム法学の影響を受け、経験法学の提唱がなされた一九五四年から七一年にかけての時期、そうして第四の時期は弁護士活動の影響が見られる一九七二年以降である。そして、この座談会では、川島法学のある側面につきある時期と別の時期とで「断絶」を指摘する意見も述べられている。

私が助手に残していただいた一九六四年は、この時期区分でいえば第三期であり、リアリズム法学の影響と経験法学の研究会が実施された後期の時期であった。したがって、平井教授が思い出されていたように、当時の民法の研究室は、リアリズム法学の影響と経験法学研究の熱意に充ちた学問的な雰囲気の中にあったといってよいであろう。

(3)　しかし、川島法学は、すでに述べたように、多様な領域において多様な形で展開されていた。この点については、かつて、先生の追悼の文章で述べたことがある（「川島法学への一アプローチ」ジュリスト一〇二三号二九頁以下）が、要約すると、第一は、川島博士の一方の専門であった民法学における解釈論の領域である。この民法解釈論の領域においても、川島法学には、科学化への努力が見られるが、そこではマクロな法の科学理論（「公準」）が解釈論に応用されている場合が多い。第二は、近代法に関するマクロ理論とそれに関連した領域である。これは、法を、特殊＝近代的法のモデル（これを川島博士は、一般理論ないし「公準」とされる）、すなわち資本主義経済の法規範構造のモデルで分析、評価した領域である。『所有権法の理論』がその出発点であり、ここでは、資本主義社会の原初的型態たる「商品」ないし「商品交換」から出発して、法規範的構造（論理構造）として私的所有権、契約、および「人格」が析出され、これによってさまざまな法制度（前近代的な法関係）が分析、評価されている。第三は、法意識論とそれに関連した領域である。これは、法意識が人間行動を決定づける諸要因の中で行動決定にいちばん接近したところで起こる現象であるととらえて、これを独立の行動決定要因といちおう考え、その観点から日本人の法意識を現わす諸側面を分析した領域である。『日本人の法意識』が代表的著述であるが、この著作においては、日本人の法意識が法社会学的方法により独自に分析されたというよりも、大きな枠組みとして先に述べた所有権法の理論から得られた考察を法意識レベルに応用したという側面が強い。第四は、法に関するミクロ一般理論とそれを基礎づける法理論の領域である。第五は、科学的実用法学の理論の領域である。法解釈学の中で、ドグマの学としての法解釈学とは別に、「科学としての実用法学（法律学あるいは法解釈学）」の確立を主張した『科学としての法律学』がその代表である。第六は、「生ける法」の理論と「生ける法」としての慣習法の領域である。法の直接の存在型態としての「生ける法」に関する理論、および近代法が支配する現代社会の中においてなお慣習として存在し、かつ現行法体系の中で（民法の規定や法例二条――現行の「法の適用に関する通則法」三条――により）、法（慣習法）として認められるべき法関係に関する研究（たとえば、入会権や温泉権などの慣習上の権利に関する著作）がここに含まれる。

私が研究室に入ったときには、川島法学にはリアリズム法学と経験法学の傾向が強かったが、川島法学には、以上述べたような、資本主義的近代社会における市民法的な視点が濃厚に存在していたことも事実である。

(3)　我妻法学と川島法学

(1)　先に述べたように、川島法学が末弘法学の影響を受けていることはよく指摘され、川島先生自身述べられているが、我妻法学と川島法学との関係については、あまり論じられることがない。この偉大な二つの民法学の関係をどうとらえるかは民法学説史にとって興味深いテーマだと考えられるが、ここでは次の点だけを指摘しておきたい。

(2)　第一に、民法解釈学の領域では、我妻法学はマクロかつ抽象的な価値の目標を置きつつ、条文からのミクロな法律構成という方法をとるのに対して、川島民法解釈学はマクロな理論を法律構成として応用するという正当化の仕方をとったところに特徴があるようにみうけられる。川島法学の科学化への志向、客観的な「公準」理論への志向は、法解釈の領域においても顕著に現れているように思われる。

(3)　しかし、第二に、抽象的な法学方法論においては、実は、我妻先生の「私法の方法論に関する一考察」と川島先生の「科学としての法律学」その他の実用法学の方法論は、裁判中心、価値の重視、社会現象研究の重視、法律構成の重視と、類似したところが多いことも指摘されて良いと思われる。川島法学において、一時、法律構成を軽視する論調が見られたが、その時期を除けば、川島民法解釈学においても、民法学の方法論においても、正当化としてにせよ、判断枠組みとしてにせよ、法律構成は重視されているとみてよい。

(4)　そこで、川島法学が我妻法学ともっとも異なっているのは、解釈法学とは違った（もちろん、独立の学問領域となった法社会学とも異なった）民法学を追及したところにある、といってよいように思われる。所有権法の理論から始まり、さまざまな試みをされた川島法学の一つの特徴は、解釈学とは異なった民法学の追及であったのではなかろうか。

川島法学が、このような学問的チャレンジをすることができたのは、実は、解釈法学の領域では、我妻法学の大構築物がその存在をあらわしつつあったからではなかろうか。その意味では、我妻法学と川島法学とは決して無縁の存在ではなかったように思われるのである。

三　すべては助手時代に始まった

(1)　川島先生・経験法学との出会い

(1)　私は、安保闘争がおこなわれた一九六〇年に大学に入学したが、学部時代、川島先生と来栖先生のいずれも大変魅力的ですばらしい講義を受ける機会にめぐまれた。川島先生についていえば、民法は『民法I　総論・物権』(初版一九六〇年)がそれまでの講義案をもとに教科書として出版されたばかりの時期であり、また、法社会学についても、小型の『法社会学上』が数年前に出版されたばかりの時期であった(一九五八年)。法学教育としては、民法解釈学と法社会学とははっきりと区別されて教授されていた。また、法哲学は、碧海純一先生であり、法解釈論争の紹介と分析、経験科学と法解釈学との相違、法解釈学の性質論などの講義を受け、また、新版『法哲学概論』(一九六四年)が出版されたことにより、助手になるときには、法学方法論についてある程度の頭の整理がなされたように思われる。

(2)　助手時代の経験法学との出会いは、かつて、本学部の研究会で平井先生が述べられているとおりである(「民法学の方法・思想・思考様式」北大法学論集四七巻六号(一九九七年))。当時は、民法、法社会学、比較法の助手、大学院あわせて一〇名近くの若手研究者(の卵)がおり、読書会、合宿、共同執筆など活発な共同研究をおこなっていた。

(2) 加藤先生・不法行為法・公害法との出会い

(1) 加藤一郎先生には、助手になって初めてそのご指導を受ける機会を頂いた。一つは、交通事故比較法の研究会であり、私はフランス法交通事故賠償法を担当し、そのことを通じて、フランス不法行為法を研究する機会にめぐまれた。

もう一つは、加藤先生を代表とする文部省の総合研究である公害法の研究会であった。これは一九六五年に日本全国から、関係する専門の民法学者、行政法学者が集まり、結成されたものであり、一年先輩の大変有能な助手、野村好弘氏とともに事務局を担当することになった。その後、論争の相手となったり、共同の論陣を張ったりしていただいた澤井先生とも、このときに初めてお目にかかる機会を得た。

(2) 交通事故賠償法にせよ、公害法にせよ、助手時代に、その後の私の研究領域と研究活動を決める重要な機会を得たことは、きわめて幸運であったと思う。とくに、公害法は、まさに誕生期であり、中堅や大家の先生方も、若手のわれわれも、同じ出発点に立って研究活動を開始することになったのである。この研究会において、公害規制法の研究、公害健康被害補償法の研究などの共同研究がおこなわれ、現地調査、比較法の研究などがおこなわれた。私が、その後、公害環境法の研究を続け、今日に至ったのは、東大の共同研究体制、そして加藤一郎先生のおかげである。

四　伝統的な我妻解釈法学への挑戦の試み——連帯債務の研究

(1) 助手は三年で論文を書かなければならず、その水準は博士論文に匹敵するものでなければならない、といわれていた。経験法学、不法行為、公害法と、共同研究に明け暮れる助手生活であったが、助手二年目のある時期を過ぎた頃であろうか、私は、共同研究に参加する一方で、助手論文の準備にとりかからなければならないと思うようになった。

経験法学のプレッシャーが重くのしかかったといわれる平井教授と違って、私の場合には、川島先生との話し合いとご示唆により、自然に法解釈学のテーマを取り上げることになった。平井先生が当時の経験法学の雰囲気の中で伝統的な法解釈学のテーマを取り上げられたことがよく影響したのかもしれない。

(2)　民法の領域において、どのようなテーマが助手論文となりうるような未開拓な領域かについては、川島先生からいくつかの示唆をいただいた。その中で、テーマを絞ったのが連帯債務であった。連帯債務は、その体系的な解釈学が完成されたかにみえる我妻法学においても、絶対的効力の説明が主観的共同関係という抽象的なことばに依存するだけで、説得力を欠いた構成のように思え、また、これに反対する相互保証説も他の制度を借りた技術的な説明だけに依存する、やはり実体を欠いた構成のように思えたからであった。完成された我妻民法解釈学への幾分かの挑戦という意気込みもあった。平井教授の相当因果関係に関する論文からの影響があったかもしれない。

ところで、この領域には、椿先生の本格的な研究が存在していた。たしかに、椿先生のアプローチは、ドイツの普通法時代の連帯債務論にアプローチするものであり、継受されたローマ法の法文解釈に踏み込む大胆さがあったが、普通法時代の法文解釈はまるで富士の樹海のように辿り着く道を示すことなく、そこからなんらかの結論を得ることは困難に思えた。日本の連帯債務法は、絶対的効力がかなり広く認められている共同連帯のタイプであり、フランス法はもっと広く絶対的効力を認めている。それならば、フランス法からアプローチしてみれば、なんらかの結論が得られるのではないか、というのが連帯債務に取り掛かった動機であった。

(3)　しかし、一つの論文の起承転結を論理的に書ききることは、なかなか大変である。私の仮説、そしてそのような分析の視点は川島先生の議義案で示唆されていたが、共同連帯型の連帯債務において広く絶対的効力が認められるのは、ドイツ普通法学者がおこなったような、単一の債務という債務の性質論や、弁済および弁済と同視すべき事由の効力に関するローマ法文の解釈としてではなく、連帯債務者間に絶対的効力を適用するにふさわしい実体関係があるからであるというものであった。このような発想の背後には経験法学の影響もあった。連帯債務という概念を実体化し、そのような特殊の債務が存在すると発想してはいけない、というものである。私の『連帯債務の研究』では、その分析方法の第一として、個人間の規範関係を個人間の事実関係との関連で把握すること、連帯債務論に即して具体的にいえば、連帯債務における絶対的効力性の根拠をそれが適用される共同債務者間の実体関係との関連で把握することをあげたが、ここには、民法解釈にあたっても、規範内在的な論理的な関係だけでなく、社会的事実との関連に焦点をあわせて分析する必要がある、との経験法学的思考の影響があったように思われる。具体的な分析は、ローマ法、ローマ法の継受（そこにはエールリッヒの分析視点が入っている）、フランス法、そして日本民法起草者へと、伝統的な歴史的な検討の手法を用いているが、基本的発想には経験法学からの影響があったと思うのである。

(4)　私はまた、連帯債務論との関係で不真性連帯債務論についても分析検討した。そこでも、債務の実体化の思考から免れる、という経験法学的思考のアプローチが基本にあったと思う。ここでも、具体的な分析は、フランスにおける完全連帯と不完全連帯という連帯二分論から全部義務論への進展という歴史的検討がなされているが、概念の実体化の排除という経験法学的思考の影響があり、それに、不要な中間的な法概念（平井教授の「相当因果関係」がその一つであろう）ないし中間命題（星野教授が用いられた手法）の排除という当時の民法解釈論の手法の影響があったと思われる。

(5)　連帯債務、不真性連帯債務についての研究は、一方で、債権総論へ、他方で、複数不法行為者間の法律関係へと私の研究テーマを広げたが、前者は、私の『債権総論』へ、後者は、私の不法行為法研究において、交通事故、公害、使用者責任などにおける求償関係や一人に生じた事由の効力に関する論文へと応用されている。

五　不法行為法へのアプローチ

(1)　被害者の権利保障へ

(1)　不法行為法は、前述したように、助手時代から共同研究の機会を得て研究を始めた領域であったが、比較法としてはフランス不法行為法の研究をはじめていた。助手時代に、フランス民事責任法を踏まえて、交通事故賠償、近隣妨害などに関するフランス法の研究をし、発表の機会を得ていたが、その後、日本不法行為法については、公害賠償に関する議論が必要となり、私は、過失論については、違法性概念を不要とする平井説に依拠しつつ、これを結果回避義務の違反とし、受忍限度を超える損害を与えることが過失と定義した。これは、比較法的にはアンリ＝レオン・マゾー・タンクの民事責任論にもヒントを得ていた考え方であったが、問題は、当時の訴訟で過失の立証において最大の困難となっていた予見可能性を過失の要素から排除することができないか、ということであった。私としては、行為規範としては、被告が結果回避義務を尽くさなければならず、そのためには被告が詳細な調査をするなどして予見義務を尽くさなければならないはずであるのに、訴訟になると、裁判規範としては、被告側にとって結果の予見が可能であったことを証明するために、原告側が詳細な調査をしなければならないことに大きな不満を感じていた。そこで、予見可能性を過失の不可欠の要素とすることを回避できないかと考え、過失論としての新受忍限度論を唱えたのであったが、この点については、やはり論理として弱点があったことは否めず、大方の学説の賛同を得るには至らなかった（近年、一部の学説からは、予見可能性を排除あるいはその比重を小さくする解釈論が唱えられている）。

(2)　私のそのような問題意識にとって、フランス留学時代に学んだスタルク教授の民事責任論は、まさにコペルニクス的な展開を示すものであった。スタルク教授の民事責任論（「保障理論」）については、日仏法学に紹介し、私の

『不法行為法における権利保障と損害の評価』（有斐閣、一九八四年）（権利保障）に収録したが、要約すれば、次のようなものであった。すなわち、従来の民事責任論は、「過失」（過失責任論）か「危険」（危険責任論）かの違いはあるにせよ、加害者の行為に焦点を合わせ、その評価の上に法理論を構築していたのに対して、保障理論は被害者に焦点を合わせ、被害者の権利の法による「保障」（それは単なる被害者救済の要請とは異なる）によって、民事責任法を再構成する。これは発想の一八〇度の転換であるが、同説は、民事責任を権利と権利との調整の問題であるとし、被害者の権利（被害者の安全、被害者の権利、被害者の自由）から民事責任論への接近をはかる。被害者の権利に対しては加害者にも「行為をする権利」があるから、これをも民事責任論の視野にいれなければならず、そうなると、ただちに被害者の権利と加害者の権利の衝突の問題が起こる。この権利の衝突の調整原理こそが民事責任論の問題である。それでは、この調整はいかにしてなされるか。損害が、まず、二種に区別されなければならない。一つは、人の生命・身体の侵害および物の破壊・毀損、すなわち人的・物的損害（アクイリア損害）であり、もう一つは、それ以外の損害である。前者の人的・物的損害については、安全に対する個人の権利、すなわち、生命・身体の完全さ、物の完全さに対する個人の権利が承認される。したがって、その侵害は、原則として、行為者の心理的・精神的状態とは関係なく、それ自体違法な、権利なしにひき起こされた損害を構成し、損害賠償責任を生ぜしめる。後者の人的・物的損害以外の損害については、被害者の権利と行為者の権利の衝突を調整する原理は、一般に過失である。このような人的・物的損害に関する保障理論を、スタルクは民事責任史によって論証しようとする。スタルク教授は、まず、イエーリングの『私法における過失』から歴史分析の基本的視点を引きだして、民事責任の歴史は、被害者の権利保障の絶えざる拡大の歴史であった、とする。すなわち、同説によると、民事責任史の第一段階は、十二表法から古アクイリア法に至る時代であって、この時代には、故意（dolus）による損害と不可抗力（偶然）（casus）による損害との区別がなされ、故意だけがサンクションされ、過失（culpa）は、故意からも不可抗力からも独立した概念になっていなかった。当時のローマ社会の未発達はこのようなサンクションで被害者の権利保障を十分なものにした。第二段階は、ローマ社会の変化に対応している。商品交換の増大とより複雑な道具の使用は、過失による損害を増大させ、これまで罰せられることのなかった非任意的殺人も法務官によって発給されるアクイリア訴権によってサンクションされることになった。それは、責任の制限ではなく、新しいタイプの損害すなわち過失（culpa）による損害に対する保障の拡大であった。つまり、故意と不可抗力の二分法は終わりを告げ、故意、過失、不可抗力の三分法があらわれ、故意と過失がサンクションされることになったのである。現代になって第三段階がやってくる。この段階では、過失のない加害行為（factum）の多発によって、右の三分法は不十分となり、故意、過失、過失のない加害行為、不可抗力の四分法があらわれ、前三者がサンクションされることになったのである。学説は、現代の無過失責任主義を客観主義への回帰ととらえるが、それは回帰ではなく、保障の拡大に向かっての進化である（以上については、権利保障・二九頁以下）。

以上がスタルク教授の保障理論であるが、しかし、スタルク教授は私がフランスに留学した一九七四年に亡くなられ、その理論は一定の評価と権威を与えられたものの、主張者が亡くなられたことによってその後は発展をみていないように思われるのは残念なことである。

(3)　私は、フランス不法行為法については、その後も研究を続けてきたが、被害者の権利の拡大に向けたフランスの判例の大胆さ、時に立法の大胆さは、われわれの関心をひきつけるのに十分であろう。交通事故被害者について過失相殺を原則的に廃止したデマール判決とその後の一九八五年七月五日法（「フランスにおける交通事故賠償法の新たな展開」立教法学二六号（一九八六年））、不法行為責任の客観化をすすめた一連の判例と立法などについて（「人身不法行為における過失責任原則の克服」加藤一郎先生古稀記念『現代社会と民法学の動向』上（有斐閣、一九九二年）、「不法行為責任の客観化と被害者の権利の拡大」立教法学七三号（二〇〇七年）など）、私はその都度紹介し、過失責任主義に固執するわが国の法制度との比較をおこないつつ、日本不法行為法が被害者の権利保護の法へと発展するための議論の基礎を提供し、あるいは日本不法行為法の解釈論を展開してきたつもりである。

(4)　なお、日仏交流の面で、シャバス教授によりパリ第一二大学に六回、またラルメ教授によってパリ第二大学に一回、客員教授ないし招待教授として招かれ、日本法・日本不法行為法の講義をする機会にめぐまれたことは幸いなことであった。

(2)　被害者の損害の回復の拡大

(1)　不法行為損害論について、私が最初に影響を受けたのは、人身損害賠償法を念頭に置いた西原道雄教授の死傷損害説と損害賠償の定型化・類型化に関する議論であった（一九六四年私法学会報告ではじめて主張され、その後論文として発表された）。同教授は、従来の損害賠償額の算定方法は、仮定の上に仮定を組み立てたあいまいなものでしかなく、人身事故においては、死傷そのものを損害とみて、これをもって定型的にとらえ、損害賠償の総額を重視し、賠償額の極端な個人差を減少させ、社会的な「相場」をつくっていくべきだと主張された。この主張は、実務と学説に大きな影響を与えたが、逸失利益と慰謝料の二本柱を中心として組み立てられた個別的損害算定方式をとる交通事故賠償法の裁判実務においては、部分的に取り入れられ（たとえば、慰謝料、積極損害としての入院雑費や介護費など）、総額としての個人差の減少は実現されなかった。学説的な議論では、現実に収入に差があるのだから賠償額に差があるのは当然との反対の主張もみられた。いずれにしても、交通事故賠償法は、個別的算定方式で固まり、それが現在まで続いている。

(2)　これに対して、一九六〇年代から提起されるようになった公害訴訟や薬害訴訟では、被害者・原告は、はじめは一律請求・一括請求を主張し、やがて人身損害それ自体を損害として包括的に損害評価を求める包括請求という新たなタイプの主張がされるようになった。

裁判例は、一方では、逸失利益と慰謝料の二本柱を基本とする個別的算定方式を維持しつつ、原告が逸失利益を請求しないと述べているから慰謝料で考慮するという理屈で従来型の慰謝料（慰謝料の補完的作用）で構成するものと、正面から包括請求を認めるものとがあらわれた。学説からは、集団訴訟であることを考慮して便宜的にこの種の包括請求を認めることができる、との正当化の理由が提起されたり、どちらの方式をとるかは自由であるとか、事故類型の違いである、との指摘がなされたりした。

(3)　しかし、個別的算定方式と包括的算定方式が並立して存在するとするならば、それらを包括する損害論がなければならないはずである。そこで、私は、平井教授の金銭的評価論、すなわち、裁判官の裁量的創造の主張を踏まえ、また、西原教授の提起された問題意識をも持ちつつ、それらを修正することにより新たな損害論を構築すべきではないか、と考えるに至った。それが私の評価段階説である（『不法行為法における権利保障と損害の評価』）。おおざっぱに発想だけを要約すれば、こうである。差額説によれば、損害とは不法行為がなかったならばあったであろう状態と不法行為があったことによる現在の状態との差額であり、それは何らかの方法により発見されて具体的な金額であらわされる。このような目的のために、人身損害賠償の場合には不法行為がなかったならばあったであろう状態について様々のフィクションが用いられた。現在の交通事故賠償法はこの差額説の考え方の影響を強く受けている。しかし、個々具体的な法益についてこうむった不利益（被害）を損害ととらえる基本的な立場に立ち、人身損害の場合には死傷そのものを損害とみる死傷損害説によれば、（不法行為があったことによる現在の状態はともかくとして）不法行為がなかったならばあったであろう状態については、不確かな要素、あるいは不法行為がなかったならばあったであろう状態を仮定することが本来できない場合が多いので、不確かなものは不確かなもの、仮定することができないものは仮定することができないものとしてこれを直視し、損害評価の理念（不法行為損害賠償制度の目的）に従い、損害評価の資料となしうる事実があればそれに基づいて、それがなければ基本的に裁判官の創造的活動によって損害の評価を行うことになる。フィクションではなく、事実そのものから出発するわけである。損害の評価が基本的に裁判官の創造的活動に依存する、といっても、それは職権探知主義を意味するわけではなく、大枠としてはあくまで弁論主義の枠内にとどまると解すべきであるから、当事者から立証の対象となりうる事実、すなわち、真偽が確定しうるような事実の主張立証があれば、これを損害評価の基礎とすべきであり、その範囲で裁判官の創造的活動に枠づけが与えられることになるのである。

六　公害・環境法へのアプローチ

(1)　公害訴訟・環境権訴訟

(1)　私が公害・環境法の研究を始めたのは、一九六四年に学部を終えて助手に任用された二年目の一九六五年であったことは、先に述べた。当時は公害法と呼ばれていたが、加藤一郎先生が代表になられ、総合研究という文部省の科学研究費があり、その助成を受けて公害法研究会が全国的につくられ、一年先輩の野村好弘氏と共に事務局を担うことになったのがきっかけであった。この研究会の成果としてまとめられたのが、『公害法の生成と展開』や『外国の公害法』（いずれも岩波書店刊、一九六八年、一九七八年）などであり、前者の終章で提言された「公害賠償保障法の提案」は後に立法化された公害健康被害補償法のもととなったものである。

(2)　一九六七年に立教大学に就職し、その頃からいよいよ公害問題が激烈な形で顕在化してきた。私は公害の現地を訪れ、弁護士と議論し、いろいろ勉強させて頂く中で、民法の不法行為法研究者として公害賠償の理論を再構築する必要を痛感し、四大公害訴訟と同時進行の形で、判例タイムズ誌に公害賠償の法理論を連載した。実務や学説においても、四大公害訴訟とともに、因果関係論、過失論、違法性論、共同不法行為論、損害賠償論、差止論が根本から議論されていたが、私の議論はそれなりに影響をもったようである。共同不法行為理論は四日市公害訴訟で中心的に争われた争点であったが、新しい考え方を基礎にした私の論文が四日市判決になにがしかの影響を与えたと聞かされたことがある。このとき連載した論文が後に出版された『公害賠償の理論』（有斐閣、一九七五年〔一九七八年（増補版)〕)の中心になったものである。

(3)　公害訴訟が進行し、判決を迎える中で、公害の事前防止の重要性が強調されるようになった。一九七〇年に、都留重人先生が中心となり、公害の国際シンポジウムが開かれ、そこで、ジョセフ・サックス教授が中心となり、環境権の提言を含む東京宣言が発表され、また、その年の九月、日弁連の人権大会で環境権の提言がなされ、大阪弁護士会環境権研究会が私権としての環境権を提唱した。わたしは、同じ頃、環境権の論文を発表していたが、それ以来、環境権をどう確立させるかを考え、随時論文を発表してきた。環境権には基本的人権としての環境権と、差止請求権の根拠となる実定法上の環境権があり、とりわけ後者の意味での環境権を確立するためには、その法技術を多面的に展開する必要がある、という基本的立場で（ときに、大阪弁護士会の先生方と論争をしたこともあるが）議論を展開してきた。また、個人的被害の立証ができない事実関係の中で、私権としての環境権を認めさせるためには、手続的違法を根拠にできないかについても議論を提起してきた。それらをとりまとめたものが『環境権の法理と裁判』（有斐閣、一九八〇年）である。しかし、残念ながら、実定法上の権利としての環境権は、未だ判例上認められるに至っていない。

(4)　そこで、さらに、環境権の主張を新しい権利の生成ととらえ、法社会学的な観点から、権利生成の条件として、第一に、権利主張の運動があること、第二に、権利として主張された利益を保護すべきだとする価値あるいは価値判断が社会的に広く共有されていること、そうして第三に、法技術的にいわば錬磨されていることが必要である、との命題を提示した（法社会学会、法社会学三八号（一九八六年））。そして、第三の点について、やや矛盾を含むことばであるが、「権利をつくる法解釈学」あるいは「権利生成のための法解釈学」へのアプローチを試みた（「権利生成のための法解釈学」法曹時報五〇巻六号（一九九八年））。内容的には、戦後の法解釈論争の到達点とされる理解——すなわち、法的価値判断、ことば的技術、社会学的方法の重視——を基本的な出発点とし、法解釈論争と星野・利益考量論を批判された平井説をとりあげてそれに対する若干の検討を試みた後に、私権としての環境権が承認されるための先の三つの条件について、再考してみたものである。要約は難しいが、あえて述べれば、第一の条件は、社会運動としての権利主張はすでに三〇年以上なされている。第二の条件である、価値の共有ないし法的価値判断については、法の解釈における価値判断とは、第一次的には実定法ないし実定法体系に基礎づけられた法的価値判断であるから、憲法的価値の強調、憲法にもとづく基本的人権としての環境権の強調、環境基本法、環境評価法などが重要であり、それらによって保護される実定法的な価値が新たな権利としての私権としての環境権を基礎づけるものになる。問題となるのは、第三の、法技術的錬磨ないし法的構成である。平井・問題提起によれば、ミクロ正当化ということになるであろう。従来の環境権訴訟が壁にぶつかったのは、この点においてであった。裁判所の環境権否定理由との対比で考え方を示せば、次のようになる。

第一に、憲法二五条、一三条はプログラム的規定でしかない、という点については、平井教授の用語で言えば、マクロ正当化の主張と理解すればよい。第二に、個人の法益侵害を超えて差止を求めるのは、司法的救済の域を出て、実定法上の根拠を必要とする、とする点については、法益のとらえ方しだい（実体的ないわゆる被害と狭くとらえるのは必然ではない）ともいえる。そこで重要なのは、第三に、環境権の主体、客体、差止基準をどう構成するかである。この点については、自然保護のケースを例にしてつぎのように考えた。まず、環境権の主体については、裁判所を利用する資格（その資格を欠けば、訴えが却下されるという意味で）と考えられるべきであって、客体としての環境になんらかの法的に保護されるべき利益（経済的利益に限られない）をもっていることを主張・立証できるもの、と解される。そうだとすると、法人格を有する自然環境保全法人やＮＰＯ法人、さらに権利能力のない社団も、定款に定められた環境保全に関わることがらについては、訴えを提起できることは当然と考えるべきである。これらの場合の環境権の客体は、主体と表裏の関係にあり、定款や日常の活動で定められた環境の範囲がそれにあたる。つぎに、環境権の侵害としての差止基準については、環境破壊の程度という実体的な基準ではなく、自己の法益に関わる環境保護の手続が適法にとられたかどうか（逆にいえば、手続的な違法がないかどうか）、という手続的基準がとられるべきことになる。環境アセスメント制度が立法化された現在、このような手続的審査の可能性は、一層増したというべきである。このような環境権の手続的保護は、従来の裁判例においてもみられるところであり、法理論的には、客観的違法を重視する広い意味での違法侵害説に接合させることができ、必ずしも特異な考え方ではない。ただし、手続的違法だけで差止が認容されるべきかどうかについては、今後、検討が必要である。

以上が、解釈論として提示した考え方であるが、私としては、現実の裁判上、その実現が難しいことも認識しており、そのことも含めて、固有の価値の目標と法的手段を有する固有の環境法の樹立を目指すに至っている。

(2) 公害紛争の法社会学

(1) 私はまた、一九六〇年代の後半頃から、全国の公害の現地を調査する中で、公害紛争の解決の仕方にも関心をもつことになった。戦前から戦後、そして一九七〇年代頃までは、各地の公害紛争は、権利と義務の争いとはならない形で終わったものが多かったのである。私は、これらの紛争解決方式を、被害者の要求の法的正当化の有無とそのタイプにより、「非法型」、「依法型」ないし「合法型」、「超法型」、目標達成の手段から、「直接交渉型」、「行政指向型」、「司法指向型」、「立法指向型」、そうして、実際の解決のあり方は、それらの組み合わせにより、直接陳情型の解決、非公式的行政的解決、公式的行政的解決、司法的解決、直接権利追求型の解決があることを述べ、前者から後者へと移行する傾向を明らかにした。これは日本的紛争解決方式に関する川島理論を受け継ぎつつ、一九六〇年代以降の変動と転換を明らかにしようとしたものである。これが「公害紛争の解決方式と実態」と題する論文（『注釈公害法大系四巻』（日本評論社、一九七三年））であった。

(2) 一九八〇年代から一九九〇年代、公害事件や薬害事件などは、裁判所が和解を勧めたり、あるいは判決後に当事者交渉で和解して紛争が終わる事例が多くなった。私は、公害紛争の解決方式で理論化した考え方を基礎としながら、司法的解決が和解に結実した直接権利追求型の解決によって被害者の権利が拡大する過程を法解釈学と法社会学の観点から分析した。それが『スモン事件と法』（有斐閣、一九八一年）であり、「水俣病事件と法」やその他の論文でも、同様の視点から分析を試みた。権利の確立と拡大をどう法理論として普遍化できるか、これが私が関心を持ちつづけている研究テーマの一つである。

(3)　公害紛争の裁判外の解決としては、私は、かねてから非公式的な解決としての和解の仲介から、公式的解決としての公害紛争処理制度への進展に注目し、調査などをも行ったことがあるが、一九七〇年に公害等調整委員会が設置されたときには、権利・義務で解決しない従来型の非公式的解決の制度の延長となるか、真の公害裁判所ないしＡＤＲ機関となるか、関心をもってみてきた。さすがに、権利を減殺する非公式的解決の機関とはならなかったが、初期の頃は、水俣病事件や大阪空港などの大型の事件において、裁判所の解決に従って解決をはかる司法補完的機能を果たすにとどまっていた。しかし、近年は、司法補完的機能と行政補完的機能、司法的機能のほか、司法的機能拡張機能として、原因究明機能、公害行政代替機能・法政策形成機能、司法的機能フォローアップ機能を果たすようになっていることを示した（「公害紛争の司法的解決と公害紛争処理制度による解決」立教法学六五号（二〇〇四年））。これらの役割をより一層果たせるかどうかは、今後の実績と人々の信頼、それに予算に依存する。なお、注目して考察していきたい。

(3)　固有の環境法（学）の樹立を

(1)　環境問題は、一九七〇年代頃に自然環境の保全の問題を、八〇年代頃にはアメニティーの保全を、九〇年代頃以降には地球環境問題を含むようになり、その対象領域は著しく拡大した。また、自動車公害問題、廃棄物問題や気候変動問題など、関連したさまざまの領域から複合的にアプローチをしないと解決できない問題が増えてきた。それだけでなく、民法、行政法、国際法など既存の法学理論の考え方を適用しただけでは、あるいはせいぜい拡大して適用しても、それでは解決できない問題が増えてきている。たとえば、民法の損害賠償や差止の問題でいえば、個人的被害を与えていないが、しかし環境に被害を与えている環境損害について、誰がその回復を求めることができるか。個人的被害を与えていない環境被害の差止を誰が請求できるか。後者は環境権の問題でもあるが、こういった問題に対して、私は、一九九〇年代の初め頃から、民法、行政法、国際法、刑法など個別の法学領域から独立した、固有の領域をもち、固有の価値を追及し、固有の法原則と法的手法を有する環境法の領域を樹立すべきだとの主張をするようになった。既存の法領域から生成、発展したサブの法領域が、やがて固有の対象領域と固有の法原則をもった法領域として独立することは、珍しいことではない。労働法、消費者法などがそうであるし、日本における法社会学の源の一つは、民法学者による民法現象の実態的な把握であった。一九九〇年代以降、環境法学は、独立の法学領域となることが求められるようになったのである。私は、このことを環境経済・政策学会編『環境経済・政策研究のフロンティア』（東洋経済新報社、一九九六年）の中で「環境法および環境法学のフロンティア」という論文やその他の論文で訴えたし、大塚・北村両教授が編集された『環境法学の挑戦』（日本評論社、二〇〇二年）という論文集（これは実は、阿部泰隆教授と私の還暦を祝っていただいた論文集である）に「環境法の課題と環境法学」というタイトルで書き、さらに、法曹実務家（裁判官）に向けて、「環境法学の特色と課題」（司法研修所論集一一三号（二〇〇五年））として提示させていただいた。

(2)　このような意味での環境法学は未だ生成途上にある。しかし、幸いにして、既存の法学領域を研究しつつ環境法を片手間で扱うのではなく、既存の法学領域の基礎の上に立って、環境法学を専門的に研究し、その発展を担う研究者と研究業績が現れつつあるし（大塚直早稲田大学教授はその代表的な一人である）、法科大学院や法学部においても環境法への関心が高まっていると思われる。中長期的には、環境法の確立は確実に進展するものと思われる。

環境問題の課題に応えようとする若い意欲的な研究者が、既存の法学領域とその方法論を超えて環境法の発展を志すならば、未来に希望はあると思われる。

以上、大分時間を超過しましたが、私の研究史断章として、お話をさせていただきました。

（二〇〇八年二月二三日　北海道大学法学部の友人との会において）

討　論

(一)　民法(とくに連帯債務論)と公害法、環境法との関係

(途中、所用のために、退席される五十嵐教授に対して)

淡路剛久　五十嵐先生に一言、あの、我妻栄先生の経験と川島武宜先生のご経験、私の申し上げたことで何かございましたら…。

五十嵐清　そうですね。私は民法は主として我妻先生の講義を聞いたので、川島先生の講義は二、三回出た程度です。そこで、北大で民法の講義をするときにも、我妻先生の書かれた『民法大意』(岩波書店)を教科書に使い、我妻先生の民法学をベースにしてやったのです。川島先生は我妻先生を批判するためにいろいろ書かれていますが、私は川島先生の我妻批判の多くを積極的に取り上げ、そういう形で、つまり我妻・川島両先生の説だけで講義をしました。昔はそれでも済んだので、ずいぶん楽だったと思います。

その点はそのくらいにして、ひとつだけお聞きしたいことがあります。淡路さんは、民法解釈学者としても、法社会学者としても、一流の方だと思っておりますが、その二つの関係がいまひとつ良くわかりません。というのは、さきほど、『連帯債務の研究』には法社会学的な要素があるという説明がなされましたが、私が読んだ限りでは、そこがいまひとつ伝わってきません。あの論文は、フランス法をベースにして書かれ、比較法を活用した論文として今日でも高い評価に値すると思いますが、法社会学の成果をどれだけ利用されたか疑問が残ります。いまひとつ、債権総論の教科書(『債権総論』(有斐閣・二〇〇二年))ですが、これは非常にすばらしい教科書で、私は現在出ております債権総論の教科書の中では一番良いと、学生には言っております。私はこの三年間、法科大学院で債権総論の部分を講義して来たのですが、わからないところがあったら、いつも淡路さんの教科書を参照しました。どんな問題につい

ても、ちゃんとわかるように書いてあります。学説判例がどうであるかをきちんと跡付け、しかも、必ず自分の考えが書いてある。全部賛成できるかどうかは別として、いつも説得力のある意見が書かれており、非常にすばらしい教科書と思います。しかし、そこに法社会学の研究成果が生かされているのかということになると、あまり感じられないように思われます。

私は、民法と比較法と二足のわらじを履いてきたのですが、基本的にはむやみに両者を結びつけることはしないという方針でやってきました。民法の講義をやっている時と、比較法の講義をやっている時は頭を切り替えてやっていました。ものを書くときも基本的にはそういうことでやってきました。淡路さんはそこのところをどういうふうにお考えになっているのか、というのが質問です。

淡路　五十嵐先生には、助手の頃から大変お世話になり、また、ご教示いただきました。ご質問ありがとうございました。

ただいまのご指摘につきましては、これからの話の中で出てくると思うのですけれども、たしかにそう言えるかも知れません。私の研究歴の一つの大きな流れとしては、不法行為法、公害、それから環境法、そして公害の中のある部分状況の中から法社会学、公害紛争というそういう流れが研究課題としてあったと思うのです。連帯債務の研究の手法ないし方法論は、それらとはやはりちょっと違う。先生が、先ほどおっしゃった民法と比較法と同じように、民法の連帯債務の研究とその後の公害に関わる法社会学的な研究とは、直接的には関係が薄いかも知れません。私としては、不法行為のある部分から公害法へとアプローチし、公害法から環境法へとその領域が拡大するにつれて固有の領域と方法論をもった環境法の確立へと関心が拡大していったのですが、公害紛争に関わる研究において、法社会学的な方法の必要を感じ、実証的な調査や方法論の研究をしました。そこには法社会学的な課題ないし問題意識がありましたし、法社会学的な研究として位置づけられてもいると思うのです。連帯債務との直接の関係は無いのかも、薄いのかもわかりません。おっしゃる通りだと思います。

吉田邦彦　五十嵐先生らしい辛口のコメントだったと思います。ちょっと一点だけ確認です。（五十嵐）先生に民法の講義をされたのはどの先生でしたか。

五十嵐　私は、民法の講義としては、最初に末弘先生の講義を聞きました。それがどんな講義だったかについては札幌法学に発表しています（「末弘厳太郎の最後の民法講義」札幌法学八巻二号〔一九九七年〕）。それは戦争中のことで、戦後、改めて我妻先生の講義を二年間聴講しました。ただし、単位は、民法一・二部は我妻先生から、三部（家族法）は来栖先生からいただきました。もっとも来栖先生の講義はほとんど聴いていません。当時は、戦後の混乱期であり、そのようなことも可能でした。

（一同　笑）

吉田（邦）　それでは五分休憩を致します。

……（略）

吉田（邦）　どうも長時間にわたりいろいろなお話をしていただきましてどうもありがとうございました。どなたからでもご自由にご発言ください。発言される時は自己紹介しながら訊いてください。どの方面からでも結構です。

（二）　川島法学と我妻法学との異同――その利益考量論との関係

吉田克己　大変興味深い話をありがとうございました。淡路先生は、お話しの最初のところで、今までの民法学の系譜について整理されました。この点に関して、一点お伺いしたいことがございます。

淡路先生は、そこで、川島法学と我妻法学の対比をされまして、両者の最大の違いは、川島法学が解釈法学と異なった民法学を追求したところにあると指摘されました。しかし、他方で、両者には、抽象的な法学方法論の点では類似している点もあるのではないかとも指摘されました。価値判断の重視、社会現象研究の重視、法律構成の重視、これらの点が類似しているのではないか、ということです。

これに対して、私には、これらの点でもやはり我妻法学と川島法学とでは違うものがあるのではないかという感じがあります。たしかに、川島先生は、価値判断を重視されています。そして我妻先生もそうなのですが、価値判断の重視という場合に、川島先生の場合、何を意味しているのか。川島先生の場合には、価値判断そのものをも分析対象にして、人がこれこれこういう価値判断をするということはどういうことなのか、社会の中でこれこれこういう価値判断がでてくるのはどういう場合なのか、というような、価値判断自体を客観的なものとして分析の対象にされるという問題意識が強いのではないかと思います。我妻先生の場合、そのようなスタンスではなくて、まさにご自分の中に価値判断を内在させている。だから、法律に対する視点が、内的視点と外的視点という言葉で性格づけることもできようかと思いますが、やはり違うのではないかと思っています。

その点では、おそらく社会現象研究の重視とか、法律構成の重視というところでも、同じような基本的なスタンスというか視点の違いがやはりあるのではないか。それが私の直感的な感じなのですけれども、その点について、感触を改めてお聞きできればと思います。

淡路　このような問題提起をしましたのは、実は、利益衡量論の星野法学の系譜をどうみるか、ということと関係しています。平井・星野論争を展開された平井先生は、これを川島法学から出てきたという風にいわれているんですが、私は必ずしもそうではないのではないかと思っていて、我妻法学の法学方法論を読むと、我妻法学でも価値判断が法解釈の方法論として重視されているのです。もっとも、ご指摘の通り、川島先生と我妻先生とでは違いがある、確かに、違いはあると思うのですが、しかし、利益衡量論は、川島法学から出てきたものではないのではないか、と思っているのです。星野先生は、価値判断の体系を作るといわれ、川島先生も価値体系については言っておられるわけですが、価値判断のあり方が、基本的に違うのではないでしょうか。川島先生の場合は、解釈者の価値判断ではなくて、客観的な価値の体系が存在することを指摘されたと思うのです。価値判断の客観性という議論もそこから導き出された議論だったと思いますし、民法理論につながる価値の体系として、商品交換の体系とか、私的所有とか、契約とか、人格とか、そういうものとやっぱり結び合わされていたのではないか、という感じがしていたのです。

我妻先生の場合は、指導原理というようなものでいわれていまして、解釈者の価値判断を指導する抽象的な価値原則のように思われます。そういう意味で、両先生の価値へのアプローチは違うのですが、価値判断を重視するということ自体は、両先生とも言われていたと思うのです（その点では、その前の鳩山先生の時代とは、民法学は大きく転換したと思います）。

両先生の違いばかりを言っていて、水と油のようなそういう認識だけではちょっと足りないかなあ、今後、民法学説史を研究するにあたって、どこが違い、どこが実は共通なのか、という面も研究していただきないなあと思ってあえて言ってみたということです。

また、平井テーゼに対する少し違った見方、つまり利益衡量論が法解釈論争の正当な申し子だと言う認識も、我妻法学に遡ってみると必ずしもそうではないのではないかということもあって、あえてそう言ってみたということです。（なお、今日はたぶん平井先生の名前が随所に出てくると思いますが、それは、私が書いたもので具体的に最も影響を受けたのは、平井先生だからだと思っています。）

吉田（邦） 今の部分はですね。星野先生自身が示唆を得て「導きの星だった」としておられる（星野英一『民法論集一巻』（有斐閣、一九七〇年）「はしがき」五頁参照）、川島先生の『科学としての法律学』（弘文堂、一九六四年）（新版岩波書店、一九八七年）を読みますと、確かに「民法解釈論序説」に繋がる価値のヒエラルヒア論（価値体系論）や、存在論を認識論に直結させた「客観主義」理解の萌芽的叙述は、川島先生に既にあります（同書二一頁、七一――七二頁など参照）。しかし川島博士の場合には、科学主義というか法による社会的コントロールという発想が強く、また民法解釈の具体例がそれほど論じられていない点でも、星野先生とは様相が違います。ですから、先生がおっしゃったように、実質的に、我妻先生の方に近いのかもしれませんね。

淡路 私自身は、戦後の法解釈論争については、学部時代に、碧海純一先生の法哲学の講義で教育されたということもあるのかもわかりませんが、我々にとってすばらしい成果だったと実は思っているのです。法解釈学とは何か、その性質論からはじまってそれを客観化するにはどうしたらいいか、法律家の責任問題も含めて、来栖先生もいわれている。法学界のある意味での共通に得た遺産ではないかなと思っています。

吉田（邦）　そして今の議論を、アメリカ法学に絡めますと、大なり小なり、リアリズム法学のインパクトの所産だという感じがするのですよね。例えば、ホームズやフランクの影響は、末弘先生、ヨリ本格的には、川島先生に見られますけれども、他方で、我妻先生には、既にリアリズム法学の前駆者のパウンドの影響が見られます（この辺りの詳細は、吉田邦彦「リアリズム法学と利益考量論に関する『基礎理論』的考察」同『民法解釈と揺れ動く所有論』（有斐閣、二〇〇〇）二五頁以下参照）。いろんな人に種々の形でリアリズム法学が影響を与えていて、それなのに、その後それが一体どうなってしまったのだろうかという風に私などは思います。つまり、当時の諸学者相互の違いよりも、その後の急変振りの方が大きいのですし、それだけ近時の状況に対する私の危機意識も強いですね。（笑）

淡路　それで平井テーゼが星野法学を批判するときに、法解釈論争の正当な申し子だという形で、結局その全てを否定する論理の展開になっているとするならば（平井先生は法学教育に限定して述べられましたが、その後は、研究の領域にも拡大して理解されたように思っています）、どうもそこは違うのかなと感じています。法解釈論争と星野利益考量法学が結びつくところもありますけれども、そうではないところも勿論あるわけで、遡ると、価値判断のところは我妻法学に行き着くわけで、そこを星野先生流に拡大させて、方法論として述べたということではないでしょうか。法の解釈は、法律構成と価値判断の総合となるのでしょうが、星野先生は法解釈方法論として価値判断の面を前面に出され、利益衡量論という形で提示されたわけで、その意味では、法律構成を重視された我妻先生とも、ことば的構成を述べられた川島先生とも違っていて、やはり星野先生が固有の方法論として提示された説ではないかなあ、という気がいたします。

吉田（克）　今の話との関連ですが、私は、利益衡量論に戦後日本の民法解釈学の嫡流という性格が仮にあるとすれば、社会との接点を重視するというところがやはり大きいのではないかと思っています。つまり、戦後民法解釈学の基調には、狭い意味での法律実証主義に対するアンチというものがあったと思うのです。我妻法学は、全然法律実証主義ではないですよね。我妻法学の場合は、大きな歴史の流れを押さえ、社会認識の上に価値を提示していく。利益衡量論の場合には、我妻法学のような形とは違うかもしれませんが、やはり社会におけるいろいろな利益状況の分析の上で結論を出していく。そこが利益衡量論の大きなメリットではないかと思っているわけです。利益衡量論には、たしかに平井先生のおっしゃるように、法律構成の軽視とかの問題はあったかもしれないけれども、その問題を強調するあまり、社会との連関という問題意識を切ってしまうと、やはりそこには大きな問題があるのではないか。そのような印象を持っておりますので、それだけちょっとコメントさせていただきました。

淡路　平井さんへの誤解があるといけないので、後で訂正しておかなければいけないかもしれませんが…

吉田（邦）　ちょっと語弊があるかもしれませんけれども、淡路先生は控えめに言われていますけれども、星野先生の利益考量論は、それまでのわが国におけるリアリズム法学的遺産とどれだけ違いがあるのかという論点にも関わってくるわけですよね。そして、それを叩き出すと、それまでの遺産全部を叩くことになってしまって、それこそ、平井先生の『損害賠償法の理論』（東大出版会、一九七一年）にしましても、リアリズム法学的影響が濃厚であって、ご自身との関係はどうなのか。過失分析なども非常に機能主義的に、ハンドの定式などと結び付けられました。だからその後それが、「法と経済学」分析とも繋がっていくわけですね（『現代不法行為理論の一展望』（一粒社、一九八〇年））。その他、「法命題というのは、y＝f（x）というものを示すようなものだ」などと言うことも、僕も平井ゼミで聞きましたし、これなどもある種、論理実証主義ないしリアリズム法学的な捉え方があるわけで、それとの関係はどうなのか、ということについてあまり説明なさいませんよね。大学者は、いろいろな潮流を経ているわけでして、利益考量論が批判されたからといって、後進たちは、その部分だけを受け取っている。そこにおける悪影響みたいなものも出てきてしまうのかなあという気がいたしますね。

（三）　経験法学をどう受け止めるか

吉田（克）　淡路先生のお話しで触れられた点を少しばかり先に行かせて下さい。「経験法学」の話です。淡路先生が助手になられた頃は、ちょうど経験法学が東大で流行していたという言い方はよくないかもしれませんが、多くの研究者の関心を集めていた時期だろうと思います。そして、淡路先生も、経験法学との出会いについて語られたわけですが、現在の目でみて、経験法学とは一体何だったのだろうか。私は、正直に申し上げて、これがよくわからないんですね。そのあたり、淡路先生の現時点でのご感触をお伺いしたいのですけれども。

吉田（邦）　ついでに、どうして先生は経験法学に行かれなかったのでしょうか。

淡路　答えるのが大変難しい質問ですね。少し質問に対する答えとしてはずれますが、この問題は現在の法学の状況とも関連して、重要な問題を提起していると思います。現在我々は、法科大学院の解釈論一辺倒、あるいは解釈論重視の教育システムの中にいますが、それは研究面にも影響を与えているでしょう。今の質問を新たに考えてみると、経験法学とは何だったのだろうか、その現在における意味はなんだろうか、また、絶えず問題を提起されてきた川島法学を現在どう受け止めたらよいのだろうか、などといろいろの思いがでてきます。

どうも的確には答えられないのですが、こういうことから言えるかなと思うのは、ひとつは、現在の民法の教科書のつくり方ですね。それぞれの解釈学説に比重を与える論拠もなしに説を並べるとか、判例だけ挙げて学説を全く挙げていないか、つまり、リアルな法律の世界や研究としての法学の世界と関連が薄くなった、ドグマ的な解釈学、我妻法学より前のところに、書きぶりとして戻ったというようなのが散見するという状況が無くは無い。これをどう考えるかという問題を、いまの質問で思い起こします。

経験法学というのは今考えるとなんだったのだろう、私は自分の中では、たぶん、連帯債務の論文を書くときもそうでしたけれども、やはり抽象的な論理の背後には何かたぶん実体関係があったという仮説のもとでアプローチしていったと思うのです。例えばローマ法だってそうではないかと思う。いやそうではない、あれは問答契約だという議論もある。しかし、問答契約だと言っても、それ以前の起源があるかもしれない。それから、ローマ法から近代へと持ってくるときに、やはりローマ法の継受という非常にリアルな現実があったのだろうと。つまり、共同債務のいろいろの具体的な場合を連帯債務として抽象化しないと継受しにくい、そういうことがあったのだろう。不真正連帯債務の議論にも同様のことがあります。

ですから、経験法学の論文へとは行かなかったか知れませんが、経験法学的な思考方法の影響を受けていると思うのです。その後、公害法の研究などで実証的な公害紛争の法社会学的研究を行いましたが、それも経験法学の影響だと思います。ただ、経験法学とは何だったか、現在における意味を問われたりすると、答えるのが難しいですね。

吉田（克）　私は、淡路先生の法学については、法社会学とのある意味での幸福な共存だといいますか、法社会学的問題意識を基礎に置いた民法学だと思っています。しかし、それが経験法学の影響だと言われますと、少し戸惑うものがあります。経験法学というと、少し違うのではないのかしらというようなイメージがあるものですから…（笑）。いま淡路先生がおっしゃったことは良くわかるのですけれども、それが経験法学である、あるいは経験法学の影響を受けたものであると言われますと、よくわからなくなる、ということなんです。

淡路　経験法学の時期にも幅があったのではないでしょうか。初期のころでは、リアリズム法学と結びついて、法の世界から現実にアプローチする方法がいろいろ試みられた。後期の経験法学となると、かなり予見的法律学となって、例えば、認定された事実から、ある種の事実を抽出して、それと結論とを結び合わせると、将来の裁判を予見できるのではないかといった、そういう種類のアメリカの方法論を導入しようとしたりですね。そういう種類の経験法学のある部分は、コンピューターの発展とかでかなり実現されてきている部分もあるでしょう。現在、経験法学とあえて言わなくても、実現されてきている部分が結構あるように思います。

初期のリアリズム法学から経験法学へとある意味で渾然一体の展開となっていたものから、後期には、法社会学が独立し、実定法学を経験法学化するといっているときの経験法学は、予見的法律学とか、言語的なアプローチによる方法論であるとか、法学の概念の実体化を避けその背後にある事実（利益と不利益など）からアプローチするとかいった方法論が用いられたと思うのです（穂積忠夫先生の論文や太田知行先生の論文など）。私の連帯債務論の出発点も、抽象的な連帯債務概念を実体化せずに、人と人との関係で見る、という点では、経験法学的思考から出発していると思っています。

吉田（邦）　その点についての変遷はともかくとしまして、先ほどの整理、つまり、リアリズム法学（ないし経験法学）の影響を受けた民法学と最近のそれとの対照的叙述は、現状に対する痛烈な淡路先生の批判が込められていますね。

淡路　削除してください（笑）。

吉田（邦）　いえ（笑）。ちゃんと残します。説得力があると思いますし、僕は、やはり自身の立場に余りに振幅が大きいというのは自分自身の好みではないのですね。だから、利益考量論批判があったからといって、直ちに、僕は利益考量論が悪いとは思いません。そこのところで、例えば、代表的な教科書ライターの内田貴さんはその当時の平井宜雄教授の利益考量論批判を受けて、かつて「僕の教科書では、利益考量という言葉は一言も使わないようにした」と言われたことがあるのですよね。そういうのを、多くの読者が読まれて、今までの日本民法学の遺産というのをどう受けとめられるのか、「利益考量は過去のもの」と受け止めてしまうのかどうか。内田さんご自身は、今までの蓄積の成果を咀嚼されて、良くご理解されている方だと思いますけれども…。本来、だから、そこのところをも学生には、伝えていく必要があるように私は思います。

それから、経験法学をどう受け止められるかというところで、僕は、淡路先生が、先生流に取捨選択されている面があると思うのですね。

（四）「もう一つの民法学の潮流」について――とくにマルクス主義、「法と経済学」との関係

吉田（邦）　それで、ここでちょっとお聞きしたいと思うのですけれども、僕は、平井宜雄教授とこういう議論をしたことがあるのです。今日のお話で、「もうひとつの民法学の潮流」というのは至極当たり前のことと、私などは受け止めています。平井法学にしても、そして星野先生でも、民法学のイメージが広いですよね。アメリカに行ってみると、向こうの第一線の研究者は皆、解釈論だけでは駄目だというということで、いろんな基礎理論をやっていって、それに染まりながらこれまでやってきた者としましては、なおのこと共鳴するところがあるのです。

それを受けて、平井先生に、「先生、民法学の重要問題としてどういうことをやらなきゃいけませんか」ということをかなり前に議論したことがあるのですね。多分、それは我妻先生の問題意識も受けてだと思うのです。そうすると「三つある」とされて、「重要なことは、一つ目は、マルクス主義にどう接するか、二つ目は近代法問題をどう捉えるか、三つ目は解釈方法論ないしは法的思考というものをどう考えるか、ということだ」と、言下に答えられたのですね。

そして、その最後の部分に関連して、先程の淡路先生のお話をお聞きしていまして、アメリカのパーソンズ（Talcott Parsons）以降、川島先生が、平井先生によれば断絶があるというように捉えられて、従って、法の科学理論といいますか、経験法学の後期と言われましたかね、そういうものには行かれなくて、淡路先生は法的なものっていうものをされながら、法社会学的なものを模索されていたのかなという感じがしますけれども、その点についてのコメントをいただけますでしょうか。

それから、マルクス主義の問題にしましても、私は、先生の世代は、私ども以上に、吉田克己教授も私以上に強い周囲の影響というのはあったと思いますけれども、私自身は、ポスト・マルクスのフーコー（Michel Foucault）とか、私なりに批判法学という形でその問題（前述第一のマルクス主義の問題）を受け止めていますし、先程の三つ目の問題、二つ目の問題についてもそれなりに受け止めているつもりです。それとの関連で、あまり先生のものでマルクス主義

的な応援というのは無いと思いますけれども、どのように受け止めたらいいのでしょうか。

淡路　私が助手から若手の研究者として学会にデビューさせていただいた一九六〇年代後半から七〇年代という時代は、日本社会が高度成長、工業化、地域開発、大量生産、大量消費と大きく動いた時代で、公害、環境破壊、薬害、食品公害など、法、それも民法や不法行為法に大きな解決の期待が求められた時代だったと思います。私は、期せずしてその真っ只中にいたわけで、解釈学的なアプローチにせよ、法社会学的なアプローチにせよ、実践的な問題解決をどうしたらよいかが頭のなかにありました。公害紛争のアプローチでは、はじめ、一九五九年の水俣病の見舞金契約と一九七〇年の水俣病補償処理委員会によるあっせん案の分析については、川島先生の方法論を適用させていただきましたが、その後、全国の公害紛争を調査し、分析するにあたっては、パーソンズのＡＧＩＬ図式が有効だと教わり、それを用いて（というほど正確な応用ではありませんが）分析をしました。

マルクスについては、いくらかは勉強しましたが、深くは入りませんでした。実は、助手時代に、何人かでマルクスの読書会をやる必要があるんじゃないかということで相談に行ったことがあるんです。来栖先生と川島先生両方に相談に行ったのですが、そしたら、そういう勉強よりもっとやることがある、と助言されました。川島先生だったと思います。今にして思うと、すでにそうそうたるマルクス法学者がおられたのですから、そうだったのだろうと思います。その後は、法学の基礎理論というようなところからアプローチすることはできていません。実定法学者として、要するに、次々と起こる新しい現象に対応していくのが、私のこれまでの公害・環境法のアプローチだったと思います。ですから、平井先生とか、吉田邦彦先生、吉田克己先生、さっき褒めさせていただいたわけですけれども、そういうところに関心を持って基礎法学的な理論をきっちり研究することは、私としてはできていません。

私の助手時代は、ある意味では研究の方法論がいろいろ模索され、試行された時代だったと思います。それは法学の基礎理論でもあったし、それとも少し違う実践的な法学の基礎理論もあったように思います。私は、公害や薬害などの実践的な課題にぶつかりましたので、それを解決するための方法論を求めました。研究者というのは、要するに、自分の関心があるところ、大げさに言えば、自分の使命や課題と思う領域をやればいいので、そこで方法論的に行き詰まれば、新たな方法論を模索するということになると思います。平井先生の研究の軌跡はまさにそうではないかと思います。私が取り組んだ領域では、とにかく現実の実定法の問題に対してどう自分が対応してくかという、自分の関心のあるところも含めて、やってきましたので、もうひとつの民法学を自分なりに追及して、何か新しい民法学を打ち立てるということはできませんでした。私の場合には、法社会学の領域に属することがいくらかできたということであって、法哲学なり法学の基礎理論というところではなかったですね。

それから、もうひとつ問題提起された法的なもの、つまり法的なアプローチの固有性とはどのようなものであるか、ということですが、この点は平井先生が本格的な議論を展開されていると思います。また、法と経済学の議論が一時流行して、カラブレイジ（Guido Calabresi）などの議論が導入されたりしました。私としては、効率性の議論を直接に法の解釈論に応用するという点については、寧ろ批判的に受け止めています。象徴的にいえば、経済学は効率性の議論をするけども、法学は権利の議論をするという発想で考えるべきではないか、権利を効率性を目標にして再分配するのが経済学の考えですけれども、権利の分配はなされているという発想のもとに権利の分配とその確保をするのが法的な思考だと、考えるべきだと思うのです。もっとも、法政策学と法解釈学は違いますから、法政策学においては、効率性の議論は有用であるし、権利の再配分も当然あると思いますが、法解釈学にストレートに持ち込むことには問題があると思っているのです。

一つの例ですが、平井先生の過失論ですが、ドイツの過失論の導入を批判しながら、なぜアメリカ法のハンドの原則をもってこなければいけないのかは分かりませんし、また、なぜ、大阪アルカリ事件の判決が、過失を認めることによって社会的にどう影響を受けるかを重視したからといって、なぜそれを現在過失論の中で位置づけなければならないのか（大審院の大正五年の大阪アルカリ事件）も分かりにくいですね。それだけではなく、根底にあるのは、権利を再分配する議論ではないか、という風に見えるので、そこは法学的な思考ではないと、そういう感じがしているのです。

吉田（邦）　さっき聞きました三番目の法的思考を追及されているというのはわかりましたが、それとの関連でも「法と経済学」に対する先生の受け止め方を興味深く伺いました。では、「鼎談」ではないので（笑）、どなたか、続けてご発言ください。

（五）　淡路法学の法社会学的手法と川島理論との異同

尾崎一郎　一連の鼎談で出ていた話と関係があると思うのですが、川島理論の位置づけについて、是非、ご経験から色々教えていただけたらと思います。

先ほどの質問でも出ていた「もう一つの民法学」の潮流ということについて、私なりに理解すると、社会に対する視座が確保された、狭い意味でのドグマティクではない法学をきちっと追及していくという話だったと思います。しかし、川島武宜先生の一連の著作を読んでいくと、川島先生自体はそういう穏健な意味での社会学的法（律）学というものを飛び出してしまっているところがやはりあるように見えます。

というのは、ひとつには、言うなれば理論物理学的な志向性が強いように見えます。つまり、普遍的な法則性、さらには、単純な幾つかの要素に還元してそれを演繹的に組み合わせることで全現象を統合的に説明するような理論を希求されているし、そのような理論が可能であることを前提としている。そして、法学そのものを、そのような理論に包摂した形で書き換えようと意識的にせよ無意識的にせよ目論んでいたのではないか。この点、さきほど我妻先生との違いということで、法学における価値判断とか判断枠組みについての対象化の有無について吉田克己先生が言われましたが、単に対象化しているだけではなくて、なにか狭い意味での法学を超えた（ある意味全く法学的思考と相容れないような）普遍理論で（法的思考や法実践を含む）すべてを説明してしまおうとしていたように見えます。そもそも、そういう説明が可能なのだと考えていた。こういう普遍理論への欲望が、彼のもともとの法（律）学者としての持ち味を凌駕し、暴走していったのではないかというふうに（一同笑）、感じるわけです。

もうひとつ、他方で、法学を「科学化」するという時に、科学化による民主化といいますか、今なお一部の学者が法律学に対してしてしている揶揄を引用するなら、「非科学的」な「神々の争い」や「信仰告白」から抜け出る道を模索するということも、川島先生のモチベーションの中にあったように読めます。そういう志向性ないし政治的（？）バックグランドが「科学」への（非科学的な？）情熱の背景にあるようにも見えるわけです。そういうふうに言ってしまってよろしいのかどうか、かねがね気になっておりました。

つまり、一方で理論物理学的傾向、他方で民主化としての科学化への情熱が、川島理論に併存していたように見えるのですが、この点について、淡路先生の御理解を御教示頂ければと存じます。

淡路　大変、示唆に富んだ、そしてたぶん的を突いたご意見だと伺いました。川島法学については多くの研究者がそれぞれご経験とご意見をお持ちだと思いますし、直系の先輩の先生方（太田先生、平井先生、六本先生）もそれぞれご意見をお持ちだと思いますので、これは私の個人的な感想でしかありませんが、私は、「川島法学への一アプローチ――『川島法学の全体像』にかえて」（ジュリスト一〇一三号）という文章の中で、今おっしゃった第一の点で述べておられるようなことは私も感じ、書いているのです。川島法学には一貫した特徴があるという仮説を挙げてですね、「まず、第一に、川島法学の全体を通じて言えることは法を対象とする学問を経験科学たらしめるためにはどうすればよいか、という学問上、方法論上の問題意識が常に基本にあった」と。そのためにはどうすればいいか、ということで対象が変わっていくということがあっても、基本にはそれがあった。そこから、法社会学の生成確立を目指す様々な研究とか、科学としての法律学とかの主張が出てくる。民法の解釈ですらその例外ではなかっただけではなくて、もっとも、初期に書かれた民法の解釈論文も常にそのような問題意識に支えられているという風に私は書いているのです。法を対象とする学問の科学化こそ川島法学が主観的に目指されていたことで、その科学化と言われているところに純物理学的な発想が、たぶんあるのではないかということだと思うのです。

しかし、川島法学は、無目的な学問のための学問、科学のための科学を志していたわけではないということが強調されなければならないと思うのです。その時代時代の背景の中で、時代の要請にこたえるべく法律学は何をすべきかということで、議論が展開されてきたのではないか。例えば、所有権法の理論の中でモデルとして挙げられた近代法のあり方、それと対比して分析されて、必要な場合に批判されたわが国の前近代的な法関係に関する数々の著作は、まさに実践的にそういう問題意識で書かれている。つまり、所有権の理論はこういう風になるというだけではなく、それをモデルにしながらその理論で見たときに、日本の現状の法関係は問題ではないか、前近代的ではないか、商品交換の体系から言ってもこれは変えなければならないのではないか、というそういう実践的な問題意識に支えられていると思うのです。そのことはまた、市民的、市民法的な視点につながってくる。前近代法的な視点との対比で、科学的、公準的な視点で作ったモデルから見ると、そのモデルが市民法的な視点に実は繋がっていく。先ほど二番目に言われたことは、多分そういうことだと思います。

川島法学の科学化への志向のその後ですが、所有権法の理論の時には、それは、わが国の前近代的な法関係を改革するという目標、そのための法理論を作ることが目的とされました。その後の科学化、公準理論については五〇年代以降、社会が変化して、市民社会が進むに連れて、法や裁判に対するコントロールと予見という新たな社会における市民的な要請ということに視点が合わされていくということで、対象が変わっていくのだと思います。しかし、さっき言われた物理学ではないけれども、科学化への志向というのはそういう意味では変わっていないのではないか。

しかし、川島法学は方法論において変遷をとげていったと思うのです。つまり、法律学は何をなすべきか、という問題意識をもって、科学化、公準理論をつくるといっても、時代の要請が変わり、時代の状況が変わってくれば、方法論は変わってくることにならざるを得ない。川島博士の用いられた方法論は多岐にわたりますが、法を対象とする科学の経験科学・社会科学のひとつとして、生きた肉体的人間から出発するという点で共通の基礎を有していたと言えるように思います。ただ、その方法論は前期と後期とではまったく違ったものになった。前期では、近代法と前近代の法関係の分析という巨視的な問題意識と、当時の社会科学の理論状況、マルクスとマックス・ウェーバー（Max Weber）の巨視的理論枠組みが中心であったから、「商品」とか「商品交換」を基礎としたマクロな法の科学理論（それは公準ということですけれども）が構成された。しかし、『科学としての法律学』になると、これは市民社会化が進んだ結果として、近代法そのもののあり方や行動が分析対象となって、アメリカの社会科学などの影響の下に、人間行動にかかわる様々な科学的方法が試みられ、ミクロな理論が展開されたという、まあそういうふうに全体で見ると、そういう仮説も立てられるのではないか、ということです。

吉田（邦）　かなり川島先生に関する話ばかりが続いていますが…、淡路法学の方に、話を進めましょうか。（笑）

（六）　スタルク＝淡路・不法行為理論の現代的意義——不法行為法の制裁機能論との関係

吉田（克）　論点を変えますが、不法行為のところで一点お伺いしておきたいと思います。先ほど、淡路先生は、被害者の権利としてスタルクの保障理論に注目しながら、新しい不法行為理論を展開されたというお話を伺いました。そこで強調されたのは、それまでの不法行為法学においてはいわば加害者に焦点が当てられていたのに対して、むしろ被害者に焦点を当てるべきだ、ということだったと思います。しかし、最近、改めて加害者に着目する視点が強調されてきていますし、それは積極的に評価されてよいのではないか、という気もしています。つまり、不法行為の制裁機能あるいは違法行為抑止機能という観点が、改めて現代的な意義を持ってきているのではないか。それが、淡路先生がその後でお話しになった環境問題などにおいて現代的な意義を持ってきているのではないか。そのような問題意識が私にはあります。

私は、被害者の立場に立った不法行為はやはり大事だし、公害による生命・健康の侵害などの問題については、これは絶対に譲れないというところがあると思うのですけれども、広く環境となると、被侵害利益のところに違いが出てきて、そこが違ってくると、視点が違ってくることがあって、行為の方に改めて着目してもいいのではないか。このようなことを少し考えているものですから、その辺りの先生のお考えをお聞かせいただければと思います。

淡路　私が『不法行為法における権利保障と損害の評価』で著したのは、まさにそこなのです。つまり、不法行為法の目的には、被害者の権利保障と不法行為の抑止がある。責任というところでは「権利保障」、損害評価というところでは「制裁的慰謝料」論を認めるべきだということを、そこで主張しています。そうなると、加害者の意思にかかわる事実も、単に故意か過失かではなく、意欲する故意とか、認識ある故意とか、未必の故意とかがあり、過失だって、重過失、軽過失があり、それに応じて賠償額というものがやはり変えられる必要がある。不法行為責任を認める、認めないという問題とは別に、制裁的な機能というのとは、私にとっては効果論のほうでは大変重要だと思っています。

ですから、いまのご意見に賛成です。とくに、現在のように刑事制裁を強化することによって、社会的な違法行為をコントロールしようということが流行しつつある時代には、刑事制裁を偏重することではなく、民事責任の役割を重視して、制裁的な賠償ということをきちっと位置付けて考えなければいけないと思います。一九九七年最高裁が、萬世工業事件（最判平成九年七月十一日民集五一巻六号二五七三頁）でカリフォルニア州の制裁的慰謝料判決の日本での執行を否定したのは非常に残念で、あれは判例変更すべきだという風に思っているのです。

吉田（克）　なるほど。ご指摘になったのは、懲罰的損害賠償は日本では認められないとした判決ですね。

淡路　そのような法制度を認めていないので、公序良俗違反で執行力を認めないと言ったあのケースです。

吉田（邦）　先程の紹介では省略してしまいましたが、スタルク教授の著作には、民事罰に関する叙述がありますね。フランス民事責任法の民事罰的系譜については、最近、廣峰さんも検討されています（廣峰正子「民事責任における抑止と制裁（二・完）」立命館法学二九九号（二〇〇五年））。はい。町村さんどうぞ。

（七）　制度論――刑事法・行政法との関係、ＡＤＲ及び団体訴訟

町村泰貴　北大で民事訴訟法を担当しております町村と申します。今のお話で、刑事制裁よりは民事制裁、民事責任を強化してコントロールしていくべきだというお考えに、私もそのように思うのですけれども、世間ではむしろ逆の方向にいっていますね。かえって刑事制裁に強い依存といいますか、期待をしている傾向があると思います。あるいは行政法もそうだと思うのですけれども、行政的な規制という方に、何かこう先祖帰りするような傾向がやっぱりあると思うのですけれども、そういうのに対してどう対峙していったらいいのか、いまひとつ自分の中でも、もやもやしていまして、よくわからなくなるんです。そのあたりの先生のお考えをお聞かせいただけたら幸いです。あと、ご報告の中で述べられていたＡＤＲ（Alternative Dispute Resolution）と、それから、団体訴訟に結びつくと思いますが、環境権論についての現在の評価をお聞かせいただければと思うのですけれども。

淡路　ご指摘の第一点については、私自身も問題意識をもっています。この時期ですからもう一度強く主張する必要がある、問題提起をする必要があるのではないか、と思うのです。ひとつの方法は、刑事裁判の中で一定の場合に損害賠償訴訟（付帯私訴）が認められるようになっていますので、その損害賠償裁判の中で、被告側の行為の違法性の強さを賠償額に反映させていくことができないか、ということです。刑事裁判の中で、故意・過失や違法性の程度が証明されますので、そのことを損害賠償に反映させることができます。そういうことの検討もしてよいのではないでしょうか。これまで、民刑分化が強調されて、いまの時代には、刑事制裁の厳罰化の方向に動いていますが、刑事制裁の厳罰化はむしろ慎重にして民事制裁を利用することも検討してよい、と思うのです。

それから二つ目のＡＤＲ、それから団体訴訟と結びつく可能性のある環境権論についてですけれども、まず、団体訴訟の必要性を行政事件訴訟法の改正との関係でどうみるか、という問題がありますね。行政事件訴訟法が改正されて、取消訴訟の原告適格を緩和する規定が最高裁判例を明文化する形で、行政事件訴訟法九条二項に入れられました。また、義務づけ訴訟とか差止訴訟も導入されました。しかし、いままでのところ、実際には、義務づけ訴訟も、差止

訴訟もあまりまだその機能を十分に発揮するには至っていないようです。取消訴訟でも、小田急訴訟では、結論は請求が認められていないわけで、そこで、団体訴訟の課題というのは、相変わらずあると思うのです。行政事件訴訟法の改正のときの議論では、団体訴訟をどうするかという課題が提起されていましたが、結局、課題として残されたわけです。しかし、団体訴訟を起こすニーズは、行政に対してだけではなく、民事でもあると思いますので、果たして、行政事件訴訟法の改革だけですむのか、という問題はあると思います。もっとも、今後、行政事件訴訟法が再度改正されて団体訴訟が導入される可能性があるのかというと、ちょっと難しいかもしれませんね。消費者法の領域では消費者契約法に団体訴訟が導入されましたので、環境の領域だって認められて良いのではないかという議論は出てきていると思うのです。行政事件訴訟法の改正でいくのか、環境基本法の改正でいくのか、といった問題はありますが。来週には、東京弁護士会で、環境法の領域で団体訴訟をどう位置付けて入ったらよいか、というシンポジウムが開かれます。団体訴訟導入のニーズは高められていると思うのです。

環境法において団体訴訟が認められるということは、環境権論とも関係します。この問題は、環境損害の問題とも関連していて、団体が個人的被害を証明できない環境損害の差止と損害回復の訴えを提起できるようになれば、環境権の目的はその限りで果たせることになるのです。ＥＵでは、環境損害指令が二〇〇四年に出されて、その方向に向かっています。

それから、公害のＡＤＲについてですが、公害等調整委員会は、今のところ法律で公害に限定していますので、環境紛争の調停や仲裁の裁定などをすることはできません。訴訟のような、たとえば誰か被害者がいないとかいうものについて、ＡＤＲ機能を使うということは、今のところできないんですね。この点は、法律改正が望まれるのではないでしょうか。

町村　私の方の問題の問題意識を話さずに、質問だけしてしまったんですけれども、公害等調整委員会に関しましては、スパイクタイヤ問題に大きなインパクトを受けたことがありました。あれは多分被害者がいないような、まさに拡散的利益の損害で、弁護士会かどこかが申立てをして、タイヤ会社を相手方にして、結局、製造禁止という形での裁定といいますか最終的合意に至って、それが後に立法にも結びついたという大変ドラスティックな経緯をたどっていますので、すごいなというふうに思っていました。ＡＤＲも、そういうような法創造機能を果たすことがあるというのは事実ではあります。他方で、先生のおっしゃったような法追随的といいますか、ちゃんと追随してくれればいいのですけれども、実は、被害者・権利者の権利を切り詰めてしまって、要するに、妥協を強いる場になってしまうという現実もあるように思います。私は二流の司法と呼んでいますが、そういう機関になってしまいがちなところはありますし、現にＰＬセンターなどはそういう風に見られているわけですよね。そう見られているから消費者は行かない、だから、事件も入らない、余計に信用を与えられないという悪循環にもなっています。

現在、ＡＤＲ法ができて、いくつかの機関が認証を通ったわけですけれども、その認証基準なんかも、やはり法による解決ということを前提にしていますが、どうしても、裁判所の調停委員会のもっと力のないバージョンを民間でやらせる結果になりやすい気がするのですけれども。そういう問題意識から言及させていただきました。

淡路　今おっしゃったスパイクタイヤの事件ですが、これも公害ですので、公調委が取り上げることができたわけです。あの事件については、私も注目しました。私は、公調委が、かつての司法補完的機能、行政補完的機能から、その役割を拡大して、司法的機能、そして司法的機能拡張機能として、原因究明機能、公害行政代替機能、法政策形成機能、そして司法判決フォローアップ機能を果たすようになっていることを指摘しましたが、スパイクタイヤ事件は、公調委が法政策形成機能を果たした例として説明したのです（「公害紛争の司法的解決と公害紛争処理制度による解決」立教法学六五号）。そういうことができれば、ＡＤＲ制度、しかも行政型ＡＤＲ制度は、今後も機能していくと思います。

もう一つ、東京都消費者被害救済委員会のお話をさせていただきますが、私は、そこの会長を務めさせていただいています。年に四、五件くらい申立てがあり、部会が設置されます。昔は、年に大きな案件が一件とか二件とか、少なかったんですけれども、それだとつぶされますので（笑）、申立件数が増えました。相談部門から救済委員会に案件がつなげられましてですね。部会は、学系、弁護士、消費者、事業者から構成されます。この救済委員会で我々がいつも心がけてきたのは──これは初代会長の正田彬先生、その次の清水誠先生以来の伝統なのですが──法は踏まえる、法は踏まえるけれども、法の限界を超えてそれ以上の解決を求めるということなのです。ＡＤＲで権利を削減して妥協を求めるのではなく、権利を拡大していく。何故かと申しますと、それは消費者法というのが生成途上にあって、これからどんどんそれを発展させなければならない。消費者被害が起こっているのは消費者法が現実に追いついていないからだ、という認識です（もっとも、悪質な事業者の行為も後を絶たないですが）。たとえば、信販会社などとなると、事業者とは別の主体ですから、かつては、抗弁の接続が認められないようなケースでは、大変苦労しました。しかし、ＡＤＲを通して消費者の権利を拡大していかなければならないという発想で、信販の事業者に対する管理責任を強調するなどということをやってきました。その後、法改正などがなされたりしました。妥協と中間的な解決というよりは、ＡＤＲが法の限界を超えるということもあり得るわけで、先ほど申し上げましたように、公害等調整委員会も最近ではそういう役割も果たしつつあるように思います。

しかし、そのような役割を果たしているようにはみえないＡＤＲもありますね。製造物責任法が制定されたとき、いくつかの業界団体がＡＤＲを設置しましたが、どうもどれだけの役割を果たしているかわかりません。わたしも委員を頼まれたことがありますけれども、案件は全然きませんでした。訴訟が少ないところからみると、案件がないのかも知れませんが。

（八）不法行為法における権利拡大とは逆向きの近時の理論的展開について──とくにエヴァルトのリスク論（科学的な予見に対する懐疑論）

吉田（邦）　ちょっとよろしいですか。あの、時間のあるうちにこの点だけはお聞きしておきたいことがございます。

すなわち、立教法学のご講演（七三号（二〇〇七年））に関して、昨日もちょっと議論させていただいたのですけれども、そこには、フランス不法行為の判例法における権利の拡大傾向という話が詳細に書かれています。しかし他方では、方法論的に不法行為評価の前提を覆すような議論が、同じフランスの別分野からでているのです。エヴァルト（François Ewald）の議論のことです（L'Etat providence（Grasset, 1986）に始まる一連の著作）。つまりこれは、先程の川島先生的な科学的な社会コントロールという発想が、そういう科学的な実証主義が妥当するのか。特に環境問題などではよく言われることですね。そうすると、結果の予見というのも難しいので、――ルーマン（Niklas Luhmann）的なオートポイエーシス的に――自己言及的にはね返って自省的に規制するしかないのではないかという、リスク規制論の転回が説かれたりするのです。換言すると、グランドセオリー的に、或いは、法と経済学が前提としているような費用便益分析っていうのは本当にきちんとできるのかどうかということに対する懐疑ですね。実はこの問題は関西大学に赴任しました今野正規君が詳しくやっているところなのですけれども、彼が来られないものですから、代わって、指摘しているのですけれども、そういう方法論的な行き詰まりみたいなものがあってですね。かといって、安易な規制緩和には乗らずに、どのように理論を展開すべきか、という問題です。

今野正規（**誌上参加**）　最近のフランスの議論では、福祉国家の危機と並行して民事責任の危機が議論されるようになっています。つまり、リスクが不確実性へと質的に変化したことで、統計的・確率論的リスク管理や、集合的リスク管理システムとしての福祉国家が機能不全に陥ってしまい、福祉国家システムの一部を担ってきた民事責任や保険といった制度についても再検討の必要性が意識されるようになっているわけです。私が以前勉強したところでは、こうした動きはフランスでは一九八〇年代の輸血・血液製剤輸注によるＨＩＶ感染事件を契機に意識されるようになって、その議論の過程で、民事責任を損害の塡補というリスクの分配の観点からだけではなくて、被害者の視点をヨリ重視すべきだという観点から、加害者の制裁や事件の真相究明といったものまで含めて再定義すべきだ――そして、それこそが「責任」という語の本来の意味なのだ――という議論がなされるようになったわけです。ですから、そういう文脈で考えますと、不確実性を前提とすると、淡路先生のいう権利保障についても、その意味が随分変化してくるのではないかと思います。このあたりも勉強させていただきたいところです。

（九）淡路不法行為論、環境法の義務論的アプローチについて

吉田（邦）　そこで興味深かったのは、先生は、法と経済学に批判的に迫りたいと、スタルクの権利拡充理論に惹かれるけれども、先生のお話を聞いていると非常にデオントロジカル（義務論的）ですね。だから、功利主義的な発想じゃないですよね。ある種、帰結主義的な、結果志向的な発想はどこか避けておられるようなニュアンスがあるのですね。最近の行為不法の方法論的な見直しということとか、環境法のプリコーショナリ・プリンシプル（予防・警戒原理）にしても自分の環境破壊行為がどういう帰結をもたらすのかということが中々算定できないようなところまできている。そうすると、なんか怪しげなものは事前のところで「待った」をかけるというような、近代法の予見万能の思考様式の前提を問い直すような方法論的な問題を意識しながら議論できるのですね。

私は、日本の「予防原則」を説く論者はそこまで理解して議論しているかどうか…、怪しい面があるのではないかなと思うのです（「予防原則」が定訳になりつつありますが、環境問題におけるprecautionの語感は、明らかに、例えば、「予防接種」のように、結果を予見して防止するという近代的前提とは違うところにあるのです。それをイメージするために私は、敢えて「警戒」の言葉を使うのです）。そして、そのような方法論的転回ゆえに、その他、例えば、医療過誤で、行為指針の方が浮き出てきたりしているとも見うるのですとかですね（盲腸炎の手術での副作用のショック症状による後遺障害が出た事案で、能書きどおりの二分間隔の血圧測定をしなかったところに（行為）過失があるとしたケース〔最判平成八・一・二三民集五〇巻一号一頁〕など想起してください）。

あのちょっと調和的な言い方ですけれども、他方で先生には、今のADRの話でも社会的なコントロールの側面では、川島先生的な影響を窺えるようにも思われます。川島先生が引かれたオリバー・ウェンデル・ホームズ（Oliver

Wendell Holmes, Jr.）は「法と経済学」のプリカーサー（先駆者）と評価されたりしていますよね。「そういう面はどうも…?」というリアクションの方が、先生の環境法的な知見と一致しているようなところもある感じがするんですけれども。その辺ちょっと補足的にコメントいただけたらと思うのですね。

ですから、ご講演に出てこないフランス法について、あるいは、（そこには）ドイツの社会学の影響もあるんでしょうけれども（例えば、トイブナー（Gunther Teubner）とか）、その辺も踏まえて、フランス法を理論的に翻訳して、従来のフランス不法行為法の前提を組みなおすような議論が出てきているということは、どのように捉えたら宜しいのでしょうか。

淡路　今のご質問は寧ろコメントして伺いたいと思います（笑）。また、フランスにおけるその領域の議論を研究されている今野さんからもいろいろご教示いただきたいと思っています。

私が、最終講義で注目し、実定法的な議論として日本法と比較しましたのは、フランスの民事責任法は、一九九〇年頃からのこの十年から二十年の間で、さらなる客観的責任の方向へ進んだ、それも裁判所の判例が引っ張る形で変革を遂げてきた、ということなのです。判例（民事二部が中心だと思いますが）が先へ先へと民事責任の原則の根底を覆すような判例を出してきて、それが実定法化しているということなのです。学説は、その理論化をはかったり、逆に批判をしたりしていますが。

吉田（邦）　それでは聞き方を変えますと、「法と経済学」流の権利の再配分的なものにはコミットしたくない、寧ろ、懐疑的だという先生のスタンスはどこからくるのですか?

淡路　これは別にフランス法から来ているわけではなく、不法行為法を研究対象とし、現実の不法行為被害をみてきた私自身のスタンスです。

吉田（邦）　ある種の科学主義は社会コントロールとしてやるべきだという思考様式ですよね。功利主義的な発想もその一環で捉えられるのです。

淡路　最大善を追及すると、それは効率性だという立場もありますが、歴史的に配分された権利を守ったりそこを広げていくとか、あるいは未知の領域の被害を防ぎながら将来世代の権利を守っていくというのも、これも一つの立場です。科学主義がどちらかに結びつくのでしょうか。

ただ、こういうことはいえると思うのです。リスクが個人レベルで発生し、個人間の利害調整としてあらわれる場合と、大規模な社会的リスクとしてあらわれる場合とでは、異なる。前者は伝統的な不法行為法が扱う場面ですが、後者は、伝統的な不法行為が扱うことができるが、法政策としては、背後にある膨大なリスクをどうするかを考えなければならない。今野さんが研究されているフランスのＨＩＶ問題もそうでしょうが、より明確なのは、アスベスト問題や地球温暖化問題でしょう。アスベストや化石燃料は社会に対して利益を生み出してきたので、それを社会的にコントロールするとなると、利益、損害（保険のコストを含む）、科学的予見性の程度が重要な要因となる。これは伝統的な不法行為の枠組みではとらえきれない法政策上の課題となる。そういうことだと思うのですが、その政策を基礎づける主要な要因の一つは、やはり科学だと思います。ある時点では、不確実性の程度が高いので、予防原則と呼ばれたりしても、それはやがて防止原則へと強化される。地球温暖化についてのＩＰＣＣ報告がそうだと思います。

（一〇）　アメリカの義務論的議論との対応関係

吉田（邦）　アメリカでの不法行為理論の七〇年代の理論的な展開として、やっぱり、法と経済学のコンセクエンシャリズム（帰結主義）的な思考様式に対するアンチテーゼとして権利論という、フレッチャー（George Fletcher）以降の、エプスティン（Richard A. Epstein）もそうです。（これについては、吉田邦彦「法的思考・実践的推論と不法行為『訴訟』」、同『民法解釈と揺れ動く所有論』（有斐閣、二〇〇〇年）二二八頁以下参照）。そういう文脈もあるものですから、それと照らし合わせますとね、先生の議論はあくまでもデオントロジカル（義務論的）な色彩が強い。そしてそれは、今日的な問題意識ともフィットするという意味で興味深く思っているのです。ですから、プリコーショナリ・プリンシプルにすぅっと入っていけるのです。と思うのですけれども、いかがでしょうか。リスク論については、今アメリカではものすごく議論がなされていて（例えば、Tom Baker et al. eds., Embracing Risk: The Challenging Culture of Insurance and Responsibility（U. Chicago P., 2002））、多分その出所はフランス辺りにあるのかなと思ったりしますけれども。

淡路　吉田さんは理論志向・方法論志向が強く、その意味で理論からのトップダウンだと思いますが、私の場合は、現実の問題を解くための方法論で、ボトムアップできましたので、議論がすれ違って申し訳ありません。

そのような私の立場からアプローチしますと、たとえば、環境問題でいえば、プリコーションアプローチとかプリコーショナリ・プリンシプルというのは、当然の流れになるのです。実は、たぶん一九八〇年代の頃だったと思いますが、ドイツからレービンダ教授、その後も若手の研究者が来られて、日本におけるプリコーショナリ・プリンシプル（予防原則と呼んでおきますが）がどう議論されているかの研究に来られました（予防原則はドイツの国内法の議論として始まり、国際法に導入されていったといわれています）。当時、日本では、予防原則と防止原則を区別した議論はなされていませんでしたので、日本側では混乱が起こったと思います。しかし、日本では、水俣病事件にしても、スモン事件にしても、被害が起こった後の訴訟事件の法的解決としては、予見義務と予見可能性を高度化していくという解釈手法をとったので、予防原則と防止原則を区別する必要はなく、その区別もなかったと思うのです。

ところで、予防原則は、その後、国際条約では国連気候変動条約などに取り入れられ、しだいに法原則化していきました。また、フランスでは、一九九〇年代の中頃に環境法典に取り入れられ、裁判でも用いられるような法原則となり、二〇〇四年の環境憲章にも取り入れられていったのです。このように、予防原則は、環境法の中では、いまやグローバルスタンダードともいうべき地位を占めているように思われるのです。

もっとも、この原則を他の領域に適用していこうとするときには、理論的な分析が必要となります。フランスでも予防原則は、環境問題に限られているわけではないと思います。そこでは、したがって、科学主義の適用と限界、予見可能性との関係など、さまざまな課題が提起されるでしょう。日本では、議論はそこまでいっていないということかも知れません。フランスでは、ＨＩＶの責任やアスベスト立法のさい、そのような本格的な議論が展開された、ということではないでしょうか。

吉田（邦）　どうも理論志向が強いものですから、ちょっと妙な質問しましたけれども。今日若い方も、不法行為の専門家とか、商法の若い方とか、いろんな方がいらっしゃっていますので、どうですか、気軽に自己紹介を兼ねて日ごろお聞きしたいことかなんかあったら、どなたからでもちょっと発言されませんか。せっかくの機会ですから。

（一二）　環境不法行為の異質性・重要性

淡路　さきほど述べたことで、一点、補足させていただきたいことがあります。理論志向と関係しますが、フランスでは、環境損害の議論に関連して、チャレンジングな議論が展開されている、ということです。環境損害というのは、誰も被害者がいなくて、自然環境とか、土壌とか、水とかに被害が起こる。それを誰が防ぐか、生じた環境損害に対しては誰が責任を負うか、誰が回復の責任を負うか、そういう問題です。ヨーロッパでは、二〇〇四年にＥＵ指令が出されて、各国がそれを国内法化しつつあるわけですが、このような問題に対して、伝統的な民事責任法学者（たとえば、ヴィネー――Geneviève Viney――教授など）が、それと伝統的民事責任法との関係、司法的関与、そういった本格的な議論をしているのです。国際研究集会でのテーマとしてもとりあげられました。つまり、環境法だけでなく、一般の民事責任法の領域からアプローチされているのですね。理論志向から、日本でも、不法行為法との接点が議論される必要がある、不法行為法としてギリギリ考えた時にそこに何か接点が出てくるのかどうかというのは、これはひょっとしてチャレンジングな問題ではないか、などと思っています。

吉田（邦）　つまり、「生態系への加害行為」ですよね。それを民事、従来の体系とどのように接合させていけるかという問題で、私もかつて、アメリカ法学を紹介・検討しました（吉田邦彦「環境権と所有理論の新展開――環境法学の基礎理論序説」同・前掲書四二二頁以下参照）。そこで、紹介した、グリーンプロパティー（緑の所有権）論は、生態系を取り込んで広がりを見せているのですが、他方で、既存の救済システムとのミスマッチがあってなかなか、悩ましいと思いました。

(一二)　環境法学の課題

亘理格　先生が最後に触れられた固有の環境法という学問分野の確立という課題について申しますと、固有の環境法の形成には困難な状況が待ち構えていると思います。一方では取り組まなければならない新しい課題がどんどん急激に増えていますし、個別の環境分野ごとの法律が次々に作られています。研究者はそのひとつひとつに対応しているという状況になっていると思うのですが、その場合、固有の環境法というものをいかなる理念や原理原則に則って確立するかが問われていると思います。たとえば伝統的な民法・行政法・憲法等の法学分野もそうですし、また労働法や経済法等の比較的新しい法学分野もそうですが、独立化するにあたってはそれなりのコアな原理原則や理念等が必要だったように思うわけですが、固有の環境法の樹立ないし独立化という場合、一体何がコアな理念とか原理原則として想定されることになるのかという点が、重要なポイントではないかと思います。

今日のお話の中で先生が触れられた中にも、予防原則や持続可能な発展のような原則ないし理念が考えられるわけですが、環境法の体系書等を見ましても、予防原則や汚染者負担原則等いろいろ書かれてはいますが、未だバラバラなような印象が常にありまして、もうひとつ全体を統一化できるような視点とか概念枠組みが必要なのではないかという印象を持っています。私自身は、様々な環境問題の中でも都市環境法や都市計画・まちづくり法のような周辺的な分野に限定した研究を行っていますので、このようなコアな部分について普段はあまり本格的な考察をしていないのですが、その辺について先生の思われている構想がありましたら教えて頂ければと思います。

淡路　まさに、亘理先生がおっしゃるとおりの課題があると思います。私としては、固有の環境法というか、環境法学と言った方が良いと思いますが、まず、その領域をどう考えるかがあります。環境省が担当している領域、或いは環境基本法体系に属している環境法が環境法学の対象だとは思っていません。それだけではなくて、ひとつは、先生のご専門の都市計画とその関連法の中で環境に関わる部分、アメニティとか景観というか、そういった領域が環境法学の対象となりますし、それから、文化財保護法の面的な環境に関わる部分、これも環境法の領域に属します。それから、原子力関係の法律の中の汚染に関わるところ、これは環境法に入れなければならない。そういった形で環境法の領域ができるし、作らなければならないと思います。それから、基本理念というのがやっぱり重要である。その基本理念というのは、いくつかありますが、たとえば、一つ目は世代と国境を越えた価値の追求、それは生存権や人格権である。二つ目の基本理念として、環境権というのを入れていく。三つ目は、持続可能な社会への転換、維持可能な社会の転換というのがある。四つ目に環境保護が公益に該当するということを承認する。環境保全活動が公益に適合するのだというそういう基本理念。それから参加と新たな環境訴訟。プリコーショナリ・プリンシプルというのは第一の問題の中に入ってくる原則です。そして次に、それらを具体的な法原則に転換していく必要がある。更にサブな原則も必要になってくると思っています。そういうものを提示していくと、そうすると、これは既存の縦割りのそれぞれの法学の領域からのアプローチを統合した、しかもそれを超えた学問領域になり得るのではないか、そういう風に思って議論を展開したりしています。まだまだこれからですけれども。

（一三）　環境保護と雇用保障との関係

得津晶　商法の得津と申します。聞きたいことがひとつだけありまして、法律論ではないのですけれども、最近気になっているのは、水俣病の事件について、淡路先生に少しお伺いしたいのですけれども、公害での差止のお話でですね。本当に差止めって認めて良いのかっていうのが、いまいちわからないんですよね。チッソの水俣の事件であっても。淡路先生の本の中では、差止を認めていいんじゃないかというお話が、私は雑に読んでしまったので、汲み取れていないかもしれませんけれども。おそらくそういう論調だったと思いますけれども。では、何故、今、チッソが営業をしているのか水俣で、そして、どうも最近の報道を見る限りでは、チッソは実は水俣から出たがっているのに、住民の方から出てゆくのを許さないと。その理由は、おそらく、完全に雇用保障、まぁ雇用保障という言い方もおかしいですけれども、労働者がいなくなると（住民が雇用されないと）景気が悪くなっちゃいますので、住民の意思なんですよね、民主的な決定がなされた意思なんですよね。環境がなにより本当に大事なのかというのかは、ちょっと、本当に、環境はひとつの利益でしかないのであって…。その辺のことについて、どうお考えなのかちょっとお伺いしたいと思います。

淡路　最初におっしゃった、差止め云々という点は、チッソは昭和四四年にアセトアルデヒトの生産活動は止めましたから――そして、それは水質基準を決めて規制をした後ですから、本当は問題なんですけれども――、今のところ差止めの話は問題にならないわけです。ご指摘が、水俣工場を撤退させるかどうか、という問題だとすれば、それは複雑な問題を引き起こすことになるでしょうね。まず、被害者に対する賠償の問題があり、県債でまかなってきた膨大な借金があります。それから、企業を閉鎖するとなると、たぶん、あの企業敷地には、深刻な土壌汚染があって、大変な問題となるでしょう。もっとも、撤退しなくても、大問題だと思いますが。なお、チッソの水俣工場は、今は液晶でもうかっているのではないでしょうか。だから撤退する理由というのは今のところ無いように思いますが。地元の雇用との関係もありますし、地元財政への貢献の問題もありますね。また、企業が地域で今後どう共生していくかというのは、すごく重要な問題ですね。いまの時代に企業が地元で共存共生していかなければならない、というのは当然のことのようですが、かつての企業城下町の体質も変わっていないところもあるようです。最近の四日市の調査ではそのようなことが明らかにされています。大企業が地方を支配する構造は、地元からいえば、財政面、企業からいえば、グローバルな競争と、それぞれ動機があるのでしょう。なかなか難しい問題で、雇用を含めて地域と共存していくために、企業はどうあるべきか、そのための仕組みをどう作るかは、古くて新しい課題ではないでしょうか。商法もそこまで視野を広げていただくと……。

吉田（邦）　いえ、民法とくに、関係的所有権のレジームのあり方の問題でもありましょうね。

一同（笑）

（一四）　取引的不法行為の扱い方

池田清治　北大で民法を勉強しております池田と申します。実は、先ほどから質問しようかどうしようかとずっと迷っておりました。と申しますのは、もしここで質問してしまうと、一つ楽しみを失ってしまうように思ったからです。しかし、せっかくの機会ですので、意を決して質問させていただきます。

ある意味で非常にマニアックなお話で、恐縮なのですけれども、今、債権法の領域で楽しみにしている体系書が二冊ございます。一つは、平井先生の債権各論Ｉ（契約法の部分）でして、あれはどういう書き方になるのだろうかと興味津々です〔その後、平井宜雄『債権各論Ｉ上　契約総論』（弘文堂、二〇〇八年）という形で刊行された〕。明治や大正時代の体系書ですと、専ら法理論が書かれていたわけですが（法律学の書物である以上、当然と言えば当然ですが）、我妻先生の書き方、特に民法講義は違います。それぞれの契約ごとに、まず最初に「社会的作用」が相当しっかり書き込まれています。来栖先生の契約法も、至るところで契約実態にふれられています。他方、確かに現在の契約法に関する教科書では、そのようなものはあまり見当たらなくなっています。もっとも、我妻先生も、最終的には民法講義を教科書とはお考えになっていなかったようですし、昨今の教科書の叙述の仕方も民法講義の末裔だと考えるから割り切れなさを感じるのであって、ダットサンや民法大意の流れを汲むものと思えば、教科書なのですから、それはそれでいいのではないかと思っています。（笑）

さて、もう一冊非常に楽しみにしているのが、淡路先生の不法行為法です。どこを楽しみにしているかというと、取引的不法行為をどのようにさばいていかれるのであろうかというところで、非常に興味深く思っておりますし、また勉強させていただきたいと思っているところです。先生の今日のお話を聞いていても、やはり先生の不法行為法の中心にあるのは人身損害ではないかと感じております。しかし、人身損害の場合、侵害してはならないことがはっきりしております。つまり、それを理論的にどのように構成するかはいろいろと問題があるわけですが、しかし、侵害してはならないことは明らかなわけです。たとえば一〇〇〇万人助けるために三、四〇人死んでもいいではないかなどということは、実際問題として、なかなか言えるものではありません。事実としては、そのような事態はあるのかもしれません。たとえば新しい薬を作るとき、実は我々は社会としてそのような危険を受け入れているのかもしれません。死亡事故が不可避的に起こることを知りつつ、我々の社会は相変わらず自動車の存在を許容しています。しかし、そうであったとしても、少なくとも先ほど述べたような言語的な表現では、なかなか正当化できるものではありません。ですので、先生が大阪アルカリ事件に批判的であったり、あるいはハンドの定式には受け入れがたいところがあるとおっしゃったり、さらに法と経済学の分析にきわめて批判的であることも、人身損害のことを考えますと、非常に分かりますし、得心がいくわけです。もちろん、先生のご議論を本当に理解しているかどうかはわかりませんけれども、頭のなかにすっと入ってきます。

他方、取引的不法行為の場合はどうでしょうか。もちろん、取引的不法行為でも、たとえば他人のお金を騙して勝手に取るというのはいけないことに決まっていますから、義務論的な観点から説得的な説明が可能だと思います。しかし、新しい取引形態が出てきて、それがいいとか悪いとか、あるいはその契約について相手方に対してどの程度説明するべきなのかという問題を考える場合、これは競争秩序とか取引秩序に関連するわけですが、はたして義務論的な発想でどこまで行けるのか、説得力のある形で論拠をどこまで提示できるのかという点が分からないわけです。もちろん、人身損害についても、突き詰めて考えれば、本日お話のあったような考え方に対して本当は反論できるのかもしれません。しかし、先ほど申し上げたように、他人の身体を侵害してはいけないという考え方それ自体にある種圧倒的な説得力（道徳的・倫理的説得力）がございます。けれども、取引的不法行為、いや、まさにその行為を違法とするか合法とするかを通じて取引秩序が出来上がっていくというのが実際のところなのだと思うのですが、そのように取引秩序自体が形成途上にあるものだとすると、過失の判断も人身損害とはちょっと毛色が変わった判断枠組みというか要素というか、方向性みたいなものがやはりあるのではないかと考えております。それで先生はどのようにお考えになるのだろうかとすごく楽しみにしておりまして、しかし、ここで「君、ここはこうだよ」とご教示いただくと、かえって楽しみを一つ失うことになってしまうものですから、ずっと逡巡していたわけです。（笑）しかし、せっかくの機会ですので、先生の見通しなりとも教えていただけるならと存じます。

淡路　大変的を突いた質問、といいますかご指摘だと思います。おそらく、池田先生にはすでにお考えがおありなのだと推測しますが、ご指摘の問題は、取引的不法行為が不法行為として損害賠償責任を負わされるのは、どういう判断基準ないし判断枠組みに基づいて決められるか、ということであり、それは相互に密接に関連した二つの異なった問題を含んでいるように思います。一つは、不法行為の成否を決める違法（それは過失と区別された要件としての違法性ではなく）の実質的な判断枠組みはなにか、そこに、コスト・ベネフィット的な評価は含まれるか、ということであり、もう一つは、その判断枠組は要件論としては、過失に位置づけられるのか、それとも違法性にか、あるいはその両方にか、という要件構成の問題です。そして、考慮されなければならない問題は、判例をどうみるかでしょう。判例については、瀬川先生が分析されたように、平井先生的な新過失論によって、現実の判例における違法性論を過失として位置付けるのには無理があるようなものがあり、その無理そうなグループの中に取引的不法行為事例がありますね。そして、取引的不法行為に関する実際の判例をみますと、今のところは、コスト・ベネフィット的評価で解決されているわけではないし、そのような枠組みにもふさわしくない事例が多いように思います。不法行為になるケースでは、やっぱり法に照らして義務違反があるとか、法に反して違法とかいったケースが多いようですね。それを過失に位置づけるとしても、予見可能性云々という問題ではありません。問題となるのは、個別の取引規範が課している義務とはどのようなものか、ということです。もっとも、たとえば、新しい取引モデルが出てきて、そのような形態の取引が社会において合法として認められるか認められないかという点で、コスト・ベネフィット分析で検証される、という場合も考えられないわけではありません。ライブドア事件などはそうかもしれません（たぶん違うのかもしれません）し、下級審裁判例では、そのようなタイプのものもあるかもしれません。しかし、今のところは、取引秩序として、法は、これ以上は認めないという形でどこかで違法性あるいは過失で切り分けています。それは、説明義務であったり断定的説明であったりするのですが。こういった取引的不法行為法の過失と違法性をどう理論化するかは、大変ヴィヴィッドな問題提起で、私もまさにそこを考えているところです。

池田　楽しみにしております。

吉田（邦）　今の点はですね。私が助手論文で不法行為をやろうと思ったときに、もうやはり厳然と平井理論というものがあって、全てやりつくされてしまっているというみたいな感じだったのです。しかし、「平井先生の分析は、アクイリア損害までなんだ」ということで、取引的不法行為の判断枠組の検討をやろうと思ったのですね。その後は随分この分野も盛況になりましたが、日本の学界の特性はやはり縦割り的で、不正競争とか、知財の侵害とかになると、途端に民法とは別分野と捉えられかねない状況です。しかしそれらは、全部連続的にあるものなので、諸外国、とくにアメリカ法学だったら、不法行為として民法の人がやる。理論的にも、情報なり、経済利益なり帰属をどのくらい保護するのかということなのですから。エプスティンなんかは債権侵害について論文を書いているわけですが、彼は、デオントロジカル（義務論的）に、契約保護というのです。私が債権侵害（契約侵害）をやっていた頃には、日米でコンテクストが違うものですから、向こうの保守的な議論について、日本では、問題提起的に使うことができたわけです。

なお、この領域の分析の思考様式について、一言しますと、エプスティンも経済学的な論理もブレンドさせていることからも窺えるように、知的所有権の領域では効率性の論理無しでは済ませられないと思いますね。もちろん、それだけじゃないですけれども、複眼的に議論を正当化しようっていうような議論の状況かなと思います。それはちょっと今日のお話とはずれますので、そのくらいにしておきます。

淡路　取引的不法行為と言っても、例えば、事業者間の対等な取引の場と、日本で問題となっている消費者対事業者の場合とは違います。後者も多いですから、そこも分けて考えないとおそらくいけないんだろうと思います。

吉田（邦）　それでは、時間も来ましたので、閉じさせていただきたいと思います。今日は、四時間にわたりまして、議論させていただき有難うございました。本日は、外は、大変な猛吹雪ですが、研究会室ではかなり熱っぽく議論が弾み、淡路先生をお迎えしてならではの、大変に有益な会合だったと、我々一同感謝しています。それではこれで終わります。

淡路　どうもありがとうございます。

（初出、北大法学論集五九巻四号（二〇〇八））

第三章　マンション建替えを巡る法と実践

——太田知行教授

太田民法学の紹介

吉田邦彦

（1）太田先生の紹介及び方法論的特色

本日は、太田知行先生においでいただきまして、最近出ました御著書（『マンション建替えの法と実務』（有斐閣、二〇〇五年））のテーマである（そして先生自らの実体験でもある）、同潤会江戸川アパートメントのマンション建て替え問題についてご尽力、ご苦労なさったことを、民法及び法社会学いずれにも関わり合う形で、現場のアクチュアルなお話をお願いすることに致しました。それで、先生についてはご紹介するまでもないと思いますが、若い方でご存知ない方もいらっしゃると思いますので、略歴等をご紹介させていただきます。

先生は一九三四年（昭和九年）当時東京市渋谷区にお生まれになりました。そして、教育大学付属中学、高等学校を卒業された後に、東大法学部を昭和三二年（一九五七年）に御卒業され、その後、（東京）教育大学、東北大学法学部に勤められ、御退官の後は、東海大学、そして現在は東洋大学の法科大学院教授でいらっしゃいます。

先生の博士論文は、『当事者間における所有権の移転』というもので、一九六三年に勁草書房から出ております。これは分析哲学といいますか、アメリカのリアリズム法学ではホーフェルド分析といいますか、その当時の論理実証主義的な影響の下に、優れたご研究を処女作とされております。私の知るところでは、東大の法学博士というのは従来はほとんど出てなくて、これはよく平井先生からも聞かされたことですけれども、戦後、先生の東大の法学博士号というのは最初ぐらいじゃないかと思います。しかも、その当時の状況は、今では想像できないかも知れませんが、平井先生の助手論文に対しての太田先生のコメントとして、（平井教授が）その当時の経験法学をいろいろ勉強なさった上で、法解釈学の論文にテーマを決められたものですから、「ずいぶんクラシカルなことをやるんだね」というように（太田先生が）言われたとのことです。その当時はそういうスタイルが反時代的だったわけです。この点は、平井先生が一九九六年に北大に来られて本研究会（北大民法理論研究会）でいろいろと議論したことですが（平井宜雄ほか「（シンポジウム）民法学の方法・思想・思考様式」北大法学論集四七巻五号（一九九七）参照）、還元主義かそれとも解釈学の自立主義かという問題で、それについて平井先生は法解釈自立主義を復権させたかったと言われました。しかしその後の民法学の状況を見ると、そういう民法解釈の論文ばかりで覆い尽くされるようになりました。一般理論ができる民法学者というのは非常に数少なくなっています。しかも太田先生の場合は、社会科学の一般理論を究められて、それを民法と接合される形で、鈴木禄弥教授の研究などを理論的に基礎づける形でなされた。いま法理論研究で法学博士号を取れる民法研究者がどれだけいるかというとほとんどいないでしょう。ですから今こそ、先生のようなスタンスというのは「反時代的で」改めて注目されて然るべきだと思います。

(2) 民法解釈論の業績

太田先生とは、こういったテリトリーについて、昨夜も議論させていただいたわけで、今日の研究会も太田民法学方法論についてのフォーラムにしてもよかったのですけれども、先生は他方で、伝統的な解釈論の領域でも多くの業績を残されています。先の先生の方法論的立場と解釈論の論文との関係はどうなっているのか、私自身は知りたいところですが、それは別の機会に譲りましょう。時期を追って申しますと、まず、『総判（総合判例研究叢書）』というシリーズで、来栖先生との共著で「手付」というのを出しておられますし（有斐閣、一九六五年）、網羅的にはご紹介できませんけど、東北大学に移られてあるいはその前から、自動車事故の損害賠償額についての経験法学的な研究の後に、伝統的な法解釈論の論文を書かれて、それで損害賠償額に関して、私法学会の報告もなさっておられます（私法四三号（一九八一年））ことも周知のことかと思います。そういえば、民法判例百選で「大阪アルカリ事件」のことで私が書かせてもらっていますが、私の前を書いておられたのは太田先生（初版一九七五年）で、平井先生の過失に関するテーゼを具体的判例分析により実証されたのは、おそらく太田先生が最初だと思います。

それから契約法の領域では、一連の契約の成立に関わるご研究がございます（『現代法哲学三巻』（有斐閣、一九八三年）、『自由と規範』（東大出版会、一九八五年）、『財産法学の新展開』（有斐閣、一九九四年）など）。また契約当事者の名義あるいは預金者の認定という問題のご研究（法学五三巻六号、五五巻三号、四号、五六巻一号（一九九〇

〜九二年）。『現代社会と民法学の動向』（有斐閣、一九九二年）、『民事法秩序の生成と展開』（創文社、一九九六年））がありますし、アメリカ・ウィスコンシン学派契約法のかなり詳しい分析もしておられます（『国際摩擦』（日本評論社、一九八九年））。

それから、請負契約に関するご研究でこれは香川大学で行われた法社会学会の研究報告（法社会学四七号（一九九五年））などは、昨日のことのように私などは印象的に深く記憶しております（さらに建設請負に関するものとしては、法学五八巻五号、六号、六〇巻六号（一九九四〜九六）、東海法学一九号（一九九八年）なども参照）。

そしてそのような住宅問題の一環として、自らご尽力なさったマンション建替えについて今日お話し頂くことになりました。また本日の講演は、区分所有者の団体における合意形成ということですので、契約法学の御研究の延長線上に位置されるのかも知れません。ともかく、これは後で先生のお話で出てくると思いますが、現代的に悩ましい問題ということで、関心の的になっているところですので、貴重なお話が聞けるかと思います。

老朽化マンション建替えにおける合意形成

——建替えの現場を体験して——

太田知行

一　はじめに

(1) 目　的

本日は、老朽化マンション区分所有者の利益を最大限実現する——もちろん、実現可能な範囲内においてですが——建替え合意を如何なる仕組みにより形成するべきかについて、江戸川アパートの事例その他若干の建替え事例に基づいてお話しします。

老朽化マンションの建替え過程は、①「建替え合意」成立までの過程（「合意形成過程」）と、②その合意の実現過程とに分けることができ、後者は、さらに（i）そのマンションの解体開始までの過程と、（ii）建築された新マンションがその区分所有者に引き渡されるまでの過程とに分けることができます。本日の報告は、この①の過程を対象とします。

先ず、ことばの説明を少しします。「建替え合意」は、通常、「建替え決議」と「全員合意」とを含むことばとして用いられています。[1]「建替え決議」というときには「区分所有法」（「建物の区分所有等に関する法律」）に基づく建替え決議を指します。これには、同法六二条の「建替え決議」、六九条の建替え承認決議を伴う団地建物の建替え決議、七〇条の一括建替え決議がありますが、ここでは、これらをあわせて、単に、「建替え決議」と呼びます。「全員合意」とは、少なくとも、建替え決議の決議事項について、すなわち、当該老朽化マンションの解体、新しくたてるマンションの敷地とその建替え計画の概要について、区分所有者全員が合意することです。

なお、「建替え推進決議[2]」ということがよくいわれますが、これは「建替え合意」には含まれません。何故ならば、この決議では、建替え決議の決議事項について議決が行われておらず、建替え推進会議の決議内容を実現するためには、さらに、「建替え合意」が必要だからです。

本日の報告は、「建替え決議」成立を目的とする合意形成に焦点を置きます。何故ならば、江戸川アパートの建替えでは建替え決議が行われましたし、また、今後もその重要性は増加すると考えられるからです。

「建替え決議」は、区分所有法六二条の場合には、区分所有者が、集会で、「建替え決議の要素[3]」および「建替え計画において定めるべき事項」に関する議案を、区分所有者及び議決権の各五分の四以上の多数で議決することにより成立します。同法六九条および七〇条の場合も、議決要件が若干変わる外は、基本的にはこれと同じです。「合意形成」とは、この議決を目指して区分所有者間の多様な意思を統合してゆく過程にほかなりません。

マンションの建替えでは、建替えをすること自体に異論を唱える区分所有者や、特定の建替え計画に対して異議を唱える区分所有者を翻意させるために、嫌がらせ、脅し、詐欺、あるいは、特別な利益供与などが行われがちです。このような不公正な働きかけを排し、かつ、区分所有者の意思を最大限反映するようにこれを統合するには、どのような仕組みがよいのかについて、わたくしの考えをこれからお話しします[4]。

その前に、公正な建替え合意を成立させることが区分所有者にとり何故重要かについて、触れておきます。

(2)　公正な建替え合意の重要性

イ　建替え合意の必要性

良質なマンションを建築し、これを適切に管理し、長期にわたり使用することは、もちろん、望ましいことです。しかし、老朽化したマンションを放置すれば、それはスラム化します。そうすれば、そこは、多くの区分所有者にとり居住に堪えない状態となり、区分所有権・敷地利用権の資産価値も低落します。(5) したがって、老朽化したマンションを適切な時期に解体し建て替えること、すなわち、建替え合意を成立させることは、区分所有者にとって必要です。

ロ　公正な建替え合意の重要性

しかし、他方において、建替え合意の成立は、区分所有者の生活や資産に対して大きな影響を及ぼします。以下では、どのような影響を及ぼすかを、具体的に説明しましょう。

(イ)　建替え決議が区分所有者の生活に与える影響

区分所有法の建替え決議では、建替え対象たる老朽化マンション(「旧マンション」または「施行マンション」(6))の取壊しと、新たに建築するマンション(「新マンション」または「施行再建マンション」(6))の敷地の範囲、およびその敷地を利用する建替え計画の概要について議決が行われます(区分所有法六二条一項、二項、七〇条一項、三項)。したがって、建替え決議の成立は、旧マンションの区分所有者にとり、(a)そのマンションを取壊されること、換言すれば、建替えか修繕かの選択において前者が選択されたこと、自分が区分所有権を有する住戸が消滅すること、および、(b)更地となる旧マンション跡地が一定の利用計画に基づいて利用されることを意味します。すなわち、これは、そのマンションの住戸に現在居住している区分所有者がその住まいを失うことを、また、現在それを賃貸している区分所有者――その中には、その賃料収入を生活費の一部に当てている区分所有者もいるでしょう――が賃料収入を失うことを意味します。旧マンションは、老朽化したとはいえ、通常は、まだしばらくは雨露を凌ぐには十分ですから、建替え決議の成立は、高齢の区分所有者や経済力に乏しい区分所有者の生活に重大な影響を与えることが少なくありません。

(ロ)　建替え決議が区分所有者の資産に与える影響

建替え決議の成立は、さらに、各区分所有者の資産価値にも大きな影響を与えます。何故ならば、通常は、建替え決議が成立すると、実質的には、敷地利用権全体の評価額も決まってしまうからです[7]。旧マンションの敷地利用権 ― 通常は、敷地の共有持分権 ― の処分は、建替え決議の議決事項には含まれません[8]。したがって、条文上は、建替え決議の段階では、敷地利用権の評価を行う必要はない筈です。しかし、実際は、そうではありません。

「建替え決議」を実現する仕方のうちで主要なものは等価交換方式による建替え[9]と円滑化法（「マンション建替えの円滑化等に関する法律」）の組合施行による建替え[10]です。

前者の場合には、旧マンションの区分所有者は、建替え決議後に、事業協力者に選定したデベロッパーとの間で、区分所有権（＋敷地利用権）の売買契約を締結します。したがって、区分所有権（＋敷地利用権）売却価格は、形式的には、この時点で決まります。

また、後者の場合には、マンション建替組合が「権利変換計画」を作成し、マンション建替組合の総会でそれが議決され、都道府県知事の認可を得ると、特定の期日に、その計画に従って権利変動が生じます。施行マンションの区分所有権（＋敷地利用権）の評価額は、権利変換計画中に示されていますから、形式的には、それが都道府県知事の認可を受けた時点で、区分所有権（＋敷地利用権）の評価額が確定します。

しかし、実際には、等価交換方式による建替えの場合には、事業協力予定者に選ばれたデベロッパーは、建替え決議前に、ある程度の条件付であっても、平均還元率[11]を区分所有者に確言することが多いものと思われます[12]。何故ならば、区分所有者の多くは、売値（区分所有権（＋敷地利用権）の評価額）が分からなければ、区分所有権（＋敷地利用権）を売ったあとの方針をたてることができませんから、先行き不透明な状態で建替え議案に賛成することを躊躇するでしょうし、そもそも、売値が決まらないのに旧マンションの取り壊しに応じる区分所有者は多くないと考えられるからです。

デベロッパーが、区分所有者に平均還元率および敷地利用権全体の評価額を建替え決議前に提示し、その後、建替え決議が成立した場合には、デベロッパーも区分所有者も、後で区分所有権（＋敷地利用権）の売買契約を締結するときには、この数値に事実上拘束されます。何故ならば、この平均還元率に基づいて算定された価格よりも低い価格をデベロッパーが売買契約締結時に提示すれば、区分所有者の多くは契約書に署名しないでしょうし、逆に、平均還元率に基づく買入れ価格による申込みに一部の区分所有者が応じなければ、建替えを進めることはできませんから、その者は、道義的非難の対象となるからです。

ただし、実際には、ごく一部の区分所有者が、売渡価格の釣り上げをねらって、契約締結を拒否することがあります。そうすると、他の区分所有者やデベロッパーは、売渡請求権を行使できませんので、大変、困ったことになります。

次に、円滑化法の組合施行による建替えについては、これが、①実質的にも「マンション建替組合」の自主再建事業として行われる場合と、②合意形成過程の早い段階からデベロッパーが合意形成に協力し、実質的には、等価交換方式による建替えに近い仕方で行われる場合[13]とを区別する必要があります。①の場合には、建替え事業の主体となる「マンション建替組合」は合意形成過程では設立されていませんから、同組合が平均還元率や敷地利用権全体の評価額について発言することはありません。もっとも、管理組合等[14]が、一定の平均還元率や敷地評価額について議決することは考えられます。この議決は、「マンション建替組合」による「権利変換計画」の内容を、事実上、拘束するでしょう。何故ならば、管理組合等の構成員と「マンション建替組合」の組合員とはほとんど重なっていますから、管理組合等の議決に反する権利変換計画は、組合総会の議決を得ることは難しいからです。しかし、「マンション建替組合」は建替え事業の主体であり、これに伴うリスクを負担します。したがって、高く設定された敷地利用権評価額を前提とした販売価格では、マンション建替組合は施行再建マンションの余剰床を外部に販売できず、赤字が発生し、これは、結局、組合員が負担することになります。したがって、平均還元率や敷地利用権の評価に関する管理組合等の議決は、実際には、拘束力を持たないことになるでしょう。

それに対し、②の場合には、「円滑化法の組合施行による建替え」ですが、実質的には、等価交換方式による建替えと類似した役割をデベロッパーが果たしており、デベロッパーが、建替え決議の前に、平均還元率について確言することが多いと思われます。[15]この場合にも、そのデベロッパーおよび区分所有者（マンション建替組合組合員）は、事実上、この平均還元率に拘束されます。何故ならば、権利変換計画における各区分所有者の区分所有権（＋敷地利用権）の評価額が、約束の平均還元率により算出された評価額より低いと、その権利変換計画がマンション建替組合の総会で議決される見込みは低いからです。なお、権利変換計画は、組合員の議決権及び持分割合の各五分の四以上で議決されますから（円滑化法三〇条三項）、約束の平均還元率により算出された評価額に基づき作成された権利変換計画が総会の賛成を得ることができない、という事態は、通常は考えられません。そのような事態が生じるのは、マンション建替組合の役員、その組合員、デベロッパー相互間の信頼関係が消えてしまった場合であり、その建替え計画を継続することは、おそらく、不可能でしょう。

(ハ)　区分所有者全体の利益の最大化を目指す建替え

建替え決議の成立は、老朽化マンションの区分所有者にとって、その住戸の将来の喪失という法的効果のみならず、多くの場合に、平均還元率、すなわち、敷地利用権全体の評価額の確定という事実的効果を伴っています。すなわち、建替え決議に賛成の一票を投じることは、個々の区分所有者にとっては、実質的には、自分の重要な資産である区分所有権（＋敷地利用権）を一定の価格で売却することなのです。

しかし、建替え決議が個々の区分所有者に与える影響は、合意形成の仕方如何により、非常に変わります。たとえば、スラム化し区分所有者がその管理に悩んでいるマンションに、地上げ屋が介入して、一部の区分所有者と手を組んで合意形成を行う場合には、大部分の区分所有者はその区分所有権（＋敷地利用権）を安く手放すことになるでしょう。他方、実現可能な範囲内における区分所有者全体の利益の最大化を目的として合意形成を行う場合には、まずまず妥当な平均還元率（および敷地全体の評価額）の建替え計画をたてることができるでしょうし、また、高齢の区分所有者や経済力に乏しい区分所有者の不安や困難に対する対策をたてることもできるでしょう。すなわち、合意形成の仕組みの検討は、単に、建替え決議を成立させるために重要なのではなく、建替えによる区分所有者全体の利益を最大化するためにも重要なのです。

二　江戸川アパート建替え経過(16)

本論に入る前に、江戸川アパートがどのような建物であり、どのような経過を経て今回の建替えに至ったのかを簡単に説明しておきます。

江戸川アパートは、同潤会が一九三四年に建築した集合住宅です。同潤会とは、内務省社会局が震災義捐金の残額をもって一九二四年に設立した財団法人です(17)。これは、鉄筋コンクリート造り四階建および六階建の二棟からなり、単身者用住戸（便所、台所は共用）一二九戸を含む二五八戸の住戸から構成されていました。当初は、同潤会の賃貸住宅でしたが、一九四一年（昭和一六年）に同潤会が解散した後は、住宅営団(18)、さらに、戦後は東京都の所有となります。そして、一九五一年（昭和二六年）に、東京都は、当時の賃借人に、その賃借住戸および敷地を払下げました。

一号館が傾きはじめたこと（一九七四年の測定では一度二〇分）などがきっかけで、一九七二年頃から、当時江戸川アパートの管理主体であった生活協同組合(19)の役員会を中心としてその建替えが検討されました。大部分の組合員は建替え賛成の署名をしましたが、一部の組合員が「時期尚早」等の理由でこれに反対し、一九七九年頃に、役員会は建替えを断念しました。

一九八七年頃から、再び、建替えへ気運が盛り上がります。生活協同組合役員会の委嘱を受け、その下部機関として「環境委員会」が設置されます。この委員会は、当初からの江戸川アパート居住者の第二世代の人々を中心として構成されており、一九七〇年代の建替え計画の挫折に鑑み、まず、居住環境のよいマンションへの建替えの必要性を訴える啓蒙活動を始めました。

ところが、一九八九年九月、当時の生協役員会の建替えへの取組みに批判的な区分所有者が、「江戸川アパートの再建を真剣に考える会」を結成し、区分所有者六〇名の署名を集めて臨時総会招集を請求し、その臨時総会で、建替え実現のためのいくつかの具体案および役員選挙規則改正を提案します。これらの提案は、大部分受け入れられ、一九九〇年に、新しい選挙規則に基づいて役員選挙が行われます。それまでの役員が立候補をしなかったこともあり、臨時総会招集請求同意者名簿に署名をした区分所有者が役員の過半数を占め、「江戸川アパートの再建を真剣に考える会」のリーダーであったＡＢＣ三氏が、何れも副理事長に就任しました。

その役員会の下で、生活協同組合は解散し、区分所有法に基づく団地管理組合法人が設立されました。しかし、建替え計画の推進については成果を挙げることができませんでした。

一九九三年、団地管理組合法人の理事・監事選挙の後、理事長、副理事長が交代し、ＡＢＣ三氏は建替え推進のリーダーを退きます。この「政権交代」の原因は、わたくしにもよく分からないのですが、この理事・監事選挙の前から、三名の副理事長は臨時総会招集請求に署名した他の理事の支持をだんだんと失っていったようです。そして、選挙後は、「環境委員会」の中心メンバーだった理事や、それまでＡＢＣ三氏を支持していた理事が中心となり、建替え計画を進めてゆきます。この理事会は、日本設計をコンサルタントに委嘱し、その助言を得て「再建基本案」を作成し、同案に基づく建替えをデベロッパーに依頼しようとしました。しかし、デベロッパー探しは難航します。一九九六年に、ようやく、大手デベロッパーのＳ不動産が事業協力予定者を引き受け、約一年間、理事会は同社との間で建替え計画の協議を行ないました。しかし、結局、理事会は、同社との契約を解消することにします。その主な理由は、同社が、「再建基本案」には事業性がないことを理由にこれとはまったく異なる建替え計画を提示したこと、同社の計画でも平均還元率がかなり低かったことでした。契約解消については団地管理組合法人集会の了承を得る必要があります。集会は、最終的には、契約解消の提案を了承しましたが、一部の区分所有者はこれに反対し、激論が交わされました。

一九九八年から、理事会は、住宅・都市整備公団（当時）の協力を得て自主再建する途を探り始めます。数名の理事、コンサルタント、個人の資格で参加した公団職員などで、二年ほど、自主再建の可能性について研究会を続けましたが、うまくゆかず、再び、デベロッパーの協力による建替えに戻ることとなります。他方、二〇〇〇年夏頃から、ABC三氏は、一部の理事とともに、当時の理事会の方針とは別の仕方で建替えを実現する途を検討しはじめました。これら各氏と理事会の多数との間の対立がどのように進み、どう決着したかは、後に説明します。

二〇〇一年一月に、江戸川アパートメント団地管理組合法人理事会は㈱旭化成を事業協力予定者に選定し、同年五月集会の承認を得て、今回の建替えに至ります。

三　意思決定の仕組み

老朽化マンションには、もともと、多数の区分所有者がいます。そのマンションの取壊しについて、これら多数の区分所有者の同意を得る主要な仕方は、①特定のデベロッパーが区分所有者全員から区分所有権（＋敷地利用権）を買収する（地上げ）、②特定の建替え計画に対して大多数の区分所有者が同意した後に、デベロッパーが残りの区分所有者と個別折衝してその同意を得る（全員合意）、③区分所有法の建替え決議を成立させる、という三つです。その外に、管理組合等の役員が、デベロッパーの協力を受けずに、特定の建替え計画について全区分所有者から同意をとりつけるというやり方が考えられますが、区分所有者数が余程少ない場合でなければ、これは実際にはむずかしいでしょう。

第三の建替え決議による場合でも、さまざまな合意形成の仕組みがあり得ます。極端な場合には、「区分所有者の五分の一以上で議決権の五分の一以上を有するもの」が、一定の手続きを経た後に、集会招集手続にしたがって事項に関する議案を提出した場合でも、その議案が議決されれば、建替え決議は成立します。しかし、建替えに関するさまざまな問題について区分所有者の意思をできるだけ反映し、区分所有者の利益を最大化する建替えを行うためには、合意形成の過程で、建替え計画作成に関し、直接、間接、区分所有者の意思を尊重して、さまざまな意思決定が行われることが望ましい筈です。以下では、どのような仕組みでこの意思決定を行うべきかについて、わたくしの考えを説明します。

（三五条、六二条四項〜六項）集会を招集し（三四条三項、四項若しくは五項）、そこで、六二条一項、二項に規定された

(1)　区分所有法三条の「区分所有者の団体」の業務としての合意形成

わたくしは、区分所有者の意思を反映して合意形成を進めてゆくためには、建替え決議へ向けた合意形成は、区分所有法三条の「区分所有者の団体」の業務に含まれると解し、区分所有法や標準管理規約が定めている区分所有団体の意思決定の仕組みに則り、合意形成をすすめることがもっとも望ましい、と考えています。

区分所有法三条の「区分所有者の団体」は建物等の「管理」を行うことを目的とする団体ですから、「建替え決議へ向けた合意形成」はその目的には含まれないように見えます。しかし、一九八三年の区分所有法改正を担当した浜崎判事は、「六二条の規定による建替えの決議も、通常の用語例における『管理』の範囲を超えるものであるが、「第三条」にいう管理に含まれる」と述べています。[20] したがって、建替え決議の成立を目的とする合意形成活動が同団体の業務に含まれると解することができるでしょう。

実際には、三条の「区分所有者の団体」の管理費や修繕積立金を、どこまで、合意形成のために支出できるかが問題となります。この点について、大阪高決平成一二年五月二日[21]は、建替え決議の審議対象となる議案の策定に必要な事前の調査検討に必要なコンサルタント費用や基本設計費用を、管理組合が支出することを認めていますから、管理

規約に必要な規定を設ければ、管理費や修繕積立金を合意形成のために支出することができます[22]。

二で述べましたが、江戸川アパートでは、一九九一年に、その当時の顧問弁護士の助言に従い、建替えの準備作業として、まず、団地管理組合法人を設立し、規約を整備しました。この規約は、団地管理組合法人の組織や意思決定の仕組みだけではなく、共用部分の範囲、各専有部分の面積、全専有部分に対するその比率、各専有部分に対応する敷地持分率を具体的に記載しており、その後、理事会が合意形成活動を行う際の縄尺となりました。

マンションの管理組合の多くは、三条の「区分所有者の団体」に該当するでしょう。その場合には、管理組合の規約を整備し、その規約に則り合意形成を進めることが、公正な合意形成にもっとも資すると思います。

しかし、管理組合の中には、賃借人に組合員資格を認めているものもあるようです。その場合には、これは三条の「区分所有者の団体」ではありません。したがって、江戸川アパートの場合と同様、まず、三条の「区分所有者の団体」を設立し、その規約を整備し、役員を選任することが、通常は、建替えを円滑に実施する近道なのではないでしょうか。ただし、実際には、三条の「区分所有者の団体」ではなく、建替え推進を目的とする「区分所有者の団体」――したがって、そのマンションの管理主体ではない――を設立することもあるようです。

なお、以下では、区分所有法三条に該当する「管理組合」および建替え推進を目的とする「区分所有者の団体」をあわせて、「管理組合等」と呼ぶことにします。

(2) 合意形成を推進する組織とその選任方法

管理組合等が、その業務として合意形成を行うとしても、実際にその活動の中心となるのは少数の区分所有者です[23]。管理組合等のどの組織がこの役割を担うか、そのメンバーをどのように選任するかは、建替えが成功するか否か、公正な合意形成が行われるか否かの分水嶺です。

合意形成を推進する組織は、①区分所有法第三条の「区分所有者の団体」が合意形成活動をその業務として行う場合と、②もっぱら建替えへの合意形成を行うことを目的とする「区分所有者の団体」がこれを行う場合とで、分けて考える必要があると思います。①の場合には、（ⅰ）その「区分所有者の団体」の理事会が合意形成を推進する組織となる場合と、（ⅱ）その理事会のもとに設置された「検討組織」（建替え推進決議後は「計画組織」）[24]がその活動にあたる場合とが考えられます。②の場合には、その「区分所有者の団体」は合意形成を行うことを目的として設立されたのですから、その役員会が合意形成を推進する組織となるものと思います。

わたくしは、可能であれば、管理組合理事会が、直接、合意形成の中心となることが望ましいと考えています。何故ならば、合意形成活動は専門性、技術性を必要とするので、「検討（計画）組織」を理事会の下に設置すると、その組織のメンバーが建替えに関するエキスパートになり、事実上、「理事会」との間で、意思決定の二元化が生じるおそれがあるからです。しかし、理事、監事を区分所有者の回り持ちで選ぶ管理組合も少なくないようですから、このような場合には、建替えに熱意のある人が「検討（計画）組織」のメンバーとして合意形成にあたるのもやむを得ないかもしれません。

理事会であれ、「検討（計画）組織」であれ、あるいは、建替え推進を目的として設立された「区分所有者の団体」の役員会であれ（以下では、これらをあわせて、「理事会等」と呼びます）、この組織は、区分所有者の生活や資産に重大な影響を及ぼす問題について、実質的な意思決定をする機関ですから、その決定の正当性を確保するために、そのメンバーは、任期を決め、整備された選挙規程に基づく選挙で選出すべきです。

老朽化マンション建替えの機が熟すると、どのような建替え計画をたてるか、誰をコンサルタントやデベロッパーに選ぶかを巡って、区分所有者の間で意見対立が生じることが少なくありません。これらの対立は、しばしば、誰が合意形成の主導権を握るかを巡る対立として現れます。区分所有者全体の納得を得る仕方でこの意見対立に決着をつけるには、定期的な選挙で区分所有者の意思を聞くのがもっとも適切だと思います。

一九八七年頃江戸川アパート建替えへの合意形成を担った「環境委員会」は、一種の「検討組織」でした。そのメンバーは当時の生協役員会が選定したのですが、この委員会について、「江戸川アパートの再建を真剣に考える会」のリーダーは、後に――環境委員会のメンバーだった人々からみれば心外でしょうが――この委員会を、江戸川アパートの建替えについて特定の考えを持つ区分所有者の閉鎖的なグループと評しています。

他方、今回の旭化成による建替えが動き出してから、団地管理組合法人集会で、「考える会」のリーダーだった人が、「今まで、何回も、建替えの実現に失敗している人たちが、今度も、理事会メンバーとして、建替えを主導しているのは、けしからん。会社だったら、当然引責辞任だ。」と発言したことがありました。これに対し、理事会の側が、「われわれは、二年ごとに選挙で区分所有者の支持を得ている。反対の意見があるのであれば、理事に立候補すべきだ。」と反論し、大方の集会出席者の納得を得ることができました。

これらのエピソードは、実質的に合意形成を推進する区分所有者を選挙で選ぶことの重要性を示唆しているのではないでしょうか。

(3)　実　例

次に挙げる二つの例は、「区分所有者の団体」の意思決定の仕組み如何が、区分所有者間の意見対立を克服するか否かを決定することを示すものと思われます。

【例　一】　江戸川アパートの事例

既に述べたように、江戸川アパートでは、一九八九年に、当時の生協役員会と「江戸川アパートの再建を真剣に考える会」のリーダー等との間で、建替えの進め方を巡って意見対立があり、一九九〇年、一九九三年に役員選挙でこれらは解決されました。その後、二〇〇〇~二〇〇一年にも、当時の理事会の多数派と「江戸川アパートの再建を真剣に考える会」のリーダーだった人々等との間で、より厳しい対立が生じました。以下では、この争いの経過およびこの決着の仕方を、時系列的に紹介します。

二〇〇〇・七　「江戸川アパートの再建を真剣に考える会」のリーダーB氏が、デベロッパーの甲氏、設計事務所の乙氏とともに、団地管理組合法人理事長F氏の事務所を訪問。甲氏は「従来のやり方は手ぬるい。専門業者を入れてどんどんやるべきだ」と述べたといわれている。

二〇〇〇・秋　団地管理組合法人理事会は、自主再建から、デベロッパーの協力を得て建替えを進めることに方針転換。甲氏、乙氏の登場にF氏が危機感を懐いた結果か。理事が、手分けして、大手デベロッパーにヒアリング参加を打診。B氏にも、心当たりのデベロッパーのヒアリング参加を打診したが、「今はまだよい。」という返事。

二〇〇一・一　数名の理事とコンサルタントが、打診に応じたデベロッパー三社にヒアリング。

二〇〇一・二　旭化成を江戸川アパート建替えのパートナーに選定することを理事会で決定。選定基準は、①財務状態がしっかりしていることと、②合意形成に積極的に協力する用意があること。

二〇〇一・三・九　団地管理組合法人の理事、監事の改選。今までの方針を支持する理事・監事は立候補。立候補、推薦立候補届締切日（三月九日）に、外に理事八名、二号館監事一名の立候補届出（理事定員一四名、監事定員各棟一名）。選挙となる（それまでは、立候補者数が定員に満たないことが多かった）。選挙期間中に、「江戸川アパート建て替え現居住面積を守る会」という団体が、締切日当日の立候補者の内理事候補七名、監事候補一名を推薦することおよびその理由を述べる手紙を、一部区分所有者に送付。理事会メンバーの多くは、はじめて、区分所有者間の深刻な意見対立を知る。

「守る会」は、「江戸川アパートの再建を真剣に考える会」のリーダーだったA、B、C三氏を中心とし、甲氏、乙氏がこれに協力するグループであり、立候補者の中には、甲氏の兄弟であるG氏の名前もあった。G氏は、立候補締切り期日の直前に、江戸川アパートの住戸を一戸「守る会」のメンバーの一人から取得し、組合員資格を得ていた。

二〇〇一・三・二九　選挙管理委員会（選挙管理委員は五名）による開票。選挙規則が区分所有者の立会を認めていたので、A氏、B氏が開票に立会。旭化成による建替えを支持する候補者一一名は全員当選。「守る会」推薦の候補者八名中五名が当選。B氏、G氏は当選せず。
二〇〇一・四・一七　理事長F氏死亡。次点者繰上げとなるとB氏当選となる。団地管理組合法人の選挙規則は、このようなケースについて明確な規定なし。選挙管理委員会は、F氏の生存中に当選者を確定して公示していたので、そのまま、団地管理組合法人に報告し、集会による役員選任を求めることとした。
二〇〇一・五・二六　団地管理組合法人集会。G氏の代理人として甲氏が出席。選挙管理委員会は、F氏が理事に当選したと報告。「守る会」の数名から、A氏の繰上げ当選を求める強い意見が出され、激論となる。しかし、中立的な出席者――この人は、建替えについての理事会のやり方には、批判的であった――が、選挙管理委員会の見解が正しい旨発言し、集会出席者の空気も選挙管理委員会の原案支持となり、原案通りで決着。

同日の議題については、集会に欠席した区分所有者から集会議長宛の白紙委任状が多数提出されており、これらの委任状による多数決で決着をつけることも可能ではあった。しかし、集会での議論を通じて、集会に出席している中間的な区分所有者に原案の正当性を納得してもらったことが、その後の建替えへの合意形成にとり重要であった。

旭化成を事業協力予定者に選任するという理事会案も同日の集会で了承された。

A、B、C氏等「守る会」のリーダーは、理事会の多数の方針に賛成した訳ではなかったが、争いが泥沼化することはなく、理事会の多数および旭化成の方針に従って、その後の合意形成は進められた。ただし、これらの各氏は、二〇〇二年三月の建替え決議の際には、その区分所有者集会に提出された議案に賛成せず、他の区分所有者に対しても議案への反対を働きかけた。甲氏や乙氏は、二〇〇一年五月の集会の後、江戸川アパートに興味を失い、G氏への区分所有権移転登記は錯誤により抹消された。

【例二】

これは、東京にある比較的小さなマンション（住戸数一〇〇戸以下）の建替えにおいて、意見対立を収束することができず、合意形成が進まない事例です。わたくしはこの建替えに携わっていませんので詳しい事情はわかりません。

また、これからの合意形成に悪影響を与えないように注意しなければなりませんので、概括的な説明にとどめます。

このマンションには、平成の初め頃に、ある建設会社から建替え計画の提案があり、そのときに区分所有者集会で「建設組合」を設立し、規約を定め、「建設委員会」メンバーを選任しました。しかし、その建設会社の建替え計画には区分所有者全員の賛成を得ることができず、建替え論議は中断しました。

数年前に、丙、丁というデベロッパー（若しくはコンサルタント）が、別々に、一部の区分所有者（「建設委員会」メンバーを含む）に建替えを働きかけます。そこで、「建設組合」は集会を開き、「建設委員会」の活動再開を決定しました。

その後、経緯は分かりませんが、丙、丁、大手デベロッパーなど数社が建替え計画を「建設委員会」に提案します。ところが、これらの提案を評価する仕方――これは、これらの内のどこを事業協力予定者に決めるか、と直結するようです――を巡って、「建設委員会」は分裂状態となり、半数ほどの委員が「建設委員会」から脱会しました。そして、これらの脱退者などのグループが区分所有者集会開催を求め、その集会で多数決によりコンサルタントの選任等を議決しました。しかし、これに反対するグループは、その議決で使われた委任状の無効、議決手続の瑕疵などを理由に、集会決議の無効を主張し、対立は膠着状態にあり、建替えの見通しは立っていないようです。

(4)　二事例の分析

【例一】、【例二】の何れの場合においても、区分所有者間の争点は、実質的には、誰が建替えのリーダーシップをとるかです。江戸川アパートではこれが解決されたのに対し、他方では膠着状態に陥ったのは何故でしょうか。

江戸川アパートでは、当初は生活協同組合役員会が、団地管理組合法人設立後はその理事会が、合意形成の中心でした。したがって、建替えのリーダーシップを巡る争いは、理事・監事の選出という人事を巡る争いになります。しかるに、江戸川アパートでは、生活協同組合の時代から役員は選挙で選ぶという慣習があり、選挙規則が比較的整備されており、選挙の公正さを保つ仕組み（理事会から独立した選挙管理委員会、開票に立ち会う区分所有者の権利）も調っていました。このような制度の下では、人事を巡る対立は選挙でその決着が図られます。一九九〇年に「江戸川アパートの再建を真剣に考える会」A、B、C三氏らが、一時、建替え推進のリーダーシップをとったのも、一九九三年に「環境委員会」メンバー等のグループがリーダーシップを奪回したのも、選挙を通じてでした。同様に、二〇〇〇〜二〇〇一年における対立も、二〇〇一年三月の選挙および同年五月の団地管理組合法人集会における議論で解決されたのです。

それに対し、【例二】のマンションでは、「建設組合」は区分所有者の団体ですが、建替え計画の提案を受けて設立された団体ですから、区分所有法三条の「建物並びにその敷地及び附属施設の管理を行うための団体」ではないようです。したがって、意思決定の仕組みがどの程度整備されていたのか疑問です。また、建替えを推進する組織である「建設委員会」のメンバーの選任方法、任期も不明です。たとえば、建設委員会の委員の半数が同委員会を脱退した、といわれていますが、その後任をどうしたのかも不明です（江戸川アパートの団地管理組合法人規約は、理事会構成員に欠損が生じた場合の補充方法を定めていました）。このマンションでも、江戸川アパートと同様、大部分の区分所有者は、いずれかのリーダーシップの下で早く建替えが進むことを願っているものと思われます。したがって、キチンとした選挙規則に基づいて公正な役員選挙を行なえば、争いに決着をつけることができたのではないか、と思います。

四　情報流通の仕組み

区分所有者集会で直接に表明され、また、理事会等を通じて間接的に表明される区分所有者の意思に基づいて合意形成を行う仕組みが、区分所有者の利益の最大限の実現という目的を達成する手段としてうまく機能するためには、その前提として、①理事会等、デベロッパー、区分所有者の三者間、②理事会等のメンバー相互間、③区分所有者相互間の情報流通（理事会の方針に反対する区分所有者からの情報伝達を含む）が、上記目的の達成を可能ならしむる仕組みになっていることが必要です。具体的に、それがどのような仕組みかについて、ここで網羅的に検討することはできませんが、以下では、江戸川アパートでの経験等に基づき、いくつかの点について述べることにします。

(1)　どのような情報を伝達する必要があるか

イ　区分所有者の意思決定に必要な情報

合意形成にかかわる区分所有者の意思決定のために、理事会等、デベロッパー、他の区分所有者が区分所有者にどのような情報を伝達する必要があるかは、その情報伝達がいかなる意思決定に関わるものかにより異なります。ここでは、いくつかの重要な意思決定について、それに必要な情報を検討します。

(ｲ)　選挙

理事会等のメンバーを選挙により選ぶ際には、立候補者に関する一定の個人情報および建替えに関する立候補者の方針を、選挙公報のような形で区分所有者全員に知らせる必要があります。

二〇〇一年の江戸川アパートの理事・監事選挙のときに、わたくしは、送られてきた立候補者名簿で、G氏の名をはじめて知りました（当時、わたくしは、団地管理組合法人の理事だったのに）。G氏がどのような方か全然知らないのですから、これでは、建替えに対する自分の意思に沿った候補者に投票することはできません。

また、その選挙で、「江戸川アパート建て替え現居住面積を守る会」は、立候補者の内の八名を推薦しましたが、その推薦文書は、区分所有者の一部にしか送付されませんでした。これは、おそらく、その会のリーダーの手元には、自分たちが団地管理組合法人の副理事長を務めていたときの区分所有者名簿しかなかったからだと思われます。

一般に、理事会等の多数派は、最新の区分所有者名簿を利用しやすい立場にありますから、批判派がこれを利用できないことは、選挙で批判派に不利に働くことが考えられます（江戸川アパートの場合には、当時の理事会の多数派は、

F理事長の方針により、選挙運動をしませんでした。ですから、この問題が生じることもありませんでした)。選挙公報は選挙運動の公平性確保に役立ちますから、少なくとも、建替えに関する区分所有者の深刻な意見対立に決着をつける選挙では、これを利用することが望ましいと思います。これにより、怪文書合戦を防止することもできるかもしれません。

(ロ)　デベロッパーの選定

総会でデベロッパーを事業協力予定者(等価交換方式による建替え実施の場合)若しくは参加組合員予定者(円滑化法による組合施行の建替えの場合)に選定する際には、選定候補となるデベロッパーの財務状況、過去の実績、特定のデベロッパーを理事会等が選定した理由を、理事会等が区分所有者に知らせることが必要です。

老朽化マンションの建替えでは、デベロッパーの役割は非常に重要ですから、その前提として、事業協力者若しくは参加組合員となりうるデベロッパーの資格を宅地建物取引業の免許を受けた者に限定すべきです。さらに、宅地建物取引業を改正して、老朽化マンションの建替え事業に携わる宅地建物取引業者は、割賦販売法の前払式販売業者と同様[25]、当該マンション建替え事業の実施において負担する可能性がある責任を履行するに充分な保証金について、供託委託契約を締結する義務を負う旨定める必要があると思います[26]。

等価交換方式による建替えでは、区分所有者は、自己の区分所有権(+敷地利用権)のデベロッパーへの移転を先履行します。円滑化法の組合施行による建替えの場合にも、等価交換方式に類似した方法がとられている場合には、施行再建マンションの余剰床販売の責任はデベロッパーが負います。また、何れの方式による場合でも、管理組合理事会等は、合意形成に必要な情報、信用、交渉について、デベロッパーに頼る必要があることが多いのです。ですから、信頼できるデベロッパーの存在は非常に重要です。

(ハ)　建替え決議

建替え決議の議案に賛成するか否かについて各区分所有者が意思決定をするために重要なのは、その議案の前提となっている新マンションの設計や事業計画に関する情報です。既に述べたように、平均還元率や敷地利用権の評価額に関するデベロッパーのコミットメントが重要であることは言うまでもありません。その外に、個々の区分所有者の希望、不安、悩みなどの対応する情報、たとえば、新マンションの生活・居住環境、間取り（自分が購入したい住戸が建設されるのか）、仮住居、経済的余裕のない区分所有者や高齢の区分所有者への配慮、借家人や担保権者への対応等々に関する情報を、理事会等やデベロッパーが区分所有者に提供することが必要です。

㈡　建替えか大修繕か

最後に、建替えか大修繕かについて区分所有者が意思決定をする際に、両者を比較する情報がどの程度必要かについて検討します。

「建替えか修繕か」という意見対立には、①「大修繕をするか、建替えをするか」という意見対立と、②「すぐに建替えに着手するか、しばらく修繕で凌ぎ、若干の不便は我慢するか（大修繕はしない）」という意見対立の二種類があり、老朽化マンションでは、これは、通常、②類型の意見対立だと思います(27)。何故ならば、老朽化マンションはあちこち痛んでいるのですから、大修繕をしても何時まで持つか分からない、と区分所有者は考えるのが普通であり、①類型の意見対立はあまり生じないと思うからです。

一九七〇年代に江戸川アパートで建替えの是非が議論されたときに、建替えに消極的な区分所有者は「時期尚早」と主張したのであり、決して、「大修繕により傾いた建物を元通りにせよ」と主張したのではありません。その頃から、江戸川アパートでは雨漏り（戦時中の被災による）や生活の不便（エレベーターがない、アンペア量が原則として一五アンペア）が問題となっていましたから、多額の修繕費用を使って傾斜を直しても、すぐにいろいろと不具合が出てくる、ということは誰でも考えることだからです。

わたくしは、区分所有者の間に「建替えか修繕か」について②類型の対立がある場合には、理事会等が合意形成に努力しても、建替え決議の成立に至るのは難しいと思います。何故ならば、この段階では、通常、老朽化の程度はそれほど深刻ではないので、抽象的には建替えに賛成している区分所有者も、具体的な建替え計画をまとめる段階になると、議論百出となると思うからです。この段階では、建替えの機はまだ熟していないのであり、意見対立をいずれかに統合するために、理事会等が大規模な検査を行なっても所期の目的を達成することはできないのではないか、と思います。(28)

一九七〇年代の江戸川アパートの老朽化は、建物の傾斜やある程度の生活の不便程度でした。この程度の老朽化では、殆どの区分所有者には「何としても建替えをしなければ」という切迫感は生まれません。この時期の建替え計画が一部区分所有者の反対で挫折したのは、当然だったと思います。一九九〇年代に至り、壁の崩落、ガス漏れ、赤茶けた水道水など老朽化が深刻となり、その修繕には多額の費用がかかることがわかって始めて、殆どの区分所有者は心底から建替えの必要を感じたのだと思います。

もっとも、区分所有者が老朽化の程度を肌で感じることはできないが、実は老朽化が進んでいる、という場合も考えられます。たとえば、傾斜している老朽化マンションが、実は、地震により倒壊の虞がある、と一部の区分所有者が主張しているような場合です。このような場合には、意見対立に決着をつけるために、キチンとした検査が必要でしょう。

なお、建替え決議を行う集会の招集通知では、「建物の建替えをしない場合における当該建物の効用の維持又は回復（建物が通常有すべき効用の確保を含む。）をするのに要する費用の額及びその内訳」を通知しなければなりません（区分所有法六二条五項二号）。この通知に記載する必要上、建替えと修繕・改修それぞれの改善効果とそのために投じられる費用の大きさ、とを総合的に比較考量する検査が必要である、という主張も考えられます。しかし、これは、本末顛倒した議論です。区分所有法六二条五項は、区分所有者が建替え決議の賛否の意思決定をするのに必要な情報を区分所有者に伝達することを招集権者に義務付けた規定です。したがって、「建替えか修繕か」について区分所有者が意思決定をするのに必要な限度でこれに関する情報を区分所有者に伝達すればよく、マンションの老朽化が区分所有者の誰の目にも明らかである場合には、修繕をするとどれぐらい費用がかかるかに関する概算を通知すればよい筈です。「建替えか修繕か」の詳しい検査には、多額の費用がかかります[(29)]。区分所有者にとっては、建替えは、何かと物入りなのですから、管理組合等は、区分所有者の負担を軽くし、既存の修繕積立金等はできるだけ区分所有者に返還するように努めるべきです。

ロ　理事会等やデベロッパーの意思決定に必要な情報

理事会等やデベロッパーにとっては、新マンションの具体的な設計を行い、事業計画をたてるため必要な個々の区分所有者の具体的な意向や要望を、区分所有者から聞くことが必要です。また、デベロッパーにとっては、さらに、区分所有者はどの程度建替えを真剣に望んでいるか、理事会等は区分所有者に信頼されているかという情報が必要であると思われます。

(2)　情報伝達経路

イ　区分所有者への情報伝達経路

理事会等やデベロッパーが、区分所有者の意思決定に必要な情報を区分所有者に伝達し、その内容を理解してもらうためには、どのような伝達経路を使えばよいかは、難しい問題です。何故ならば、多様な多数の区分所有者が必要とする情報は一様ではありませんし、また、区分所有者によっては、その手元まで必要な情報を到達させることや、その内容を理解してもらうことも、容易ではないからです。

また、理事会等の方針に反対する少数派の区分所有者が、理事会等やデベロッパーの計画に対する自分たちの批判を区分所有者に伝達する経路を確保することも必要です。以下では、江戸川アパートの建替えで使われた情報伝達経路とその特質について説明します。

(イ)　組合員集会、説明会

団地管理組合法人集会や説明会は、公開性があり、また、理事会等の見解に反対する区分所有者がその主張を述べ、理事会等と議論することも可能ですから、デベロッパーの選定、平均還元率の確約、総合設計制度を利用しない理由の説明のように、区分所有者全員に関係する重要な問題について理事会等の案を説明するのに適しています。しかし、これは公開の場での多数者への説明ですから、説明内容を十分には理解し得ない出席者も少なくないでしょうし、発言を躊躇する区分所有者も多いでしょう。また、そもそも、この会に出席できない、若しくは出席しない区分所有者も少なくありません。

(ロ)　文　書

集会通知、選挙公報、説明会資料、理事会の会報、反対派からの手紙など書面による情報伝達は、保存がきき、区分所有者がゆっくりその内容を吟味し、また、遠隔地の区分所有者にも情報を伝達できるという特徴があります。しかし、これは一方通行ですし、区分所有者がそれを読むか、読んでも理解してもらえるかは、保証の限りではありません。

(ハ)　個別面談

江戸川アパートの場合には、旭化成は、一住戸の区分所有者に一時間の時間をとる個別面談を三回しました。これには、区分所有者の理解力にあわせて説明することができ、また、デベロッパーが、区分所有者の個人的な悩みを聞き、一緒に対策を考えることができる、という長所があります。また、遠隔地の区分所有者や説明会への出席に消極的な区分所有者に、デベロッパーが出向いて、説明することもできます。ただし、密室での説明なので、デベロッパーへの信頼が十分でないと、区分所有者の間で疑心暗鬼を生むおそれがあります。

(ニ)　インフォーマルな情報伝達

これは、区分所有者が特に信頼する身近な人からの非公式な情報伝達です。たとえば、理事・監事がよく知っている区分所有者を訪ねて建替え計画について説明したり、反対派のリーダーが親しい区分所有者に電話をかけて、理事会案への批判を述べるというのは、これに属します。

江戸川アパートでは、建物・敷地の維持管理を団地管理組合法人が行っていましたから、管理事務所があり、二〜三名の職員が勤務していました。管理事務所の職員は、もちろん、建替え計画案に対する意見を区分所有者に述べることはしませんが、日頃から居住者に接していますから、その信頼の厚い職員が、折に触れ、江戸川アパートの老朽化の実情を区分所有者に説明したり、区分所有者の悩みを理事等に説明したことは、理事会との接触に消極的な区分所有者と理事会との間の橋渡しとして大変貴重でした。

また、江戸川アパートでは、旭化成が江戸川アパート担当に委嘱したMさん（女性）の役割が重要でした。老朽化マンションに居住している高齢の区分所有者や経済力に乏しい区分所有者の多くは女性ですが、これらの方々の中には、建替えに直面して途方に暮れ、あるいはこれに拒絶反応を示す人が少なくありません[30]。住居を失うことに対する不安を考えれば、これは当然です。理事会は、これらの方々にできるだけのことをする予定でしたが、このような区分所有者の中には個別面談にさえ応じない方もいます。Mさんは、江戸川アパート担当になってから、ほとんど毎日江戸川アパートに通い、これらの区分所有者を訪問し、だんだんとその信頼を得、親身になってその相談相手になり、一緒に解決策を考えました。その結果、これらの方々も、だんだんと建替えに対して心を開くようになり、建替え決議に賛成し、あるいは、建替え決議成立後に建替えに参加するようになりました。Mさんのこの努力がなければ、江戸川アパートで建替えが成功したかどうか疑問だと思います[31]。ちなみに、Mさんは、アトラス江戸川アパートの完成後も、折にふれ、同マンションに戻ってきた高齢者の相談に乗っています。

このようなインフォーマルな情報伝達経路は、特定の建替え計画について五分の四の区分所有者の賛成を得るためには不可欠です。しかし、この経路による情報伝達はインフォーマルですから、これがうまく機能するか否かは、区分所有者とのコミュニケーションにあたる「人」如何だと思われます。

ロ　区分所有者からの情報伝達の仕組み

イで述べたさまざまな情報伝達経路は、文書による伝達を除き、双方向です。したがって、それらは、同時に、区分所有者の意見や希望を理事会等やデベロッパーに伝達する役割をも果たします。

(3) 誤った情報提供を防止する仕組みの必要性

イ　詐欺的言動や脅し

老朽化マンション建替えでは、しばしば、区分所有者のグループ間で──通常は、コンサルタントやデベロッパーを巻き込んで──激しい意見対立が生じます。その結果、一方若しくは双方のグループが、区分所有者を自分の側に惹きつけることを目的として、詐欺的言動や脅しを行うことが少なくないものと思われます。

江戸川アパートの建替えでも、二〇〇一年三月の役員選挙の前後、および二〇〇二年三月の建替え決議前後に、「江戸川アパート建て替え現居住面積を守る会」会長名義で、一部の区分所有者に対して、高い平均還元率が実現可能であるという趣旨の文書が何回か送られました。たとえば、建替え決議前に送付された文書は、旭化成が提示した平均還元率五三パーセントを批判し、平均還元率六三パーセント＋一住戸あたり一〇〇万円、若しくは、平均還元率八〇パーセント近くが可能である、と主張していました。

旭化成は、「守る会」の主張する平均還元率では建替えを引き受けない、と明言していましたから、これは、実質的には、旭化成を事業施行予定者に選定した過去の集会決議の取消しを求めることに外なりません。しかも、その平均還元率の建替えを引き受けるデベロッパーがいるのか、いるとすればそれは信頼のおけるデベロッパーなのか、その主張する平均還元率実現のためにどの程度の品質のマンションを建てる計画なのかなどについて、その文書は何等説明をしていません。したがって、これは、実質的には、旭化成による建替えを潰し、合意形成を一度白紙に戻すことを目的として、区分所有者を惑わす情報を提供したものであったといえるでしょう。

江戸川アパートの場合には、この情報を信じて、最後まで建替え決議に参加することを拒んだ区分所有者は、多額の経済的損失を蒙りました。[32] かりに、このような情報の結果、建替え決議が不成立に終わったとすれば、おそらく、かなりの期間、建替えは実現せず、スラム化が進み、最後には、地上げ屋の介入を招いたでしょう。そうなれば、大部分の区分所有者が、大きな経済的損失を蒙ったことでしょう。

もちろん反対に、理事会等やそれに協力するデベロッパーが、甘い言葉で区分所有者の意思決定を誤らせ、建替え決議を成立させることもあり得ます。この場合には、大部分の区分所有者は、そのような方法によらないで建替え決議が成立した場合に比べて、大きな経済的損失を受けることになるでしょう。

これから老朽化マンションが飛躍的に増加すると、甘い誘惑や脅しにより、特に高齢の区分所有者を誤った意思決定へと導く事例が頻発するおそれがあります。これは、建替え実現の必要に迫られ、すこしでも有利な建替えを願っている区分所有者の弱みにつけ込む行為であり、消費者保護が対象とする普通の事例よりも悪質です。その結果、①区分所有者の多くにとって不利な建替え議案について建替え決議が成立したり、②客観的にみると妥当と思われる建替え議案について建替え決議が不成立に終わったりすれば、区分所有者の経済的損失は大きいものになります。しかも、②の場合には、一部の区分所有者の誤った意思決定により、他の区分所有者にも累が及びます。合意形成過程における詐欺的行為や脅しに対しては、現行区分所有法の下でも、建替え決議に賛成した区分所有者が詐欺などを理由としてその意思表示を取り消し、決議の無効を主張する余地があるとは思いますが、より包括的な立法措置を用意しておくことが望ましいのではないでしょうか。

ロ　白紙委任状の濫用の防止

区分所有法三九条二項は代理人による議決権行使を認めていますから、管理組合の集会では、区分所有者から白紙委任状により議決権行使を受任した者 —— 通常は、集会議長 —— が、多数の議決権を代理行使します。[33] 通常は、これで弊害はないのですが、建替えに関して区分所有者間に深刻な意見対立がある場合には、建替え決議の際に、委任状集めが行われ、その結果、代理人による議決権行使の有効性について問題が生じる場合があります。

江戸川アパートの建替え決議では、区分所有者集会の招集者は、区分所有者全員に、集会前に、議決権行使書を招集者に郵送することを求めました。何故ならば、うっかりして議決権行使書を送付しないで集会に欠席する区分所有者がでたり、議決権行使書に形式上の不備があるためにこれが無効となったりすると、五分の四の賛成を確保できないおそれがあるので、予め、議決権行使書の郵送を求め、形式上の不備があれば訂正を求めることにしたからです。

ところが、区分所有者集会では、二号館の集会において、予め、議案に賛成する議決権行使書を郵送していた区分所有者二名の委任状を、二号館の区分所有者C氏が行使し、議案に反対の意思を表示しました（後でわかったのですが、その内の一人は、一号館の区分所有者A氏に頼まれ、A氏に白紙委任状を送付し、A氏がこれをC氏に渡したのでした）。そこで、議決権行使書による本人の意思表示と委任状によるC氏の意思表示の何れを優先すべきかが問題となりました。区分所有者集会には弁護士の立会を得ていましたから、その助言に従い、この両名については、一応、賛否を保留として、速やかに、両名の真意を尋ねることとしました。両名に建替えについての真意を尋ねると、ともに、議案に賛成で、一名は、「A氏から執拗に頼まれたので委任状を郵送した」とのことであり、他の一名は、「少しでも還元率がよくなればと思い、委任状を送った」とのことでした。すなわち、両名とも、議案の賛否をC氏に一任する意思はなかったのです。二号館では、両名を除いても、賛成票は、ぎりぎりではありましたが、五分の四を超えていました(34)から、両名の議決権行使の取り扱いが集会を混乱させる原因とはなりませんでしたが、あと一票賛成票が少なければ、大混乱を招いたものと思われます。

委任状による議決権行使の有効性は、一七七頁の【例二】の場合にも問題となっています。したがって、区分所有法を改正して、少なくとも、建替え決議については、代理人による議決権行使を排除できることにするべきではないでしょうか。

むすび

建替えを必要とする老朽化マンションは、これから急増するものと思われます。二〇〇五・八・二八日経朝刊三面の「けいざい解説」で、太田康夫編集委員は、「もうひとつの高齢化」と題して、「完成から三〇年を超えるマンションが急増している。三大都市圏あわせると五〇万戸を突破し、五年後には一〇〇万戸に達する。古い耐震基準しか満たしていない、費用がかかる、建て替えは進まない。もうひとつの高齢化が深刻な問題となりそうだ。」と、老朽化マンションが社会に及ぼす問題について警鐘を鳴らしています。

「円滑化法」が制定されたので、等価交換方式の利点と組み合わせて同法の組合施行方式を活用すれば[35]、建替え決議の実現過程に従来存在した問題はかなり解消されるでしょう。今後は、円滑化法の問題点[36]に対する対応とともに、実現可能な範囲で区分所有者の利益を最大化する建替え合意を実現する合意形成の仕組みについて、何らかの立法が必要です。江戸川アパート建替えに携わったわたくしの体験が、それに役立てば幸いです。

（1）　たとえば、国土交通省国土技術政策総合研究所監修：社団法人全国市街地再開発協会編集：マンション建替え研究会著『マンション建替えマニュアル』、ぎょうせい、二〇〇三（以下では、『建替えマニュアル』と呼ぶ）五頁以下参照。

（2）「建替え推進決議」とは、「管理組合として、建替え決議に向けて本格的な建替え計画の検討を行う」旨の決議である（詳しくは、『建替えマニュアル』、四八頁以下参照）。

（3）　浜崎恭生「建物の区分所有等に関する法律の改正について（九）」法曹時報三八巻六号（一九八六）一三五八頁。

（4）　わたくしは、「全員合意」による建替えを目指す場合には、最後まで建替えに賛成しない一部の区分所有者を懐柔するために、却ってこのような不公正な手段が用いられることが多いのではないか、と推測している。だから、円滑化法は、区分所有法の建替え決議の成立を、マンション建替組合が施行する建替えの要件にしている（円滑化法九条一項、三項）のではあるまいか。

（5）　老朽化マンションを解体するためにその居住者にそこから立退いてもらう過程では、マンションがほとんど無人となる時期が生じる。江戸川アパートでは、この時期の浮浪者の立ち入り防止に頭を悩ました（詳しくは、太田知行＝村辻義信＝田村誠邦編『マンション建替えの法と実務』（有斐閣、二〇〇五）三一五頁（太田執筆））。スラム化したマンションの管理は、これよりもさらに難しいであろう。そして、立地条件に恵まれたマンションの場合には、管理に頭を悩ます区分所有者の足元を見て、区分所有権（＋敷地利用権）を買い叩く業者が必ず現れる。

（6）「施行マンション」、「施行再建マンション」は、円滑化法の用語である（同法二条一項六号、七号）。したがって、旧マンション、新マンションが円滑化法の適用を受ける場合に、このことばを用いることとする。

（7）建替え決議が成立すると、そのマンションの区分所有権（＋敷地利用権）の価格は上昇する。江戸川アパートでは、建替え決議成立の数年前に購入した住戸（＋敷地利用権）の価格に比べると、建替え決議成立後のその住戸（＋敷地利用権）の価格（平均還元率五三パーセントを前提としてデベロッパーが購入する価格）は、その数倍になったといわれている。

しかし、そうであっても、多くの区分所有者は、少しでも高く住戸（＋敷地利用権）を売りたいと考える。多くの区分所有者は、旧マンションの住戸に代わる住居を新マンション若しくはその他の場所に取得しなければならないのであり、平均還元率が低い場合には、そのために、新たな出費が必要となるのであるから、旧マンションの敷地利用権が少しでも高く評価されることを希望するのは当然のことである。

（8）区分所有法が敷地利用権の処分を建替え決議の議決事項に含めなかった理由は、「法律的には、敷地利用権の再配分は建替えのため必要不可欠なこととはいえないため、多数決処理に親しまないと考えられたからである。」（浜崎・前掲書（注（3））、一三六頁）。

（9）「等価交換方式による建替え」では、区分所有者が敷地利用権を出資し、事業協力者に選任されたデベロッパーが事業費を出資し、デベロッパーが事業主体として建替えを行なう。新マンションの区分所有権およびその敷地利用権は、出資割合に応じて両者に配分される。詳しくは、太田ほか・前掲書（注（5））一二頁以下（太田執筆）、二〇八頁以下（村辻、大木執筆）参照。

（10）「円滑化法の組合施行による建替え」では、「建替え合意者」が都道府県知事の認可を得て「マンション建替組合」を設立し、そのマンション建替組合が、参加組合員たるデベロッパーの協力を得て、建替え事業の主体として建替えを行う。円滑化法の組合施行による建替えの詳細は、太田ほか・前掲書（注（5））一八頁以下（太田執筆）、二三四頁以下（村辻、大木執筆）参照。

なお、「建替え合意者」は円滑化法上の概念であるが（同法九条一項）、区分所有法六四条の「建替え決議の内容により建替えを行う旨合意をしたものと」みなされた者（建替え決議賛成者、その後の建替え参加者など）とほぼ重なっている。

（11）「平均還元率」とは、旧マンションの区分所有者が新マンションの住戸を取得する場合に、平均すると、旧マンション住戸一平

$$\frac{\text{新マンションの専有部分面積} \times \text{旧マンション区分所有者の出資比率}}{\text{旧マンションの専有部分面積}}$$

〔図1〕

方メートルが新マンション住戸何平方メートルと交換されることになるかを示す値である。この数値は、〔図1〕という計算式で算出される。旧マンション区分所有者の出資比率は出資する敷地利用権を評価しなければ算定できないから、これは旧マンションの敷地利用権の評価を前提としている。

(12) 江戸川アパートの場合には、建替え決議の半年ほど前に、デベロッパーが平均還元率を区分所有者に提示し、一定の時期までに解体が開始されることを条件として、その還元率で建替えを行うことを確約した。そして、建替え決議議案書の別紙資料として、等価交換算定書を添付した（太田ほか・前掲書（注（5））三二一頁以下参照）。

なお、区分所有法六二条二項四号、七〇条三項五号によると、建替え決議においては「再建（団地内）建物の区分所有権の帰属に関する事項」を定めなければならない。等価交換方式による建替えの場合に、これは、単に、抽象的に、旧マンション区分所有者とデベロッパーとの間で両者の出資比率に応じて新マンションの専有部分を配分する旨定めればよいのか、それとも、両者間の具体的な配分比率まで定めなければならないのかは明確ではない。後者であると解するときには、配分比率は、区分所有者の出資した敷地利用権全体の評価額とデベロッパーの出資した事業費との比率であるから、敷地利用権全体の評価額が事実上議決の対象となることになる。

(13) 太田ほか・前掲書（注（5））二一二頁（村辻、大木執筆）。

(14) 「管理組合等」の意味については、後述一六頁参照。

(15) 円滑化法を利用した建替えの事例においても、建替え決議前に、参加組合員予定者たるデベロッパーが、説明会で、一定の平均還元率について確言し、また、議案書において、余剰床（保留床）は総てデベロッパーが引き受ける旨に記載し、施行再建マンションの建設請負契約では、そのデベロッパーがマンション建替組合の信用を、何らかの形で補強する場合がある。このような場合には、形式的には、マンション建替組合が事業主体であるが、建替えに伴うリスクをデベロッパーが引き受けているのであるから、実質的には、そのデベロッパーが事業主体である。

(16) 詳細は、太田ほか・前掲書（注（5））二五頁以下（太田執筆）参照。また、田村誠邦「マンション建て替えとコミュニティの継承　同潤会江戸川アパートメント」建築雑誌、二〇〇六年一月号三六頁は、江戸川アパート建替えの意義、特質を簡潔に指摘している。

(17) 橋本文隆＝内田青蔵＝大月敏雄編『消えゆく同潤会アパートメント』（河出書房新社、二〇〇三）一六頁（内田執筆）。

(18) 橋本ほか・前掲書（注（17））二二頁（内田執筆）。

(19) 戦後、江戸川アパートの居住者は生活協同組合法に基づく生活協同組合を設立し、その役員会でアパートの管理運営を行っていた。東京都との間で締結した江戸川アパート敷地売買契約書では、江戸川アパート側代表者は「江戸川アパート居住者代表　江戸川アパート生活協同組合理事長」という肩書で署名している。
(20) 浜崎恭生「建物の区分所有に関する法律の改正について（三）」法曹時報三七巻四号九五四頁。
(21) 同判決については、太田ほか・前掲書（注（5）四一頁以下参照。
(22) 中高層共同住宅標準規約は、「建物の建替えに係る合意形成に必要となる事項の調査に関する業務」を管理組合の業務とし（三二条四号）、「専門的知識を有する者の活用に要する費用」に管理費を充当すること（二七条九号）、「建物の建替えに係る合意形成に必要となる事項の調査」に要する経費に充当するため修繕積立金を取り崩すことを認めている（二八条一項四号）。
(23) リーダーが三名いて、そのリーダーに人を得れば、建替えはうまくゆく、という話をときどき聞く。
(24) 『建替えマニュアル』（前掲注（1））二九頁以下、五〇頁以下。
(25) 割賦販売法一八条の三。
(26) 宅地建物取引業法は、宅地建物取引業者に営業保証金の供託義務を課している（同法二五条一項）。その額は、「宅地建物取引業者の取引の実情及びその取引の相手方の保護を考慮して、政令で定める額」であり（同条二項）、宅地建物取引業施行令第二条の四は、その額を主たる事務所につき一〇〇〇万円、その他の事務所につき事務所ごとに五〇〇万円の割合による金額の合計額とする、と定めている。しかし、マンション建替え事業の事業規模に比較すると、この額は、デベロッパーの債務が実際に発生した場合に、それを履行するに十分な額ではない。たとえば、江戸川アパート建替え事業は、土地代を含めてであるが、約百億円であった。したがって、割賦販売法の「前受業務保証金供託委託契約」（同法一八条の三第二項）に類似した制度を導入して、デベロッパーの財務力を確保する必要がある。
(27) それに対し、「一部が滅失したマンションを復旧するか建替えるか」（区分所有法六一条一項）、「隠れた瑕疵により耐震性に疑問が生じたマンションを補修す」るか建替えるか」といった選択では、①類型の意見対立が生じるものと思われる。
(28) 『建替えマニュアル』（前掲書（注（1））三九頁以下は、「建替えと修繕・改修かの判断においては、建替えと修繕・改修のそれぞれにより得られる改善効果と、その改善効果を得るために投じられる費用の大きさ、とを総合的に比較考量して判断を行うことが大切であると考えます」と述べ、その考え方、手順を詳細に説明している。
(29) 太田ほか・前掲書（注（5））一四一頁（村辻執筆）。わたくしの記憶が正しければ、「旭が丘第二住宅」建替え事業では、区分所有法六二条五項二号の通知のために、六五〇万円の費用をかけて検査をした（マンション再生協議会主催「マンション再生セミナー」（二〇〇五年一二月一日）、『旭が丘第二住宅』建替事業の概要」における前川恒子氏の報告）。

（30）このような事情は、建替え計画が進行している別のマンションでも同様だ、ということである。なお、これらの高齢者も、現在は、新しい江戸川アパートでの生活に満足している。

（31）八〇歳を超える区分所有者Hさんは、やはり高齢の妹と二人で江戸川アパートで生活していたが、建替え決議総会の二ヶ月ほど前に、「江戸川アパート建て替え現居住面積を守る会」のリーダーの一人の働きかけで、建替え決議議案に対する「議決権行使書」を白紙でそのリーダーに渡してしまった。翌日、たまたま、Mさんは、Hさんと会い、そのことを聞き、議決権行使書を渡すことは、あなたの大事な財産をその人に任せることですよ、と話した。びっくりしたHさんは、すぐに、そのリーダーのもとを訪ね、議決権行使書を返して貰った。この挿話は、Mさんが如何に高齢者の信頼を得ていたかを示すとともに、高齢者の真意に沿った意思表示を確保することの難しさを示している。

（32）詐欺的言動により被害を受けるのは、建替えに関する情報から孤立し、かつ判断力が十分でない高齢者である。

Kさんは、関西に居住する一人暮らしの八〇歳の老婦人である。Kさんは、旭化成の担当者が関西まで行き、個別面談をしたときには好意的な返事をするが、その後、「旭化成はひどい会社だ」といい、意見を翻すことが再三あり、結局、旭化成は、売渡請求に係る訴訟の相手方にKさんを加えざるを得なくなった。Kさんは、A氏やC氏など「考える会」のリーダーに訴訟追行を任せていたと思われ、法廷を傍聴することもなかった。敗訴が確定した後、Kさんは、「等価交換契約をしたいのだが、何とかならないか」と旭化成に連絡してきたが、既に、何ともならなかった。

Kさんは、議決権行使書や委任状を「考える会」のリーダーに送っていたから、同会の誰かから働きかけを受けていたことは明らかである。Kさんの態度がこのように二転三転したのは、旭化成へ回答した後同会側から説得を受けたからであり、その結果、結局、訴訟まで行ってしまった。Kさんが、江戸川アパートの住戸（＋敷地利用権）の対価として最終的に入手した金額は、建替え決議に賛成し、等価交換契約を締結した場合のその住戸（＋敷地利用権）の評価額の六〇パーセント以下だったのではないかと推測される。何故ならば、旧江戸川アパート住戸（＋敷地利用権）の売却価格は、これを新マンションの住戸と等価交換する場合の旧江戸川アパート住戸（＋敷地利用権）の評価価格より若干低いし（前者の場合には、デベロッパーはその部分に対応する新マンション住戸の販売リスクを負うから）、また、非居住区分所有者のKさんには譲渡取得税（当時は二六パーセント）が課税される（等価交換に応じていれば、立体買換えの特例の適用を受けることができた）し、その上、訴訟に要した各種の費用（訴訟費用、弁護士費用、不動産鑑定費用）を負担しなければならないからである。

（33）マンション標準規約は、総会出席資格を「組合員のほか、理事会が必要と認めた者」に限定している（四五条一項）。したがって、この規約をそのまま採用している管理組合では、議決権を代理行使できる者の範囲は、原則として、組合員に限られる。
(34) 区分所有法の一括建替え決議(七〇条一項)の制度はなかったので、団地建物の建替えでは、各棟の区分所有者の五分の四以上の賛成が必要であると解されていた。
(35) 太田ほか・前掲書(注(5))二一二頁(村辻、大木執筆)参照。
(36) 太田ほか・前掲書(注(5))二七三頁以下(田村、村辻執筆)参照。

討　論

（一）　被災マンション、老朽化マンションの建替えの異同

吉田邦彦（司会）　今日お話になられた老朽化マンションの建替えの問題と、被災マンションの建替えの問題は、これはかなり状況が違っていて、区分所有法六二条の改正の時（二〇〇二年）も分けて議論しなければならなかったと思うのです。私は被災マンションの現場を見てきて、それらが一緒くたにされて、またいろいろなコンサルタントがいい加減な情報を流して住民の方が泣いていらっしゃったという例を数多く見てきたものですから、それと今日の先生のお話の老朽化マンションの場合はうまく建替えの決議がまとまれば非常にいいというわけですから状況がかなり違います。その点を充分に意識して立法したのかどうか、一度この研究会に（当時の立法に参画された）森田宏樹君に来てもらって、改正直後に話してもらったのですが、彼もあまり被災マンションのことはご存知なかったですね。裏事情とか…。類型的に分けて、立法にしてもやっていくべきではないかと思うのですが、その辺についての先生のお考えはいかがでしょうか。

それから二番目は、先生の同潤会江戸川アパートのようにうまく行かずに、スラム化していくような場合、そうすると貧しい人たちだけが残されて、お金を持っている人たちだけがどこかへ転居していくとしますと、そういうどうにもならないというような場合について（こうした場合は、今後激増してくるのではないかと思うのですが）、もはや自助努力の域を超える問題でありますので、国は対応策を考えなければいけませんね。この点についても、先生はどのようなお考えをお持ちでしょうか。

太田知行　まず、第一の点ですが、被災マンションと老朽化マンションは違うと思います。老朽化マンションの場合は、もちろん手入れの善し悪しにより専有部分の老朽化の程度に若干の違いはありますが、共用部分は老朽化すると

全部だめになってくる。ガス漏れもあちこちに出てくる、水道水も赤茶けてくる、外壁や室内の壁の剥落が起こる…、老朽化は、基本的には、全体について起こって来ます。よく知りませんが、被災マンションの場合は、ひどい目に遭ったところと「まだ住めるよ」というところが出来てきて、その利害の対立が老朽化マンションより大きいのではないかという気がします。それ以上のことはよくわかりませんが…。

吉田　それで六二条の改正で建替えしやすくなって、老朽化の方はいいのですが、私が訪ねた宝塚の被災マンションの場合は住めるところであっても、石でも投げてガラスでも割ってでも、残留者（補修派）を追い出しにかかっています。以前、西原道雄先生のお宅にも行きましたが、どうしてこれ壊さなければいけないの？というものまで六二条の改正によって一緒くたに建替えできるようになって、これは業者にとってはものすごい利益になってくる。なんかそういうフリーライドという問題も出るでしょうし、どろどろした業界利益が絡んでいるのです。

太田　わたくしは、被災マンションは六一条だと漠然と考えていましたが、確かに建替えるときは六二条なのですね。そうすると、完全に駄目になった住戸と、全然被災していない住戸と、議決権の割合の計算方法が同じでよいかは問題でしょうね。

吉田　司法的な救済というのがなくなり、内部的な手続問題としてそれを尽くせばよいというように、今回の改正で改められました。しかし従来少数派（修繕派）が司法の場で争えるということにはそれなりの意義がありましたから、それを変革した人がその実態を知らない、知らずにやってしまったということはとんでもないことだと思うのですが、ちょっと今日の話題とは直接的に関係のない話になりますのでこれは措いておきましょう。そこで、もう一つの方、合意形成ができずにまとまらなかった場合のスラム化についてはいかがでしょうか？

（二）　老朽化マンションのスラム化への対処――自主再建できない場合は？

太田　そうですねぇ…。ただ貧しい人たちだけになるといいますけれども、管理責任を負うのは区分所有権者ですから、住んでいる人だけの問題とは限らないと思います。住んではいないけど、部屋だけ持っている、また持たざるを得ないという人がかなり出てくるでしょうから。いずれにしてもどうしようもないという状態が起こるのは間違いないことで、その時には、スラム化対策として国が何とかしなきゃならないかもしれないでしょうが、国がやってもあまりうまくいかないかもしれませんね。

江戸川アパートは、補助金を貰えなかったからかもしれませんが、わたくしは、補助金にもいろんなものがあるでしょうが、スラム化した場合の対策としては、あまりあてにならないことが多いのではないか、という気がします。

また、円滑化法についても、これを使わざるを得ない、つまり、ちゃんとしたデベロッパーが手を上げてくれないから、区分所有者は自分でやらざるを得ない、したがって、円滑化法を使わざるを得ないことになりますが、円滑化法も、話に聞くと、デベロッパーの協力なしでこれを使うのは大変のようです。手続が複雑だし、区分所有者が当初の計画をちょっと変えようと思っても、手続が大変のようです。たとえば、よくあることですが、新しいマンションに住戸を買うことにしたが、子供が増えたので別の住戸に変更したいという場合は、権利変換計画の変更になるわけで、総会の決議を経て、都道府県知事の承認が必要になります。それから、たとえば、平均還元率が五三％だとすると、前のマンションに五〇㎡の住戸を所有していた人が等価交換で新しいマンションに取得できるのは二七㎡ぐらいです。残りの部分はお金を出さなければならない。これを自分で出す場合には問題はないのですが、たとえば、息子が住むから息子が出すという場合には、すごく厄介になるそうです。

ただ、わたくしは、円滑化法が煩瑣な手続を規定していることを非難しているのではありません。権利変換計画はマンション建替組合の総会で五分の四以上の多数決で承認されますから、一部の組合員は、その意に反して財産を処分させられます。ですから、後ろ盾で責任を負う立場に立つ国が、と言っても実質的には地方自治体でしょうけど、不当なことが行われないようにチェックしなければならないので、手続がある程度複雑になるのはやむをえないことだとは思います。でも、デベロッパーの限定的な協力の下で自主再建がうまくゆくのかは、わたくしは、疑問に思っています。

スラム化してしまったマンションは、それはもう建替えの問題ではなく、スラム化した地域をどうするかという問題でやらざるを得ないのではないでしょうか。一番頼りになるのは、地上げ屋さんかもしれません。いずれにしても大変なことだと思います。

吉田 近い将来、立法のテンポが速いですから、現実的な改正が望まれますので、先生の実践的な諸方策が生かされるべきで、重要な提案だと思うので、早く生かされるといいのですが…。

太田 法務省で今度の区分所有法改正にかかわった方々の解説や発言を読みますと、老朽化マンションの問題は近いうちに大きな社会問題となるから、それに対処する法制度を今のうちに作るのだ、という志というか使命感というかがあまり感じられませんでした。これは、老朽化マンションの実態を、肌で分かっておられないからではないでしょうか。

国土交通省の方は実態をご存じだと思いますが、円滑化法を制定するときに、市街地再開発のアナロジーでマンション建替えを見ていたようで、これは、入ってくる情報に偏りがあったのではないか、と感じます。国土交通省の場合、意識的か無意識的か、特定の分野の専門家の意見が聞こえすぎるのではないでしょうか。その国土交通省の担当部局の方さえ、聞くところによると、円滑化法でマンション建替組合が法人化すれば建設業者が建替えを引き受けてくれますかね?と気にしていたそうです。わたくしが考えてみても、そんなことあり得ない。マンション建設は何十億円の事業ですから、れっきとしたゼネコンは、多額の前渡金でも払わないかぎり、マンション建替組合との取引には慎重になるのが当然だ、と思います。

吉田 最近の建替えをしやすくなるような立法的趨勢というのは、老朽マンションの住民の意向を反映しているのか、業界利益の反映としてそうなってきているのか、良くわからないところがあるのですが…。

太田 ただ、業界と言ってもいろいろあって、コンサルタント、デベロッパー、建設会社とでそれぞれ違うのでしょうね。

　大規模修繕でも同じ問題があると思います。マンション管理組合には修繕積立金がものすごくあるのですよ。江戸川アパートでも、団地管理組合法人を設立したときに、修繕積立金の一部を区分所有者に一度返還しましたから、たいしたことはなかったけれども、それでも七〇〇〇万円ぐらいありました。だから、理事長は怖いです。話に聞くと高層マンションでは何億円もあるそうです。だから当然それを狙う人たちがいるわけです。大規模修繕をフェアにやるのも大変ではないでしょうか。

吉田　それでは、マンション問題の専門家でもある尾崎さんどうですか。

(三)　江戸川アパートの実態、居住者の構成など —— その共同体性

尾崎一郎　私はマンションの専門家ではありませんが、マンションに関心を持っています。質問ですが、まず江戸川アパートの区分所有者の居住率はどのくらいだったのでしょうか?

太田　部屋は全部で二五〇室ぐらいです。江戸川アパートには家族部のほかに、五、六階に独身部、トイレも台所もない部屋ですね、がありました。独身部が約半数、家族部が半数です。そして、おおざっぱにいうと、三分の一が空き室、三分の一が区分所有者の居住、三分の一が賃借人の居住、といわれています。ただ、その三分の一の計算の仕方がどうなのか調べていません。といいますのは、五、六階の部屋はもちろん空き室が多かったですが、そこに住んでいる場合には、一家族四畳半一部屋に住んでいる、ということはいまどきあまりなくて、一室を所有し、他に三、四部屋借りていたり、家族部の区分所有者が独身部の室を借りていたりしていました。ですから、居住、賃貸というときに、住戸を基準として計算するのか、居住区分所有者、賃借人を基準として計算するのかで、数字が大分変わるものと思います。ただ、大雑把に言うといま言ったような感じです。

尾崎　では、理事会等の構成ですが、住民等の年齢層とか階層、年収等の状況とかもわかれば、教えてください。理

事会も通常、所有だけして居住していない区分所有者はこうした問題にあまりタッチしようとしないというように一般的に言われていると思いますが、一連の事例を伺いますと、そういった外部の人もいろいろと積極的な関心をもって関与されていたようであり、それは通常のマンションとは違うのかなと、感じたのですが…。

太田　年収はわかりませんけどね（笑）。建替えに関しては、住んでいない区分所有者が積極的になることは多いのではないでしょうか。少なくとも、江戸川アパートではそうでした。

尾崎　理事は中高年の男性が多いのでしょうか？

太田　中高年、どうかなぁ。理事は一四名で、二〇〇二年の集会の時点で、女性は四名、わたくしより年上の人が三人、同年輩が三～四人、残りが五〇代後半から六〇代半ばまででしょうか。でも、少なくとも建替えに関しては、理事になろうという人が自分の仕事が忙しいから、などといって理事会を欠席することはありません。建替えをやるときには、特に住んでいる方などは「この建替えがうまく行かなきゃ大変だ！」という気持ちがありますから…。

松村良之　先ほどの尾崎さんのご質問の中で居住者の社会階層とか年収とか微妙なことをおっしゃられていましたが、それと関連して質問させて頂くと、同潤会のアパートというのは、戦前先進的な考えの知的水準の高い層の方が入居した。その後代替わりしてどうなったかはわかりませんが。戦後、そして現在までマンションを買おうかという人々の出身階層とずいぶん違うのじゃないかなと思いますし、現在はマンション住人の社会的同質性は弱いと思います。

同潤会というと、われわれの眼で見るとやはり先進的な、特別な人が「入居した」という、そういう認識です。

太田　元々は賃貸アパートでしたから、確かに「お住みになった」人ですね（笑）。だから、確かに、少なくとも家族部には、当時もっともハイカラだった人、お金があったかはともかく少なくとも文化人だと思われていた人が、戦後、賃借していた部屋を買って住んでいたと思います。八〇年代ぐらいまでは、部屋が売りに出ると、江戸川アパートの中にいる住人が購入しました。自分たちの部屋が狭いし、江戸川アパートはいいところだと思っているから。うちも、別の部屋を買いました。ですから、このころまでは、あまり、階層の変化はなかったのではないでしょうか。

ところが、八〇年代中、後半あたりからだと思うけど、それが外部の人でなきゃ買わなくなってきた。内部の人たちは、もう「こんな古臭いよ」と思って買わなくなる…。それがもう老朽化の一番の兆候でした。そうなってきた後は、今言われた階層の問題も若干変わってきたのだと思います。先ほど申し上げたAさん、Bさん、Cさん、それぞれ、事情は違いますが、いずれも戦後の方でした。

瀬川信久　「戦後の方」とおっしゃるインプリケーションを差し支えなければお聞きしたいのですが。「戦後の方」の人間類型というか、行動様式の類型的な違いをお聞きしたいのです。

太田　わたくし自身については、父が戦時中に江戸川アパートを借り、戦後、疎開から帰ってきてここに住み始めたのですから、初めからの居住者ではありません。でも、少年時代をここで過ごしており、江戸川アパートに最初から住んでいた方々の子供と同世代で、ともに遊んだのです。そのときの仲間が、今度の建替えをした理事会の中心でした。

それに対して、先にお話しした、Aさん、Bさん、Cさんの三名は、何れも、少年時代を江戸川アパートで過ごした方々ではありません。一人は不動産業を経営していられた方で、八〇年代から江戸川アパートの部屋を三つか四つか買われました。バブル期に将来の建て替えを期待して買われたのだと思います。もう一人の方は、労働組合の活動を長くしてこられた方で、独身部の部屋を相続されたと聞いています。面倒見がよかったので、一部の区分所有者から信頼されていました。残りの一人の方は、運送業を経営していられる方で、奥さまの父君が、当初から、江戸川アパートに住んでいられたようで、区分所有権者も奥さまです。やはり、一部の区分所有者から、大変信頼されていました。

生活協同組合の役員会は、もともと、戦前から江戸川アパートに住んでいた方が中心でしたし、一九九三年以降、三名が副理事長職を退かれて以降の団地管理組合法人理事会は、少年時代を江戸川アパートで過ごした人が中心でした。ですから、Aさん等は、「あいつら、いつまでも俺たちをよそ者扱いにする」といっていられたそうです。ですから「戦後の方」という言い方は、わたくしが、無意識に使ったのですが、今のようなニュアンスのことばです。わたくしは純粋な戦前ではありませんが、少年時代の仲間だったわれわれには、どこか、Aさんらに対しては「よそ者」という感覚があり、それを向こうも敏感に感じていられたのでしょう。

三人の方は、いずれも、立派な大学を出ていられ、実務的な能力のある方々です。三人が副理事長のときに、団地管理組合法人は顧問弁護士と契約をし、苦労をして団地管理組合法人を設立し、公的機関の助言を得て建替えを進めようとされました。最後の段階でも意見対立が泥沼化しなかったのは、この方たちも、あまり、無茶なことはされなかったからだと思います。

「人間類型」若しくは「行動様式」の違いということですが、この方々のほうが、よくいえば「合理的」、悪くいえば、区分所有権の資産としての側面を重視しすぎたように思います。たとえば、少年時代を江戸川アパートで過ごした理事等は、できるだけ、江戸川アパートの生活環境を残したい、できれば、今のアパートの一部を保存したい、と考えます。それに対して、この三人は、何を馬鹿なことを言っているのだ、それより、高層マンションを建ててはどうか、と考えるのです。

尾崎　バブル期に同潤会が独特の語られ方をして、文化的な文脈でもいろいろ語られたので、かえってそこである種の付加価値がついて、あそこ（同潤会）を投資の対象としてみる人たちが出てきた…

瀬川　バブル期というと、八〇年代後半ですか?それとも八〇年代初めからでしょうか?

太田　不動産業の方が最初に買われたのは一九八六年で、その後九〇年代になってからポツポツと買って行かれました。

尾崎　今日のお話は、そういった外部からの波をある部分でうまく食い止めて、もともと同潤会という共同体がもっていたある種の文化とか共同性といったものが発揮されて、建替え成功につながったケースだと思うのですが。

太田　そうだと思いますね。先ほど理事の構成について聞かれたのですが、少なくとも理事の大部分は子供の時一緒に遊んでいるんですよ。ですから、理事会の中で、結構やりあいをしても、割れたりはしないのですね。そして、たとえば、「理事長が一〇〇〇万円もらってる」という噂を流されたことがあったのですが、みんな、そんなことあるわけないよ！といって、みんな分かるわけですよ（笑）それは、あのような争いの中ではすごく大きかったと思っています。

（四）売渡請求額は市場価値でよいか

吉田　誰が入ってくるかというのが八〇年代で…。先ほど青山の同潤会のアパートが壊されたという話を聞いて、僕なんか少しショックなのです。外国だとレトロ趣味といいますか、旧い建物を残しますよね、何かと不便はあるのでしょうけれど…。先生がお話しの中で、売り渡し請求について時価だとおっしゃったのですが、中には古臭くてもレトロ趣味の人が入ってきて、市場価値は安いかもしれないけれど使用価値は高いということがありますね。つまり、主観的な自分の価値を高く捉えていたのが、安く見られて、それで賛成した場合に比べても五割程度という話がありましたので、なんか割に合わないなと思っている人がいるのかどうかという点をお聞かせ下さい。それとやっぱり冒頭の質問とも関係するのですが、被災マンションの場合、西原先生がかつて仙台でのマンション学会でご報告なされて、活字にはならなかったですが非常にいいご報告で、売渡し請求額について市場価値とされるところも考え直すべきだということを言われたのです。この点は、類型ごとに考え直すべきなのか、それとも一律に市場価値と考える方がよいのか、についてはいかがでしょうか？

太田　わたくしは同じでなければならないと思います。そうでなければ、みんなのためと思って建替え決議に賛成した人が納まりませんよね。江戸川アパートでは、売り渡し請求の相手方になったのは全部外部に居住する人たちでした。よく時価の問題を言うときには、これは国会での質問にもあったのですけど、「経済的に困っている人が建替え決議で追い出されると困るじゃないか」といわれます。マンションによってはそういうこともおこるのかもしれませんが、江戸川アパートの場合にはそういう問題は起きませんでした。確かにおばあちゃんたちはいっぱい住んでいました。マンションとともに高齢化していましたからね。そういう方たちは、もちろん、わたしが死ぬまではこのままで、と思いますよ。ですから、そういう人たちの多くは建替え決議には反対しました。でもそういう方たちは一方では建物がこんなにひどくなっているというのがわかっているのです。だから、大部分の人が賛成するのなら仕方がないから賛成しようということになります。そして、旭化成も高齢者の方々に対してできるだけのいろいろな支援をしました。そりゃ、吉田さんの研究室じゃないですけど、長く住んでいる高齢者の部屋には荷物がいっぱいあって、その引越しの準備だけでも大変です。何年も使っていないわたくしの部屋でも荷物の整理は大変でしたから。ですから、おばあちゃんたちも嫌なことはよく分かります。そういう手助けは出来るだけするし、それから移るとなると、国とか区役所などへの手続きも大変なのですね。もちろん仮住居なんかも…。そういう点は出来るだけのサポートをしました。そのおばあちゃんたちは、建替えが終わると、ほとんど帰って来られました。そして、いまはみんなハッピーです。だから、建替え決議に最後まで反対する人たちは、弱い人だとか高齢者だというのは、そういうこともあるかもしれませんが、普通はそんなことはないと思います。

それから、いま吉田さんの言われた特に骨董的価値はどうか、という点ですが、わたくしはそんなのには反対です。最初から住んでいた人は別として、最近買ったのなら安く買っているに決まっています。そうしておいて、これはわたくしの大好きな家だからその精神的価値を認めてくれなんて、そんな馬鹿な話はないと思います。

吉田　私が念頭に置いていたのは、もちろん「金儲け」のために精神的価値を主張するという場合ではありません。八〇年代以前から居住される人たちにも使用価値を説く方はいませんか?あるいは、それ以降の入居者でも同潤会アパートに、何らかの付加価値を認める人はいませんか。

太田　いないです。

吉田　わかりました。ちょっと、西原先生とはお考えが違うようですね。

（五）　マンション建替えにおけるコミュニティの意義

松村　お聞きした同潤会アパートでは、そういう幼い頃一緒に遊んだ思い出とかがある意味でプラスの要因で働いたというのはわかるのですが、他方建替えがうまく行くかどうかということは、思い出とかそういうものとは関係なく、ある意味すべて経済的な計算だけで集まってやった方が、経済性だけで話に決着が付いて、話が早く進むのではないかと思うのですが。つまり、マンションにおけるコミュニティがあった方がいいのか、極端な話、お金だけの人達だけの方だけがいいのかという点について伺います。

太田　コミュニティがなければいけないというのではないのですが、理事・監事相互間、理事・監事と区分所有者間に一定程度の信頼がないと困ると思うのです。先ほど言いましたようにいろんなデマ情報が流されることもありますし、何千万円の価値のある不動産の処分を実質的に他人に委ねるのですから、理事・監事の人たちを一般の区分所有者が信頼してくれなければうまく行かないと思います。そのためには単に経済的な計算だけでというのは…。やはり、あの人なら大丈夫だということが必要じゃないでしょうか。

こういうことがあったのですね。独身部の小さい部屋に一人住んでいるお年寄りがいて、その方は江戸川アパートを潰されたら行くところがないというのです。それで、その方には新しいマンションで、一部屋を規約共用部分として管理組合が確保し、そこでずーと生活してもらうことにしました。でも、そのおばあちゃんにしてみれば、「ホントにそんなうまい話があるの？」と考えます。おばあちゃんにしてみれば、ともかく、明渡しを先履行しなければならないのですから、明渡した後で、新しいマンションに入れなかったらどうしようと心配するわけです。新しいマンションの住戸の管理は、新しくできるマンションの管理組合の権限ですから、われわれも、正式の契約書を取り交わすわけにはいきません。おばあちゃんにしても、口には出しませんが、「あんた、そんなこと約束できるの？」と思うのです。そのおばあちゃんとは、ずーと旭化成の方が話をしていたのですが、最後の段階で、わたくしに同席してほしいといわれ、同席しました。その方は、わたくしの子供のときを知っている方で、わたくしも、旭化成のいうことを信じてくださいい、必ず戻ってこられるようにしますから、といったことを話し、最後には、納得してもらいました。そういうときには、やっぱり、コミュニティは必要だと思います。

松村　わかりました。

（六）平均還元率五三％に関して

吉田　基礎知識の確認なのですが、さきほど平均還元率の話がありましたけれども、札幌は建築の規制が弱くて、超高層のマンションが目立つようになってきています。低層のマンションを建てるか、超高層にするかで還元率が変わってくると思うのですが…。

松村　江戸川アパートであれば、戦前から建ってるのだし、土地の広さの割には戸数が少ないわけですから、他のマンションと比べて還元率は高くなるのじゃないかという気がするのですが。

吉田　五三％っていうことが疑問なのですが…。

太田　ところが、高い建物が建てられなかったのです。建てられなかった理由は二つあって、一つは、これはどうかと思うのですが、江戸川アパートの建っている付近は、印刷屋さんとかの小さい工場がいっぱいあって、当初からあまり高級な地域ではなかったのですが、われわれの前の世代の人たちが、俺たちのような立派な人たちが住んでいるところだから（笑）と思って、止せばいいのにわざわざ区か都かに掛け合って、ここだけは第二種住居専用地域（当時）に指定させちゃったのです。それで周りは商業地域だったのにここだけ住居専用地域になってしまい、高層にできなかった。そしてもう一つは、われわれの建物の北側がもともと凸版印刷のグラウンドだったのですが、そこへマンションが建ったために、日照の問題、つまり日影規制を受けることになった。その両方で高い建物が建てられなかったのです。

吉田　仮に建てられたとしたら大きなものを建てたのですか。

太田　難しい問題ですね。高層化すれば、売却戸数が増えますから、平均還元率は高くなります。一九九一年頃、Aさんたちが副理事長だった時代に、近隣の土地も合わせて、市街地再開発事業として、高層マンションを建てる、という話がありました。そのときには、平均還元率が一四〇％だといわれたようです。実際には、近隣の土地所有者がその計画に賛成してくれる保障はありませんし、市街地再開発の指定を受けるのも難しかったとは思いますが、それとは別に、この高層マンション計画に対しては、われわれ第二世代にはネガティブな人が大分いました。今度の建替えで、仮に高層化したら還元率が一〇〇％となり、その実現の見通しが低層の場合とは変わらないということになれば、大議論になったのではないでしょうか。

吉田　その辺、以前見てきた被災した神戸の長田地区の再開発で、駅を出るとものすごく高い三〇階近くの高層ビルが林立しているのですが、等価交換で当時の住人がほとんど入れてないのですね。それまでの蕎麦屋さんとかが、ビルの中に入ることが出来なくなってしまって、仮設で営業しておられました。従来の街並み及びコミュニティが破壊されてしまったのですね。しかも、確か同一面積という意味で「等価交換」を振り回されて…。高い建物を建てるとそれだけ広がるような感じがするのですが、神戸市の場合は同一面積ということで提供しているようでして…。等価交換だとかいって…。

太田　神戸の話についてはよくわかりませんが…。等価交換というのは必ずしも還元率一〇〇％という意味ではないのですね。老朽化マンションの場合には、建物の価格は普通〇（ゼロ）と見て、土地の共有持分権を一度デベロッパーに売却し、そしてデベロッパーが新しい建物を建てて、新しいマンションに住みたい人はそのデベロッパーから買い戻す。その仕組みを等価交換というようです。

神戸の場合どうだったのか分かりませんが、等価交換をするときに、地権者が注意すべきことは、新しく建てられた建物の専有部分の選択について、デベロッパーに対して優先的な選択権を確保することです。この上で、一〇〇パーセントの平均還元率ならば、高層ビルが建てられた場合に、被災ビルの区分所有者が泣きを見ることはない筈です。

吉田　では、せっかくの機会ですので他の出席者の方から質問をお聞きしましょう。

南部孝幸　いまの平均還元率のことで少しお聞きしたいのですが…。ちょっと疑問に思った点は、五三％で単身者用があるということであれば、やっぱり住めない人も出てくるなということで…、いま規約共用部分に住まわせるという部分についてては、おそらくいろんなネゴシエーションがあったと考えられるのですが、やはりここに残るためにお金を出して買った方はいらっしゃったのでしょうか？

太田　五、六階（単身者用）の区分所有者の方ですか。

南部　そうです。

太田　そんなに数は多くはありませんが、いることはいました。五、六階には、もともと区分所有者が自分で住んでいた部屋はあまりありませんでした。空き室や貸し室が多く、貸し室も家族部に住んでいる区分所有者に貸している例が結構多かったようです。

このように、五、六階に居住している区分所有権者はもともとそれ程多くなかったのですが、これらの方々の内で江戸川アパートに戻ってきたいという方は、大体新しい住戸を購入できたようです。それは、五、六階に住んでいる区分所有者で一部屋しか所有していないという人はほとんどおられず、二部屋か三部屋所有しておられたからではないでしょうか。現在、なかなか、一部屋だけの生活では満足できませんから。そうすると、新しいところでも、比較的小さな住戸ならば、ある程度、差金を払えば、五三％でも、なんとか購入できたのではないかと思います。また旭化成の方も、小さい部屋を作って、独身部の区分所有者が優先的に購入できるようにしました。居住していなかった区分所有者の多くは、売却したものと思います。居住している区分所有者の中で、先ほど話したお一人の方だけが、どうしても新しい住戸を購入できなかったのです。初めの頃は、そのような方が数名出るのではないか、と案じていたのですが、結局、お一人だけでした。

南部　では、そうすると今でも賃貸率は結構高いんですね。
太田　最初から賃貸している方は結構多いのではないでしょうか。正確な数字は知りませんが、戻ってこられた方の半数、六〇室ぐらいは賃貸ではないでしょうか。
松村　戸数は増えたのですか？
太田　戸数は建替えで若干減っています。前は小さい部屋がいっぱいありましたから。

（七）　賃借人の立退き問題の有無

高影娥　最初に建替えの話が持ち上がって、三〇年以上経過してやっと実現したということで大変だったと思いますが、三分の一ぐらいが区分所有者でそこに住んでいて、三分の一が賃貸だということだったとすると、区分所有者は建替えの方が経済的に有利だと考えても、実際、賃借して住んでいた人にとっては引越しするのは簡単ではないから、立退きの問題はなかったでしょうか。
太田　普通はそういう問題があると考えます。われわれも借家人の立退きは大変ではないかと、心配していました。ところが、意外にスムースでした。ただ、区分所有者は当然ある程度の立退き料は払ったと思います。もめなかった理由はよくわかりませんが…。一つには借家人も、やっぱり、不便だったんじゃない（笑）。
吉田　高さん、韓国では非常に多くのマンション（韓国語では「アパーツ」）が建っていますよね。それで、韓国の場合はやはり区分所有法という同じ名前で法律があるのですか。日本には建替え決議の規定というのは最初なくて、一九八三年の改正でできるわけですが、そのあたりの韓国の事情はいかがでしょうか。
高　日本の区分所有法に該当する法律として、「集合建物の所有及び管理に関する法律」があります。内容はほぼ日本の法律と同じですが、建替え決議の規定は、一九八四年の法律制定時からありました。韓国では建替えの話がある度に借家人の立退きの問題でもめることが多いですが、今回の話では出てこなかったので質問させていただきました。

太田　立退きについては、貸借人に限らず区分所有者も一二月末でほとんど全員立ち退きました。僕もよく立ち退いてもらえたと思うのですが…。ただ、これを言うと、吉田さんはじめ民法の専門家に怒られそうなんですが、一二月末で電気・ガスを止めますと全戸に通知しました。水道はどうだったか忘れましたけど…。ともかく止めると…。わたくしもそんなことやって大丈夫かと、心配しました。顧問弁護士の方も難色を示していられました。でも、副理事長で実務の中心だった方が、絶対止めなければ、と主張され、「絶対止める。」とアナウンスしたのです。それが効いたのだと思います。そんなことはけしからんと言われるかもしれませんが、でも考えてみて下さい。一人か二人が残り、解体が遅れると、約束通り立ち退いた人がどれだけ迷惑するか。その人たちは、毎月、一〇万円以上の仮住居の賃料を払っているのですから。

吉田　今日お話聞いてやはり状況が被災マンションとは違いますね…。それでも、団体的意思決定と個人の住居権との緊張関係の問題はありますね。

太田　賃貸の問題は、今いわれた点も違いますが、そこで商売をやっている人——さっき蕎麦屋さんの話をされましたが——がいるかどうかでも状況が違ってくるでしょうね。江戸川アパートの場合は、全部、居住のための賃貸借でしたから、周りにいくらでも空いているところあるのです。ですから、少し立退き料をもらえば、移ることはそれ程大変ではなかったのではないでしょうか。

（八）　建替えがうまく行かなかった場合の実情

新堂明子　法律問題というわけではないのですが、うまくいかなった例で、中小の二社と大手デベロッパーの二社がついたとうかがったのですが…。大手の二社はなぜついて、現在どういう活動をしているのでしょうか？

太田　わたくしも詳しいことは知りませんが、多分、大手ではないデベロッパーが、区分所有者への「各戸撃破」をやった、つまり、自分たちの会に入りますという契約書を取って入会させていったのではないでしょうか。江戸川アパートの場合にも、「江戸川アパート建て替え現居住面積を守る会」では、そのような書面をとっていたようです。そうすると、入った人の間に、一応、連帯感みたいなものが生まれるのでしょうね。他方、内部がわかれていると、大手のデベロッパーは、普通やる気を失ってしまうようです。

新堂　最初はそういうことが全然わからなくてついていたのですか？

太田　「つく」というのではなくて手を上げただけのようです。建替え組合が要はコンペをやったわけです。A、B、C、Dなどがそれに応じてきたようです。

それと、これも横道の話なのですが…。旭化成は、江戸川アパートを引き受けるときにまず先生のことを調べさせていただきましたと、言っていました。だれが、区分所有者の団体のリーダーかは、デベロッパーが引き受けるときには重要なのですね。だいたい、学者というのは信用がないですからね。わたくしも、自分でやっていて、「新聞記者、医者、学者」はあまり歓迎できない取引相手だといわれていることには一理あると感じました。(笑)

新堂　現在その大手のデベロッパーは手を下ろした状態なのですか？

太田　全く手を引いているようです。いまは大手は誰も敢えて入っていこうとしていないようです。

(九)　江戸川アパートのコミュニティ・信頼関係の特異性？

曽野裕夫　太田先生のアパートで合意形成が結果的にうまく行った要因として、住民同士の信頼関係があったとか、コミュニティが残っていたという点がとくに重要だと思いました。ただ、子供の頃一緒に遊んだことのある人たちが一緒に理事をされていたとか、親の代からアパートに入って、代替わりしてまたその子供たちが住んでいるという、そういう幸運なケースは、東京では一般的なのでしょうか。また、今回建替えた建物を遠い将来また建て替えるときにそういう同じ状況が残っていると思われますか？

太田　最初のご質問からですが、わたくしは、それほど珍しいことではないと思います。と言いますのは、確かに理事・監事は子供の頃から顔見知りではありましたが、その頃から建替え当時まで、ずっと住んでいた方ばかりではないのです。理事・幹事の中で住んでいた方も六名ほどいましたが、住んでいない方の方が多かったです。わたくしもそうですし、わたくしの前の理事長のFさんも住んでいませんでした。ただ、もちろん、部屋は所有しています。ですから、今の問題は、子供の頃親が有していた区分所有権を、一〇年か二〇年経った時に売ってしまうか、ともかく売らずに持ち続けるかという問題になります。江戸川アパートの場合には、わたくしもそうでしたけど、愛着があったので、売らなかったのだと思います。でも、ほかだってそういうことが結構あるような気がしますが…。

二番目の点は、わたくしはもう手を引きましたが、何とかお互い同士のコミュニティを作ろうと、住んでいる区分所有者の人たちは一生懸命努力しています。でも、そのときに、個人情報保護法が障害になるようです。個人情報保護法にはプラスの面もあるとは思いますが、マンションにコミュニティーを作るという点では、マイナスです。新しい江戸川アパートでは、理事・監事は選挙ではなく、集会出席者の同意で選任したのですが、その候補者がどうして決まったかというと、何人かの方は、事前の公募に応じて立候補された方で、ほかの方は、集会に出席したところ、理事・監事になって頂けませんかと声を掛けられ、立候補した方です。それらの方がどういう方なのか、集会出席者は、まったく、知らなかった筈です。管理会社は全部知っている筈ですが教えません。そうすると集会で承認するにしても、どういう人か何も知らないで承認することになります。

また、これは個人情報保護法とは直接には関係ありませんが、前の江戸川アパートでは、各階段にその階段の部屋の居住者の名前を書いた札が掛けられており、各室の入口には表札が掛かっていました。今度の江戸川アパートには、どちらもありません。お互い同士がある程度知っているという前提がないとコミュニティはできないと思いますので、今日の状況は、コミュニティーの形成を難しくしているように思います。

尾崎　私の理解では、やはりこれは恵まれたケースだなと思うのです。愛着があって二代目、三代目と所有が引き継がれるというのは、環境が恵まれたマンションではまま見られる例ですが、先生もお書きになっておられるように、万博の当時大量に画一的企画で作られた大衆向けマンションの場合は、むしろ流動性が高い。先ほど、階層のことを少し伺いましたが、そういう大衆向けマンションの場合は、だいたい子供が増えて収入が多くなればそこから出て行きます。それで、次の人が買う、安くなればなるほどそれだけ収入のない経済力のない方が買って住んでいるという状況があって、そういう場合がどうなのかというのがあります。それともう一つは、先ほど還元率のところで議論が出ましたが、元よりも大きい建物が建てられるという条件があれば等価交換方式で建設できるというメリットがあると思うのですが、すでに万博時代に大きな建物を建ててしまった、いわゆる既存不適格といわれる建物がスラム化してしまった場合、それを元より小さい建物に建て直すことは本当にうまくいくのか？むしろこれから深刻なのはこうした問題がマスなレベルでどっと出てくることなのではないかと私は理解しているのですが。

太田　確かに第一の論点はご指摘の通りですね。江戸川アパートの場合はみんな地価のインフレで得をしたのですよ。あそこは元々賃貸マンションで、戦後同潤会が、経過はいろいろあったようですが、都に物納で渡すのですね。そして都が当時の賃借人に売却した。その時は、当時としてはそんなにべらぼうに安い値段ではなかったのだろうけど、昭和二六年ですから、その後の地価の高騰を考えると非常に安い値段でみんな買ったのですね。代金は割賦でしたが、今のようにローンを心配することもないわけで、出て行くときにもこれを売って買い換えなくてもすむような人が多かった。経済的にも地位がある程度揃っている人が多かったということもあったのでしょう。だから、区分所有権を手放さなくて済んだのですね。おっしゃるように、最近のように買い換える必要が出てくると状況が変わってくると思います。

それと二番目の既存不適格の問題は、確かに、おっしゃるように、建替えがうまくゆくのかという懸念はありますが…。では、放っとけばどうなるか？放っておけばもっとひどくなるのは間違いないでしょう。江戸川アパートも既存不適格でした。スラム化の一歩か二歩手前だったのではないでしょうか。何しろ、「タダ」でももらう人がいないのですから。独身部の一部屋を団地管理組合法人に贈与するからもらってくれないかと、ある区分所有者がいってきたことがありました。だって管理費を払うだけなのですから。管理組合は、もちろん、そんなものはもらえませんから、理事会は断りました。また、わたくしが理事長になる前に、管理費未納の方がいられ、その方に、払ってくださいとお話をしたことがありました。その方は、部屋を売却するといわれ、近くの不動産屋に持ち込まれましたが、結局、売れなかったようです。そういう状況になるのです。

今の尾崎さんの話を聞きますと、やっぱり何らかの国の介入といったものも必要になるのかもしれない、という気はしますが…。でもそれは最後の手段でしょうね。

（一〇）マンション寿命

吉田　最初の方でお話しされたマンションの寿命が三〇数年ということに関してですが、これはもちろんその建て方にもよるのでしょうね。しっかり建てればもっと長くもちますよね。

太田　そうですよ。江戸川アパートは七〇年ですからね。新しい江戸川アパートは、われわれは一〇〇年もたせてくれと言っていたのですが、旭化成は一〇〇年持ちますとは言いませんね。（笑）でも少なくともそれぐらいはもつようにはしているみたいですがね。寿命が三五年と言われているのは、戦後のマンションは、今まで、平均三五年ぐらいで建替えられているからです。もっと早いのは二〇何年で建替えたというのがあります。万博の頃のマンションは、わたくしは良く知りませんが、ずいぶんヒドイのもあるようですね。

南部　コンクリートがダメなんですね。

（一一）旧・新江戸川アパートの現況（戸数、面積）

曽野　建替えによって区分所有者の数（戸数）が減ったとのことでしたが、新しく（保留床を）買って入ってきた区分所有者の数はどのくらいだったのでしょうか？

太田　正確には前からの区分所有者が一二四戸、新しい区分所有者が一〇八戸です。先ほど言ったように、単身用住戸がたくさんあり、その区分所有者は、大部分、区分所有権を売ってしまいましたから、家族部の部屋の区分所有者は、八割ぐらい、戻ってきているのではないでしょうか。

曽野　前からいた人がほとんど戻ってきて多数を占めて、新しい人が少ないと、旭化成は利益にならなかったのではないかと思ったものですから。

太田　そんなことはありません。前の区分所有者が戻ってくる場合でも、前の住戸の五三パーセント程度の広さよりも、差金を払ってかなり広くした方も少なくないと思います。

吉田　これが東京での研究会でしたら、このあと直ちに現地視察に行くところなのですが…。最初、買われたときは安かったということでしたが、参考までに場所は、江戸川橋の付近のあたりですか。

太田　そうです。江戸川橋の大曲の辺り…。

吉田　大体広さは何㎡くらい。新しく出来た方で…。

太田　いろいろありますよ。前の江戸川アパートは、家族部では五三㎡から九〇㎡ぐらい、独身部では一四㎡から二四㎡ぐらいでした。新しいのは、二二㎡から一二一㎡ぐらいです。家族部に住んでいる区分所有者が、五三%の還元率でも、追加金を払わなくても、あるいは少し足せば、何とか買えるような、小さい部屋をたくさん作りました。お年寄りの方は、世帯が小さくなっていますから、それでもよいのです。おじいちゃんやおばあちゃんは自分たちが生涯住めればいいわけで、小さくなっても便利になった方がいいと考える方も少なくないのです。いままでは、エレベーターもなかったのですから。

吉田　院生の大島さんどうですか？

（一二）　建替え・修繕の対立の可能性

大島梨沙　建替えの問題について今日お話を伺ったのですが、建替えの話が出た際に、建替えをせずに壊して別なものにしてしまおうとか、このまま改修だけで何とかならないかというような他の代案との対立というのはなかったのでしょうか？

太田　それは全然なかったですね。建替えか修繕かという話については、旭化成に頼んだ今度の建替えの数年前に、一応修繕の簡単な見積もりは取りました。ライフラインを直すだけでも一〇億円かかるという話だったと思います。江戸川アパートの場合は、一号館の建物全体がちょっと傾いてたので、やっぱり、多額のお金をかけて傾いたマンションのままというのは、とみんな考えますよ。だから少なくとも修繕か建替えかという対立はなかったですね。

それと壊してしまうという話は、壊してしまうと、跡地の利用や売却について全員の合意が成立しないと共有分割ですよね。共有分割すると、みんな二坪とか三坪になるわけですから、それは誰も考えなかったのじゃないでしょうか。建替えは、壊すところまで行くことが大変なのです。

（一三）　老朽化以前のマンション建替えの余地は？

王憲麗　今日のお話は老朽化が進んで住めなくなったから建替えをするということなのですが、そうではなく土地の価格が高騰して、もっと高いマンションを建てて、お金をいっぱい儲けようと思って、壊して建替えるようなケースはないのでしょうか？

松村　要するに、まだ十分住めるけど、このマンションは戸数も少ないし、もっと高いものを建てて、自分はそこに住んで、そうすればお金も入るし、居住者も入るし、老朽化する前に建替えて、一儲けしようという、そういう発想は日本ではないのか、ということです。

太田　それはないことはないかもしれないけど…。区分所有権を持って居住している人と賃貸している人との利害が対立すると思います。区分所有権を持って居住している人にとっては、まだ立派に住めるマンションを建替えれば、将来大きな建物になるかもしれませんが、そこには、また、いろんなリスクがあります。まず、数年間、どこかに移転しなければならないし、新しいマンションが出来ても、本当に、保留床が売れて、利益が上がるかどうかもわからないし、居住環境はどうなるかも心配だしといろいろ考えるでしょう。賃貸の方でも、借地借家法の「正当の事由」ありと判断されるかどうか難しいでしょうから、建替えに賛成する人ばかりではないでしょう。そうすると、五分の四の賛成を得るのは大変だと思います。それに、人間切羽詰らないとなかなか意見が一致しないのです。（笑）みんなであぁだこうだ言ってなかなかうまく行かないのではないでしょうか。

（一四）マンション居住者におけるコミュニティ形成の道 ―― 話し合い、リーダーシップの秘訣は？

足立清人　新たな居住者が入ってきたわけですが、それはやはり若い人たちが入ってきたのでしょうか。また、昔から住んでいる方は高齢者の方ばかりなのですか？

太田　いろいろではないでしょうか。新規購入者の年齢構成は、三〇歳代三三％、四〇歳代二二％、五〇歳代二八％、六〇歳代一四％です。昔からの方の場合にも、高齢者ばかりではなく、うちみたいに子供が住んでいる例もありますから。

足立　将来的にまた建替えが問題になってくることになれば、やっぱりコミュニティが作られているかが重要になってくると思うのです。今後住んでいる人たちの中での世代間の格差というものがあって、ますます（コミュニティ形成が）難しくなってくるのではないかと思うのですが…。

太田　まぁ、建替えるにしても六〇～七〇年先でしょうから、今の年寄り達は関係なくなってしまいます。むしろ、いま住んでいる若い人たちの間で、とりわけ三～四才の子供たちを持っている親たちあるいはその子供たちがお互い同士ある程度知り合うことが出来るかどうかということではないでしょうか。わたくしはもうタッチしていませんけど、賃借人も一緒になって町内会のようなものを作って、そこでお祭りみたいなものをしようとか、屋台を出したりね、考えているみたいですけど。どの程度うまく行くかどうかわかりません。

和田美江　感想みたいなものです。私は平成二年に建てられたマンションに住んでいます。そこは四五〇世帯くらいある大きなマンションなのですが、バブルの頃だったものですから、投資目的の方もいたと思います。生活の利便性を重視して永住のための方も多いマンションです。購入当初から修繕費込みの管理費を考え、早くから修繕委員会を立ち上げています。建ってから十年目には、コンクリートが危ないとかいろいろ言われていたので、一応外壁を修繕しておこうとか、建築士の方が中心になって集まって、メンテナンス管理を進めている一方、自治会も作ってお祭りもやっていますし、通常の総会も熱心に開いてきています。しかし、四五〇世帯もあるのに年一回の総会では三〇〜四〇名しか集まらない。それでも、外壁修理の特別総会ではその倍ぐらい集まったでしょうか。ただ、そのときでも何かと黒い噂が立って、修繕金が委員会関係者の親戚業者に多くいったらしいとか、どこかと癒着していたのだろうとか、理事会が話をうまく誘導してるみたいだとかいうような声が聞こえました。おそらく三〇年後、四〇年後…いつになるかわかりませんが建替時期に迫ったとき、全部で七棟ぐらいある大所帯のマンションの話し合いをどうやって運営していくのか…不安になります。

太田　わたくしはやっぱり選挙だと思います。理事を選ぶのはね。任期を決めて選挙をすると。そして理事に立候補する人は選挙公報じゃないですけど、ある程度自分の履歴とか、こういうマンションにしたいとか表明して、そういう仕組みをなるべく早いうちから作っていくことが大事だと思います。修繕費も全くそうです。大修繕の方が建替えよりもっと難しいと思います。切羽詰ってないですからね。リーダーシップの正当性を確保するためには、ともかく選挙システムを作っておくことが大事だと思いますけどね。

王　私は北大で比較法を勉強している中国の留学生です。私も質問ではなくある感想をもっています。中国でもいま都市再開発とかが頻繁に行われていて、それに伴う様々な問題が生じています。しかし、中国では区分所有に関する法律がなく、法的レベルで日本法との会話は相当難しいと思われます。聞くところによると、マンション管理（修繕、敷地内の緑化など）にかかわる問題が起きた時には、日本とほぼ同じような状況に陥ってしまうそうです。つまり、リーダーシップを取り住民代表者となる者が、自分が推薦したい業者、あるいは決定された業者と何らかの形で繋がっていて、利益供給を受けているのでは、との「噂」が広がるようです。そして誹謗中傷の合戦が始まるのです。結局、せっかく湧き出たエネルギーが、宙に浮いてしまい、住民がバラバラになったうえに、業者の食い物にされてしまいます。そこで、以上のような状況を回避するためにも、先生がおっしゃっている選挙システムを構築し、正当性のある選挙によって代表者を選び出して業者と交渉するのに越したことはないと思います。しかし、最後に質問になりますが、選挙になったとしても、選挙に立候補するインセンティブ（動機づけ）をどのように調達、あるいは方向づけをすべきでしょうか？

太田　難しいところですね。確かにわたくしなども最初はやりたくはありませんでした。ただ、わたくしの場合、最後に理事長を引き受けた理由は、さっき言ったように前の理事長が病気で倒れたということがありますけど、やはり、もしも地上げ屋さんみたいな人にやられてしまったらどうなるかわからない、と思ったことです。どうなるかわからないということを、もう少し分析すると、一つには、江戸川アパートというものに愛着があったこと、故郷みたいなものですから。それと、自分たちの資産防衛でしょうね。

資産防衛の問題は、本当は、最初からあるのだと思います。先ほど言われた修繕費を食い物にされる、という話も別な言い方をすれば、俺たちの金を変な風に使われているということですよね。ちゃんとした修繕がされないというのも、自分たちの区分所有建物の管理をいい加減にされているという話ですからね。やっぱり、基本的には、区分所有者がみんな自分の財産を大事にするということが重要で、それともう一つは、住んでいる人にとっては、自分たちの生活を大事にすることが重要なのでしょうね。

新しい江戸川アパートでも、この間遊びに行って話を聞いてみたら、時が経ってくると、段々諍いが起こるようになるらしいです。そうすると、住んでいても楽しくなくなりますよね。みんなで一緒に住んでいるのだったら、気持ちよく住みたいと思うわけで、そういう仲良くやっていこうという気持ちが大切なのだと思います。

（一五）　江戸川アパートのマンション管理の特殊性？

吉田　ここで尾崎さんのコメントをお聞きしたいのですが、先ほど「無関心」の面を強調されていましたね。

尾崎　私の理解ですと、今回太田先生のような方が理事長になったというのは、稀有な例、恵まれたケースだと思うのです。資産防衛のために切羽詰って最後そういう風に立ち上がる人がいるというのを期待できれば、もちろんいいのですが、そううまくいかないことが多いのではないでしょうか。しかも、通常そこに至る前の段階では、あえて積極的に理事長をやるというのは、極端に言えば、一つは金や名誉目当てでそこに何か利権があると思っている人、もう一つは（これは法社会学会誌で書いたのですが）、半ば趣味化している、コミュニティ自治が生きがいのようになっているタイプの人で、いずれにしても、王さんが先ほど言われた「噂」も流れたりします。私が調べたマンションでも、ちょっとした修繕をやろうとしても、理事長がどこの業者と通じているとか、いくらもらったとかという噂が流れる。そういう形で、コミュニケーションが歪むということがまま起きています。リーダーシップが非常に大切で、誰がリーダーシップを取るかが重要だというのは、その意味ではおっしゃるとおりなのですが、まさにその点がうまくいかないことが多いのではないかと、現状では思っています。そして、それは、どういう階層の人、どういう知的レベルの人が住んでいるかとか、どういう公共性を住民が作り上げてきたかというような、偶然的要素に左右されていて、先ほど申し上げましたように、今回のマンションとは階層が違って、コミュニティ文化も十分に成立していないようなところだと、かなり混乱するのではないかと考えているのですが…。

吉田　どうしようもないですか。

尾崎　少なくとも「決め手」はないと普通は考えられているのではないでしょうか…。つまり色々な法制度の整備とか意思決定の形式的手法とか（私も以前助手論文の結論で暫定的に書いた）コンサルタントのような職業の確立とかのように、ある程度論じやすい方策についてはすでに多くのことが語られていますが、それを超えたところで、今述べた意味で社会的な決定のしくみをきちんと立ち上げていくのにはどうしたらよいかといえば、国家レベルでも住民自治レベルでも完全な「解」を見出しているわけではないと思います。まさに大量のスラム化したマンションが出てきた時にどうするか、マンション問題に関わっている人たちは二〇年以上前からいつか起こるということで問題提起していたのですが、いまだにその根本的な解決が見出せないでいるのではないかと思います。

太田　建替えの合意形成の段階では、本当にずいぶん時間を使いましたし、大変でした。でも、普通の時期の管理はそんなに時間を使うわけではないと思いますね。殊に住んでいる人たちがやっている分には、そんなに時間を使わないのだと思います。むしろ気持ちの問題なのだよね。やろうとすれば、家でテレビ視ている時間を削るぐらいで出来るのですけどね…。

尾崎　それがなかなかうまく行かないみたいで…。

太田　それがなぜかというのは確かに面白い問題ですよね。江戸川アパートの場合も、わたくしだって手をあげて理事になったのではありません。子供のときから知っている古株みたいな人が、「今度理事に推薦するからね」と電話をかけてきて、理事だけだったら仕方がないかと思って、引き受けました。話を聞いてみると、ほかの理事たちも、そのようなキッカケで理事になった方が多かったようです。そう考えてみると、ここでもコミュニティーですね。立候補にしても、通常は、立候補者が定員未満ですから、実際には、投票は行われません。ただ、最後（建替え）の決選のときは別でしたよ。そのときは「守る会」が一斉に候補者をたてましたから、本当に選挙になりました。

松村　よくわからないのですが、今のマンションは出身の社会階層（あるいは資産状態）が均質化するようにというのも一つの目的で、江戸川アパートのように大小取り混ぜるというのとは違って、売りに出ているマンションは面積が揃っていて、特に札幌あたりは、企業が手放した土地がそんなに広くないせいかもしれませんが、ワンフロア三戸かせいぜい四戸ぐらいで、高さの関係で一四階ぐらいだから、全部で三〇～四〇戸って言う感じのマンションが多いのです。そのあたりやはり人数的にコミュニティの限界を考えて、そういう規模のものが多いのでしょうか。稀に一〇〇戸を超えるマンションもあるみたいですが、札幌で売りに出てるのを見ると、最近はそんな規模ですよ。

太田　一般的に言えば、今言われた小さなマンションの方が合意形成はやり易いと思います。ただ、小さいマンションでも物凄い感情的対立が起こってしまうと、にっちもさっちも行かなくなるでしょうが。先ほど話に出ましたが、高層マンションは上と下とで階層が違うでしょ…。あれは大変だと思いますね…、将来は。大体どうやって壊したらいいかわからないし…。業者の人にあれはどうしたら壊せるのって聞いたら「知らない」って言うし…。（笑）

松村　最近東京では高層マンションが多く建って来ましたよね。

太田　あんなの困ると思いますよ。何十年か経ったら…、それこそスラム化するのじゃないかしら…。

吉田　今日は長時間大変貴重なお話をありがとうございました。先生の御講演に関して、こうして教員と助手・院生を交えて実に種々な論点が出て、大変盛り上がりましたことにも、「マンション建替えの法と実践」の問題の現実的重要性を痛感しています。有意義な講演、そして多方面からの質問に対する太田先生の実に着実・丁寧な御高論にも感銘を受けておりますが、心よりお礼申し上げます。では、先生の益々の御健勝を祈念いたして終わりとしたいと思います。（了）

（初出、北大法学論集五七巻一号（二〇〇六））

第四章　鈴木民法学の六〇年

——鈴木禄彌博士

はじめに――鈴木民法学の紹介及び趣旨説明

吉田邦彦

（一）東北大学名誉教授の鈴木禄弥先生に、今年（二〇〇四年）の五月か六月くらいでしたでしょうか、是非いらして下さいませんかとお願いしましたら、その頃はちょっと体調を悪くなさっていたのですが、夏が過ぎれば、健康も回復して来てくださると、おかけしたお電話で、まさに「ふたつ返事」で引き受けてくださいました。どうも有り難うございます。

先生のご経歴は紹介するまでもないと思いますし、今日のお話の中にも出てくると思いますが、昭和二二年（一九四七年）九月に東京帝国大学法学部を卒業されておられます。その前に学徒出陣で兵役にもついておられます。それから今日いらっしゃっている五十嵐清先生の二年先輩で同門ということで山田晟先生のもとでドイツ法研究と言うことでスタートなさいました。昭和二二年（一九四七年）一〇月から東京大学大学院特別研究生、それから昭和二四年（一九四九年）九月から大阪市立大学、それで昭和二七年（一九五二年）九月からテュービンゲン大学およびゲッティンゲン大学に留学されまして、このゲッティンゲン大学ではフランツ・ヴィーアッカー先生のもとで学ばれて、この『近世私法史』（Privatrechtsgeschichte der Neuzeit）という名著がありますけれども、その訳書として七〇〇ページ以上もの大著を著されています。昭和三五年（一九六〇年）四月に東北大学に転じられまして、昭和六二年（一九八七年）三月に退官、名誉教授となられておられます。それから昭和六二年（一九八七年）四月から東海大学法学部に勤務されまして、平成七年（一九九五年）からは同大学の名誉客員教授、平成一〇年（一九九八年）一二月からは日本学士院の会員ということでございます。

先生のご業績を紹介しだすとどれだけ時間があっても足りません。とにかく質・量ともに群を抜いている大先生だと思います。量的にもちょっと私も先生の論文集（『抵当制度の研究』（一粒社、一九六八年）、『居住権論』（新版）（有斐閣、一九八一年）（初版は、一九五九年）。そして、『物権法の研究』（一九七六年）、『借地・借家法の研究ⅠⅡ』（一九八四年）、『親族法・相続法の研究』（一九八九年）、『物的担保制度の分化』（一九九二年）（以上いずれも、創文社）、

『物的担保制度をめぐる論集』（テイハン、二〇〇〇年）などを持ってこようと思ったのですが、腕が痛くてとても全部持ってくることができませんでした。空港からの車の中でも申し上げたのですが、私が読むより早いスピードでお書きになる。おそらく『借地法』の上下の本（青林書院新社、一九七一年）あれはペラにして六五〇〇枚ということで、なかなか読破されたという人はこの部屋にもあまりいないのではないかというほどの大著でございます。

教科書も民法の全ての分野について本格的に書かれた最初の民法学者だと思います（『物権法講義』（一九六四年）、『相続法講義』（一九六八年）、『債権法講義』（一九八〇年）、『民法総則講義』（一九八四年）、『親族法講義』（一九八八年）。いずれも創文社刊。刊行年は、初版のみ記しました）。しかも、発刊された頃は、その斬新さに、いずれも学界の注目の的でして、特に物権法は昔から定評があり、私の学生の頃から今に至るまで、私がそこを話すときにはいつも教科書に指定しています（相続法も、名著なのに長く品切れで、古本屋で高い値段が付いていて、図書館でしか読むことができなかったことを懐かしく思い出します）。昨晩の夕食時に、先生は、ポリシーとして、具体的な制度から講ぜられ、民法総則などは最後にお話しになるとのことで、教科書もその順序で刊行されていったのかと、感銘をもって伺っておりました。それから、先生にはよく申し上げるのですが、版が変わるたびに叙述が変わることも多く、全ての論点について「絶えず第一線で考えておられる」のだなあと、私などとても真似ができないことと、頭が下がるのです。本日の御講演にしましても、完全原稿を作ってこられて臨んでおられるのを拝見しまして、本当に驚嘆しています。

（二）さて本日（二〇〇四年九月二九日）お越しくださるにあたり、そのテーマの原案としてこちらから二つくらいのことをお願いしました。ひとつは、先生は特色として徹底した機能主義（ファンクショナリズム）・リアリズム法学的な解釈論、しかも様々な具体的なテーマを通じてそれを実践された。というわけで、そういった解釈の方法論、あるいはその後九〇年代に利益考量論について色々議論がありましたけれども、そのあたりについてどのようにお考えなのか、ということです。鈴木先生の機能主義につきましては、おそらく学説史的には星野先生も『民法概論』のはじめのところで書いておられますように（『同Ⅱ』（良書普及会、一九七六年）三頁では、「思い切って体系を崩してあ」り、「各部分の叙述は極めて鋭く、特色があり、最高水準のもの」で、「その方法・内容とも、私〔星野博士〕としてはもっとも学ぶことも多いものであった」と記されています）、星野先生よりも鈴木先生のほうが時期的に先行しているように思われます。徹底した利益考量論・機能主義、そのあたりのバックグランドの話をして頂いてはいかがでしょうかと申し上げたのです。

もう一つは、私が最近住宅法・居住法学などをやっておりまして、そのあたりも先生のテリトリーでありますので、金融法の最近の事情なども含めて、近年の規制緩和の状況に対して長年借地借家法をはじめ不動産法の問題について研究に従事されていた先生の側からご発言いただければ、ということもお願いしたのです。先生は、つとに借地借家法を、ひろく住宅政策との一環で議論されようとした点で、単純な法教義学の枠を超えられていましたし（前記『居住権論』三三頁以下参照）、最近でも、定期借家権、短期賃貸借、サブリースなどについても、発言されているからです（各々、阿部泰隆ほか編『定期借家権』（信山社、一九九八年）三二一頁以下、鈴木ほか編『競売の法と経済学』（信山社、二〇〇一年）一頁以下、ジュリスト一一五一号（一九九九年）九〇頁以下など）。以上二つが原案でしたが、先生と連絡しあっておりますうちに、結局、テーマは、先生の御随意に自由にお話しくだされば、それが一番よいのでないかと思うようになりました。そして先日予めレジメをお送りくださいまして、先生の自分史という今日のお話のなかで全てが盛り込まれていると考えまして、とても楽しみにしているところです。

（三）鈴木先生は、私の先生の世代ということで私自身大変緊張しておりますけれども、お仕事については鈴木先生の古稀記念論文集（太田知行ほか編『民事法学の新展開』（有斐閣、一九九三年））を見れば、一覧が出ております。講義で鈴木先生の説というのは色んなところでお話をしますけれども、先ほど申し上げました機能主義という民法解釈方法論との関係で、やはり所有権の移転時期の契約法大系の論文（「特定物売買における所有権移転の時期」契約法大系Ⅱ（有斐閣、一九六二年））が筆頭にあげられましょうし（さらに、太田知行先生のお仕事（『当事者間における所有権の移転』（勁草書房、一九六三年））との関係はどうなのか、などということも関心あります）、その他物権法領域では、「占有改定と即時取得」の論点につきましても、当時既に（民事研修四一号（一九六〇年））、譲渡担保金融の実態考察を、加えておられる点で他説とはレベルが違うなあと思います。

それから例を挙げ出すときりがございませんが、私は学生のころ加藤一郎先生から家族法を習いましたけれども、相続回復請求権の論文、あれは判例タイムズでしたが（判タ三七八号（一九八〇年））、当時読んで視野が開ける思いでございました。この部屋には研究者の卵のかたも大勢いらっしゃるので、学説をどうみるかということを若干申しますと、やはりオリジナリティー、つまりどういう問題提起をしたのか、従来の議論のレベルをどう引き上げたのか、どう塗り替えたのかというかたちで学説の価値が決まってくるのです（これは当たり前のことですが、最近では先行学説をただなぞって整理するだけの風潮が強いので、念のため申しただけです。過日も平井宜雄先生と話していましたら、先行する見解のオリジナリティ・プライオリティを大事にするという、研究者として従来当たり前の礼儀が、最近はおかしくなっているとおっしゃるのです）。そして鈴木先生の場合、申すまでもなく様々な領域で議論を塗り替えていかれたように思います。そういえば、家族法領域では、親子関係につきまして、意思を重視する論文も、お書きですね（「実親子関係の存否につき、血縁という要素は絶対的なものか」民法の基礎知識（1）（有斐閣、一九六四年））。この論文なども、――先生が勤務された東北大学の家族法の大御所である中川善之助先生が血縁主義の大論客であることを考えますと――それをまさに正面から批判することを意味していて、私にとって印象的でした。

さらに言い出したらきりがないのですけれども、民法の体系を組み替える、そして新しい方式での教科書づくりということに本格的に取り組まれた（『人事法Ⅰ Ⅱ』（民法新教科書）（有斐閣、一九七五年、一九七六年）（唄先生との共著です））のも、先生だったのではないかと思います。先ほど触れました、講義の順序なども私には、れっきとした方法論の遂行だと思われます（一体、民法総則を、そうしたプリンシプルから最後に講ずるという教師がどれだけいることでしょうか）。貴重な時間でありますので、わたしのほうから二番煎じかつ不十分なことをあれこれお話しするのはこれくらいでやめにしまして、早速禄弥先生にマイクをお渡ししてお願いしたいと思います。どうぞ気楽にお話ししていただければと思います。

一　民法学者の放浪記

鈴木禄彌

一　はじめに

吉田（邦彦）教授から電話を戴いて、何十年ぶりでしょうか、この北大でお話をさせていただけることになって、感激しております。もっとも、御依頼の趣旨では、私の民法学の方法論を述べろということで、はじめは実は愕然としました。それというのが、私の業績目録を見ていただきますと、すぐおわかりですが、その中には、自分の方法論などというものを扱ったものはありませんし、それればかりでなく、方法論などというものを、私の頭の中だけででも、纏めようとしたこともありません。したがって、吉田教授からの電話でのお話も一時はおことわりしようと思いましたが、ハッと、故谷口知平[1]先生のお顔を思い出したので、吉田教授のお申出をお引き受けさせていただくことにしました。谷口先生というと、皆様が御存知なのは、京大教授だった谷口安平[2]教授のことだと思いますが、ここで登場するのは、そのお父さんの知平先生、昔、私が大阪市大に勤務していました時の民法の主任教授のことでして、この先生のおもしろいお人柄の話をし出すと、とても時間がありませんが、先生がお教え下すったことの一つに、「原稿の依頼があったら、何でも書きなはれ」――これは先生独特の関西弁です――ということでした。これは無茶苦茶な非良心的な方針のようにも見えますが、先生の御考えでは、何を勉強しても、ただ、人の書いた本を読んだだけでは本当に頭には入らない。それが自分で原稿を書いて印刷になるという事になれば覚悟ができて、必死になって読み自分の頭の中でこなす事ができる、ということでして、事実、先生は、このお言葉を御自身でも守ってこられたようです。私も、このお言葉をいつも思いうかべて、濫作などといわれていないとも限りませんが、今日まで、ほぼ完全に守ってきました。ですから本日の北大での話も、題目は少しふざけて放浪記などとしまして、なんとか、やってみようと覚悟したのです。

谷口先生の独特なところは、「何でもやりなはれ」と言われることの範囲についてですけれども、これは学問だけじゃなくて、他のこともそうだったのです。もっとも、私はよくわかりませんけれども、先生はなんにしてもそんなにお上手じゃなかったとは思うのですが、何でもおやりになりました。そういう面白い先生でございまして、ともかく、この先生にいろんな影響を受けました。

二　研究生活に入るまで

ところで、考えてみると、私は、座りなおして方法論などというものを樹立しようとした事はいまだかってありませんし、いつの間にか何となく自分の学風がある程度まとまってきたにすぎず、いわば放浪の末のことなのですから、本当は、私自身の性格のでき上りというか生い立ちというかといったものをお話ししなければならないのですが、そんな事をすると、話が何日もつづく事になってしまいます。そこで、自分なりに集約して見ますと、これまで、私は、自分の将来の道をこうしようと思って、それを進んできたというわけではなく、Aの途もBの途も行きにくいから残ったCの途を選んだという、いわゆる消去法の人生を辿ってきたようです。旧制高校の ― 理科ではなく ― 文科を、そしてそこでの文甲や文丙でなくて文乙〔第一外国語はドイツ語〕を、大学進学で経済学部ではなくて法学部を選んだのも、さらに法学部のうちで最初は政治学科に入ったのに、のちに法律学科に変わった事も、みなそうです。

そんな風にして、昭和十七年十月に大学の法学部政治学科に入りまして、まず、民法総則の末弘厳太郎[3]先生の講義を受け、その柔軟で世間にも通じやすいと思えるお話に、それまで一般人が持っていたような法律学というものの堅くて融通性のないものだという観念を改めて、民法というものに、ある程度の関心を持つようになりました（このことに関しては、あとでもう一度述べます）。二年生になってから、法律学科に転科し、我妻栄[4]先生の講義をうかがい、これから大いに民法の勉強をしようと思うに至ったのですが、そのところで、青天の霹靂ともいうべき学徒出陣という不運で、末弘先生も我妻先生もすっかり頭の中からかすんでしまいました。私は、もともとまったく兵隊に向いているとは思えませんでしたのに、軍隊に取られたのです。徴兵検査で甲種ということになれば、それはもちろん無条件に兵隊に行く。その下に乙種というのがありまして、この年までは、乙種に第一乙種、第二乙種というのがあっただけだったのです。ところがその検査のときにはじめて第三乙種というのができたのです。第三乙種というのは元の丙種、つまり不合格だったのです。そして、建前上は第三乙種も兵隊に取られる可能性があることになったのですけれども、現実には兵隊にならずにすむと思っていたのです。

そんなことで、昭和十八年十二月一日という入営の日の三日ぐらい前、つまり十一月二十八日ぐらいまで私は大丈夫だと思っていたので大学にかよっておりました。その時、いま考えてみるといじらしかったのでありますけれども、みんなが兵隊に行くのだから俺は皆のあとを埋めなければいかん、大いに勉強しようと思って、朝早くから夜かなり遅くまで大学の図書館へまいりまして、我妻（栄）先生の『近代法における債権の優越的地位』が載っている古い『法学志林』（二九巻六号、七号、九号、一〇号、三〇巻三号、五号、六号、一〇号、一一号、三一巻二号、三号、四号、六号、一〇号（一九二七〜一九二九年））を一生懸命借り出してきまして読んでいたのです。ところが、二十八日のことでありますけれども、いまでも覚えておりますが、鈴木竹雄(5)先生の商法の講義に出ておりました。そうしたら講義の真っ最中に小使いさんがやってきまして、「法律学科二年の鈴木禄弥さん、おられますか。召集令状が来ましたからすぐにお宅にお帰りください」と言う。それで私はビックリ仰天いたしましたが、どうにもならないのです。鈴木先生に「それでは行ってまいります」と言ってお辞儀して教室を出ていったのです。のちに、戦争が終わりましてから、鈴木先生に、「先生、覚えていてくれましたか」と言ったら、「全然覚えてない」と言われました。大勢の学生を相手にされているのですから、先生としては、当然の態度であられたでしょうが、私としては、ガッカリいたしました。こうして、兵隊に行かなきゃならんということになったのですが、私はそのときには私の人生の中で珍しく覚悟を決めたのです。それはどういうことかというと、それは達成できない確率が多いけれども、ともかく生きて帰ってきたい。そして帰ってきたら次の日から学生に戻りたい。そういう覚悟で行こう、ということを決めまして、そのためには忍び難きを忍び、耐え難きを耐えるという、中国の越王勾践の臥薪嘗胆を覚悟して行ったのです。それは甚だ卑怯というか当時は非国民のような考え方で、もちろんそんなことを人に言ったら大変でしたけれども、そういう覚悟をきめてまいりました。

十二月一日に、千葉県の柏に入営をいたしました。そのときには中学のときから友達だった福田平君(6)と一緒になりました。学徒出陣でありますから、あっちこっち顔を知ってるやつがたくさんおりまして、別にそんなに違和感はなかったのですけれども、最初の一年間はとにかくひどい目に遭いました。福田君は通信隊へ入りまして、それから経理になって、しかも内地に残りましたのですが、僕のほうは、その後、三重県の鈴鹿の第一航空軍教育隊というところに行きました。

やがて、訓練期間を終わると見習い士官になるわけです。「見習い士官になったらどこへ行きたいか」と上官が言うのです。私はそこがどうもずるくてよくないのですけれども、本当は内地へ残りたかったのですが、「内地に残る」なんて言うとブン殴られるのじゃないかと思いましたので、満州は以前に旅行したことがございますし、その当時はまだ満州が平和でございましたから、「北方に行く」と言ったら、本当に北方行きになりました。

見習い士官になりますときに、第一航空軍司令官という人がやってきまして、われわれに訓示を与えて、要するに「いままさにわが国は未曾有の危機に瀕しているから頑張れ」というようなことを言ったのです。当時の日本の陸軍の航空隊は四つに分かれておりまして、第一航空軍、第二航空軍、第三航空軍、第四航空軍がそれでした。その第一航空軍の司令官は陸軍中将李王垠(7)（殿下）という人でした。その訓示は非常に流暢な日本語でしたけれども、何となくうら悲しいような感じがいたしました。私にもそのときにはまだはっきりとはわからなかったのですけれども、もしかしたらあの人も俺と同じようにしいたげられながら臥薪嘗胆しているのじゃないか、というふうに感じまして、俺も頑張らなければいけないな、と心のなかで思いました。

こうして、見習い士官になり、満州へ行きました。見習い士官というのは一応将校で、しばらくは、満州におりましたが、もしずうっとおりましたら、やがてシベリアへ行かなければならないことになったはずですが、運がいいといえば運がいいのですが、二十年の六月ぐらいに北京に転属になりました。北京からさらに青島に移り、その後、青島で終戦になりまして、青島から佐世保までアメリカの上陸用舟艇に乗せられて帰ってきました。佐世保からは無蓋貨車で運ばれました。無蓋貨車というのは屋根のない貨車のことで、貨物列車でよく砂利なんか積んでいるやつで、屋根がないのです。この屋根のない砂利や泥を積む無蓋貨車に積まれて、九州を通り、それから山陽線を通り東海道線を通って東京まで帰ってきました。

その途中で、八幡のところを通りましたら、溶鉱炉の残骸が無残に聳えておりました。広島では原爆の跡を通りました。幸いにして原爆の跡は私の肉体には別に何の影響もなかったようです。貨車で運搬されるあいだに、これではもうサラリーマンになりたくても日本にはサラリーマンなんてありはしないだろうから、まあしょうがないから帰ったら学者になろうかと、考えながら帰ってきました。

それでもまあ運がよかったのです。青島にいましたから、中国派遣軍の中では二番目ぐらいに早めに復員できました。十二月三日ぐらいの夜遅くのことですが、ちょうどそのころ疎開をいたしました家族が西荻窪に住んでおりましたから、そこへまいりまして、塀をドンドンと叩いて叩き起こして帰ってきた。そして次の朝早くに私が起きて身支度をしているものですから、親父が「おまえ、どこへ行くんだ」と言うから、「これから大学へ行きます」と答えまして、本当にそのまま講義を受けに大学へ行きました。東京の向島区（現在の墨田区）で工場を経営していた親父も、それを見まして初めて、「こいつはとても俺の跡は継ぎそうもないから、好きなことをやらせたほうがいいだろう」と言いまして、そういうことで、出征のときの覚悟どおり、大学に復学しました。

帰って一番最初に聞きましたのが、川島武宜先生(8)の民法の物権法の講義でして、そのときの私の気持ちについては、前に『ジュリスト』で川島先生の思い出の特集をやりましたときに、〝川島先生の物権法論〟という文章を書きました（一〇二三号（一九九二年））。そんなことで、川島先生には物すごく強い印象を持ちまして、初めて学問なるものに接したというような感じがしました。前にも申しましたけれども、出征前には、我妻先生の〝債権の優越的地位〟を一生懸命になって読んだのですけれども、帰国直後には、それより強く川島先生に大いに傾倒し、また、川島先生のお弟子になりました渡辺洋三(9)君であるとか、唄孝一(10)君であるとか、そういう人たちと親しくしておりました。

そんなこともあって、もともと経済学が好きな友達たちと、『資本論』の読書会をやろうということになりました。それはどんな会かといいますと、私と中学のときからずうっと一緒で、後に大蔵省へ入りまして局長になりまして、やがて地方銀行の頭取から会長になった後藤達太君(11)というのがおりまして、その叔父さんが岡崎次郎(12)先生という人で、この人は、向坂逸郎(13)とか、有沢広巳(14)とかの系統を引いたいわゆる労農派の経済学者でした。この方は変わっていて、経済学者ですけれども、大学にはほとんど就職したことがない。一年か二年だけ九州大学の教養部の先生になられたことがあり、また法政大学にも一年か二年おられたことはあるのですけれども、ほとんど大学には就職しておられない。その先生のご自慢は、「経済学者はたくさんいるけれども、他のやつは大学で食っているので、本当にマルクスで食ってるやつは俺一人だ。」といっておられたのです。そうはいっても、先生には『マルクスに凭れて六〇年』という随筆風の御本以外には、何にも著書がなくて、ただ『資本論』の翻訳とかはあるのです。それだけで飯を食ってるという方でして、マルキストですが、ちっとも教条的な人じゃなかった。この読書会に参加していた者は、いずれも、やがては大蔵省やら通産省の局長やら最高裁の判事、都市銀行の重役などになりまして、学者になったのは、私一人でしたから、先生は、上述した御本のうちで、この読書会にあつまった学生たちのうちからは、一人のマルキストも育てられなかった、と嘆いておられました。でも、この人の影響で、当時は、私もウッスラピンク程度のマルキストになっていたのかもしれません。

三　研究者見習いの時代

さて、大学を卒業することになったときに、研究室へ入りたい、それも本当は、民法をやりたい、と思い、我妻先生のところへ残りたいと思ったのですけれども、我妻先生は大先生ですから、大先生のもとにいきなりたずねて行くのは何となく気が引けるので、相談に行ったのは、来栖三郎(15)助教授のところです。そうしたのは、来栖先生が、非常に話しやすいというか、親しみがありましたからです。来栖先生に、「どうでしょう」と言ったところが、来栖先生は「我妻先生のところは加藤君がいるし」、加藤君というのは加藤一郎[16]さんで、「それから幾代（通）君もいるから、あそこは駄目だろう。だからドイツ法にしておけ」とおっしゃったのです。それで、私は、「そうですか。じゃあドイツ法にしましょう」と言って、山田晟[17]先生のところへ行ったのです。あとで、よく考えてみると、ドイツ法をやるためにはまずドイツ語がよくできなければならない。まあ、ドイツ語だって読むだけなら人にそう負けはしませんけれども、ドイツ語で喋ることなんていうのは全然やったことがないですし、それに私は、大体語学というのはそんなに好きじゃないのです。けれども、そういうことを考えもしないで、「じゃあそうしましょう」というので山田先生のところへ残りたいと申し上げました。こういう結果になったのも、私がいい加減だったからなのですが、来栖先生もいい加減でありまして、あとで、私が四十ぐらいになりましてから、来栖先生にその話をして、「先生のおすすめで独法にしたんです」と言ったら、来栖先生は、「そんなこと、俺、言ったかな」と言われましたので、私は、このときも、ガッカリしました。

こうして独法の特別研究生というものになりました。特別研究生というのは、一種の大学院学生に当たるわけですけれども、大学院学生と違ってちゃんと奨学資金をくれました。この奨学資金の額は、大体助手の給料と同じぐらいでした。ところが、そこで、私にとっては、また不幸が起こったのです。当時の大学院特別研究生という制度は、ちょうどいまの大学院の制度とその点はほぼ同じで、前期二年間と後期三年間とに分かれておるのですが、問題は、定員の点でして、それまでは、特別研究生がそう沢山はいなくて、定員にかなり余裕があったものですから前期を了えて、後期になるときにも、選抜がなかったのですけれども、私が前期二年を満期になりましたときには、もう後期の定員が満杯に近くなっていましたので、選抜がなされたのです。そんなわけで、山田先生の御指示で、とも角私は「物上代位」の論文を選抜選考の資料として三ケ月間で作成させられました。今回のこの講演の下準備に、この物上代位の論文を、あらためて読んで見ましたが、学部卒業後二年足らずの者が三ケ月で作った論文にしては、まずまずにできていると思いますが、ドイツ法だけではなくて、スイス法・フランス法それに加えてイタリア法まで ― これは図書館でフランス語訳のイタリア法の文献を見つけて、苦労して読んでまとめたのですが、それをのちに民商法雑誌に載せるときには自信がなくなって、このイタリア法の部分は削除しました（「抵当権に基く物上代位制度について（一）（二完）」民商法雑誌二五巻四号、六号（一九五〇年）― 入っていましたから、ドイツ法学ではなく、良く言って比較物上代位法でしたから、独法の修士論文としては、私自身が今審査委員になったとしても、やっぱり落第にしたろうと思って、あきらめています。もっとも、この頃からドイツ法の現行法をいわばそのままで日本に紹介するだけでは、という私の思い上がった傾向が出ていたのかもしれません。このようにして、特別研究生の後期への選抜に落第しました。

そのときに後期に残りましたのが、政治学者の福田歓一君[18]と京極純一君[19]、渡辺洋三君、小島和司君[20]で、後期を撥ねられましたのが、私と国際法の小田滋君[21]、それから早川武夫君[22]というのがおりまして、神戸大学へ行って英米法をやっていた若いときから頭のツルツルッと禿げた男で、そして、ちょっと変わったのでは、日本政治思想史をやっておりまして、お祭りの研究をやって立教へ行きました神島二郎君[23]などがおりました。そういう連中が撥ねられたわけです。けれども、なあに、後期に残ったやつよりも撥ねられたやつのほうが個性があってピチピチしてるだろう、というのが私どもの負け惜しみです。

さらに、負け惜しみをいえば、私どもの論文のできがよかったか悪かったかということよりも、そのころ、東大に残しておいて助教授にできるポストがあったかどうかということがかなり影響していたのではないかとも思います。というのは、私の指導教授の山田先生はまだそのころ教授になられたばっかりでありますし、さっき言った神島君に至っては、まだ助教授の丸山（真男）[24]先生についておりましたし、早川君は英米法でありますけれども、その前に伊藤正己[25]さんが、まだ特別研究生でしたけれども、まもなく助教授になられる予定でおられました。

ただし、ずっとあとで我妻先生が私に、「いや、あのときは俺がちょうど管理職で忙しくて、君たちの面倒がみられなかった。それで鈴木竹雄君とか石井（照久）[26]君とかそういう若い人たちに全て任せていたからで、君には大変気の毒なことをした」と、これも私への慰めのためだと思うのですけれども、そう言ってくださったので、私はそれで満足し諦めております。

こうして、私は東京大学を追いだされることになりましたから、何処かの大学へ行かなければならないことになりました。そうはいっても東京の何処かに居たいと思っていたのですが、山田先生は「君が行くとしたら、北大か大阪市大しかない」とおっしゃいました。北大は旧帝大でしたから、格はよいことはわかっていましたが、私は、北海道はまだ一度も行ったことはありませんでしたし、何しろ船で津軽海峡を渡らなければならず、冬は寒いだろう。これに反して、大阪は、商人の町ですが、何度か行ったことはありますし、何よりも汽車で行けるのですから、大阪市大に決めました。こうして、特別研究生の前期を終えて大阪市立大学の専任講師になりましたのが昭和二十四年九月で、それから半年して助教授になりましたが、翌二十五年九月までの間東大の研究室に内地留学していました。それは恐らく、まだ、大阪市大で私が講義をする必要がなかったのと、東大のほうも、私を気の毒だと思ってくれたからでしょうか、共同研究室に収容してくれました。私は、その間は、まだ我妻先生の債権の優越的地位を一生懸命に読んだり、ヘーデマンとかの影響もあって、ドイツの歴史に関心を持ちながら研究を進めたりしておりまして、ラントシャフトの研究というのも書きました。これは、民法の研究からも、それからドイツ法の研究からも、少し脱線した変なものですが、「法学協会雑誌」の編集主任だった法制史の久保正幡先生[27]が、推薦してくださいまして、同誌に載せてくださいました（「ラントシャフトに関する一考察（一）（二完）」法協七〇巻四号、七一巻二号（一九五三年））。もっとも、この論文は、いま考えてみると、いいかげんなもので、論文の構成から見ても、石田文治郎先生[28]がもっと前に書かれたものとは比較になりません。ただ、この論文は、私なりには社会経済史学のような気分も混入させながら、一高時代の先生だった林健太郎先生[29]、当時は東大の文学部教授（後に東大総長）をお訪ねしてお話を伺ったりしたことも、今思えば、懐かしくも気はずかしいものです。そのほかに、当時有斐閣から続々出された綜合判例研究叢書に、

「即時取得」と「賃借権の譲渡転貸」を私としての初めての単行本として刊行させて戴きました（総合判例研究叢書・民法（6）、民法（11）（一九五七年、一九五八年））。これらは中味のできぐあいはとも角として、各事柄についての具体的な要件とそのそれぞれについての効果との関連を細かく考えるという点では、その後の私の研究の基本的傾向をなしているともいえるかもしれません。

この時期には、そればかりでなく、先の修士論文の「物上代位」を民商法雑誌に載せて戴きました（前掲論文）。また、担保法ばかりやっていたわけではなくて、登記制度の勉強を進めておりまして、比較法的研究の企画があったものですから、ドイツとスイスを私が担当いたしまして、そのほかにイギリス法は幾代通[30]さん、それからフランス法は関口晃[31]君がそれぞれ担当して、あわせて法律時報に載せました。それが、「登記制度の比較法的研究」です（「登記制度の比較法的研究――ドイツおよびスイス」法律時報二四巻三号（一九五二年））。そして、そのときには担保法と登記法との有機的、関連的なことを考えながら、幾代さんとはいろいろ勉強致しました。似たような研究というとおかしいのですけれども、幾代さんも物権法とか抵当制度とかやっておられたので、二人は何かと研究課題が競合するところがありましたが、二人で、だんだんお互いに領域を分けてゆき、登記法を幾代さんがやって、私が担保法のほうに力を入れるという結果になり、それから私が借地借家法をやっているときに、彼は不法行為をやるというふうに分かれていきまして、私に言わせると「細胞分裂」をしたのです。二人のどちらも、意識したわけではありませんけれど、恐らく、それぞれが、たとえば登記法を僕がやっても、とても幾代さんにはかないそうもないと、あるいは逆に、借地借家法は社会的な見方が問題になるから、やっぱり鈴木にやらせたほうがいいと、そういうふうに分かれる結果になったのではないかと思います。

そうこうしているうちに、ドイツへ留学するということになりました。とにかくドイツにというか、そもそも外国へ留学できるなどということは、当時、まだ昭和二十六年の終わりぐらいでしたから、全然予想もしていなかったのです。

さて、ドイツへ行くとして、なぜテュービンゲンを留学先に選んだかというと、これは谷口先生の入れ知恵でございまして、私が「先生、どうも情報が全然わからないから、どこの大学へ行ったらいいんでしょう。ベルリンが一番いいのかもしれないけれども、いまはソビエト占領地域のちょうどど真ん中ですから、どうしたらいいんでしょう」と申し上げたら、「それは是非テュービンゲンに行きなさい」とのお答えで、「どうしてですか」とうかがったら、谷口先生は昔そこに行かれたことがあるのです。そして、先生のいわれるには、ドイツの幾つもの大学の街のうちでは、テュービンゲンは爆撃を受けなかったほとんど唯一に近い町だから、第一に、行ったときに下宿がすぐみつかる、それが大事なことだといわれるのです。第二には、そういうふうに家があるからきっと偉い先生たちが来ているに違いない。だからテュービンゲンにしなさいとおっしゃったので、こちらには情報が全然ないのですから、「それじゃそうします」ということになりました。この点では、谷口先生の勘は本当によかったので、私は、行きましてすぐに泊まるところがありましたし、ＤＡＡＤの事務所もありまして、そこへ行ったら、すぐに下宿の世話をしてくれました。それに、大学にはいい先生がたくさんおられまして、民法では家族法のデレ Dölle とか、それから比較法のツヴァイゲルト Zweigert とか、その他にも法制史と法哲学をやってるシェーンフェルト Schönfeld とか、刑法のガラス Gallas などという人もおりました。それから、私が帰国した後にまもなくハンブルクへ移ってしまいましたけれども、マックスプランク・インスティテュートの比較法、国際私法の研究所がありまして、この研究所の教授たちの住む家があったからなのです。そのほかにも、まだ当時助手でしたけれども、後に非常に有名になったゼーリック Serick という譲渡担保を専門にしておられる方が助手でおりました。だから、そういう点では、私の留学は、非常に恵まれてよかったのです。

留学中は、ほとんど毎日、法学部の講義に出ておりましたが、今日若い皆さんが留学されるときの状況とは違って、もともと喋るつもりでドイツ語を習った覚えがありませんから、初めは本当に困ったのですが、実定法の講義はともかくわかる。なぜわかるかというと、言葉がわかるのじゃなくて、ああいう話が出てきたら、その次には多分こういう話が出てくるだろうと、察することができたのですから、民法の講義はほとんど全部わかったのです。ところが法哲学とか法制史とかになると、全然わからない。初めの一年間はそんなものでございました。ともかく、そうやって先生方の講義を一生懸命というほどでもありませんが、聞いておりました。

そうこうしているうちに一年間の留学の期限が切れました。日本の国立大学は、教官の留学には非常に慣れていたものですから、そこからの留学生の諸君は、留学は延期などを認めてもらって、いろいろ手続きなどをしてくれたのです。けれども、大阪市大は公立の大学で、そういう前例がなかったものですから、全然面倒を見てくれなかったばかりでなく、当時の日本は、まだアメリカの占領下でしたから、外国への送金は自由にはできず、私も両親からの資金援助などは、まったく受けられなかったのです。そんな次第で、私は、金がなくなってしまいました。そうしましたら、当時のテューービンゲンの法学部長で、民法とローマ法を両方やってるアイサー Eisser という先生が非常に親切でして、バーデン・ヴュルテンベルク州の奨学資金を取ってくれまして、そんな状況でもう一年いられることになりました。私がテューービンゲンに居る最中に日本から二人、東大の先生が来られました。一人は西洋法制史の久保正幡先生で、もう一人は行政法の田中二郎先生でした。[32] 久保先生はカトリックのバチカンからの招聘でしたし、田中二郎先生は、多分外務省だと思うのですけれども、あるいは文部省かもしれません、そういうところからのいわば派遣で来たので、どちらも当時の私から見れば非常に裕福な旅行をなさっていた方々です。

そうやって二年目はテューービンゲンに居たのですが、二年目の始まったぐらいのときに本屋でたまたまヴィーアッカーの[33]『近世私法史 Privatrechtsgeschichte der Neuzeit』という本を見つけまして、それを読み始めたのです。もちろんそう簡単に全部を読めるような本じゃないのですけれども、なかなか面白そうだったので、それじゃひとつヴィーアッカー先生につくことにしようじゃないかと思いましたが、テューービンゲンとゲッティンゲンでは、所属する州が別だという理由で、もし金がもらえなくなってしまって糧道が断たれては困りますから、正直にアイサー先生にそう言ったら、「そんなことは別にはっきり言う必要はない。言わないで行けばよろしい」とおっしゃったので、ゲッティンゲンに移りました。

ヴィーアッカー先生というのは、今から十年かそこら前に亡くなられたのですが、その時にまだ九十にはなっておられなかったですから、私がはじめて留学していたときは、そんなお年寄りじゃなかったはずですけれども、物すごい近眼で髪は真っ白。西洋人ですから金髪が簡単に白くなるのですが、私たちが見ると物すごい年寄りのように見える。それで異常にせっかちでして、いろんな話をするのに、こっちのドイツ語はまだ十分ではありませんから、先生も初めのうちは私のいうことを聞いてはくれるのですけれども、向こうの何かの質問に対して、こっちがモタモタしてたりすると、なかなか待っていてはくれないで面倒臭がる。当時は、そういう先生でした。しかし、その後に二度目、三度目に訪独しましたときには非常に友好的に、非常に親切に扱ってくださるようになりました。それは、それまでに、私が先生の近世私法史の翻訳を完成しまして（『近世私法史』（創文社、一九六一年））、先生も私のこの仕事を認めてくださったからだと思います。

このときの留学についての私の気持ちとしては、何しろ戦後初めての留学ですから、とにかくドイツの文化というか、ドイツ法を吸収してくるのが使命だと思いましたし、もう一つ、私の個人的なことを言えば、私は二年間の兵役で空白ができていますから、ここで一生懸命勉強して、あの二年間の空白を埋めなければいけない、という覚悟がありましたから、ずうっと頑張っていたのです。若かったからでしょうけれども、ともかくあの状況でも病気にもならず、何とか帰ってまいりました。

日本に帰ってからは、大阪に居を構えて、随分勉強しました。その成果の一つは、大阪市立大学の『法学叢書』の一冊でした。当時の大阪市大法学部のスタッフは、みんなわりにエネルギュシュだったのでしょうか、まず大先生の谷口さん(34)とか西原寛一さん(35)とか実方正雄さん(36)とかいう人が、そして、若いほうでも、下山瑛二君(37)、阿南成一君、小室直人君(38)、松本三之介君(39)、石本泰雄君(40)などがそれぞれのものを書かれましたから、やがて、僕も書かなければいけないことになって、執筆の終わった諸君が「何か書け。どうしても書かなければいかん。何でもいいから書け」と言うのです。しかも、谷口さんの、前にも言いましたけれども、「とにかく書けと言われたら必ず書いたほうがいい」と言う口ぐせに圧倒されて、『居住権論』（有斐閣、一九五九年）を書きました。

『居住権論』というテーマで法学叢書を書いた一つの理由は、ちょうど私が帰国してきましたときに、我妻先生がリーダーで日本全国の借地・借家の現状の実態調査が実施され、大阪の分を私が分担責任者で実態調査をやれということになり、サブには神戸大学へ来たばっかりの助教授でした西原道雄君[41]がなってくださり、その他の方々も参加をして実態調査をやったのです。この調査が非常に借家問題への私の関心を惹起させたということが原因です。

もう一つの原因は、私の全く私的なことですけれども、私が家内と一緒に住んでいたのは東住吉区の長屋だったことです。長屋と言っても、東京で言う長屋のような本当のスラムじゃないのですけれども、とにかく長屋なのですが、部屋数はそれぞれ四つか五つはあるのです。けれども、長屋は長屋で、何軒もの住居がくっついているのです。私が我妻先生に、「先生、大阪の長屋というのは、東京とは違って、必ずしもスラムばかりじゃありませんよ」と言ったら、先生が、「それじゃ見にいこう」と言って見に来られたことがあるのです。それでお見せをしたら、「なるほど、そういえばそうだな」とおっしゃったことも、一つの思い出でもあり、それがまた私を借家問題に引きつけたことでもありました。

さらにもう一つの原因は、借地・借家に関しては、そのころには実際に判例などがたくさん出てきだしておりましたから、判例評釈などはたくさんありましたが、借地・借家法というものの全体の理念を考える人は比較的少なかったので、それを私が考えてみようとしたのです。そのころすでに借家法の全体像を考えようとしたのは、私よりもちょっと若い早稲田大学の篠塚昭次君[42]でして、篠塚君はハイム・ゲダンケ Heimgedanke と言うドイツの考え方を基礎にすえよう、としていたのです。この言葉は、彼の訳によると郷里観念と言うことになるのです。私に言わせると、それは郷里観念と訳すべきじゃなくて、家庭の尊重思想ぐらいなのじゃないかと思うのですが、篠塚君によると、要するに家を借りてる借家人だって、一定のところに住んでいればそれでかれの郷里ができる。だから、その郷里からかれをむやみに追い払ってはいかん、という考え方でした。この考え方を頭から否定するわけじゃありませんけれども、それは行き過ぎではなかろうか、という気持ちが私にはありました。つまり、借家人を保護することが必要だというのはもちろんですが、他面にまた、家主の立場からいえば自分は一定の年限を限って貸すだけのことを契約したのに、借家人が一旦入居してしまうと、正当な事由がない限り出ていけということはいえず、とくに、不動産価格、あるいは物価がどんどん上がっていっても、家賃は上げられない。そういうことになると、家主の犠牲において借家人は保護されていることになり、つまり借家人を保護する一種の社会政策が家主の犠牲において行われているのじゃないかということが、私の「居住権論」のすじみちだった、ともいえます。この私の理論は、近ごろになって、政策研究大学院大学の福井秀夫教授などから妙に高く評価されて、くすぐったい感じがしています。この居住権論が大阪市大の『法学叢書』[43]になりまして、後に昭和三十五年に東北大学に移ってからすぐですけれども、それを東大にドクター論文として提出しまして、ドクターをもらいました。

その他にも、ドイツで読んできたヴィーアッカーの翻訳にこの時期に着手いたしまして、だんだんとこの翻訳を完成させました。もっとも、この時期に、近代私法史の研究は、あきらめました。これも、語学についての私の自信のなさのせいです。この領域の研究のためには、ドイツ語やフランス語のみならず、イタリア語、スペイン語やら、それてもちろんラテン語、さらに、ロシア語をはじめとするスラブ系の言葉だって、また、ギリシャ語だって、やらねばならない。そして、もし多少は、これらの言葉ができるようになったとしても、ヨーロッパの研究者の足もとにも、及ぶはずもない。そう悟ったからです。

四　東北大学時代

さて、東北大学へ移ったのは一九六〇年のことですが、その切っかけも、私の生涯の経歴のいつものとおりいい加減なもので、計画的に、こうしよう、というのではなかったのです。そのときには、ちょうど北海道大学の五十嵐清君[44]が、ドイツへ留学に行くことになり、それもまた急に決まったものですから、他の方に集中講義を頼むこともできなかったからでしょうか、私のところへ、「とにかく、集中講義で俺の講義の穴を埋めてくれ」と言う依頼が来ました。五十嵐君のためですから、断るわけにもいきませんで、講義に行くことになりましたが、この集中講義では、朝から晩までで、毎日四回ぐらいの集約的講義でしたから、最後の頃には、何を喋っているのか自分でもわからなくなってしまいました。この北大での講義の帰りみちに、仙台で途中下車して、東北大の中川善之助[45]先生をおたずねしたのが、私の東北大への転任の機縁になったのです。

このようにして、私の東北大での生活が始まりました。ここで、当時の東北大法学部の民法について申しますと、多少着任の時期は違いますが、第一講座広中俊雄[46]教授、第二講座が私、第三講座が幾代通教授と並びまして、お互いに切磋琢磨し、教えかつ教えられたのです。（但し、他の両教授が私と同じように、このように考えておられたかどうかはわかりません）。幾代さんは、私の中学・高校の一年先輩ということもあり、更には、お互いの主な専門が不動産法であることもあって、いつも議論をし、教えて戴きました。なかでも、不動産についての即時取得に関しては意見が対立し、幾代さんの不動産登記法中でも、そのことが書かれております。また、広中君からは川島先生直伝の法社会学的見方について多くをおそわり、とくに借地借家の解釈の問題については単なる債務不履行を原因とするのではなくて、賃借人の信頼関係破壊という概念で事を纏められているまとめ方には、とても私には出来ないことだと思って感服しておりました。ただ、単に信頼関係破壊と言っただけでは、要するに、契約を解約しうるという状況をいうだけのことで、現実には、どんな賃借人の行為がそれに当たるかを、詳細にきめなければならないのではないかという疑問もない訳ではありませんでした。

幾代・広中両教授は、あまり親族・相続には関心をお持ちでありませんでしたが、私は、形式的には、中川先生の民法第二講座の承継者の形になっていることもあって、やはり、この領域にも、多少は頭をつっ込まなければならないという事情もあったのです。ドイツ留学からの帰国の直後には「男女平等の西ドイツ的理解」（大阪市大法学雑誌一巻一号・二号（一九五四年））やら「各国の身分登録制度」家族問題と家族法Ⅶ（酒井書店、一九五七年）などの家族法関係の論文も若干は書きました。その後は主としては財産法の領域に執着してきましたけれど、家族法からも全く離れてしまったわけではなく、中川先生や谷口先生の御論著からは絶えずお教えをうけていました。とくに、我妻先生をライバルとしての身分法学の独立性を強調するという中川先生の気概には、大いに励まされ、また、先生の、たとえば、家のための養子――親のための養子――子のための養子といった素晴らしいスローガンにはいつも感服していましたが、私の悪い癖で、つい中川先生の揚げ足をとることに熱が入り、どうも先生の御機嫌をそこなっていた面もあったようです。この辺も、私という子が成長してくる過程にあって、中川先生という父親に対して反抗したくなった、ということだったのでしょうか。さらに家族法学については――中川先生だけでなく、一般の傾向だけなのですが――婚姻とか親子とかの成立要件ばかりが細かく扱われて、その効果をあまり論じていない点が気になっていました。それが先生の身分行為論に対する私の批判にもなりましたが、さらに具体的にあらわれましたのは『民法の基礎知識』（有斐閣、一九六四年）に載せた扶養の論文でした。また、中川先生が採用しておられた「身分法」という標題も、それが戦前の民法の規定する家族法を前提のこととしても、夫婦や親子というのも、身分というのではなくて、妻に対する夫、子に対する親という意味で、当面の特定人に対する関係を示すものであって、夫は社会一般に対しても夫といった身分に立つわけではなかったと考えられるので、妥当とは思えなかったのです。私も、あと何年生きられるかわかりませんが、とも角、このような私の身の程知らずの批判をちゃんと織り込んだ新しい体系の親族法の本を出して、中川先生への御恩返しが出来ればと思っています。

こうしているうちに、幾代・広中・鈴木という三人で『民法の基礎知識』（前出）という小さな本を出しまして、それがいささか民法学界に刺激を与えたようにも思っています。さらに、私自身は担保法や借地借家法を、そして家族法にも手を出して、よく言えば生産力豊かな、悪く言えばごちゃごちゃな研究になりました。このような結果になりました一つの原因は、講義はローテーションで民法全体を教えなければならないので、教えるためには、何しろ、自分自身が納得しなければならないということがありまして、いろんな問題に頭を入れてみなければならず、とくに私は前に述べた谷口先生のご教示にしたがって、原稿依頼は何でも引受けていたという事情もありました。

大学以外の委員としては、まず法制審議会の民法部会の委員と強制執行法部会の委員を致しました。香川保一(47)君という、高校のときの同級生で、もう辞めましたが最後には最高裁へ行った人が、当時は、法務省民事局の局付検事でして、この香川君が私のところへ来まして「民法部会の幹事にならないか」といってきました。確か私が、「いや、僕は学者だから、君の都合のいいような発言ばかりはしないかもしれないし・・・」と言ったら、「いや、そんなことは構わない」と言うから、「それじゃ、なる。ただし、僕は法制審議会を旅費つきの研究会だと思うが、それでいいか」と言ったら、香川君は「それでいい」と答えたものですから、審議会に入りました。それは本当にいわば一種の研究会でありまして、特にいろんな違う領域の、偉い先生方と議論することができました。我妻先生、川島先生、四宮和夫(48)先生、それから裁判官では、大先輩としては村松俊夫(49)さん、有名な強制執行法専門の裁判官ですが、そういう方がおられましたし、大体同年輩ぐらいの方としては、加藤一郎氏、三ケ月（章）(50)さん、星野英一(51)君、清水誠(52)君という人がおられました。法務省の人としては香川君のほかにものちにやはり最高裁に入りました貞家（克己）(53)君、その他にも宮脇（幸彦）(54)君でありますとか、浦野（雄幸）(55)君でありますとか、そういう人たちがおりました。この会は、法務省の委員会でありましても行政的な何かを決定する委員会じゃありませんで、全く研究会みたいな雰囲気で議論をしました。

県の委員としては、宮城県の土地収用委員会とか、宮城県建設工事紛争審議会というものをやり、どちらも会長もやりました。どちらの仕事も無論裁判ではありませんけれども、当事者に来てもらっていろんな事実関係を聞いたり、法律的な議論をしたりしまして裁決をするのですから、ある程度は実務のやり方や、当事者の意識というものを勉強いたしました。

それから、ほんの二・三年ですけれども司法試験の委員もいたしまして、いまでも覚えているのは、舟橋（諄一）[56]先生とか、於保（不二雄）[57]先生とか、実務家では川島一郎[58]（東京高裁長官）さんという人たちとご一緒になりまして、そういう方々にもいろんな物の考え方などを教えていただきました。

なお、三ケ月氏の新訴訟物論が出ますと、これに大いに関心をもちました。民訴法学自体はあまりよくはわからないのですが、たとえば、債務不履行か不法行為かという法性決定は、訴訟の当事者にとっては大して重要なことではなく、要するにどれだけの損害賠償がとれるか、支拂わねばならぬか、つまり「受給権」という概念こそが、ここで重要なのだという観点から、大いにこの新しい訴訟物論に共感したのです。

五　むすび

こんな風にして、約六〇年の間に、いろいろなことについて、随分沢山の書き物を出してきました。この講演のテーマに即して、それらをまとめてみますと、要するに個々の事例については、要件が完全に具備するか否か、ないしは完全な効果があるか否かということは滅多になくて、それらを構成しているいろいろな要素の有無が重要である、というのが、私の考えです。例えば、借地借家法での借家契約の解約についての正当事由の有無自体よりも、それを構成する賃料の支払とか、建物の損傷の有無とか、さらには、借家人の個々の態様のあり方が、問題であり、さらにはそれらの個々の事項について、例えば、賃料のどれ丈をどの期間滞納したか等が問題になるわけです。そして、このような見方をして正当の事由がどれ程存在するかに対応して、借家人に明渡しを請求しうるとするについても、立退料を与えるべきか、これが又、どれ程の額かということが決せられなければならないと考えます。このような考え方は、例えば、売買によって特定物の所有権が何時移るかという問題についても言えるのであり、重要なのは、いつ所有権が移るかではなくて、いつを時点として、売主ないしは買主が、どういう具体的な権限を取得し、ないしは失うかということが重要なのではないかと、考えてきました。

こういう考え方をまとめるとすると、事案の要件具備の程度を、数量化することが出来ないかな、と空想し、それに応じての効果も数量化されて、前者を横軸、後者を縦軸とする線グラフが出来ればとも空想してきました。法的効果については、今日では、殆んどの事柄を金銭的にみることが許されるでしょうから、この空想もある程度は実現できるでしょうが、要件の方は、事柄自体も多様であり、一つ一つの事柄の程度を数量的に表現することには困難が多いという難点があります。

それればかりでなしに、私自身も大学の教授としての毎年の試験の度に煩悶せしめられてきたことがあります。たとえば、六〇点及第だとすると、六〇点以上の奴《やつ》は出来る奴で、五九点以下は出来ない奴と看做されることになります。五九点の奴は可哀想だからまけてやろうということになりますと、それだったら五八点もどうするということが生じてきて、以下、問題が無限に続いていくことになります。第一、私の一点刻みの採点が本当に正確かどうかも自信ありません。この悩みを解決する一つの方法は、六〇点からのプラスマイナスの差に応じて、次の年度の留年中の月謝を低くないし高くする方法があれば、いくらか、私の気が落着くかもしれませんが、その方法は事務的に不可能に近いでしょう。このことはつまり、社会の多くの事柄について線グラフ的な解決は実際にはできず、棒グラフ的解決しかできないような場合が多いことを示しています。

今までの私の多くの研究は、主として、社会における事態というものには、相互に近似してはいても、一つはAで、もう一つはA＋△という風に微細な差異があり、これをきちんと認知することが、法学者の任務であると思って、私も一生懸命努力して参りました。しかし、社会における一つ一つの事態に正確に対応する効果を与えることこそが、本当の公平だと考えると、厳密に公平を実現することは費用と時間との関係で殆んど不可能ということになります。そこで、厳密には要件に微妙な差異△があっても、それを無視して、一定の範囲の事態を一律にAと扱って、Bという効果を与えることが、社会のやむを得ざる要請であるということもでき、どの程度の、どのような差異ならばこれを無視して捨象して扱うかを決することこそが、社会の要請への適応であり、それも法学者の任務だといえます。この微細な△を無視することが、私などに最初に民法学を教えて下すった末弘厳太郎先生のおっしゃっていた「嘘の効用」といえるかもしれません。数学において、微分と積分の双方があって、いずれも重要であるように、具体的な事案の差異を正確に認識して効果を区別して与えることも必要ですが、微細な差異はあえて無視して、一つの結果に纏めることも重要だと考えております。

最後に、吉田教授からの御注文でありますす、私の民法学の方法の由来ですが、今になって考えてみますと、私の一生のその時その時に、いろいろ感服して、私なりにその学問のやり方を採り入れさせていただいた方々は、沢山ありますが、本当に心から心服して、この人とまったく同じ方法論をとり、××宗とか××学派に入ろうと思ったことはないのです。これは私の根性が変にひねくれていたせいでしょうか、だれかをすばらしい学者だと一応感じはしても、すぐになんだか批判的になって、なんとか揚げ足をとることはできないかと思って、その方の説の欠陥を一生懸命になって、さがすというのが私の人生だったようです。ですから私の方法論というのも、なんとなく、まとまらず、矛盾に充ちている、という事にもなっているのだと思います。もし、私の考え方に部分的にせよ賛同して下さる方があるとすれば、皆様が教えをうけている北大の諸先生は、もちろん大変偉い方々ですから、そこからどんどん色々なことを吸収することは大切なのはもちろんですが、多分、どの先生の説にも、少しぐらいは欠陥もおありでしょうから、それをうまく修正して、さらに先生方を乗り越えてゆく、といった気概も大事なように思います。

（1）　谷口知平【一九〇六―一九八八】京都帝国大学法学部卒。大阪商科大学＝大阪市立大学教授、龍谷大学教授を歴任。著書に『英米契約法原理』（一九三二・有斐閣）、『日本親族法』（一九三五・弘文堂）、『不当利得の研究』（一九四九・有斐閣）、『親子法の研究』（一九五六・有斐閣）等がある。

（2）　谷口安平【一九三四―　】京都大学法学部卒。京都大学教授、帝京大学教授を経て、現在、東京経済大学教授。弁護士。著書に『倒産処理法』（一九七六・筑摩書房）、『演習破産法』（一九八四・有斐閣）、『口述民事訴訟法』（一九八七・成文堂）、『民事紛争処理』(二〇〇〇・信山社)、『民事執行・民事保全・倒産処理(上)』(二〇〇〇・信山社)等がある。

(3) 末弘厳太郎【一八八八―一九五一】東京帝国大学法科大学卒。東京帝国大学教授を歴任。著書に『債権各論』(一九一八・有斐閣)、『物権法(上巻・下巻第一分冊)』(一九二一―二二・有斐閣)、『農村法律問題』(一九二四・改造社)、『労働法研究』(一九二六・改造社)、『民法雑考』(一九三二・日本評論社)、『嘘の効用』(一九三七・改造社)、『民法雑記帳』(一九四〇・日本評論社)、『末弘著作集(Ⅰ―Ⅴ)』(一九八〇・日本評論社)等がある。

(4) 我妻栄【一八九七―一九七三】東京帝国大学法学部卒。東京(帝国)大学教授、貴族院議員、法務省特別顧問を歴任。著書に『民法講義(Ⅰ―Ⅴ4)』(一九三〇―七一・岩波書店)、『近代法における債権の優越的地位』(一九五三・有斐閣)、『親族法』(一九六一・有斐閣)、『民法研究(Ⅰ―Ⅺ補巻)』(一九六六―七九・有斐閣)等がある。

(5) 鈴木竹雄【一九〇五―一九九五】東京帝国大学法学部卒。東京(帝国)大学教授、上智大学教授を歴任。弁護士。著書に『商法』(一九五二・勁草書房)、『商法―会社法(Ⅰ―Ⅲ)』(一九五二―五三・弘文堂)、『商法―商行為・海商・保険』(一九五四・弘文堂)、『手形法・小切手法』(一九五七・有斐閣)、『商法とともに歩む』(一九七七・商事法務研究会)、『商法研究ⅠⅡ』(一九七一―八一・有斐閣)、『幾山河』(一九九三・有斐閣)等がある。

(6) 福田平【一九二三― 】東京帝国大学法学部卒。神戸大学教授、東京教育大学教授、一橋大学教授、東海大学教授を歴任。著書に『違法性の錯誤』(一九六〇・有斐閣)、『事実の錯誤と法律の錯誤』(一九六一・有斐閣)、『目的的行為論と犯罪理論』(一九六四・有斐閣)、『市民のための刑法』(一九七二・有斐閣)、『刑法解釈学の基本問題』(一九七五・有斐閣)等がある。

(7) 李王垠(李垠)【一八九七―一九七〇】朝鮮李王朝最後の皇太子。一九〇五年に皇太子となり、一〇歳のときに初代韓国統監・伊藤博文によって日本に移送された。陸軍士官学校、陸軍大学校を卒業後、軍職に就き、敗戦時は陸軍中将、軍事参議官。

(8) 川島武宜【一九〇九―一九九二】東京帝国大学法学部卒。東京(帝国)大学教授を歴任。弁護士。著書に『所有権法の理論』(一九四九・岩波書店)、『債権法総則講義第一』(一九四九・岩波書店)、『民法解釈学の諸問題』(一九四九・岩波書店)、『日本社会の家族的構成』(一九五〇・日本評論社)、『民法Ⅲ』(一九五五・有斐閣)、『民法Ⅰ総則・物権』(一九六〇・有斐閣)、『科学としての法律学』(一九五五・弘文堂)、『民法総則』(一九六五・有斐閣)、『川島武宜著作集(全一一巻)』(一九八一―八六・岩波書店)等がある。

(9) 渡辺洋三【一九二一― 】東京大学法学部卒。東京大学社会科学研究所教授、帝京大学教授を歴任。著書に『農業水利権の研究』(一九五四・東京大学出版会)、『法社会学と法解釈学』(一九五九・岩波書店)、『法というものの考え方』(一九五九・岩波書店)、『土地・建物の法律制度(上・中)』(一九六〇―六二・東京大学出版会)等がある。

(10)　唄孝一【一九二四―二〇一一】東京大学法学部卒。東京都立大学教授、北里大学教授を歴任。著書に『医事法学への歩み』(一九七〇・岩波書店)、『人事法ＩⅡ』(共著)(一九七五、一九八〇・有斐閣)、『死ひとつ』(一九八八・信山社)、『臓器移植と脳死の法的研究――イギリスの25年』(一九八八・岩波書店)、『脳死を学ぶ』(一九八九・日本評論社)、『生命維持治療の法理と論理』(一九九〇・有斐閣)、『家族法著作選集(一―三巻)』(一九九二・日本評論社)等がある。

(11)　後藤達太【一九二三―　】東京帝国大学法学部卒。大蔵省入省後、北九州財務局長、銀行局長を経て、航空貨物通関情報処理センター理事長、日本航空専務、西日本銀行会長及び頭取等を歴任。現在、西日本銀行相談役。

(12)　岡崎次郎【一九〇四―?　】東京帝国大学文学部卒、同経済学部卒。九州大学教授、法政大学教授を歴任。著書に『マルクスに凭れて六十年』(一九八三・青土社)がある。

(13)　向坂逸郎【一八九七―一九八五】東京帝国大学法学部卒。九州大学教授を歴任。著書に『地代論研究』(一九三三・改造社)、『マルクス伝』(一九六二・新潮社)、『資本論入門』(一九六七・岩波書店)、『わが資本論』(一九七二・新潮社)、『資本主義における失業の不可避性』(一九八七・社会主義協会出版局)等がある。

(14)　有沢広巳【一八九六―一九八八】東京大学経済学部卒。東京大学教授、法政大学教授、同大学総長を歴任。著書に『世界恐慌と国際政治の危機』(一九三一・改造社)、『日本工業統制論』(一九三七・有斐閣)、『戦争と経済』(一九三七・日本評論社)、『インフレーションと社会化』(一九四八・日本評論社)等がある。

(15)　来栖三郎【一九一二―一九九八】東京帝国大学法学部卒。東京大学教授を歴任。著書に『契約法』(一九七四・有斐閣)、『法とフィクション』(一九九九・東京大学出版会)等がある。

(16)　加藤一郎【一九二二―　】東京帝国大学法学部卒。東京大学教授、同大学総長、国連大学副学長、成城学園学園長を歴任。著書に『民法における論理と利益衡量』(一九七四・有斐閣)、『不法行為』(一九五七・有斐閣)、『不法行為法の研究』(一九六一・有斐閣)等がある。

(17)　山田晟【一九〇八―二〇〇三】東京帝国大学法学部卒。東京(帝国)大学教授、成蹊大学教授、愛知学院大学客員教授を歴任。著書に『ドイツ法概論(上・下)』(一九四九・有斐閣)、『近代土地所有権の成立過程』(一九五八・有信堂)、『ドイツ近代憲法史』(一九六三・東京大学出版会)等がある。

(18)　福田歓一【一九二三―　】東京帝国大学法学部卒。東京大学教授、明治学院大学学長を歴任。著書に『近代の政治思想』(一九七〇・岩波書店)、『近代政治原理成立史序説』(一九七一・岩波書店)、『現代政治と民主主義の原理』(一九七二・岩波書店)、『福田歓一著作集(全一〇巻)』(一九九八・岩波書店)等がある。

(19)　京極純一【一九二四―　】東京大学法学部卒。東京大学教授、千葉大学教授、東京女子大学学長を歴任。著書に『政治意識の分析』（一九六八・東京大学出版会）、『現代民主政と政治学』（一九六九・岩波書店）、『文明の作法』（一九七〇・中央公論社）、『日本の政治』（一九八三・東大出版会）等がある。

(20)　小嶋（小島）和司【一九二四―一九八七】東京帝国大学法学部卒。東京都立大学教授、東北大学教授を歴任。著書に『憲法概観』（一九六八・有斐閣）、『憲法学講話』（一九八二・有斐閣）、『憲法概説』（一九八七・良書普及会）等がある。

(21)　小田滋【一九二四―　】東京大学法学部卒。東北大学教授、国際司法裁判所（ＩＣＪ）判事・副所長を歴任。著書に『海洋の国際法構造』（一九五六・有信堂）、『海洋法（上）』（一九七九・有斐閣）、『海洋法二十五年』（一九八一・有斐閣）等がある。

(22)　早川武夫【一九一四―　】東京帝国大学文学部卒、同法学部卒。神戸大学教授、専修大学教授を歴任。弁護士。著書に『裁判所規則制定権の歴史』（一九五二・日本評論新社）、『英米法サロン』（一九六七・一粒社）、『アメリカ法学の展開』（一九七五・一粒社）、『アメリカ司法と計量法学』（一九七九・神戸大学研究双書刊行会）、『会議法の常識』（一九八五・商事法務研究会）等がある。

(23)　神島二郎【一九一八―一九九八】東京帝国大学法学部卒。国立国会図書館調査員、明治大学助教授、立教大学教授、立正大学教授を歴任。著書に『近代日本の精神構造』（一九六一・岩波書店）、『日本人の結婚観』（一九六四・筑摩書房）、『文明の考現学』（一九七一・東京大学出版会）、『国家目標の発見』（一九七二・中央公論社）、『常民の政治学』（一九七二・伝統と現代社　現代ジャーナリズム出版会）、『日本人の発想』（一九七五・講談社）、『政治の世界』（一九七七・朝日新聞社）等がある。

(24)　丸山真男【一九一四―一九九六】東京帝国大学法学部卒。東京大学教授を歴任。著書に『日本政治思想史研究』（一九五二・東京大学出版会）、『現代政治の思想と行動』（一九五六・未来社）、『日本の思想』（一九六一・岩波書店）、『戦中と戦後の間』（一九七六・みすず書房）、『後衛の位置から』（一九八二・未来社）、『「文明論之概略」を読む』（一九八六・岩波書店）、『忠誠と反逆』（一九九二・筑摩書房）等がある。

(25)　伊藤正己【一九一九―二〇一〇】東京帝国大学法学部卒。東京大学教授、最高裁判所判事等を歴任。著書に『言論・出版の自由』（一九五九・岩波書店）、『憲法の研究』（一九六五・有信堂）、『イギリス法研究』（一九七八・東京大学出版会）、『憲法入門』（一九六六・有斐閣）、『憲法』（一九八二・弘文堂）、『裁判官と学者の間』（一九九三・有斐閣）等がある。

(26)　石井照久【一九〇六―一九七三】東京帝国大学法学部卒。東京（帝国）大学教授、成蹊大学教授、同大学学長を歴任。著書に『普通契約約款』（一九五七・勁草書房）、『株主総会の研究』（一九五八・有斐閣）等がある。

(27)　久保正幡【一九一一―　】東京帝国大学法学部卒。東京大学教授、國学院大学教授を歴任。著書に『西洋法制史研究』（一九五二・岩波書店）がある。

(28) 石田文次郎【一八九二—一九七九】京都帝国大学法科大学卒。神戸高等商業学校教授、東北大学教授、京都大学教授を歴任。著書に『土地総有権史論』（一九二七・岩波書店）、『財産法に於ける動的理論』（一九二八・厳松堂）、『現行民法総論』（一九三〇・弘文堂）、『ギールケの団体法論』（一九三一・ロゴス書院）、『担保物権法論（上・下）』（一九三五—三六・有斐閣）、『債権総論講義』（一九三六・弘文堂）、『債権各論講義』（一九三七・弘文堂）、『民法大要（全六編）』（一九三七—三九・有斐閣）等がある。

(29) 林健太郎【一九一三—二〇〇四】東京帝国大学文学部卒。旧制一高教授、東京大学教授、同大学総長、参議院議員を歴任。著書に『近代ドイツの政治と社会』（一九五二・弘文堂）、『史学概論』（一九五三・有斐閣）、『現代社会主義の再検討』（一九五八・中央公論社）、『ワイマル共和国』（一九六三・中央公論社）等がある。

(30) 幾代通【一九二三—一九九一】東京帝国大学法学部卒。名古屋大学教授、東北大学教授、上智大学教授を歴任。著書に『不動産登記法』（一九五七・有斐閣）、『民法総則』（一九六九・青林書院新社）、『不動産登記法の研究』（一九七三・一粒社）、『不法行為』（一九七七・筑摩書房）、『登記請求権』（一九七九・有斐閣）、『不動産物権変動と登記』（一九八六・一粒社）等がある。

(31) 関口晃【一九二二—　】東京大学法学部卒。東京都立大学教授を歴任。

(32) 田中二郎【一九〇六—一九八二】東京帝国大学法学部卒。東京（帝国）大学教授、最高裁判所判事を歴任。著書に『公共企業法』（一九四〇・日本評論社）、『行政法の基本原理』（一九四九・勁草書房）、『行政行為論』（一九五四・有斐閣）、『行政争訟の法理』（一九五四・有斐閣）、『法律による行政の原理』（一九五四・酒井書店）、『行政上の損害賠償及び損失補償』（一九五四・酒井書店）、『公法と私法』（一九五五・有斐閣）、『地方制度改革の諸問題』（一九五五・有信堂）、『土地法』（一九六〇・有斐閣）、『租税法』（一九六八・有斐閣）、『司法権の限界』（一九七六・弘文堂）、『日本の司法と行政』（一九八二・有斐閣）等がある。

(33) フランツ・ヴィーアッカー（Franz Wieacker）【一九〇八—一九九四】ライプツィッヒ大学教授、フライブルク大学教授、ゲッティンゲン大学教授等を歴任。著書に Lex commissoria : Erfüllungszwang und Widerruf im römischen Kaufrecht, Berlin 1932 ; Wandlungen der Eigentumsverfassung, Hamburg 1935 ; Societas : Hausgemeinschaft und Erwerbsgesellschaft 1936 ; Bodenrecht, Hamburg 1938 ; Hausgenossenschaft und Erbeinsetzung, 1940 ; Zum System des deutschen Vermögensrechts, 1941 ; Vielfalt und Einheit der deutschen Bodenrechtswissenschaft, Stuttgart 1942 ; Das römische Recht : Wirklichkeit und Überlieferung, Leipzig 1944 ; Das römische Recht und das deutsche Rechtsbewußtsein, Leipzig 1945 ; Über das Klassische in der römischen Jurisprudenz, Tübingen 1950 ; Privatrechtsgeschichte der Neuzeit : unter besonderer Berücksichtigung der deutschen Entwicklung, Göttingen 1952 ; Das Sozialmodell der klassischen Privatrectsgesetzbücher und die Entwicklung der modernen Gesellschaft, Karlsruhe 1953 ; Zur rechtstheoretischen Präzisierung des § 242 BGB, Tübingen 1956 ; Grunder und Bewahrer : Rechtslehrer der neueren deut-

schen Privatrechtsgeschichte, Göttingen 1958 ; Die Krise der antiken Welt, Göttingen 1974 ; Einleitung, Quellenkunde, Frühzeit und Republik, München 1988等がある。

(34)　西原寛一【一八九九－一九七六】東京帝国大学法学部卒。京城大学教授、大阪商科大学＝大阪市立大学教授、関西学院大学教授、神戸学院大学教授を歴任。弁護士。著書に『経済的需要と商事判例』（一九三八・有斐閣）、『商法総則』（一九三八・日本評論社）、『手形交換法論』（一九四二・岩波書店）、『日本商法論』（一九四三・日本評論社）、『商法学』（一九五二・岩波書店）、『近代商法の成立と発展』（一九五三・岩波書店）、『会社法』（一九五七・岩波書店）、『書斎とその周辺』（一九八二・大阪市立大学法学会）等がある。

(35)　実方正雄【一九〇五－一九八七】東北帝国大学法文学部卒。大阪商科大学＝大阪市立大学教授、小樽商科大学学長を歴任。著書に『金約款論』（一九三九・有斐閣）、『国際私法概論』（一九四二・有斐閣）、『統制機構と企業形態』（一九四四・ダイヤモンド社）、『資本と会社企業』（一九四九・有斐閣）、『商法学総論』（一九五〇・有斐閣）、『新株式会社法』（一九五一・有斐閣）等がある。

(36)　下山瑛二【一九二二－】東京帝国大学法学部卒。大阪市立大学教授、東京都立大学教授、同大学総長、大東文化大学教授を歴任。著書に『国の不法行為責任の研究』（一九五八・有斐閣）、『人権の歴史と展望』（一九七二・法律文化社）、『人権と行政救済法』（一九七九・三省堂）、『健康権と国の法的責任』（一九七九・岩波書店）、『現代行政法の基礎』（一九八三・日本評論社）等がある。

(37)　阿南成一【一九二四－】東京帝国大学法学部卒。大阪市立大学教授、筑波大学教授、南山大学社会倫理研究所長を歴任。著書に『現代の法哲学』（一九六〇・有斐閣）、『法哲学』（一九七五・青林書院新社）、『安楽死』（一九七七・弘文堂）、『医の倫理』（一九八五・六法出版社）、『現代自然法論の課題』（一九九一・成文堂）等がある。

(38)　小室直人【一九一六－一九九七】東北大学法文学部卒。大阪市立大学教授、南山大学教授、名城大学教授、大阪経済法科大学客員教授を歴任。著書に『上訴制度の研究』（一九六一・有斐閣）、『民事訴訟法』（一九八七・日本評論社）、『訴訟物と既判力』（一九九九・信山社）、『上訴・再審』（一九九九・信山社）、『執行・保全・特許訴訟』（一九九九・信山社）等がある。

(39)　松本三之介【一九二六－】東京大学法学部卒。大阪市立大学助教授、東京教育大学教授、東京大学教授、駿河台大学教授を歴任。著書に『国学政治思想の研究』（一九五七・有斐閣）、『天皇制国家と政治思想』（一九六九・未来社）、『近代日本の知的状況』（一九七四・中央公論社）、『日本政治思想史概論』（一九七五・勁草書房）、『明治精神の構造』（一九九三・岩波書店）等がある。

(40)　石本泰雄【一九二四－】東京大学法学部卒。大阪市立大学教授、上智大学教授を歴任。著書に『中立制度の史的研究』（一九五八・有斐閣）、『条約と国民』（一九六〇・岩波書店）等がある。

(41)　西原道雄【一九二九－】東京大学法学部卒。神戸大学教授、近畿大学教授を歴任。弁護士。著書に『相続（上・下）』〔共著〕

（一九五六・河出書房）、『諸外国における交通事故による人身損害賠償の研究』〔共著〕（一九六六・日本国有鉄道）、『社会保障法（第五版）』（二〇〇二・有斐閣）等がある。

(42)　篠塚昭次【一九二八―　】早稲田大学法学部卒。早稲田大学教授を歴任。著書に『借地借家法の基本問題』（一九六二・日本評論新社）、『不動産法の常識（上・下）』（一九七〇―七一・日本評論社）、『土地所有権と現代』（一九七四・日本放送出版会）、『論争民法学（一―五）』（一九七〇―八一・成文堂）、『民法よみかたとしくみ』（一九八二・有斐閣）、『民法口話（一―四）』（一九八五―八九・有斐閣）等がある。

(43)　福井秀夫【一九五八―　】東京大学法学部卒。建設省、国土庁土地局、建設省都市局、住宅局市街地住宅整備室等を経て、官房会計課長補佐。その後、東京工業大学助教授、法政大学教授を経て、現在、政策研究大学院大学教授。著書に『都市再生の法と経済学』（二〇〇一・信山社）、『官の詭弁学』（二〇〇四・日本経済新聞社）等がある。

(44)　五十嵐清【一九二五―　】東京大学法学部卒。北海道大学教授、札幌大学教授を歴任。著書に『比較法入門』（一九五九・日本評論社）、『名誉とプライバシー』（一九六八・有斐閣）、『契約と事情変更』（一九六九・有斐閣）、『比較民法学の諸問題』（一九七七・一粒社）、『比較法学の歴史と理論』（一九七七・一粒社）、『法学入門』（一九七九・一粒社）、『民法と比較法』（一九八四・一粒社）、『私法入門』（一九九一・有斐閣）、『現代比較法学の諸相』（二〇〇二・信山社）、『人格権法概説』（二〇〇三・有斐閣）等がある。

(45)　中川善之助【一八九七―一九七五】東京帝国大学法学部卒。東北（帝国）大学教授、学習院大学教授、金沢大学学長を歴任。著書に『身分法の基礎理論』（一九三九・河出書房）、『身分法の総則的課題』（一九四一・岩波書店）、『親族相続判例総評（全二巻）』（一九三六―四〇・岩波書店）、『日本親族法』（一九四二・日本評論社）、『親族法（上・下）』（一九五八―六一・青林書院）等がある。

(46)　広中俊雄【一九二六―　】東京大学法学部卒。千葉大学助教授、東北大学教授、創価大学教授を歴任。著書に『契約法の研究』（一九五八・有斐閣）、『借地借家判例の研究』（一九六五・一粒社）、『民法論集』（一九七一・東京大学出版会）、『警備公安警察の研究』（一九七三・岩波書店）、『契約とその法的保護』（一九七四・創文社）、『法社会学論集』（一九七六・東京大学出版会）、『農地立法史研究（上）』（一九七七・創文社）、『民法綱要・第一巻総論（上）』（一九八九・創文社）、『広中俊雄著作集（第一巻―第八巻）』（一九九二―二〇〇四・創文社）等がある。

(47)　香川保一【一九二一―　】東京帝国大学法学部卒。東京地裁判事補、法務大臣官房長、法務省民事局長、東京高裁判事、浦和地裁所長、東京高裁部総括判事、札幌高裁長官、名古屋高裁長官、最高裁判事等を歴任。弁護士。著書に『工場及び鉱業抵当法』（一九五三・港出版合作社）、『担保』（一九五七・金融財政事情研究会）、『不動産登記論集』（一九八九・桂林書院）等がある。

(48)　四宮和夫【一九一四―一九八八】東京帝国大学法学部卒。神奈川大学教授、立教大学教授、東京大学教授、新潟大学教授、成城大学教授を歴任。著書に『信託法』（一九五八・有斐閣）、『信託の研究』（一九六五・有斐閣）、『民法総則』（一九七二・弘文堂）、『請求権競合論』（一九七八・一粒社）、『事務管理・不当利得・不法行為（上・中・下）』（一九八一―八五・青林書院）、『四宮和夫民法論文集』（一九九〇・弘文堂）等がある。

(49)　村松俊夫【一九〇二―一九八七】東北帝国大学法文学部卒。東京地裁・東京区裁予備判事、長岡区裁・新潟地裁（長岡支部）判事、宇都宮地裁・宇都宮区裁判事、東京地裁・東京区裁判事、東京民事地裁・東京刑事地裁判事、東京控訴院判事、東京民事地裁部長、司法研修所司法教官、東京地裁部長、東京高裁判事、上智大学教授等を歴任。著書に『民事裁判の研究』（一九四〇・日光書院）、『民事裁判の諸問題』（一九五三・有信堂）、『弁論主義・釈明権』（一九五五・有斐閣）、『民訴雑考』（一九五九・日本評論社）、『境界確定の訴え』（一九七二・有斐閣）等がある。

(50)　三ケ月章【一九二一―二〇一〇】東京帝国大学法学部卒。東京大学教授、法務大臣を歴任。著書に『民事訴訟法』（一九五九・有斐閣）、『民事訴訟法研究（第一巻―第一〇巻）』（一九六二―八四・有斐閣）等がある。

(51)　星野英一【一九二六―　】東京大学法学部卒。東京大学教授、千葉大学教授、放送大学教授を歴任。著書に『借地借家法』（一九六九・有斐閣）、『民法論集（第一巻―第九巻）』（一九七〇―九九・有斐閣）、『民法概論（Ⅰ―Ⅳ）』（一九七一―九四・良書普及会）、『民法のすすめ』（一九九八・岩波書店）等がある。

(52)　清水誠【一九三〇―二〇一一】東京大学法学部卒。東京都立大学教授、神奈川大学教授を歴任。著書に『時代に挑む法律学』（一九九二・日本評論社）、『法と法律家をめぐる思索』（一九九七・日本評論社）等がある。

(53)　貞家克己【一九二三―二〇〇三】東京大学法学部卒。千葉地裁・家裁判事補、法務大臣調査課付検事、法務大臣官房司法法制調査部参事官、法務省民事局参事官、法務大臣官房司法法制調査部長、法務大臣官房訟務部長、法務省訟務局長、東京高裁判事、法務省民事局長、宇都宮地裁所長、東京高裁部総括判事、横浜地裁所長、広島高裁長官、大阪高裁長官、最高裁判事、社団法人民事情報センター理事等を歴任。著書に『執行官法概説』〔共著〕（一九六九・法曹会）、『新根抵当法』〔共著〕（一九七三・金融財政事情研究会）等がある。

(54)　宮脇幸彦【一九二一―一九九四】東京帝国大学法学部卒。東京地裁・家裁判事補、長野地裁・家裁（諏訪支部）判事補、法務省民事局付検事、法務省民事局参事官、東京地裁判事、学習院大学教授を歴任。著書に『強制執行法（各論）』（一九七八・有斐閣）等がある。

(55)　浦野雄幸【一九二八―　】東京大学大学院修士課程修了。宇都宮地裁・家裁判事補、法務省民事局付検事、同参事官、東京高裁判事、横浜地裁、名古屋地裁部総括判事、松山家裁所長、東海大学教授を歴任。弁護士。著書に『新不動産登記読本』（一九六六・

商事法務研究会)、『株式会社監査制度論』(一九七〇・商事法務研究会)、『民事執行法』(一九七九・商事法務研究会)、『要点民事執行法』(一九八一・商事法務研究会) 等がある。

(56) 舟橋諄一【一九〇〇―一九九六】東京帝国大学法学部卒。九州(帝国)大学教授、法政大学教授、八幡大学教授、創価大学教授を歴任。『不動産登記法』(一九三七・日本評論社)、『民法総則』(一九五四・弘文堂)、『物権法』(一九六〇・有斐閣) 等。

(57) 於保不二雄【一九〇八―一九九六】京都帝国大学法学部卒。立命館大学助教授、京都大学教授を歴任。『家族制度論』(一九四六・有斐閣)、『民法総則講義』(一九五一・有信堂)、『財産管理権論序説』(一九五四・有信堂)、『債権総論』(一九五九・有斐閣) 等。

(58) 川島一郎【一九一七―　】東京帝国大学法学部卒。法務庁民事局参事官、大臣官房訟務部長等を経て、法務省民事局長、東京高裁判事、宇都宮地裁所長、東京高裁判事、仙台高裁長官、東京高裁長官、公安審査委員会委員長、東洋大学教授を歴任。弁護士。

討　論

（一）鈴木博士の「批判精神」「懐疑主義」

吉田邦彦（司会）　質疑・討論に移りたいと思います。大変興味深いお話で、最後のほうは論文を書く秘訣みたいなお話でございました。この点は、私の先生方の世代の論文がどうして面白いのか、ということに関係する話だと思いますし、「批判的精神を忘れるな」というメッセージは、今の時代にこそ必要であるようにも考えられるのです。先程申したように、最近は人のことを整理するだけで、なかなか自分の意見、立場を表明しない論文が多いのですけれども、それに対して私の先生の世代の頃は、違っていました。例えば、来栖先生が十数年前に札幌にこられたときにもおっしゃっていてよく覚えているのですが、論文を書く際には、「何か言ってやろうと絶えず思っていた」とのことでした（とはいえ、来栖先生のお書きになったものの含意をつかむのは難しいのですけれども）。それから、平野龍一先生の刑法の講義でも、開口一番、「疑ってかかることだ、それが勉強すると言うことなのだ」って言われました。私は民法を、最初に（民法一部で）米倉明先生に、その次に（民法二部は）平井宜雄先生に、お二方とも一番油の乗ったころに習いまして、両先生からの同様の意味での刺激というのは非常に大きかったわけです。各先生が抱かれている、既存の議論に対する疑問をぶつけてこられる講義でした。こちらはやはり知的刺激を求めて習っていたわけですので、これは痛快で、かつ非常に考え抜かれたものでした。鈴木先生にもまた後からお聞きしようかなと思いますが、米倉先生は鈴木先生と似ていると思うのです。私はアメリカにいた頃に、議論の似ている先生たちにその相互の異同をお尋ねしたこともあるのですが、向こうの人は研究上の個人主義というのが確立していますので、各論者自身の立脚点というか、基本的な社会観、方法論上の自身の立場を大事にし、またそれぞれがオリジナリティを求めて犇いているというところがあります。自分はこの点ではだれだれと似ているかもしれないけれども、自分のアイデンティティはここにあり、だれだれさんの問題点についてはこう思っていると、すぐ答えが返ってくるのです。よく言われることですが、「できる方は、好き嫌いがはっきりしている」のですね。この論文はいい、これはよくないなどと、アメリカで向こうの先生と議論しているとリアクションが返ってきて、いろいろ教えられるのです。

我々の先生の世代の民法学者の議論が何故面白かったかを考えますと、一つは、かつては日本でもアメリカ同様に、先生方それぞれが「一匹狼」で個人主義的に遣り合っていたからではないかと思います。ところが最近はどうでしょう。似たもの同士が相互に讃え合い、これに批判的議論をしようとすると煙たがられるという雰囲気、つまり、研究上の個人主義とは対蹠的な集団主義的なものがあるのですね。リベラルで自由闊達な論議とは異質な権威主義すらある感じも受けるのですが、杞憂でしょうか。ともかく学界の雰囲気が大きく変わってきたことは確かなように思います。

それからもう一つは、方法論上の問題がありますね。私どもの恩師の世代は、分野を問わず、リアリズム法学の影響が大きく、法教義学に距離を置いて機能主義的に批判分析をして、さらに他の学問分野にも開かれていた（ハートのいわゆる「外的視点」からの考察が、刺激を与えていた）。最近は状況が変わってきているわけです。平井先生の第二次法解釈論争は、基礎理論的には、哲学における「解釈的転回」などとも対応していて、認識論上の刷新を踏まえて、法的議論を位置づけるなど、教えられるところは少なくないのですが、その後の後進が進んだ道は、教授がいう「正当化のプロセス」ばかりが内向き志向で前面に出て、法教義学とか法的性質決定とか、悪くいえば概念法学がカムバックして覆い尽くすようになり、かつての利益考量論が見せた「発見のプロセス」による脱構築のおもしろさはあまり語られなくなった。この点、アメリカでは、批判法学をはじめ、リアリズム法学の遺産は根付いていると痛感しますが、わが国の昨今の様子は、事情は随分違っており、学生・助手時代に強く感じていたわが国のリアリズム法学は、こんなにもろいものだったのかという思いが強いのです。ともかくこうしたことも、近年の日本民法学の退潮の背景だと思いますし、それが最近の予備校的なマニュアル的民法教育と奇妙な形でドッキングしてしまっているのも残念なことです。そういう今だからこそ、われわれは、機能主義的な鈴木民法学の意義をもう一度考え直してみなければならないと思い、こうして先生に無理をお願いして、こういう機会を設けさせて頂いたわけです。

さて今日の鈴木先生の話に戻りますけれども、アメリカ法学の基盤をなすリアリズム法学の懐疑主義（skepticism）については、カール・ルウェリンのルール懐疑主義、それからジェローム・フランクの事実懐疑主義という形で議論がなされておりますけれども、講演の最後のほうで鈴木先生も、既存のものを勉強するにしても、それを鵜呑みにしないとおっしゃっていたのは、そこでの懐疑主義の精神に通ずるもののように思われます。そして、本当の意味での内発の方法論というのを確立するためには、日本のもの、自前のものを限りなく扱うにしても、具体的なもの、事象と絶えず向き合って、インタラクティヴに対応していなければならないということだろうと思います。そして鈴木先生はそれを実践された方なのだなとも思います。それから今日のお話の中では、明確には出てこなかったと思いますけれども、やはり意識されたのは、川島武宜先生の峻別の論理だと思うのですね。それは広中俊雄先生に受け継がれた。だから、東北大学の民法研究会の議論というのはものすごくレベルが高かったのだろうと思うのですが、それぞれ思考様式の違う方たちが、ぶつかり合って、火花が飛び散るような議論というのをなされていたからだと推測するのです。その議論をお聞きしたかったなあと非常に思うのです。私が助手になったころ、鈴木先生は私法学会で不動産登記ないし物権変動の問題とか担保制度の問題とか、第一線で丁々発止の議論をなさっておられて、そして今でも第一線で研究しておられることを本講演への姿勢から痛感しています。私が助手のころ、先生は私法学会ではるか遠くに仰ぎ見る存在だったわけでして、本当に今日こうして北大に来てくださったことに感謝しております。それでは、どなたからでもご自由に、質問してくださればと思います。ちょっと遠くの人は大きな声で、質問してくださればと思います。

(二)「所有権移転問題」の思考様式

藤原正則　先生の今日のお話を伺いまして、売買契約した際の所有権移転時期の問題なのですけれども、鈴木先生の論文は段階的に所有権が移るのだとよくネーミングされますよね。段階的に、なし崩し的に所有権が移る。それで、そのネーミングはちょっとおかしいのかなと思っていました。といいますのは、先生は移転の時期を問題にするのは馬鹿げているとおっしゃったわけで、ある具体的な問題に即して要件効果を考えておけば充分なのであって、段階的に移るという問題視角で考えたらおかしいのかと思ったのですね。ところが今日の先生のお話を伺っていますと、五〇点と六〇点の話が出てきまして、もう一つグレーゾーンがあるというような話をされました。でも、所有権移転に関してはグレーゾーンの問題ではないといえますよね。それは全然別な問題ですよね。所有権移転の時期に関して言うと、あれは要するに個別的に分解して考えれば、それでいいという、そういうことですよね。あれはグレーゾーン、近似値の問題ではないですよね。

鈴木禄彌　しかし、非常に細かい、微分積分の中ではね、非常に細かいやつが集積してやがて全部に変わるわけでしょう。だから、一と二の間には、一・〇から無限に細かい段階があるわけですね。それと同じようなものだと考えている。だから、それは勿論場合によるわけです。所有権移転の場合でも、代金支払が一番わかりやすいのですが、いくら払ったら代金支払いが済んだことになるかは、少しずつ違う。だから、勿論、そういう風に、微分的にならない場合もありますね。もっとも、引渡しについては、大体いっぺんになされるということで引渡し要件はきまるわけだけれども、しかし、引渡しだけが問題じゃなくて、代金支払いもあれば登記もある。登記だって、仮登記をするときもあれば、そういういろんなものがありますね。それから、引渡しだって、占有改定みたいなことをやる時だってある。そういう風にいろんな状況があって物が移っていく。全部そろったときにこれは所有権が移ったということは誰も文句は言わない。何も動き始めないときには所有権はまったく移らないということにも文句は言わない。だけれど、中間の時点では微妙に事態が動いていくのではないですか。

藤原　ああ、わかりました。そうだとすると、なし崩し的にという風にネーミングしてもおかしくはないってことですか。いや、私は要するに、所有権がいつ移るかという議論をすること自体が、仮象問題で馬鹿げているという風におっしゃることに先生のお説の力点があるのかと思っていたのですけれども、必ずしもそういうわけではないって言うことですね。

鈴木　最終的には全部が移ったということにまで反対する必要はないでしょう。全部が移っているのなら、所有権は最後には移ると考える。しかし、全然動き出さないときは、所有権は移っていない。要するに微分的に少しずつ動いていくと。そういう風に言ってはいけないですかね。

藤原　いえ、先生のおっしゃるとおりだと私は思っているのですけれども、ただ、先生の主張の力点が、どっちなのかな、というのがよくわからなかったので、「なし崩し」というよりも「問題にする必要がない」というほうに力点があると思っていたものですけど。ですから、それをお伺いしたかっただけで、それ以上ではありません。

鈴木　事物の変化というものは、例えば、生と死なんていうのも同じことで、生や死が無いなんて言うのはおかしい。だからいつか人間は死ぬということもいいし、生きていたということもいいけれども、だけど、その真ん中のところでは何ともいえないといえば、それでいいでしょう。

藤原　はい、先生のおっしゃっていることはいわゆる類型的な判断というやつで、先生はいろんなところでそういうことおっしゃっていますよね。それから、物権と債権との区別に関することでもそうですし、不当利得の効果論のところでも「過責の衡量」とおっしゃっていますよね。だから、先生は先ほどの民法学の方法論とか言うことについて、自分で意識してしゃべったことは無い、書いたことはないとおっしゃっていましたけれども、それはおそらく先生の思考様式の特徴ですよね、きっと。わかりました、ありがとうございました。

（三） 峻別論理の捉え方

吉田　先ほどちょっと僕がお聞きしましたことですが、アメリカですと、クリスタルルールとマドルール、ルールとスタンダードの思考様式の違いというのがありましてですね、非常に明晰なルールを出したがるタイプの法学者か、それとも多くのファクターの考量で曖昧なスタンダードで出すか、そういうルール vs スタンダードというタイプの議論があるわけですね。アメリカの判例、例えば所有権を収用するということについて多くの判決があって、それは所有理論の一番のホットなトピックの一つであるわけですけれども、保守的なアメリカ最高裁の裁判官はルールにしたがってバサッとやるというのに対して、もっときめ細かに、段階化して、ファクターに分析して、スタンダード的に攻めていったほうが良いのではないかという議論があるわけです。それで、鈴木先生の議論は、昔のブレナン判事などのスタンダード的な基準を出したというようなことに対応しているのではないかと思うのですね。しかし、一九九〇年ごろに平井教授が利益考量批判をなさった眼目の一つは、ある事象がその命題に入るか入らないかということが、クリアにわかる法命題がというのが、より優れた法命題で、そういうような議論をしなければいけないというところにあったように受け止められます。そしてそれによりますと、例えば、信頼関係破壊理論の基準に関して、広中先生のザッハリッヒかペルゼンリッヒか、というような議論というのは、学界では少数説にとどまりはしたけれども（もっとも、広中先生は、ウェーバーの法社会学的な基礎理論を背後に据えて論じられたわけですから、このような解釈論の結論だけで「少数説」と整理されることには、ご不満でしょう。多分、この説を反批判する側にも基礎理論を期待しておられたように思われますが、この問題にはこれ以上立ち入りません）、平井先生の基準にかかると、広中説はクリアな法律論で、反論可能性がはっきりしているという意味で、良い法解釈論と言うことにもなったりもするわけです。そういった近時の利益考量論批判の動きというものに対して、先生がどう見ておられるかということもお聞きしたいのです。

それから、先程お聞きしてリスポンスが無かったのですけれども、川島先生の峻別論理に対して、鈴木先生は意識しながら、いやそう簡単にはいかないのではないか、all or nothing ではないのではないかという問題意識が、鈴木民法学の基調にあると理解してよろしいですか。例えば、過失相殺とかですね、あのような法解釈思考様式を先生は好まれるのではないか、また別の例として、表見代理だけで、all or nothing 式に解決するのではなくて、金銭的な損害賠償を含めたような中間的な処理のほうを志向されますかというようなことです。東北大学で、広中先生と鈴木先生が火花を散らして議論をなさって、そこからアウフヘーベンされて、どういうような議論になっていったのか、それとも、やはり、そちらはそちら、こちらはこちらという感じで、平行線で議論が流れていったのか、その辺のちょっと細部のところでもお聞かせいただければ、と思うのですが。

鈴木　別にそういう形で広中君と議論をした結論なのではなくて、私固有の考え方に基づいての考えです。だって、それは二つの考え方があるのではなくて、事態が違うのではないですか。私は、なるべくならば微分的な考え方をしたいわけです。できるなら全てすべきだけれども、世の中には出来ないものがたくさんある。例を挙げると、例えば自動車が僕らのすぐそばを通り過ぎて行ったって、私にぶつからなければ法的にはなんでもないのですね。もし、私にぶつかると、それは、傷害の問題になったり、傷害罪になったり、不法行為になったりするわけです。しかし、そうかといって、今のような事態で、自動車で私とすれ違っただけのやつは、これを懲役にはしないけれども、禁錮くらいはしておけという議論は現実には出来ない。本当は私とすれ違ったような運転をしたようなやつは、軽い意味の処罰はすべきだけれど、そうすることは社会的に能率的ではないわけでしょう。だから、しないのではないのですか。だから、峻別の理論というのは、何も川島先生に僕は反対をしているのではなくて、無いものは無いのですから、そういう事態は犯罪でも無ければ不法行為でもない。しかし、無限に不法行為に近いような、犯罪に近いような場合だってあるわけです。だけれどもその効果というものを、無限に犯罪に近いものとして解決することは社会にとって不合理なんじゃないですか。そういうやつをみんな処罰にし、不法行為にすれば、本当はいいのかもしれないけれども、出来ないのですね。それは学説の問題ではないのです。私はなんとなく峻別の理論が気に入らないわけだけれども、では、峻別の理論はあっさりやめてさっき私が申し上げたような、線グラフのようなものにできるかというとそれも、現実の社会では出来ないのです。

瀬川信久　少し話が離れてしまうかも知れませんが、よろしいでしょうか。北大の理学部の長田義仁先生が、生体高分子やナノの研究をなさっていますが、北大の広報誌に「ゲル」の話を書いていらっしゃいました（Littera Populi Vol.16, p. 3)。ゲルというのは例えばコンニャクですが、コンニャクは力をいれていくと、あるところまではへこんで元へ戻る。ところが、ある程度以上押すとバシッと割れてしまい、元に戻らないで別のものになってしまう。それがゲルの状態ですね。ゾルというのは、何ていうか、シャーベットみたいに溶けている状態ですね。それで、長田先生がおっしゃるには、生命というのはすべてゲルだとのことです。今までの物理学は液体か気体か固体かの物理学で、ずいぶん蓄積があるけれども、ゾルやゲルの物理学というのはまだ蓄積が無くて、そこに自分は関心を持ったということをおっしゃっていました。この話を読んで、法概念や法律学もゲルと同じだと思ったのです。それは多分、人間の脳と社会の作られ方が、やっぱり生命というものが持っている共通の構造というか性格を持っているからではないかと思うのです。

それで、先ほどの先生のお話に戻りますと、確かに、脇を通ったときに不法行為になるかどうかという問題で、権利侵害や損害がないので不法行為にはならない。しかしもっと微妙な例を出しますと、他人の持っている山奥の原野を trespass しても不法行為にはなりませんが、しかし、他人の駐車場に自動車を置いたら、がら空きであっても、やはり損害はあると見るだろうと。損害というものを規範的に考えて、不法行為を認めるだろうと思います。それでは、同じ空き地でももっと中間地の空き地だったらどうか。やっぱりこうして微分の問題になります。しかし、どこかで線を引く必要がありますね。では、なぜ線を引くことが必要なのか、という問題になるのかなと思うのですが、何かそのあたりについて先生のお考えを教えていただければ幸いです。

鈴木　衡平という問題をどういう風に考えるのでしょうか。例えば、今のは、人の駐車場に車を勝手に置いたという場合のことで、その場合には、不法行為かそうでないかを明らかにして、金を取れるのか取れないのかをはっきり決めなければならないのでしょうか。

瀬川　要するに、損害というのを、やはり概念的に、どこかに線を作らなければいけないということですね。

鈴木　だって、ゼロに無限に近い損害もあるわけですからね。だから、その意味では、僕は、無限にゼロに近い場合はゼロで処理できるのならそれでよいと思います。ただ、それは、あまりにも計算が面倒くさいから計算をしないだけなのです。いろんなことが金銭問題になれば、かなりのところまで適当に解決が出来る。そう思うのですよ。ただ、特定物債権の場合をどうするかという問題ですが、その点さえ処理できるならば、全部金銭にしてしまえばよい。英米法では、ある物を引き渡すなんてことはしなくても、金銭さえ支払えばいいと、そういう考え方になっているんでしょう。それでもいいじゃないですか。それでもいいけれど、その場合に厄介なことは、そうすると、一つのものを給付してもらえないときにはいくら損をしたかという計算が厄介で、それで、それが反って不公平になるということはありうる。それをどうするのかということだけが残ることになるのですよ。

瀬川　計算のコストの問題を考えて概念的に線を引いている、というのが鈴木先生のお考えだということはわかりました。その考えとひょっとして関係があるかどうかわかりませんが、今日の題目に上がっていてお話しなさらなかった「新訴訟物理論　三ヶ月氏」という部分についてお聞きしたいと思います。新訴訟物理論というのは、いろんなことをひとつの大きな概念の枠の中に入れて、その中で議論しなさいというよと、一種の微分、積分って言ったほうがいいのかな、そういう方法ですね。そこのところを、鈴木祿彌先生のお考えだと、どういう風に考えたらよろしいのでしょうか。

鈴木　民事訴訟法は、よくわからないのですが、私が三ヶ月さんの理論にわりに賛成なのは、例えば、ある事件の加害者と被害者とがいるというときに、これが不法行為か債務不履行かなんて考えることは重要なんじゃなくて、あっちからこっちへいくら金を払ってやるべきかということが重要なのだ、と考えます。だから、あの議論は、不法行為か債務不履行かがどっちでもいいというのは三ヶ月さんの本心ではないでしょうけれど、当事者にとってはそれはどっちでもいいではないかというのが根本にあって、だから、受給権っていうのですか、要するに、これこれをよこせっていうことが中心で、どんな理屈でよこさなければならないのかなんていうことは、それはどちらでもいいことで、当事者にとってはどっちがどっちに何を渡さなければならないかということが、二人の間の争いの要点なのだ、そういう風に考えています。

瀬川　ただ、そうしますと、その分、程度の問題かもしれませんが、新訴訟物理論のほうが計算というか、思考のコストがかかるのです。だから、それは、結局、鈴木祿彌先生のお考えと全部平仄があっているのかもしれません。

鈴木　ええ、そういうことです。

(四)　民法問題をどこまで金銭問題化できるか――とくに有責配偶者の離婚請求の場合

吉田　さっきの瀬川先生の議論を引き取って、昨日もちょっと議論をしたのですけれども、金銭問題化できるかどうか、そうすると先生の思考様式が量化できることになるというわけなのですけれど、他方で僕はちょっと、所有権のほうから、代替的か非代替的かという形で整理したことがございますが、そうしますと最近は人格権問題などのように、非代替的な問題がクローズアップされてきて、それをどう線引きするかというようなことになりますが。

鈴木　それはよくわかります。私もこのごろ家族法の問題を少しやろうと思っているのだけれど、有責配偶者の離婚請求なんていうのは、非代替性の問題の極限ですよね。婚姻なんていうものも、どうだってよくて、判例によると、結局金を払えばいいことになる。最終的には、そういう方向に進んでいるわけでしょう。実際に私は別れたくないし、悪いこともしていないと言っても、金は払うからと言われれば離婚されてしまうでしょう。まあ、そういう方向に近づいているでしょう。そういう考え方で人格権についてだって、例えば、侮辱されたって何されたって、金さえ充分に取れれば侮辱くらいされたのなら我慢しろよという考え方に近づいているのではないですか。

藤原　先生のおっしゃるような方向で考えるのであれば、離婚の場合の年金分与みたいな制度は、どんどん認めるべきだということになりますよね。

鈴木　ええ、最近の判例の傾向はそうでしょうね。

藤原　そういう風に法律学を構成していこうという、そういうことですか。

鈴木　いいえ、そういう風にしようと言ったのではなくて、現在の動向はそうだといっているのです。有責配偶者に離婚請求を認めようというのは、つまり、そういうことになるのではないですか。つまり、夫婦のどっちがいいとか悪いかとか、婚姻の道徳とか、そんなことを問題にしているのではなくて、結果的には別れられるわけですからね。勿論今は、いがみあっていても相当な期間我慢していなければならないという問題はあるけれども、その期間がだんだん縮まっていくわけですね。結局は、全部金銭の問題になっていってしまうのではないですか。そうだとすれば、特定物を盗んでも、金さえ払えばすべていいということになるかもしれませんね。だから僕は、本当は有責配偶者からの離婚請求にはあんまり賛成ではないのです。皆金銭の問題だという風にもってゆくなら、特定物債権というものをどう処理すべきかよくわからなくなるのですよ。

吉田　有責主義、破綻主義の問題は、やはり原理の問題なのですね。離婚に際して、帰責性を問題にするか、そうではなくて、事実に即して処理するかっていうことでの見解の対立ですから、金銭問題で片がつくかどうかとは、議論の平面が違うでしょう。金銭も勿論大事ですけれどもね。

鈴木　ことわっておきますが、僕はそれがいいと思っているのではないのですよ。婚姻の場合も特定物の問題だと考えればいいわけでしょ。まあ、女房に対する所有権なんていうと怒られてしまいますが。そういう問題だと考えていれば、有責配偶者から離婚請求したって、俺のものを何で取っていくのかと、こう言えるわけですね。それに対しては、どうも今は、金さえ出せばいい、という結論になりつつあるのではないですか。そう言ってしまえばもう特定物などということだって、どうでもいいではないか、人生で一番大事な婚姻でさえ、金を払いさえすればぶっ壊せるのに、自分の持ち物ぐらい取られたって、金を払ってくれさえすれば、我慢しろということになるのですよね。大概のものは買えるのですから。

吉田　英米法でも、specific performance（特定履行）もありますけれども、先生のおっしゃるように、例外的なエクイティ法理であるということですね。私の申しているのは契約法の世界ですが、コモンローでは、金銭賠償が原則です。高見先生のほうからは他にないでしょうか。

（五）　抵当権者の地位の捉え方

高見進　私は、抵当権者の地位ということについてですが、最近、抵当権者の地位が少しずつ強化されている面と制約されている面があると思うのです。それで、特に会社更生法とか民事再生法なんかでは、抵当権者の地位が、やはり制約されていると思うのですけれども、これは抵当権の歴史的な評価からすると、どういう風に先生は評価されるのか、簡単に教えていただきたいのですけれども。

鈴木　まあ、歴史的にと言われると困ってしまうのですが、一定の金額の債権を優先的にもらえるはずだということになっている者にその金を渡さなくていいかと言うことですよね。だから、抵当権付の債権という特定物債権だって言うと、今の問題になってしまうけれど、そういう一種の特殊な優先権が付いている債権、そういう債権というものは、例えば、企業再生の場合みたいな法律で削ることが出来ることになっているからそうならざるをえないのではないですか。

高見　制約されるのは、もう仕方が無いということのようですけれども、でも、お金を貸すときに担保を取る抵当権者の期待と、効率性ということからいえば、その倒産した土地には、抵当権を実行して、全部回収できるはずのものが、企業の再生のために抵当権者を制約するということは、何か歴史的に見ると特別な事態のように思うのですけれども。

鈴木　だけれども、破産法というもの自体は、そういうものです。だって、債権者は、百万円取れるって言うことになっているのに、破産になると十万円しかよこさないのですからね。

高見　ですけど、破産法の場合は抵当権者と一般債権者は全く違っていて、抵当権者はともかく物があれば、そこからもっていけますよね。

鈴木　そう解すべきなのかどうかが問題ですね。要するに、抵当権を、特定物を目的とする一種の債権とするか、それともそういう形の優位の債権だという風に考えるかどうかですね。

高見　優位にあるという債権だと考えれば、それは相対的なものなのですか。一般債権者と抵当権者に、それは段階的にというか、あるいは時代によって、立法政策によって何とでも変わるものなのですか。

鈴木　私はそうだと思います。だって、そうすることが債務者たる企業、つまり資本主義社会が、どうすると円滑にいくかという問題ですからね。それはまた国民が、国民の全員ではないけれども、大多数がそれでいいと思っているかどうかが問題なのですね。立法とはそういうものです。法というものをそういう風に考えれば、仕方がないのではないかと、私は思います。

高見　その国民の多数がそう思っていることについての先生の学者としての評価を、つまり、その点については、こんな風には思っているけれども、そんなことをしたら、やはり合理的な金融というものが損なわれるのではないか、あるいは、いやそうでもない、そんなことは歴史的にはなんとも言えない、そういう風なご感想をちょっと伺いたいのですが。

鈴木　いや、その点は僕も、責任を持っては言えませんけれど、感想だけ述べろといわれるなら、後者ですね。だって、そういう風に、破産のときは一般債権が現にそうされるのですからね。元来の期待という点からいえば、普通の債権だって百万円貸した者は百万円取れるはずですよ、取れなければおかしいですよ。だけれども、いわば資本主義社会全体のために我慢しろと言うわけです、破産法というのは。

高見　いや、それは取ろうと思っても取れないからそう言うのです。それは、破産についてはそう説明付きますでしょ。全部売ってしまって、ないって言うだけの話ですけど、抵当権者と一般債権者でね…

鈴木　だって、それは結局、一般債権者の負担においてでしょう。

高見　ええ、まあ、そういうことになります。

鈴木　だから、問題はその二つの利害関係者間での利益衡量ですね。ですから、議論がそこまで行くと、国民の大多数というのは嘘ですけれど、嘘の効用でね、国民の大多数がそれでいいと思っているものは全国民にとってもいいのではないですか。

高見　そうですね。ありがとうございました。

藤原　高見先生の今の質問を続けてもいいですか。今のは、取戻権に関しても同じですか。先生が二重譲渡の議論をされたときに、二重譲渡であういう風におっしゃるのだったら、取戻権に関しても同じようなことをおっしゃるのではないかと思ったのですけれども、そういうことなりますか。

(六)　所有権の捉え方

鈴木　そうだと思います。そもそも所有権というものは目的物に対する支配権がそういう風に構成されているわけで、場合によると所有権ではなくて、賃借権だったり、地上権だったりするわけです。だから、まさに借家法にだって、何で借家人は出て行かなければならないのか、という問題が起こるわけですよ。家主なら、持ち家なら出ていかなくてもいいのに、というわけですね。所有者と同じように三〇年も住んでいるのだから出なくてもよい、という議論もあるのですからね。だからそれが、さっき申しました、篠塚昭次君のハイムゲダンケ（Heimgedanke）になるわけです。つまり、それは、俺が住んでいるところが故郷だ、故郷というのは俺の根が付いたところで所有権がある、というのでして、それにも、もっともなところもあるけれども、それを全面的に肯定することはできない。だから、そこで、「正当の事由」というところで妥協するのですね。つまり、ある程度もっともな理由であれば出て行け、ということになる。しかし所有者だって土地収用の要件に当たっていれば、追い出されるわけです。だから、これも立法の問題なのではないですか。ですから、所有権なんていうものは法的構成の問題です。でも、それを言うと、それこそ、私有財産制度を否認したなどといわれる可能性がありますけれど。

藤原　先生のさっき二重譲渡のお話なのですけど、先生は二重譲渡で金銭だっていいではないか、損害賠償だっていいではないかとおっしゃったので、そうは言っても、債務者がお金を払ってくれるかどうかはわからないから、所有権とは担保みたいなものですよね、と、先生なら当然お考えのことで、そのあと、こういうことをお伺いしようと思ったんですけれど、破産法、取戻権だって同じではないかとおっしゃると、やっぱり同じことですね。

鈴木　そういうことです。

藤原　逆に、先生のようにお考えになると、第一買主が第二買主に所有権を取られてしまったときには、第二買主の売買代金債務に代位すると、代償請求で第一買主に持っていかれるということも充分考えられていいと、そういう風になりますよね。ある意味では、どうにでも組み合わせられるんですよね。そういう話になりますね。

鈴木　ええ、ある程度はそういうことです。現に株式なんてものは、所有物なのかと言う問題があるでしょう。商法で、株式債権説なるものは、今はもうないかね。僕らは大会社の株を持っているけれど、私が会社の所有者だと思ったことないですものね。だから、あれは、いつかやがて配当が来るし、必要があれば株屋のところへ持っていけば売れるものだ、と思っている。だから、あれは一種の債権ですよ、実質は。

吉田　続けますが、先生は「債権者平等の原則」に関して、以前に法曹時報にお書きですけれども（法曹時報三〇巻八号（一九七八年））、私が最初にやった債権侵害もその辺の問題を扱うものでしたが、まだ先生を崩せてないことを思い出しました。抵当権をどう考えるかというのは、別問題かもしれませんが、先程来の先生の債権者の序列とか、所有権の捉え方のイメージとかを伺っていまして、それらについてあまり等し並みに平準化して考えない私見とは、やはりいろいろ違いがあるように感じました。五十嵐先生、昔のお話も出ましたけれども、何かご感想とかあればおっしゃってください。

五十嵐清　先ほどの高見先生の質問は、とてもよい質問です。あの質問に対する鈴木先生の答えに、かなり鈴木法学の特色が出ているように思われます。つまり、どうしても我々は、抵当権という一つの制度を絶対視し、抵当権はこうだからこうだ、という話になるのですが、鈴木先生の場合は、その前に、そもそもいろいろな債権者の間にどういう優先順位があり、それが経済全体の関係でどういうふうに動くかというところから議論を始める、つまり抵当権を相対化される。その点で鈴木先生の答えは十分特色を表していると思われます。

（七）　家族法の鈴木論文の衝撃性

五十嵐　私と鈴木先生とは年は二年違いますが、鈴木先生は二年間兵隊にとられたのに対し、私は半年海軍で過ごしただけのなので、卒業は半年違いです。ちょうど私の卒業する半年前に鈴木先生は特研生になって、山田先生のゼミに出席され、多分、そのときに初めてお会いしたと思うのですが、それ以来公私ともに大変お世話になり、この機会に改めて感謝申し上げます。私のような田舎者と違って、鈴木先生は東京育ちの大秀才で、先ほど述べたような考えかたは単なる思い付きではなく、生まれつきのものであるといえます。

私も鈴木先生と同じドイツ法専門だったのですが、私は財産法ではとてもかなわないと思い、もともとの希望でもある家族法を専攻し、まず遺留分を選びました。北大でも家族法を研究するつもりでしたが、山畠先生が翌年やってきました。彼のほうが本格的な家族法学者ですので、これまた到底かなわないと思い、私は財産法に転じました。先ほど西ドイツの男女同権についての問題がでてきましたが、あの論文はドイツ留学中に執筆され、法学雑誌の創刊号に掲載されたと記憶しています（「男女平等の西ドイツ的理解」大阪市大法学雑誌一巻一号、二号（一九五四年））。あれは、私にとっては衝撃的な論文で、家族法ならなんとか鈴木先輩に伍してやれるかなと思っていたのに、あのようなものを書かれて、これではますますやる気がなくなったという、そういう思いをしました。それから先のことを言えばきりがないのですが、時間の関係もありますので、今日はこのくらいでやめます。

鈴木　いや、僕は、さっき言ったとおりに、語学が得意ではない、しかもその上に二年間中断があったものですからね、全く駄目だった。だから、五十嵐君にはまるでかなわない。この人は、初めはドイツ法だったのでしょうけれども、万国法になってしまったわけですね。それに反して、こっちはもう諦めたわけです。比較法も諦めれば、近代の法制史も諦めた。それで、民法解釈論に回ってしまったのです。比較法のほうがずっと学問らしいですよ。学問らしいからよいということは無いけれどね。

（八）利益衡量論者との関わり ― 川島説への反発

吉田　五十嵐先生との関係といいますか、さきに私もお聞きしたように、わりに鈴木先生の世代は利益衡量（考量）論者といいますか、好美先生、星野先生、米倉先生、そういう先生と似た手法で、お考えになるという方が多くおられて、その影響力が大きかったと思うのですけれども、それぞれ、何かこの点が違うとかですね、何かそのようなコメントとか、いただけたらと思っているのですが、どうですか。星野先生とはこう違うとか、ですね。

鈴木　いや、僕は、他の人のがどうだって言うことはなくて、他の人の本をあまり読まないので、勉強しなかったので、駄目なのですよ。それでいつも、ここがおかしいとか、他の人の荒ばかり探してやっていたのです。だから、いつまでたってもまとまらない。いい加減です。だから、反星野でもなければ反好美でもないのです。むしろ、本当にもし能力があって、反何々というのをやりたければ、反川島かなんかをやりたいのですが、能力が無いから出来ない。まだって、川島先生のように、ああいう本当にユニークな方には、なにを、と言いたいのですが、駄目なのですよ。またやっぱり我妻先生なんてのは、どこを突いていいのかわからないのです。本当のことを言うと、星野君とか加藤氏とかね、好美君とかああいう人たちが、俺とおなじような考え方を多少述べてくれている人もいるなというだけで、心強く思うだけですよ。それ以上は何もないのです。

（九）「法と経済学」との関係―効率性と年寄りの位置づけ

吉田　さっきの金銭問題でちょっと福井秀夫さんの名前も挙げられましたけれども、先生のご議論は、居住権論という、ハイムゲダンケにも類似したもので、その当時そういう社会的な意義があったと思うのです。それが、今の逆の政策思考の論者と妙にドッキングしてしまうのかという問題があります。金銭問題に還元して経済分析に尽きるとかという形で、新自由主義みたいな議論と、ドッキングしちゃったりすると、先生の本来の趣旨に反するように思うのですが（先生も信山社の『定期借家権』の本に書かれているように、彼らの主張とは違うわけですよね）。それとも先生には、彼らに繋がってしまうような側面があるのでしょうか。

経済分析と言ってもアメリカなどではいろいろあるわけですが、日本では、住宅問題の経済分析の層が薄いものですから、居住権者の保護の側からの経済分析っていうのが、先生のあそこでの御議論を読ませてもらってですね、ちょうど、アメリカでの左派の経済分析論者がやっているのと対応しているなと、興味深く思ったのですけれども…。先生は、幅広くなさっていらっしゃるから、いろんな人の師なのでしょうけれども、方向性としては彼と区別しておかないと、ちょっと違う方向でいってしまうのではないかな、と危惧したりもするのですが。

鈴木　経済分析といっても、わからないのですよ。僕は福井君に誘われて、あの「経済と法」という学会が出来まして、あれに入れって言われたのです。その時、経済と法というけれども、社会法みたいなものをどういう風に処理するのかということを、説明してくれれば、俺は会に入るといったのですよ。だけど、説明してくれないのです。それで、例えば大河内理論では、労働者を保護すると資本主義の回転のためにいいわけですから、それは経済的意義があるわけです。けれども、私みたいな年寄りは早く死ねと、いう者もあるくらいで、年寄りなんてものを保護したって何の役にも立たない、それをなぜ保護するべきなのかということには、なかなか答えてくれないのです。それで、経済の人にも聞くのですけれども、わからないのですよ。年寄りや身体障害者や精神障害者は皆ガス室に押し込めてしまえば、経済的には非常に効率的ですが、そうならないのはなぜかということを説明して欲しい。それを皆さんも考えて欲しいわけです。誰もそんなことを言わないから、皆さんは気にならないけれど、本当は弱者保護などをやめたら安上がりで、税金がずっと安くなるし、勿論、介護のほうの保険料も要らなければ恩給も要らないから、ものすごく政府は喜ぶ。皆さんも、社会保障法を専門に勉強してくださらなくても、頭のどこかにちょっとは入れて欲しい。家族関係でも、さっきの、何で有責配偶者の離婚請求はいけないのかなんて考える必要はなくなるのです。その問題さえなかったらどんどん離婚させてしまえばいいのですね。何も善良なる奥さんが追い出されたって、なんでもないですからね。

吉田　やはり、非経済的・非金銭的な脱施設の意義とか、ノーマライゼーションの価値とか、やはりさっき議論したような問題に戻ってきて、それで何らかのそういう問題に対して、金銭問題以外の面での態度決定をどうするのかという話ですよね。

鈴木　それが、わからないのですよ。でも、どうも僕の議論を突き詰めていくと、年寄りは皆ガス室へ行けという結論になるのですよ。

瀬川　全くの直感ですけれど、そういう風にしたら、元気な働き盛りの人たちが働かなくなるのではないでしょうか。年を取ったら自分たちが危ないから。死者の名誉権というのにも、多少そういう考えがありますよね。俺の死んだ後自分の名誉が滅茶苦茶になるようだったら困ると考えて生きている人たちがいると思います。

鈴木　それもおっしゃるとおりだけれど、若いときにうんとエンジョイして、うんと遊んでね、七十ぐらいになったら、俺はガス室へ行くよという考え方も成り立つ。僕は、その話を学士院でやったことがあるのです（「成年後見制度と高齢者保護 ― 老人は死ぬべきか」日本学士院紀要五七巻一号（二〇〇二年））。「年寄りは死ぬべきか」っていう演題でした。「年よりは死んでください国のため」という、川柳を知っていますか。老人が皆死ねば、確かに、年金が払わなくてよくて、介護保険料も払わなくてよいし、国のためになるのですよ。それを僕はどう考えたらよいかって、わからない。その時ある会員の方は、「鈴木先生はどうなさるか」っていうから、「僕は書斎で日向ぼっこをしながら、やがて阿弥陀様が迎えに来てくれるのを待っている」と答えました。日本の仏教の考え方で、阿弥陀来迎と言って、極楽からお迎えに来てくれ、極楽に連れて行ってくれるというわけです。だから、「そうして阿弥陀様が迎えに来てくれるのを待っているほか、方法はないでしょうかね」と答えたら、文科系の先生のうちにはね、「やっぱり阿弥陀様にお願いするほかありませんね」と言う方もありました。だって、それ以外に結論はないのですからね。さっきお話があったように、若いやつが働かなくなるかも知れませんが、しかし、若いやつが年寄りを背負ってね、税金をうんと払わなければならないようになれば、余計働かなくなるかも知れないでしょう。俺たちがいくら働いたって、みんな年寄りが食ってしまうのだと、そう言われたら困ってしまう。だから、老人の問題が一番困る。子どもはいいのですよ。子どもと労働者は生産力だから、死んじゃうと後が困るのですね。だけど、年寄りと障害者は死んでしまってもいいでしょうか。いや、私はいいとは思っていないですよ。それだから、社会法ってものを考えて欲しいわけですよ。

(一〇) ドイツ法への接し方

瀬川 さっきの高見先生の抵当権の質問に対する先生のお話とか、今のお話をお聞きしていて、先生にはそのようなサイクルにして物を考えられるところがあるように思います。他の方で、先ほどの川島先生の峻別の論理というのがあります。ドイツ法の峻別の考え方に先生は違和感をお持ちだったことはないのでしょうか。あるいは、ドイツ法自身も変化しているようなところを、個人的には感じるのですが。

鈴木 いや、それは私にはわかりません。だって、ドイツ法ってほんとうに峻別しているかしら。それはわからないですよ。

吉田　でも、債権・物権の峻別の建前とかドイツ法はユニークですね。

鈴木　いや、まあ、それはそう書かれているだけで、しかし本当は峻別されていないんだ、とも考えられるでしょう。

瀬川　一応、表面的には峻別しておいて、最後のところで、例えば不法行為ですと、損害賠償で原状回復などというのを入れてくるとか、最後のところはそんなに峻別してないところがあちこちあるので。だからそれを、何か先生の…。

鈴木　いや、だから、僕はもうドイツ法専攻じゃないからよくわかりません。

五十嵐　ドイツ法で峻別だけを捉えるのはちょっと問題だと思うけれども、やはり方法論とか理論とかが過剰だと思うので、僕自身もついていけないところが多いですね。だけど日本の民法学者には結構そういうドイツ的方式に慣れている人はたくさんいますね。

鈴木　ずるい逃げる言い方をすれば、ドイツ法というのは、それを勉強するにはしやすい。だって、債権だ、物権だ、と峻別するからね。僕の言うように債権だか物権だかわからないものがあるとか、所有権かどうかわからないとかいうこと言ったら、わかりにくいでしょう。そうならないためには峻別の考え方が非常に便利だった。だから、僕は日本が明治にドイツ法を入れたのは、非常に賢明だったと思う。あれは、教えやすいのですよね。その意味で鳩山先生なんかは、すごく偉いわけですよね。パッて教えることができたのですからね。僕のような言い方だと、何を言っているのだかわからない。ですから、谷口先生には「わからしめへん」といわれたりしました。

藤原　先生がおっしゃったようにドイツ法って、優等生のノートみたいですよね。しかも、田舎のガリ勉の優等生のノートみたいで。田舎の学生で、すごく試験の勉強を一生懸命やる学生のノートを見ているような感じですよね。よくできたコンメンタールはありますし。僕は、ドイツ法が特別好きなわけじゃないのですけれども、日本人は型崩しをすぐやりたがりますよね。要するに、分類をちゃんとやらないでグチャグチャにしますよね。しかも中途半端なところで。先生のように、ある程度以上の方がやられるのならいいのですけど、それ以下の人が、中途半端なオリジナリティを求めて、何でもかんでもバラバラにしちゃいますよね。それで総合的判断だとかですね、わけのわからない議論をしますよね。あれに比べればドイツ法の分類はましだと思いますけれどもね。

鈴木　軍隊では、鉄砲を撃つのだって、こう持ち上げこういう風に格好が決まっていればいいわけです。だから、農村を出てきたばかりの、いわば、こういっちゃ失礼ですが、教養のない人でも鉄砲も機関銃も撃てる。その教育の際には、何でそうするか、ということは一切問わない。こう持ってこうやれという。銃の打ち方でも何でもそうして教えるわけです。それで何とかなるのです。それは仕方がなかったのではないですか。それは日本というものが、ともかく明治維新に、伊藤博文なんてああいう人があんな風にして憲法なんか覚えたのです。勿論頭も、ものすごくいい人だったのでしょうけれども。だから、僕のようなこと言っているやつは、阿弥陀様のところに行かねばならないのです。

（一一）　川島峻別論再論――川島博士自身の転向

池田清治　お話はいくつかもう既に出てきたと思うのですけれども、確認のため、お伺いさせていただきたいと思います。先生は、学徒出陣から東京に帰ってこられて、最初に大学へ行ったときに聴いた講義は川島先生の講義であったとおっしゃいました。それで、ご自身も川島シューレになりかけたとおっしゃったのですけれども、そこでなりきらなかった、と申しますか、結局はそちら側へ傾いていかれなかった理由というのは、先ほどから出ている峻別論と関連があるのでしょうか。どうしても川島先生のお考えに馴染みづらい側面がおありだったと思うのですけれども、それは一体どの辺りであったのかを伺わせていただけませんでしょうか。

鈴木　実際に現実問題というのをいろいろ考えてみると、峻別では処理できないことが圧倒的に多いわけです。だから、理屈としては峻別なのだけど、それは絵に描いたものとしては非常にきれいで、だから、初めはすごくこの説に傾くのだけれども、何か具体的な問題を考えると、何かそうは言い切れない。そこのところで諦めたのだと思いますね。だけど、私のようではない方もたくさんいるし、渡辺君とか、そういう人がやはり一辺倒でやっているのですしね。でも、川島先生ご自身が、大体昭和三〇年くらいに転向されたとまではいえなくても、あそこでアメリカ的になられたでしょう。だから、先生御自身も、やっぱりそこのところで行き詰られたのではないでしょうか。

五十嵐　私どもは東大の特研生時代、第六共同研究室におり、それに対し、川島シューレは第五共同研究室にいました。両者の間で、最初のころはあまり親しい交流がなかったのですが、私の二年目くらいから、鈴木先生や私などは渡辺さんなどの川島シューレと親しくなり、そういう時代が続きました。したがって両者は別な道を歩んだのではなく、かなり共通の面があったと思います。

吉田　院生さんはどうでしょう。なにか。

（一二）　金銭化・統計化に対する批判潮流について

今野正規　今日の話で、金銭化、そして分類、それで、それは軍隊であればそうだ、という話を連続させて、僕は考えたのですけれども、最近の社会理論では、こういう金銭的、類型的、画一的処理というのは、十九世紀に特殊な発想とされていて、実際には、必ずしも枠に入りきるものでもなければ、全てが金銭的に処理できるわけでもない、という批判が出てきています。そういう観点からみると、では今まで私たちは、何に基づいて全てそういう金銭化という方向で流れていっているのか、もしくは分類という発想であらゆるものを考えようとしてきたのか、ということに対して、つまり、自分たちが今考えている思考様式というのが、一体どういう思想のもとにあるのかが非常に問題になってきているわけです。これで、叩かれているのが統計学で、何パーセントとか、確率的に処理しようという、そういう発想が批判されているということがあるわけで、今日のお話では鈴木先生も必ずしもその流れがよいとは思わないと述べておられたので、何か共通するようなところがあるのかなと、僕は思ったのですが、その点についてもう少しコメントいただければと思います。

鈴木　僕もよくわからない部分です。金銭化されたって言うのは、僕は社会学を知りませんけれど、資本主義が非常に普及して、そして、大抵のものは金で買える。それが根本ですね。婚姻とか、親子とかああいうものだって、全て金銭化させてしまうのではないか。だって、親子という一番家族法では基本と考えられているものでも、特別養子制度なんていって、血縁上の関係をいわば、断絶させてしまうわけでしょう。だから、全部が金銭化されつつあるということもいえるのではないのですか。現実にいろんなものが皆金銭化されて、そうでないものはないのではないかなあ。金銭化されることが良いと私が考えているわけではありませんよ。だから、有責配偶者の離婚請求だって、必ずしもいいと僕は思わないけれども、ものごとは全て金銭化されつつある。それが、ちゃんと計算さえうまくいけば、変に個別性ばかりにこだわっているよりも合理的で公平なのかもしれませんね。

瀬川　変に個別性にこだわっている例を挙げていただけるとありがたいのですが。

鈴木　あるところに便利な家を持ち、土地を持っているとします。そこへたまたま収用の問題が起こってくる。それをどうするか、ですね。収用だって、いいところなら高く買ってくれればいいから、絶対的に不利益なことは殆どありません。だからハイムゲダンケという考え方も、もっともなところはあるけれども、でもハイムゲダンケをとっても、充分な金をくれればいいのですよね。だって収用というものはそういう風に出来ているわけです。どうせ、どんなにそこに居たくても、公共の利益のためには我慢しろという。公共の利益のために土地は奪われるが、金はくれるのです。

吉田　最初から議論はやはり基本的に同じところを巡って、繰り返されていますね。近代経済学的にいえば、カルドア＝ヒックス的論法でどこまで行けるかということです。その意味で、やはり川島先生の『所有権法の理論』で紹介された市場主義的な「商品交換」論、つまり、マルクスの一面で摂取による川島理論と鈴木先生との関係がポイントなのでしょうか。他方で、マルクス自身は疎外の議論もしていますし、それから、（交換価値と対比させて）使用価値の話もしていますので、それを考慮していくと、もっと川島先生の所有権理論とは違った方向に行くと思いますね。

（一三）　労農派へのシンパシー

鈴木　それはやはりそうかもしれませんね。だから、川島先生は、勿論マルキストで、非常に有能な方で、いろんなこともご存知だったし、ヘーゲルやなんかもお勉強になっておられますが、やはり講座派なのですね。あれは日本の近代社会というのは、実は半封建的だというのが根本的発想でしょう。だから、そこのところはついていけないし、だから僕は労農派のような生き方になってしまうのです。

瀬川　私は、講座派と労農派の対立についてはなんとなくのイメージしか持っていないのですが、先生がその言葉を使われるときの、具体的なポイントといいますか、イメージはどのようなものでしょうか。例えば、あの農地解放をどういう風に考えるか、ここで別れてきますね。先生が、講座派じゃなくって労農派だと仰っているときの中身を教えていただけるとありがたいのですが。

鈴木　農地法の場合で言えば、やはり農地改革法というものは、日本の資本主義をよくした。日本で自動車があんなに売れるようになったのは、農地改革のおかげです。だから、別にあれは半封建制を維持するためにやったのではないでしょう。もしかしたら、明治時代には半封建的だったという面もあったかも知れないけれど、それは全部が、徹底的に半封建的だったとはいえないかも知れず、その残滓を拭い去ったのが農地改革です。だから、講座派が、農地解放をどういう風に言っているのかわからないけれど、講座派は農地改革自体にも反対なのでしょうね。

吉田　それでは、長時間に亘りまして、ご議論をいただきまして有難うございました。鈴木先生は、非常に早起きでいらして、もうお疲れのことかと思いますけれども、色々中身の濃いお話を長時間どうもありがとうございました。

鈴木　いや、どうも勝手なことばかり話して、久しぶりに皆さんとお話が出来て、本当に懐かしく、うれしく思っております。それから、いろんなことを聞いていただいてありがとうございます。北海道大学と申しますと、かなり以前の北海道大学の学生さんはものすごくよく知っておりまして、千葉恵美子さんなんかは、学会で逢いますと、今でもちゃんと寄ってきてくれて、私を恩師ですなんて言ってくれるので、うれしくなります。本当に久しぶりで、喋らせていただきました。勝手なことばかり言って申し訳ありませんでした。不適当なところは忘れてください。

吉田　どうぞ、先生、奥様、お元気で。また北大にいらしてください。鈴木先生の本日の御講演、そしてとくにその後の討論により、鈴木民法学の方法論的特徴及びその背景が、一層よくわかるようになったように思います。重ねて感謝申し上げます。

鈴木　どうも、ありがとうございます。

（初出、北大法学論集五五巻六号（二〇〇五））

第五章　奥田民法学と信仰
——奥田昌道教授

奥田民法学の特質

吉田邦彦

(1) はじめに

本日は北大民法理論研究会及び北大法学会、北大高等法政センターの共催ということで、京都大学名誉教授の奥田昌道先生をお招きしてお話をいただくことにさせていただきました。少し私のほうから、先生のご紹介及びこの研究会の経緯について、簡単にお話しさせていただきます。民法理論研究会でも数年くらい前から著名な研究者をお呼びして、私ども後進研究者の「民法学の羅針盤」というお話を頂く企画をしております。奥田先生はその数人目ということになります。

(2) 奥田先生の経歴

奥田先生のご紹介でありますけれども、昭和七（一九三二）年に東京にお生まれになりまして、同二六（一九五一）年に、大阪の八尾高校を卒業されて、同三〇（一九五五）年三月に京都大学法学部をご卒業後直ちに法学部助手になられて、その後京都大学の法学部助教授・教授ということで、平成八（一九九六）年に京都大学をお辞めになられました。この間に、昭和三六（一九六一）年から同三九（一九六四）年までケルン大学で、また、同五三（一九七八）年から翌五四（一九七九）年までは、フライブルク大学で、在外研究をなさっています。

京大退官後は、鈴鹿国際大学（三重県にあります）の国際関係学部に赴任されて、その後平成一一（一九九九）年四月から同一四（二〇〇二）年九月まで最高裁判事を務められまして、さらに同年一〇月から同志社大学の法学部、平成一六（二〇〇四）年四月から同大学法科大学院（大学院司法研究科）に勤められて現在に至っているという次第で、改めてご紹介するまでもないと思います。

それから先生の業績につきましては、奥田先生の還暦記念論文集として一九九三年に成文堂から『民事法理論の諸問題』というものが出ておりまして、そこにも収められておりますし、京都大学ご退官の時に法学論叢の一三八巻四・五・六合併号（一九九六年）でも記されているところでございます。

(3) 奥田民法学の特質

①(明晰かつ平明) それでは、僭越ですけれども、これまで私が受け止めております先生のご研究から受ける印象を交えつつ、奥田民法学の特質を、ごく簡単にお話しさせていただきます。第一は、昨晩も先生に申し上げたのですけれども、先生の文章は明晰で平明さという点で、おそらく京都大学の民法の先生方の中では群を抜いているのではないかというように私は受け止めております。たとえば先生の『債権総論』の教科書、これは最初筑摩書房から、上、それから何年か後に下というのが出まして(各々刊行年は、一九八二年、一九八七年)、それが合わされまして悠々社(増補版、一九九二年)というところから、今持ってきておりますものとして、出ておりまして、そういう教科書などに如実に出ているのではないかと思います。そのことを、先生に申し上げましたら、「自分はわかったこと、納得したことしか書かない主義にしている」と、仰いましたが、これは言われてみれば当たり前のことなのですけれど、なかなかそれができないことと思うわけであります。

②(基礎概念を詰める) そして第二は、先生の於保不二雄先生の門下生ということで、於保民法学の影響を受けられて、民法学の基本的問題、基本的概念を突き詰めるというのが先生の学風の基調をなしているのではないか、と思うのです。今風にはプラグマティックに実際問題をどんどん手掛けるというのが流行するのかも知れませんけれども、先生の場合は意識してなのでしょうか、そうではありません。

例えば最初に手掛けられたテーマは、Anspruch(請求権)概念の歴史的位置づけでございました。処女作は、法学論叢の六三巻三号(一九五七年)、「ヴィントシャイトの『アクチオ論』について」というものでありまして、アクチオのローマ法の体系から、その後、実体法と訴訟法というのが分化していく、その中で請求権 Anspruch の概念がどういう意味をもったのか、特に Windscheid における業績でどういう意味をもったのかという地味なテーマでした。人によってはなぜこういうことをやるのかと思われる人もいるかもしれないですけれども、私は研究室に入って、法学論叢のこの論文を読んで、――かなり精神の緊張を要するのですけれども、しかし一生懸命ぶつかっていって勉強して、――「目から鱗が落ちた」と言うか、深い感銘を受けたことを覚えております(後になってみれば、「コロンブスの卵」なのかも知れませんが、それまでは請求権概念は、混沌として、なぜこんな概念を使うのかがよくわからなかったものですから…）。それに始まる業績は先生の論文集の創文社から出ております『請求概念の生成と展開』（一九七九年）というものに収められております。

その延長線上で Anspruchskonkurrenz という請求権競合の問題、民事訴訟法では訴訟物と請求権との関係という、一時期かなりトピックとなったものでありますけれども、それを民法の側から突き詰めるということで、この領域では、四宮（和夫）先生と共に代表的な論客だということで知られることは周知の通りであります。そこで、不法行為法責任と契約責任との交錯ということも進めておられるということであります。

それから於保先生の代表作は『財産管理権論序説』（有信堂、一九五四年）という名著があるわけですけれども、その分野では『京都大学法学部創立百周年記念論文集第三巻民事法』（有斐閣、一九九九年）の中に収められておりますて「代理、授権、法律行為に関する断想」というようなご論文もあります。授権というのはドイツ語で Ermächtigung ですけれども、今の民法総則の教科書では、例えば、四宮先生と能見（善久）教授の合作の『民法総則』（第五版（弘文堂、一九九九年）から）では、ちょっと最近驚いたんですけれども授権に関する説明が切り落とされてしまっているんですね。四宮先生のころ（初版一九七二年から、第四版一九八六年）はちゃんと書いてあったのですが。ですから今の法学部生は、もしかしたら、「授権」という概念を知らないのかもしれませんけれども、そういう問題について基礎的に概念を詰めていこうという業績を残されております。

考えてみますと、於保先生の「財産管理権」概念を通じて、財産の流通問題をダイナミックに捉えるという方向性は、マルクス主義的なスキームなどともリンクさせて議論することができるのですが、そこまで議論を広めなくとも、代理などと言えば、私も「契約と第三者」という問題視角というようなことから債権侵害（契約侵害）の問題をやっていったわけで、「第三者のための保護効を伴う契約」という議論も僕は奥田先生のご論文（「契約法と不法行為法の接点 ― 契約責任と不法行為責任の関係および両義務の性質論を中心に」（於保還暦）民法学の基礎的課題（有斐閣、一九七四年））を通じて初めて教えていただいたように強く記憶しております。
③（本格的ドイツ法学通）それから三つ目でありますけれども、今でも関西を中心として根強い、日本の民法学者のドイツ法シューレの中でも、本格派のドイツ法学通の先生でありまして、最初の留学はケルン大学の

Kegel先生のもとで進められたということでありました。ドイツ法の摂取についてのご論文は――この現象は、その後、北川教授によって、「学説継受」という呼称により、一世を風靡しますが、――これは一九六〇年代半ばになりますけれども、『岩波講座現代法一四巻　外国法と日本法』（岩波書店、一九六五年）というものに収められている論文（「ドイツ法――日本における外国法の摂取」）として有名であります。

④（実作主義〔方法論謙抑派〕）それから、先生は実作主義といいますか、他方で安易に方法論を議論するということはしないという、方法論謙抑派の立場を採っておられるということも、先生の特色ではないかと思います。これなどは、実は、次にお話しする、先生のヨリ深い、信仰のレベルでのメタの立場と通じているのではないかという見方を私はしております。

というのは、奥田先生は、自身の価値観を直結的に結びつけない謙抑主義、多元的に寛容に他者の立場を認めていくという立場を採られているようで、同じクリスチャンでも、例えば、先生は、形式主義よりも聖書本来の実質的意味を重視されて、権威主義を嫌われ、また「価値のヒエラルヒア」という言い方は、先生はなさいません。今日の話でもきっと出てくると思いますが、先生のクリスト教について書かれたもの（例えば『聖書の自然観、人間観』（京都キリスト召団、一九九六年）（非売品）六一頁以下）を拝読していますと、「無私のクリスト」という理想を希求されています。

その類比で、先生は、正義を遂行する際にも、自身の価値観を強く打ち出すというよりも、ともすると周縁化されている「他なる声」に耳を傾け、そこにおける正義のありようを考え、多面的に批判的な正義論を彫琢していくという近時の批判法学の政議論とも通ずるものを私は、感じます。また、学問の前にも己を空しくして、謙虚に自己批判する姿勢というものにも繋がります。こういう私の感想を、先生と食事をしながら申し上げていましたら、それほど外れてはいない風でした。

この点で、後にまた伺いたいところですが、先生は、妊娠中絶や「エホバの証人」の輸血拒否などのハード・ケースの問題について、はっきりいわゆるプロ・ライフの生命尊重の立場を個人的にお持ちであることがお話ししているとわかります。これは、わが国のいわゆる「進歩派」の医事法学者は、自己決定などの自律性原理を重視しますから、むしろそれとは対立する原理を志向されますが、こうした価値観がぶつかり合う難問について、先生がどのように法的判断されるのかも、興味深いところです。

⑤（透徹した人間哲学・研究者姿勢）最後に、ちょっとレベルが違いますけれども、先生は、人間道徳といいますか、人間哲学というようなことについて非常に造詣が深いということであります。これは先生の民法学の業績の中には、すぐに目に見える形では出てこないのかも知れません。

そこでちょっと余計なことを申しますと、今日の先生のお話の中に出てくるかも知れませんけれども、ＮＨＫのラジオ深夜便で、昨年（二〇〇八年）の四月一七日一八日の両日、その「心の時代」というコーナーで（これは朝の四時からの番組で、これを聞いている人は少ないと思いますが）、私はたまたまラジオのスイッチを捻って聴いていましたら、奥田先生がカール・ヒルティの業績に即して先生の宗教観というものを滔々と論じておられました。これには、私は非常に驚いたのですね。というのは、それまで先生の民法学のご業績から受けるイメージは非常に謙虚で、どちらかというとご自身を控えめに出されて基礎的なものを客観的な形で詰めていくという学風だったわけです。他方でクリスト教の問題について非常に熱っぽく語っておられる先生が、そのラジオにはおられたということで、二人の奥田先生がいるなということで、私にとっては非常にショッキングでありました。しかし考えてみますと、先生がクリスト教の側面でも造詣が深いということは、例えば私に歳の近い慶応大学の金山（直樹）さんとかからは伺っていたことでありますけれども、直に先生の肉声で以てそういうことをお聞きしたのは初めてのことでありました。

思うに、学問においても宗教においても、先生は求道者的な姿勢を貫いておられるのではないかということで改めて強く実感し、感銘を受けたわけです。先生が人間哲学の面で造詣が深いというのはそういう趣旨でありまず。そしてこうした先生の信仰の側面は、メタのレベルで、研究姿勢とか、学問観、学者的良心というところで、必ずや繋がってくると私には、思われるのです。先生とお話ししていますと、非常におやさしい「人となり」とともに、学問に対する姿勢で厳しいものをお持ちであることはすぐにわかります。

先生は、しばしば「自分は、学問に身を捧げた」という言い方をなされます。この先生の姿勢が近時の法学界が世俗的なものに取り巻かれている事態とは、いかに隔絶しているかを考えてみる必要性があるでしょう。こういう言い方をすると、怪訝に思われるかもしれませんが、その世俗的野心とは、例えば、俗っぽい社会的名声であったり、名誉欲であったり、あるいは、金銭欲であったりします。世俗的な意図からの平易化教科書とか、競争的資金とかで、我々は、何のために学問をしているのかを見失っている感もある昨今、「学問とは何か」「真に意義ある人生とは何か」をずっと見つめ続けて歩んでこられた奥田先生の民法学の足跡をたどることは、頂門の一針になるのではないか、とさえ思うのです。

（4）本研究会の経緯、趣旨

①（リペール論文などとの対比で）私は前に、松久教授が法科大学院の立ち上げの頃に奥田先生をお呼びになった時にも、奥田先生は、北大正門そばの学術交流会館で最高裁生活についてお話しされたと思いますけれども、今回もう一度先生をお呼びするに当たりまして、（前述した）二人の奥田先生、その両者を何とか架橋をするべく、議論ができないかなということを先生に申しあげたわけであります。

これは、私なりに問題意識がありまして、例えば、私のアメリカでの親しい友人でマイクル・ジョン・ペリーさんというかたは law and religion とか、とにかく法学文献で宗教との関わりについての研究が手薄だ、こういう研究も必要ではないかということを言っておられたのが頭にかねて引っかかっておりましたし（M. J. Perry 教授は、多作の憲法理論家ですが、例えば、Love and Power: the Role of Religion and Morality in American Politics（Oxford U. P. 1991）なる著作もあります）、それから、何よりも民法の領域では私が北大に赴任して間もなく通読して、感銘を受けたのが、皆さんにとっては周知のものかと思いますけれども、ジョルジュ・リペール教授の『民事上の債務における道徳律』（La règle morale dans les obligations civiles）という名著であります。

当時取った読書ノートを今、私持ってきているわけですけれども、そこではですね、やはりその当時、これは一九三五年の本（私が読んだのは、第三版。初版は、一九二五年刊です）でありますけれども、古典的な民法モデルから当時デュルケム、デュギーの法社会学的な研究などを通じた新たな側面が語られるようになって、社会的な法学が注目されるに至り、それと同じような形で「法と道徳」というものの共存可能性ということが説かれ、「道徳の力」（forces morales）というものを無視できない、道徳は法の本質的な要素であり、正義は可変的で理念とすることはできず、法律家は、法を支える道義的理想の実現に努めなければいけないなどと言われます。そういうことで、結局連帯性とか均衡とか相互依存とかの現代的な思想を支えているのではないか、ということでキリスト教的な道徳と法との関係ということについて滔々と書かれている名著を当時は印象深く読みまして、これが星野英一先生の民法学にも通じているのか、などと思いました（これに対して、川島先生などを始め、わが国の有力な民法学者は、一般的に法と道徳なり宗教を峻別しようとしますね）。

そういう問題意識もあったものですから、二人の奥田先生を知った以上、「先生が民法と宗教、この両者をどのように繋げておられるのか、そのあたりもご説明ください」とお願いいたしましたら、先生はよく「自分は無因説なのです」と、控えめにまた仰るのです。

また私は「先生、この分野について、何か書いておられますか」と、お尋ねしても、最初はなかなか教えてくださらなかったのです。「何も私はないのですよ」と言われて…。ああ、そうなのかと、私はのんびり受け止めておりまして、最後になってこうドサッと、ご自宅で毎週なさっている宗教の講義の記録というものを何冊も送ってこられました（前掲『聖書の自然観・人間観』（一九九六年）の他に『聖書にはじめて接する人のために』（四国キリスト召団、一九九一年）、『愛』（京都キリスト召団、一九九四年）、『良き法律家は悪しき隣人？』（京都キリスト召団、一九九五年）、『聖霊・助け主・真理の御霊』（京都キリスト召団、二〇〇七年）、そして、前述ラジオ深夜便講演録の『幸福への道』（京都キリスト召団、二〇〇八年）など）。すべて非売品であります。でも、こういうものを読むことによって先生の宗教の世界を私は感銘を以て知ることができましたし、拝読しますと、「ではそれがどう先生の民法学に繋がってゆくのか」ということが気になり始め、方法論を語られない先生でありますけれども、ゆっくりお聞きしたいなと、思うに至りました。（因みに、この間の準備の過程で、実は先生の本日御講演のタイトルは、京大退官の際の記念講演のテーマとしても（平成七（一九九五）年一二月二一日開催で、題目は「聖書における法・倫理・宗教」）、かねて並々ならぬ関心をお持ちの論題であることも、認識しました。謙虚な先生は、その講演録を活字化されませんでしたが…。そして今日の北大でのスピーチは、実はその再現であると、私は密かに期待しているのです。）

ともかくまあ、この北の大地で、せいぜいリラックスされて、何でもかんでも色々話してくだされば…と、講演をお願いいたしました。最高裁でのこととか、あるいは最近の種々の問題、民法改正とかあるいはロースクールの問題とか、何でも自由に、先生のお立場から話してくだされればと思うのです。

②（「無因論」ならばその理由如何。規範的問題意識と奥田法学との関係）しかし、逆にどうしても、先生が、宗教と民法との関係を語りたくないということでしたら、今度は、その理由を探る必要があります。この点で、アメリカでは、従来のアメリカ憲法学ないし同国の政治の特徴としまして、宗教と直結させないというというのが一九六〇年代、一九七〇年代くらいまでの特徴であったわけですけれども、ブッシュ政権になりまして、保守的に福音主義というものを政治的に使うようになって、政治状況が変わってきたとして、それに対する危機意識というものもあろうかと思うのです。しかし、昨日、いろんな具体的な問題も議論いたしまして、今日も出てくるとは思いますけれども、（少し先に触れた）中絶とか、エホバの証人とか自殺の問題とかの問題、あるいは日本的な集団主義ですとかそこにおける人格の尊厳の軽視とか、それはやはり先生が日本の社会における規範状況の無秩序に対する危機意識をお持ちであることがよくわかり、それに対して日常の先生の宗教活動を通じてどのように変えていこうと考えておられるのか、そういうことが背後にあって、それはゆくゆくは奥田先生の法律学、法的なイメージというものと繋がってゆくのではないかと、私は思うわけであります。

まあ、そういうことについてお話しいただければというのが今回の研究会の趣旨でございます。以上、ちょっと長くなりましたけれど、先生の研究業績、先生の学風、今日の研究会の経緯というものを簡単にお話しさせていただいた次第でございます。それでは、先生どうぞご自由に肩の荷を下ろして、気楽にお話ししてくださればと思います。よろしくお願いいたします。

民法と宗教・学者的良心
―奥田民法学の五十余年―

奥田昌道

一　はじめに

ただ今は、吉田先生から大変詳細な、そしてご厚意溢れるご紹介をいただきまして、感銘を受けております。と同時に、吉田先生が、民法学者としての私とキリスト教（実は、キリスト教ではなく、活ける霊的人格キリストと申し上げたいのですが）に熱中している私という二人の奥田を繋ぐものは何なのか、それを是非解明したいということで、縷々ご説明になりましたことに大変戸惑っているところです。

この講演に招かれた経緯につきましては、吉田先生からもご説明がありましたように、二〇〇八年四月一七日・一八日の両日、「ＮＨＫラジオ深夜便こころの時代」という番組において、私が「幸福への道」と題してカール・ヒルティの『幸福論』を参考にして話を致しましたところ、たまたま、それを聴かれた吉田邦彦先生が、まずはお葉書を寄せてこられ、そしてその数ヵ月後には講演依頼の電話をかけてこられ、「どうしてあんなに熱く語られるのですか。いったい、先生の民法学とキリスト教とはどういう関係にあるのですか」とお尋ねになりました。私は即座に、「全く関係ありません。キリスト教は私の人間としての生き方の指針。民法学は私が民法の研究者として、民法上の諸問題を一解釈学者として精一杯明らかにしようと務めているだけのことです。両者はその存在次元を異にしていますから、直接関わることはありません。」と答えたのですが、吉田先生は、そんなはずはないと言って、なかなか引き下がってくださらないのです。そして、とうとう今日の、このような題でお話をする羽目になってしまいました。

この題名についても、釈明しておかなければなりません。吉田先生の意図は、キリスト教に対する私の並々ならぬ情熱が、必ずや民法研究の中に現れているはずだとの確信のようなものをお持ちで、それを語らせたい、ということでありますが、私が、それを否定して、「せいぜい、研究に対する誠実さとか、世俗的な何かを求めて研究をするのではないとか、たとえ恩師や諸先達の学説と相容れないことがあっても自らの正しいと信ずるところを主張するとか、そういった学に携わる者の心構えといった点に現れてくることがありましょう。」と答えたのです。このことが、「宗教・学者的良心」という題名中の言葉となって現れたのだろうと考えています。吉田先生としては、奥田における「民法と宗教とのかかわり、そして民法研究と学者的良心」といったことが関心事でありましょうが、私がなお困惑していると見るや、私の民法学者としての五〇余年を語ればよいのだ、と助け舟を出してくださいました。そこで、「それなら何とか話ができそうです」とお答えしたので、一見落着となった次第であります。このように、題名自体が妥協の産物であり、吉田先生は本題の方に、私が副題の方に力点を置いているということで皆様方にご了承いただきたいと存じます。

それにしても、本日こんなに大勢の方々が、それも若い方々がお集まりくださったことを嬉しく思っております。また、五十嵐清先生がご出席になっていることに対しても感謝申し上げたく存じます。

以下に本論が入りますが、「です、ます」調ではなく、「である」調で述べることをご了承いただきたく存じます。

二　民法の研究に携わった頃のこと、そしてドイツ留学前後のこと

(1)　於保不二雄先生と私

昭和三〇年（一九五五年）四月、大学卒業と同時に、研究助手に採用されて於保不二雄先生の指導の下に民法学の研究を始めることになったが、それに至るまでのこと、すなわち、学生時代における於保先生との関わりについて話しておかねばならない。

京都大学には法律相談部という学生のクラブがあって、於保先生が顧問をしておられた。法律相談部は昭和二一年（一九四六年）の創立であるが、終戦後間もないことで、大学内では復員学生を含む多くの学生で溢れており、しかも昔のように旧制高校出身者によるそれぞれのつながり（絆）といったものもなく、学生同士の心を結ぶ中心となるものが見出し難い状況にあった。そんな中で、学生有志が相計って、市民のための法律相談をすることを目的とするクラブ（法律相談部）を創設することとなった。しかし、当時の法学部長がこれに反対し、「法律知識も社会経験も未熟な学生が法律相談をするなど、もってのほかだ」と許されなかった。当時、民法講座の教授であった於保先生は、「私が全責任を持つ」と言って自らは顧問となり、法律相談部が誕生した。相談は、百万遍のお寺を借りたり、吉田山の上の隣保館を借りたりしながら、毎週土曜日の午後に相談が行われていた。私は昭和二八年（一九五三年）、三年生の春から法律相談部に入部したが、その頃は、大学構内に相談の場所を確保していた。相談は年中無休で毎週土曜日の午後一時から五時まで行われた。於保先生は午後三時には必ず相談室に来られ、学生が予審として応対したすべての案件に主審として応対された。私は、三年生、四年生の二年間の相談部活動を通じて、於保先生に親しく接することができ、その人柄に全幅の信頼を寄せるまでになっていた。四年生の夏休み、卒業後の進路について先生に相談

したところ、司法試験に合格しておれば、研究助手に推薦するから、民法の研究をしてみては、とのことであったので、そのお勧めに従って、民法の研究者を志したのである。

(2)　研究助手としての出発と最初の論文まで

先生の指示は、まずドイツ民法のアウトラインを把握すること、ドイツ語文献を自由に読めるようになることであった。秋にはドイツ法制史の原書を読むように、その後、研究テーマを探すようにとのことであった。年末になって、なおテーマが定まらなくて困っていると、先生は幾つかのテーマを提示してその中から選ぶようにと言われた。その際、目先の小さなテーマではなく、一〇年、二〇年かかるような大きな、民法学の基本に関わるようなテーマに取り組むようにとのアドバイスもいただいた。

そこで選んだテーマが「ヨーロッパ近代私法における実体法体系の確立過程（ローマ法のアクチオ法体系から実体法体系への転換過程および後者の確立の問題）」であった。そこで私は先生の示唆に基づき、まず、Windscheid の『アクチオ論』（「現代法の立場から観たローマ市民法上のアクチオ」、一八五六年）の研究に取り組んだ。

ローマ法の体系については一般に次のように言われている。すなわち、ローマ法の体系は、私法的内容をもった訴訟法の体系（アクチオの体系）であった。アクチオ（actio）は、抗弁権（exceptio）とともに、ローマ法を貫く基本概念を形成しているものであり、アクチオは、私権と権利保護との間の不可欠の媒介者であった。近代法においては、権利保護は一般化し、権利のあるところ必ず権利保護もまた相伴い、訴権は権利の保護手段として一般的性格をもつものとなっている。これに対し、ローマ法では、一般的アクチオ（actio generalis）は存在しない。実体的利益は、個別的名称のアクチオと結びついてのみ保護されうるものであった。したがって、ローマ人にとっては、アクチオが第一次的重要性を有し、私権は第二次的な意義しかもたないものであった。ローマの法体系は、実体的利益の保護手段としての個別的アクチオの集積からなっており、アクチオ法体系といわれる。

このローマ法のアクチオ法体系は、ローマ法の継寿によって成立したドイツ普通法（gemeines Recht）にも受け継がれたが、当時の法観念においては、既に実体権中心の実体法体系成立の基礎が形成されていた。権利は個々のアクチオによって保護される必要はなく、権利のあるところに権利保護も伴うという法観念のもとにおいては、権利保護のための個別的法手段としてのローマ法上の個別的アクチオはその存在意義を失っていた。問題はただ、私権と訴訟との媒介物としてアクチオに代わるべき何ものかが必要であるかどうか、必要であるとすればどのようにして満たされるのか、ということだけである。

Windscheid は『アクチオ論』において、このアクチオに代わるべきものとして「請求権」（Anspruch）の概念を定立し、これをもって私権と訴訟（訴権）との橋渡しをするものとしたのである。

私の問題関心は、実体法体系の確立という観点からみて、Windscheid の請求権概念がどのような意義・役割を担うものとして登場したのか、訴訟法からの分化を遂げた実体法体系とはいかなる内容・構造のものであるべきか、両法体系の分化を前提としたうえでの両者の結合（統合）関係はいかなるものであるか、また、あるべきか、という問題であった。

この研究の成果を、「ヴィントシャイトの『アクチオ論』」および「ドイツ普通法学における請求権概念の発展」と題する論文にまとめ、講師、次いで助教授にしていただいた。

(3)　ドイツへの留学の頃

助手論文に続けて、「ドイツ民法の請求権概念」を発表したあと、ドイツへ留学してはとの話があって、昭和三六年（一九六一年）一一月から同三九年（一九六四年）三月まで、Alexander von Humboldt-Stiftung の研究奨学生として、西ドイツのケルン大学外国私法・国際私法研究所において民法の研究に従事する機会を得た。私は、この機会にドイツ民法はじめ、民事法全般にわたってドイツ法の知識を獲得したいと考え、学生の身分を取得してできるだけ講義に出席し、仲良くなった学生と講義の中での理論的問題をめぐって講義をしたり、学生団体の一泊旅行に参加したりして、ドイツ語で自由に議論ができるように務めた。というのは、教授たちと学問的議論を交わそうとしても、自らの考えを的確に表現しうる語学力、そして相手の話す内容を誤りなく聞き分ける能力を身に着けていなければ不可能だからである。加えて、私の研究テーマに関して参考になりそうな文献（ドイツの学者の著書や論文）に出会うことができず、そのテーマについての研究の手掛かりがつかめないこともあって、私の留学生活は、ドイツ法に関する一般知識の修得に向けるほかなかった。

私の抱いていた問題関心は、広くは、実体法と訴訟法の交錯領域の諸問題、その一つとして、実体法上の権利ないし法的地位とその訴訟上の実現過程を媒介するものは何か、Windscheid によって導入された Anspruch 概念がドイツ民法典およびその後のドイツ民法学においてどのような位置を占め、どのような役割を果たしているか、といったことについてドイツの学者がどう考えているのかを知ることであった。そこで、まず自分の考えを文章にまとめてそれを読んでもらうことから始めるほかなかった。そこで、関心を持っていただけそうな学者に数頁にまとめた私の問題関心と見解の要約を送ることにした。ローマ法の大家である Max Kaser 教授（Hamburg 大学）、近世私法史の大家である Franz Wieacker 教授（Göttingen 大学）、〝Actio und Writt〟という著書のある Hans Peter 教授（Frankfurt am Main 大学）といった方々にお送りしたところ、好意的なご返事をいただいた。直接お会いすることもできた。やがて、ドイツ滞在が二年になる頃、私の受け入れ教官（Betreuer といって研究上の配慮をしてくださる教授のこと）の Gerhard Kegel 教授が、何か論文を書いてみたらどうか、と提案されたので、〝Über den Anspruchsbegriff im deutschen BGB〟という題の論文を作成し、〝Archiv für die civilistische Praxis〟という民事法の専門雑誌に掲載していただいた。この論文の作成に際しては、講義や旅行を通じて親しくなったドイツ人学生がドイツ語の表現の面で随分助けてくれた。

(4) 留学から帰国して

一九六四年三月末に帰国して間もなく、岩波講座「現代法」の企画がなされ、その第一四巻『外国法と日本法』の中で「日本における外国法の摂取」という章の「ドイツ法」を執筆した（一九六六年、岩波書店）。ドイツ滞在中に得た知識やドイツ民法学に対する親近感が執筆を助けてくれたように思う。なお、この巻の執筆者の打合せ会を通して、東京大学の伊藤正己先生や野田良之先生、田中英夫先生などのすばらしい先生方と知り合えたことは、まことに幸いなことであった。

また、当時、司法研修所の教官をしておられた賀集唱判事のご依頼で、司法研究所において請求権と訴訟物に関する講演を行い、それを基にして、「請求権と訴訟物 ―― 実体法学からの新訴訟物理論へのアプローチ ――」（上・下）を判例タイムズ二一三号、二一四号（一九六八年）に掲載していただいた。この論文は、私のその後の研究にとって重要な意義を有するものとなった。

三　キリスト教との出会い

ここで、私が何故、そして、どのようにしてキリスト教に出会うことになったのか、それは私の人生に、そして研究にどのような影響を及ぼしたのかに触れておかねばならない。

話は大学卒業直後、研究助手に採用されて民法の研究を始めた頃に遡る。民法の研究者の卵としての新しい生活が始まって間もなく、私は、日曜も祭日もなく、朝から夜遅くまで研究室（個室）に入り浸って、来る日も来る日もドイツ語の法律書に取り組んでいた。そうこうしているうちに、いったい自分は何故こんなことをしているのだろうかという疑問に襲われた。自分にとって学問とは何なのか、人生にとってどんな意味があるのかという問いかけが私の脳裏から離れなくなった。その頃は、マルクス主義の思想が盛んで、法律学もマルクス主義的法律学でなければ、科学的ではない、との考え方が支配的であるように思えた。人民の、ないし民衆の幸福に役立つものでなければ価値がない、といった風潮に思えた。確たる世界観も哲学も持ち合わせていない私は、その答えが欲しかった。恩師の於保先生に胸中を打ち明けたところ、「そういうことが問題となるようなら、研究者を辞めなさい」と言われた。先生は、常々「学問のための学問」を唱導しておられた。返す言葉もない私は、自分で解決を見つけるほかはないのだと、もうその問題に関しては先生に相談をすまいと心に決めて、いろんな本を読み、人生の指針を求めて彷徨した。自分という存在がいかに小さく、頼りなく、もろいものであるか、そして内側は闇であって光を有しないことに気づかされた。「朝（あした）に道を聞きては、夕べに死すとも可なり。」とか、「内に省みて疚しからずんば、夫れ何を憂え何をか懼れん。」との孔子の言葉が羨ましく思われた。要は、学問の問題と人生の問題（人生の意義）の両者が相俟って私を苦しめたのである。

研究生活二年目の夏休み前、ある研究会の打ち上げ会のあと、研究会メンバーの一人の熱心なクリスチャンの方と静かに心置きなく語り合う機会を得、生涯初めて、キリストの話を真剣に、心の奥深く聴くこととなった。これが私の人生の転機となった。

キリスト教に入門したとはいうものの、キリスト教自体が突きつけてくる諸問題、例えば、教理や教義の問題、旧約聖書と新約聖書との関係とか、さらには科学と宗教（キリスト教）の関係とかの問題にどう対処すればよいのか、戸惑いはあったが、これらはいずれ解決することとして焦らないように心掛けた。人生を生きる上での拠りどころ、学問を続けるに当たっての心の平安を得たことは、何ものにも代えがたい貴重なものであった。

一九五九年一一月、東京大学教養学部ドイツ語科教授の小池辰雄先生との出会いをいただいた。キリスト教の中での悩みを抱えていた私にとって、その後の私の人生の歩みの上で、先生との出会いは決定的な意義を有するものとなった。この年の一一月に京都大学で開催された独文学会に出席のため先生が京都に来られた機会に、私が幹事役をしていた学内の聖書研究会の主催で、一一月九日（月）の夜、京都大学楽友会館において先生に講演をしていただいた。「無的実存」と題して、聖書のこと、キリストのことなど、自由自在に語られた。

「ひとはキリスト教に入ると視野が狭くなると言うけれども、全く逆だ。私は、キリストの光に照らされて視界が広くなった。何ものにも捉われることなく、ものを見ることができるようになった。」

「イエスという方は、神の前に己を何者ともしなかった。人間は、神の前に己を何者かにしたがる。イエスは、神の前に私無き人、無私なる人、神を父と呼び、神を一切として己を神の前に投げ出している存在、それゆえにこそ、イエスの中に神が一〇〇パーセント宿った。だから、私を見た者は、父（神）を見たのだ、と宣言することができた。」

この講演を通して、キリストの福音の世界はなんと広大無辺であり、自由な、豊かな世界であるかと感嘆した。その何年か後に承った講演において、先生は「宗教と文化」の関係について、次のように話された。

「人間の文化的営みと、宗教の世界とは、樹木の幹と根の関係に譬えることができる。政治・経済・学問・芸術などの文化的営みは樹木の地上に見えている部分だ。幹は道徳、枝・葉・花・果は政治・経済・学問・芸術と言えるだろう。これらを支えているのは見えない、地下に隠れている根っ子である。それが宗教の世界だ。しっかりと根を張り巡らし、地中深く伸びてゆく根に支えられてこそ、樹木は健やかに繁茂する。青空に向かって伸び、生い茂る樹木には、地中深く水脈に向かって伸びゆく根があることを忘れてはならない。学問的真理の探求と宗教的真理の探求とは方向性においては正反対だけれども、一本につながっているのではないか。」

先生のこのような見方は、私に勇気を与えてくれた。キリスト教的真理の探求と学問上の真理の探求（法律学においても）とは、けっして相容れないものではないとの安らぎを得ることができた。現実の学問的営みにおいては、そのような実感を抱くには程遠く、二足の草鞋を履いていて、二兎を追う者は一兎も得ず、の諺どおりになるのではないかと思いつつも、わが道を往こうと心に定め、今自分のなすべき分を誠実に果たすことのみ、との思いで今日まで歩んできた。

四　学園紛争と研究生活

一九六八年秋に東京大学医学部において始まった大学紛争は、翌年の一九六九年一月には京都大学にも飛び火し、みるみる全国的規模での学園紛争に展開した。京都大学では、ほとんどの学部において学生によるストライキの決議がなされて授業はストップし、法学部においても、ストライキ決議は成立しなかったものの、授業は妨害されて実施できない状態が続いた。九月には、遂に機動隊が導入され、その後も学生運動内部でのイデオロギー対立が激しく（赤ヘルメット、白ヘル、黄ヘルなど）、混乱は数年に及んだ。六九年から七〇年にかけては、私自身、全く研究のできない状態が続いた。学生運動やその政治色についての知識をほとんど持ち合わせていなかった私は、ただ求められるままに法学部教授会の方針に従い、また学部長の意を戴して団交に同席したり、その他学部長を精一杯補佐したりした。研究できない状態がいつまで続くのか全く見通しの立たない状況下で、後輩の同僚が、「そんなに献身的に大学のために尽くすのはよくない。もっと自分の研究を大切にするように」と忠告してくれたが、私は、今はこうする他ない。たとえ、こんな状況が長引いて、学者としての生命が絶たれるような事態になろうとも、それはそれでいいのだ、と自らに言い聞かせて納得していた。その頃、ほとんど毎朝、若王子山に見つけた程よい祈りの場所へ出掛けては、聖書を読んで祈る時間を持った。因みに若王子山は「哲学の道」の終点から坂道を五〇〇メートルほど上ったところが頂上で、そこには新島襄の墓があり、そのさらに奥の方に木立に囲まれた空間があって、そこを私は祈り場としたのである。「哲学の道」の終点までは、自宅から二五〇〇メートルの道のりで、その往復はランニングの練習にもなった。もし私がキリストに帰依していなかったならば、私のように精神的に弱い人間は、どうなっていたかと思う。今思っても、あの頃、精神的にはいつも平安のうちに過ごすことができた。

五　『債権総論』の執筆と論文集の刊行

学園紛争の前の比較的穏やかな時期と言ってよい昭和四二、三年ごろではなかったかと思うが、一方では『注釈民法』の第四巻の「無効及ヒ取消」、第一二巻の「弁済」の前注ほか数か条の執筆割り当てがあり、他方では筑摩書房の現代法学全集の第一八巻『債権総論』を引き受けるようにとの話があった。『債権総論』の執筆をお勧めになったのは本全集の編集委員である磯村哲先生であったが、そのときのお話では、「いわゆる概説書ではなく、重点的にテーマを絞り込んだ、いわば論文集のようなものでよい。その方が全集としての特色を生かせるので、奥田君は債権や請求権に関する論文や、債権法上のテーマについての論文もあることだから、ぜひ引き受けるように」とのことであった。ところが、学園紛争の波に揉まれている間に、年月が経過するとともに、民法分野で最初に出たのは、幾代通教授の『不法行為』であった。これは、均整のとれた見事な教科書風の著書であった。出版社の方でも、いつしか、論文集スタイルでもよい、といった話は消え失せ、幾代『不法行為』がお手本であるかのように変化した。そうなると、これはよほど本腰を入れて取り組まないといけないと、だんだん荷が重く感じられてきた。

『債権総論』の執筆のための具体的準備作業にとりかかったのは、昭和四九年（一九七四年）夏のことであった。暑い京都にいては仕事もはかどらないだろうとの筑摩書房の計らいで、浅間山麓、信濃追分の或る山荘にこもり、強制履行のあたりから勉強を始めた。その頃であったと記憶するが、創文社の久保井理津男社長がたびたび私を訪ねては、「学者にとって大事なことは、まず論文集を完成することだ。『債権総論』は後回しにして、絶対に先に論文集を出すように。」と執拗に迫られた。ただでさえ、刊行の遅れている『債権総論』を後回しになどとてもできることではないと抵抗しても、久保井社長は全くひるむ気配もない。結局、『債権総論』を優先して、昭和五〇年、五一年と三夏連続で信濃追分の山荘にご厄介になった。その間、好美清光教授や唄孝一教授とも山荘で共に過ごす時を持った。

論文集の方は、収録する論文を請求権に関するものに限定し、「請求権と訴訟物」（判例タイムズ）は中間報告的な内容のものであることから、「附録」という扱いにして『請求権概念の生成と展開』と題する論文集に収録することとした。この論文集の校正作業はすべて、昭和五三年（一九七八年）四月から一年間、文部省在外研究員としてドイツのフライブルク大学に滞在中に行うこととなった。そして、帰国後の昭和五四年（一九七九年）七月に創文社から刊行された。

他方、『債権総論』の道のりは、なお険しかった。昭和五五年（一九八〇年）の夏休み、今度は妙高山麓、風光明媚な赤倉温泉の「次井旅館」にこもって執筆に励んだ。これで、債権総論の前半のうちの主要部分を何とか済ませることができたが、後半部分はいわば債権総論の中の「各論」に相当するもので、その年の冬休みからは、「債権譲渡・債務引受」、「多数当事者の債権関係」に取りかかった。ところがその後、『債権総論』を一冊本として出すのではなく、上・下の二冊に分けて出すようにとの出版社側の意向により、漸く、昭和五七年（一九八二年）七月に上巻を出すことができた。昭和五八年（一九八三年）四月から二年間は法学部長の職にあり、時間的にも難しく、下巻を出すことができたのは、上巻の後五年を経過した昭和六二年（一九八七年）のことであった。

このように、私の仕事はまことに遅々たるもので、各方面にご迷惑をおかけしながらの作業であった。

『債権総論』の執筆において苦心したのは、(1)強制履行のところ。すなわち、民法四一四条は実体法規定なのか、単なる執行法上の規定にすぎないのかの問題。当時の圧倒的多数説は、四一四条は本来、民事訴訟法（現在なら民事執行法）に置かれるべき規定であるのに、誤って民法に入り込んだもので無視すべきである、というものであった。

ひとり、於保先生だけは、これを実体法規定として理解しておられた。

(2)　債務不履行の中での「不完全履行・積極的債権侵害およびその他の義務違反」のところ。債務不履行のうち履行遅滞・履行不能以外の債務不履行の諸事例を、単に「債務の本旨にかなった履行がなされていない」というように包括的・一元的に捉えるのではなく、効果との結びつきを考えて、(ア) 債務の性質上は、与える債務と為す債務とでどのような違いがあるか、(イ) 侵害される義務の面からは、給付義務か、附随的注意義務か、保護義務かで効果に違いがないか、(ウ) 被侵害客体が、給付目的物か、給付行為ないし給付効果か、一般法益（いわゆる完全性利益）かで効果に違いが生じないか、を考慮して、要件と効果（追完の可否、解除の可否、損害賠償の範囲）を定めるべきではないかと考えた。

(3)　損害賠償の範囲の問題と損害賠償額算定の基準時の関係。とくに、判例は基準時に関しては多元説である、と一般に説かれているけれども、事案類型ごとに検討しなければそのような素朴・単純な割り切り方では済まされないと考えた。そこで、概説書としては異例と言えるほど多数の判例を取り上げ、事案ごとの特色を明らかにしつつ統一的な理解が得られるように努めた。

(4)　詐害行為取消権　責任説の主張に共感を覚えつつも、大審院明治四四年三月二四日民事連合部判決の打ち出した方向性（相対的取消し）を維持するように努めた。

六　請求権競合問題についての研究

ローマ法上の actio から、ドイツ民法の Anspruch への展開の研究の行き着くところは、私にとっては、実体法上の請求権の競合と訴訟法上の訴訟物ないし民事訴訟法学における訴訟物理論の関係の究明であった。昭和三〇年代以降、わが国の民事訴訟法学においては、新訴訟物理論が華々しく提唱され、旧訴訟物理論を堅持する学者との間で激しい論争が繰り広げられた。新訴訟物理論の主張者の中には、実体法上の権利や請求権との関係を全く無視ないし切断した形で訴訟物を構成する見解や、紛争の一回的解決に至上価値を置くような議論を展開するものが見られた。実体法とのつながりを重視する三ヶ月教授の学説においても、その請求権の理解において私には納得できない点があった。「請求権と訴訟物」の論文（前掲）はそうした私の疑問を正面からぶっつけたものであった。私の問題関心を正面から受け止めて、実体法の立場から請求権競合の問題に取り組み、精緻な理論を打ち出されたのは、四宮和夫先生の『請求権競合論』（昭和五三年〔一九七八年〕）であった。

初期の私の関心は、実体法上の請求権の競合が生ずるすべての場合に常に訴訟物は一個であるとする民訴学者の訴訟物理論に疑問を抱き、実体法の立場から論駁することであった。すなわち、所有権に基づく引渡請求権と契約に基づく引渡請求権とでは制度上の差異があること、不法行為による損害賠償請求権と不当利得を根拠とする請求権とでは同じく金銭の給付を内容とするものであっても、制度上は別個のものであること、これらの諸事例において単に現象的に同一内容の給付請求に見えても、短絡的に訴訟物は同一という扱いをするのではなく、実体法理論の内部において、制度間の関係を正しく理解することが必要であると考えた。例えば、賃貸借終了の場合の目的物の返還請求権は、所有権に基づくものと契約に基づくものとの両者が考えられるが、この場合には契約関係の後始末としては契約に基づく処理をすべきである。他方、債務不履行に基づく損害賠償請求権と不法行為による損害賠償請求権の競合が生じている場合においては、不法行為法上の保護法益（生命・身体・健康、所有権など）が債務者の行為によって侵害された場合であるから、むしろ不法行為法上の規律に服するのが適切であるとさえ言える（例えば、慰謝料請求や被害者死亡の場合の近親者の慰謝料請求）。したがって、このような債務不履行と不法行為の競合事例では、請求権の競合を認めた上で適切な処理をするほかないであろう、と。

こうして、問題の核心は、訴訟物理論との関係を離れて、実体法上の制度と制度との関係、規範相互の関係を正しく理解する点にあると受け止めるようになった。このような私の研究の足跡は、昭和四七年（一九七二年）の「物品運送契約における債務不履行責任と不法行為責任 ―― ドイツの判例・学説を中心として ――」（法学論叢九〇巻四・五・六号）、昭和四九年（一九七四年）の「契約法と不法行為法の接点 ―― 契約責任と不法行為責任の関係および両義務の性質論を中心に ――」（『於保不二雄先生還暦記念　民法学の基礎的課題　中』）、昭和六〇年（一九八五年）の「債務不履行と不法行為」（『民法講座4　債権総論』）に見ることができる。とりわけ、この「契約法と不法行為法の接点」の論文は、ドイツ民法学の最先端の理論を踏まえてこの問題を論じた苦心の作であった。また、請求権競合の問題について、当時わが国の民事法学において支配的であった川島武宜先生の契約責任と不法行為責任の関係についての法条競合説に対する私の批判的見解を論証しようとするものであった。

さらに、昭和五〇年二月二五日の最高裁判決によって初めて最高裁判例上に登場した安全配慮義務は、債務を給付義務と保護義務とに分けて捉える民法学上の理論のなかでどのような位置づけがなされるべきであるのか、安全配慮義務の特質は債権者・債務者間の他の諸義務に対してどの点に見出されるべきであるのか、という問いかけとなって私に解決を迫るものとなった。同じく安全配慮義務という用語で一括りにして捉えられている義務であっても、それを生み出す法律関係、それが課されている義務者の立場によって、その義務の位置づけ（付随義務というなら何に付随しているのか、本来の給付義務があってそれに付随するのか、給付義務は存在しないけれども何らかの法律関係に付随するのか）、義務内容の濃淡ないし強弱の度合（義務を尽くしたと評価されるにはどのような具体的行為ないし措置を行うことが求められるのか）が異なるのではないか、と考えた。例えば、入院患者に対する病院の債務内容は、診療契約およびそれと結合した入院契約の内容に応じて定まるはずであり、院内感染の防止とか建物からの転落事故の防止などは、治療という給付義務の狭義の内容には含まれないとしても、契約の解釈から導き出される病院の債務内容をなすものであり、給付義務の拡張されたものと見ることも可能である。そして、病院として法令上義務づけられる措置を超えて、どれだけ手厚い措置を講ずるべきかは対価（双務有償契約上の）に応じて判断されることになろう。学校・保育園の生徒・園児に対する安全配慮義務についても、その最低限の措置については不法行為法の観点からも要請されるにしても、それ以上の行き届いた、手厚い措置内容は契約内容によって定まるべきもので、生徒・園児の生命・身体・健康の安全を配慮すべき義務は、契約から導かれる給付義務の一内容であると言えよう。食品の売買における売主の義務にしても、単に民法五五五条のいう財産権移転義務に尽きず、安全な食品を引き渡すことが給付義務内容に含まれると解するのが、契約解釈からの帰結であろう。

他方、労働契約関係においては、双務有償契約に基づき対価関係に立つのは、労働者の側では使用者の指揮・命令の下での労務の提供、使用者の側ではその対価としての賃金の支払いであり、労働者の身の安全に対する配慮は対価関係からは導き出せないものである。賃金支払義務という本来的給付義務に付随するとか、その拡張として捉える事のできないものである。民法学上の付随義務は、給付義務そのものではないけれども、給付目的を達成するために契約の解釈上、あるいは信義則上、給付義務の存在を前提としてこれに付随するものと理解されてきた。したがって、安易に、（労働）法律関係に付随するなどと表現されることに対しては、違和感を覚えた。法的根拠を信義則に求めることはやむを得ない。契約の解釈から導き出せない場合に、信義則に拠り所を求めるほかないからである。私が最も力説したかったことは、労働者は使用者の指揮・命令の下に、また使用者の提供する環境・施設・設備・機械等の下で、身の安全を使用者に預けた形で労務に携わるという特殊性が、安全配慮義務の性質・内容に反映されなければならない、ということであった。民法的に言えば、使用者が債権者として権利の行使に際して負担する義務、債務者の債務の履行を受領するに当たって債権者に課される義務ということになるが、売買における目的物の受領や、金銭債務における金銭の受領などにおいては、債務者に対する債権者の安全配慮義務などは問題にならない。炭鉱での火災や落盤事故、粉じんによる健康被害（じん肺）その他の労働災害を見るにつけ、安全配慮義務の根拠、特質、義務内容、その射程を明らかにする必要があると考えた次第である。しかし、民法学界では、こうした見方は受け入れられなかった。平成二年（一九九〇年）の「安全配慮義務」（『石田喜久夫・西原道雄・高木多喜男先生還暦記念文集　中巻　損害賠償法の課題と展望』）および「契約責任と不法行為責任との関係（契約法規範と不法行為規範の関係）――特に安全配慮義務の法的性質に関連して ── 〔講演〕」(司法研修所論集一九九一 ─ Ⅰ(八五号)。なお、この講演は、後に『谷口知平先生追悼論文集2　契約法』(平成五年〔一九九三年〕、信山社)に転載させていただいた)の両論文は、私の苦闘の結実である。

七　その他

以上に挙げたもののほかに、私が関心を抱いた領域ないし事項は、(1)財産管理権論の研究、(2)物権的請求権の発生根拠と内容、(3)受領遅滞と危険負担、などである。

(1)については、於保先生が財産管理権論研究のパイオニアであったので、自然に私も授権、代理権、財産管理権といった諸制度に関心を持つようになった。京都大学法学部百周年記念論文集第三巻(平成一一年〔一九九九年〕、有斐閣)所収の「代理、授権、法律行為に関する断想」や「『無権代理と相続』に関する理論の再検討 ── 無権代理人相続型を中心に ──」(法学論叢一三四巻五・六号、一九九四年三月)がその表れである。法律行為により効果が発生するが、「財産管理権」を媒介として、効果を最終的に帰属させるという於保先生の洞察は、所有と経営(管理)との分離にも類比した優れたものと考えるが、近時の代理に関する叙述では、こうした分析が踏まえられているのだろうかという疑問などを示している。

(2)の物権的請求権については、平成八年(一九九六年)六月に早稲田大学で行った講演「物権的請求権について」(法学教室一九八号〔一九九七年三月〕)に私の基本的発想が表れている。

また(3)では、「受領遅滞と危険負担 ── 雇傭ないし労働契約の場合を中心として ──」(法学論叢九四巻五・六号〔一九七四年〕)は、我が国の通説がドイツの学説(「領域説」)にしたがって、履行不能と受領遅滞の区別は、履行および受領の双方を困難(不能)とする当該事情が債権者(使用者)・債務者(労務者)のいずれの支配領域において生じているかを基準とし、使用者側で生じているときは受領不能（受領遅滞）、労務者側で生じているときは履行不能とみて、前者の場合は賃金請求権の存続を認め、後者の場合には賃金請求権なし（民法五三六条一項）とする。その結論は妥当であるが、受領遅滞の場合に賃金請求権の存続を認める根拠を通説は何ら説明していないと（ドイツでは、ドイツ民法六一五条が明文の規定でこれを定めている）、安易にドイツの学説の結論だけを受け入れて、それ以上の検討をしない通説の態度を批判したものである。

その他、「信頼利益」「履行利益」概念にしても、ドイツの損害賠償法の構造に由来するもので、わが国の議論は、ドイツ法の正確な理解抜きでなされているように思われる。

八　私の民法研究のまとめ

以上の素描から窺えるように、私の問題関心なり研究の在り方は、法制度の歴史とか、民法上の基本的制度や概念、その構造・性質といったものの本質をどこまでも掘り下げて、納得がゆくまで追求するといったものであった。それが、どれほど現実の法的諸問題の解決に役立つのか、将来の新しい制度設計や課題に応え得るものであるかは、わからない。人間が納得しうる解決の基底には、何らかの「理（ことわり）」ないし「法則性」があるはずだ、という直観のようなものに導かれて、地道に研究らしきものをつづけてきた、としか言えない。

それに私は、一つの事をしようとすると、他の事はすべてストップしてその一事に専念しないと完成へとこぎつけることができない。ところが、現実には、次々とそれを妨げる公私の様々な用務が舞い込んでくる。こんな状況の中でも、病に倒れることもなく、こころ穏やかに過ごしてこられたのは、ひとえに、わが主のキリストの御護りと導きの故に他ならない。私にとっては、民法学も学者としての生活も、最重要事ではない。主キリストの御心にかなう生き方をすることがすべてなのである。こんなことを言うものだから、「それなら、お前にとって、民法学とは何なのか、研究にどんな意味があるのか」と厳しく問われることになるのである。

九　最高裁判所判事としての仕事と私の民法学

平成一一年（一九九九年）四月から三年六か月、幸運にも最高裁判所判事として最高裁判所での実務に携わることができた。民法学者としての知識と学理的思考を実務の上に生かすことのできる貴重な機会を与えていただき、その三年六か月は充実した日々であった。

実務経験豊かな裁判官の方々や、理論的思考の面でも鋭く、優れた感覚を備えた調査官の方々との交流を通して、他では得られない勉強をさせてもらったと考えている。

最高裁での審議は、法律審であることの制約から事実認定のプロセスに直接タッチすることはできないが、さまざま経緯を経て原審までに認定された事実（「原審の適法に確定した事実」）を前提として、当該事件につき、いかなる法理を用いて適切妥当な結論に到達すべきかを多角的に検討しなければならなかった。しかも判示内容は、当該事件だけではなく、類似の事案にも適用可能な法理の説示でなければならないし、同時にまた、他の類似の事案において異なる結論を導こうとする際の妨げとなるようであってはならない。

一口に「利益衡量（考量）」と言っても、学説レベルにおいては、なお抽象的・類型的な「利益」と「利益」の衡量であるのに対し、現実の裁判においては、具体的事案ごとに各当事者の利益状況やその内容は異なるから、いわゆる利益衡量だけで結論が導き出せるわけではない。学説で説かれる利益衡量と現実の事案での解決、それに至るプロセスとの間には隔たりがあるように思われた。

十　法と倫理・宗教について

平成八年（一九九六年）三月末をもって京都大学を定年により退職した私は、同年四月から、三重県鈴鹿市にある鈴鹿国際大学に教授として赴任した。鈴鹿国際大学は平成六年（一九九四年）に開設された大学で、開学と同時に、私は非常勤講師として、授業を受け持っていた。この大学の特色ある科目の一つとして、「世界の中の日本」という授業科目があり、学内・学外の著名人を講師とするリレー式の講義であった。

初年度、私は、「良き法律家は悪しき隣人？」という題で講義し、次年度は、「『人間の尊厳』の根底にあるもの」という題で、次いで、常勤の教授となった平成八年（一九九六年）には、「聖書の自然観・人間観」という題で講義をした。すべて、聖書における神・キリストと人間の関係、聖書は人間や自然をどう見ているか、社会生活における人間相互の関係は神の目からみていかにあるべきか、といった問題に焦点を合わせたものであった。

ここには、法と倫理・宗教に関する聖書の箇所を旧約聖書と新約聖書から一つずつ取り上げて、話してみたい。

旧約聖書のレビ記（成立年代は紀元前六世紀前半頃）に次のような箇所がある。

「主はモーセに仰せになった。イスラエルの人々の共同体全体を告げてこう言いなさい。あなたたちは聖なる者となりなさい。あなたたちの神、主であるわたしは聖なる者である。父と母とを敬いなさい。わたしの安息日を守りなさい。わたしはあなたたちの神、主である。（中略）穀物を収穫するときは、畑の隅まで刈り尽くしてはならない。収穫後の落ち穂を拾い集めてはならない。ぶどうも、摘み尽くしてはならない。ぶどう畑の落ちた実を拾い集めてはならない。これらは貧しい者や寄留者のために残しておかねばならない。わたしはあなたたちの神、主である。

あなたたちは盗んではならない。うそをついてはならない。互いに欺いてはならない。わたしの名を用いて偽り誓ってはならない。それによってあなたの神の名を汚してはならない。わたしは主である。あなたは隣人を虐げてはならない。奪い取ってはならない。雇い人の労賃の支払いを翌朝まで延ばしてはならない。耳の聞こえぬ者を悪く言ったり、目の見えぬ者の前に障害物を置いたりしてはならない。あなたの神を畏れなさい。わたしは主である。あなたたちは不正な裁判をしてはならない。あなたは弱い者を偏ってかばったり、力ある者におもねったりしてはならない。同胞を正しく裁きなさい。民の間で中傷をしたり、隣人の生命にかかわる偽証をしたりしてはならない。わたしは主である。心の中で兄弟を憎んではならない。同胞を率直に戒めなさい。そうすれば彼の罪を負うことはない。復讐してはならない。民の人々に恨みを抱いてはならない。自分自身を愛するように隣人を愛しなさい。わたしは主である。」（レビ記一九章一～一八節）

戒律の宣言の末尾に「わたしは主である」という言葉が置かれていることに注目すべきである。「わたしが、あなた方（イスラエル民族）の神であり、主であるのだから、あなた方は私の心、思い（信愛）にきっと応えるはずだ」という愛と信頼の呼びかけの中での戒律（行為規範）の宣言である。われわれの法規範においてはどうであろうか。また、「畑の隅まで刈り尽くしてはならない」とか、「ぶどうも、摘み尽くしてはならない」、「労賃の支払いを翌朝まで延ばしてはならない」という戒律の中に、貧しい人々への思いやりを汲み取ることができる。「心の中で兄弟を憎んではならない」とか「人々に恨みを抱いてはならない」というのは、正に人間の内面を問題とするもので、法の介入するところではなく、倫理・道徳の領域である。旧約聖書においては、法規範も道徳・宗教規範も、分かちがたく一体化しているのを見る。もちろん、これらの内面的規範がどこまで遵守されていたかは別問題であるが、民族全体が、このような高次の規範の下に統率されていたとは、驚きである。

新約聖書におけるキリストの言葉はもっと凄い。有名な「敵を愛せよ」のくだりを引用しよう。

「あなたがたも聞いているとおり、『隣人を愛し、敵を憎め』と命じられている。しかし、わたしは言っておく。敵を愛し、自分を迫害する者のために祈りなさい。あなたがたの天の父の子となるためである。父は悪人にも善人にも太陽を昇らせ、正しい者にも正しくない者にも雨を降らせてくださるからである。自分を愛してくれる人を愛したところで、あなたがたにどんな報いがあろうか。徴税人でも、同じことをしているではないか。自分の兄弟にだけ挨拶したところで、どんな優れたことをしたことになろうか。異邦人でさえ、同じことをしているではないか。だから、あなたがたの天の父が完全であられるように、あなたがたも完全な者となりなさい。」（マタイによる福音書五章四三〜四八節）

天の父のこころ（無限無量の絶対愛）をこころとする、これが教えの出発点である。イエスはそれを身をもって表した。それは、イエス自身が、全き父（父神）の愛に満たされ、貫かれていたからであった。イエスにおいては、絶対界と相対界、絶対次元と相対次元との間に分裂がなかった。ところが、われわれ現実の人間においては、そうはいかない。

ここに法の世界と宗教（キリスト教）の世界との違いがはっきりと現れている。法が規律の対象とする人間は、自己中心で、利己的な面を免れない人間である。理想としては、他者を愛し、他者のために身を捧げようとする崇高な志向を有しながらも、また逆の方向へも突っ走るという両面がある。そのような人間の構成する社会において、正義、公平、平等、共生、といった価値を実現するのが法の目指すところではあっても、一挙にそれに到達することはできない。忍耐と寛容が必要である。

キリスト教は人間の内面の変革を出発点とする。しかもそれは神の働き（力）によって達成されるものであり、その前提として人間の自由意志に基づく神・キリストへの信仰（帰依）が不可欠であり、それは、いかなる人にも強制されてはならない。

法学教育、ことに将来の法曹を養成することを直接の目的とする法科大学院の教育において、法曹倫理教育が重視されている。私は、法曹を志す人たちが、単に法律の解釈適用の技術の習得に明け暮れるのではなく、高い人間性を養っていただきたいと願っている。それには、上に述べた旧約聖書や新約聖書の核心に触れ、自らの生き方を問い続けるといったことの大切さを忘れないでいただきたいと切に願うものである。

討　論

吉田邦彦（司会）　大変貴重なお話をありがとうございました。奥田先生には以前にも北大に来ていただいていますけれども、今日のような、――先生は、「無因説」と、おっしゃいますけれども――先生の民法学と宗教の両面にわたって、こういう形でのお話は、はじめて聞かれる方が多かったのではないかと思いますし、いろいろ皆さん感銘を受けられたのではないかと思います。それでは、残り三〇分くらいになりましたけれども、どなたからでも自由にご質問いただければと存じます。最初は、若い方からいかがでしょうか。どなたからでも、何なりと。

奥田昌道　ぜひ若い方から。もう偉い大家の先生方は怖いですからね。

これからという方々、その方々がいろんなことをね、ご意見くだされば、ありがたいと思いますけど…。

私は北海道に来る時も、まるで旧約聖書イザヤ書五三章の「屠り場に引かれる子羊のように」、また、十字架を直ぐ前にして悶え苦しむキリストみたいな姿でね、海を渡ってきたのですよ。ねえ、吉田先生、気楽なこと仰ってますけどね。その苦衷をどうぞお察しください（笑）。

（一）　学問の姿勢は、宗教の問題か。また宗教と「断絶」しているのか。

得津晶　商法を勉強させていただいております得津と申します。本日は大変貴重なお話をどうもありがとうございました。そして、奥田先生が終始一貫してなさっていたのが、その断絶説、という考え方、―無因説と吉田邦彦先生はおっしゃいますけれども―、これは私も大変感銘を受けました。しかし反面ですね、ところどころ、断絶したはずの宗教の考えが学問の姿勢に入ってきているのではないかという気がするのです。例えば、宗教のおかげで色眼鏡が外れるんだ、というお話がございまして、このような形で学問に宗教が関係あるといわれてしまうと、本当に断絶しているのか、何か裏から宗教が学問の姿勢に入ってくるのではないかという気がするのですけれども。

ただ、学問において色眼鏡を外すことが大事であるというのは、宗教に関してとりたてて何も考えてこなかった私も ―― もちろん多くの先生方も ―― 同じように考えてはいるのではないでしょうか。となると、これと宗教とは関係がないんじゃないかという気もします。このように、学問の姿勢と宗教とは本当に断絶なのか、何かちょっと関係があるのかというところが少し気になったのです。また、今日のお話は主にキリスト教の話が出てきたんですけれども、ところどころ、仏教だって同じだろうという話も出てきていたような気がします。このことからすると、もしかしたら私の勝手に前提にしている宗教というものが先生のおっしゃっている宗教よりも狭すぎるのかもしれません。私の中で宗教観といいますか、「何が宗教というものなのか」という範囲が狭いので、先生のおっしゃっている広い意味での宗教の裏付けのある学問に対する在り方、考え方が、私流の狭い意味での宗教からすると、宗教の裏付けなしにも成立しうるように見えるだけかもしれないのですけれども。こういうわけで、学者としてのあるべき姿というか、先生のおっしゃっている色眼鏡をはずすという中立のようなものが ―― そもそも、中立というのが本当にあるかどうかはちょっとよく分からないんですけれども ―― 本当に宗教から断絶しているのか、それとも何か別なものから来ているのかがわからないのです。ちょっと漠然としたご質問で申し訳ないのですが、よろしくお願いします。

奥田　あの、まず申し上げなければなりませんのはね、宗教の方は絶対次元の世界なんですね。お釈迦様にしましても、キリストにしましても絶対次元。これに対して、我々はできそこないの人間という相対次元の世界なんですね。「ジャックと豆の木」というような話がありましたけど、一生懸命蔓を登っていって、上へ到達する、そんな蔓を登っていってね、到達できるような世界ではないという、そこに一つの断絶があります。断絶があるから完全に無関係かというとそうじゃなくて、やっぱりイエスという方、あるいはお釈迦さんという方が現れてきてくださって、絶対次元を人間どもの前に開示しているということは明かなんですね。開示しているからすぐ飛びつけるかというと、そう簡単じゃない。そういうところをわかって欲しかったんですね。

特に小池辰雄っていう先生が講演の中で話してくれたのは、人間はどうしても己に囚われると。自我に囚われると。本当に自我っていうものに囚われない方はお釈迦さんとかキリストとかそういう方々だろうと。ほかの人間はいくら自主独立だ、やれ自由だといったって何かに囚われている、本質は不自由なんだと。そういうことをおっしゃったんですね。そういうところと今のことと繋がっていると思うんですね。で、始めのご質問になりますと、何でしたかね、始めのご質問は…。

得津　結局断絶しているとおっしゃっているんですけれども、どこか裏から相対の世界から宗教に入ってくるのか…。

奥田　ええ、入ってくるんですね。向こうから切り込んできてくれるんです。向こうからこっちへ切り込んできてくれるんですね。そういうことが一つですね、それから、二つおっしゃったですね。一つで良かったんですか？それで良かったんですか？

得津　なるほど、次元が違うという意味での断絶説ですので、異なる次元への切り込みというものがあるわけですから、無因説とはちょっと違うのですね。もう一つの質問は、宗教の裏付けなしにも、学問の中立性といったようなことは同じように言えるのではないかという質問でした。が、すでにいただいたご回答から、ご講演の内容を踏まえますと、そのような根っこがないにもかかわらず、「学問は中立であるべき」とかやたら学問の姿勢についてとやかく言うのは、偽善につながるということでしょうか。私にも、身に覚えがないわけではありませんが…何かまだ雲をつかむような話で、完全には理解していないのですけど、どうもありがとうございました。

（二）　学問をやる際の人間の弱さ、自己への囚われ――「絶対・相対」の峻別

奥田　だからね、私は、皆さんはそうじゃないかもしれません。私にとってはね、やっぱり己に囚われている人間の弱さ、そういうものに怯えながら学問をやるというのは、ものすごく精神的に苦しかったんです、正直に。他人の問題ではない、自分の問題としてね。だから、私の場合にはまだ若かった二二、三歳から二四、五歳の時です、勉強を始

めて間もないときですね、まず己は何者か、己ほどでたらめで弱い者はないと、これを乗り越えて本当に学問に徹する、於保不二雄先生は「学問のための学問」なんて言われた、およそ功利主義は否定なさった、極端ですよ。あの頃はマルクス主義が流行っていましたから、何々のための学問、人民のための学問、そういう何々のための学問に対して、於保先生は「学問のための学問」ということを敢えて言われた。僕はそういう心境に到達するのはなかなかできなくて、やっぱり自分に囚われていますしね。

だからどうやったらそういうね、「学問のための学問」とか、本当に澄み切った心境でね、物を、曇りなき眼で物を見るっていうところへ行けないんですね、己に囚われて。自分はその頃、いろいろ精神的にも肉体的にも、もう病気の一歩手前ですね、そういう状況でいる時に自分の弱さを徹底的に知りましたんでね。そういうことが根底にありますものですから、だから、まあ、僕はキリストっていう方はね、絶対次元から人間を絶対無条件に救い上げる、それはお釈迦様も一緒でしょう。そういうもんでないと自分は救われっこないというとこへきたんですね、それを私に教えてくれたのは小池辰雄っていう、宗教上の恩師であったという、そういうことなんです。

だから、敢えて私が絶対性と相対性ということにこだわりますのはね、人間の善の積み重ねとか努力の積み重ねで絶対善に到達できるというそんな安易な考え方にはとても立てない。それは、立てる人は立ってくださっていいんですよ。積み重ねてね、ジャックが豆の木を登っていって天国に到達したらそれはそれで素晴らしいけど、私はとても駄目だと。譬えて言えば、ちょうど放物線がありますね。下から上へと昇りゆく放物線と、上から下へ降りてくる放物線とがあります。下から出ていく放物線は、ピークに達するとその後は必ず下へ降りてきます。それとは逆に、上から下りてくる放物線はあるところから今度は方向を変えて、上へ上へと上昇してゆきます。神様から下りてくる放物線はどん底の人間を拾い上げて上へ昇っていくんですね、限りなく上へ、天上の世界へと。我々はそれとは逆方向の放物線なんです。青春時代はこのピークにあるかもしれません、知的にも肉体的にも。でも、やがて衰えていく。長生きして、その先どこへ行くんですか。老人ホームですか。夢と希望を持ち続けることができるのでしょうか。これが人間の現実です。これに対し、神様の下さる放物線は、ひとたびは、どん底に突き落とされるんですが、地獄を味わった人間が、今度はそこで拾い上げられてあとはもう上へ行くだけなんですね。それを小池辰雄は講演の中で話してくれたんです。いろんな例えでもって話してくれた。私はもう感動ばかりでしたね。西洋の鐘にはベルがある。ベルがあって鳴るだろう。東洋の鐘は何もない、空っぽだ。ところがゴーンとやればね、妙なる響きがある。鐘は空気に包まれながら、空気を抱いて、鐘と空気とが響き合って鐘が鳴るんだ。あの鐘は天井からぶら下げられているだろう、釣鐘だ。これにつっかえ棒をしたら、叩いたって鳴らない。上からぶら下げられているこの鐘っていうのは無立場だ。主義主張をしていない。首根っこをつかまれてぶら下がっているだけだ。それが突かれるとゴーンとね。空気と溶け合って素晴らしい音（ね）を放つ。西洋の鐘はベルがあってガランガラン、ガランガラン鳴っている。ガランガラン、ガランガランの音よりもゴーンというあの除夜の鐘の方が、素晴らしいでしょう。そんな話をふんだんにしてくださった。それまでに私が出会ったキリスト教の人は東洋のものを一切否定する傾向が強かった。僕の接したキリスト教の宣教師なんかは特にそうだった。けれども、私は小池辰雄に出会って初めて目が開かれた。あの方は東洋の良さをそのまま受け入れて話してくれた。内村鑑三の系統でもありましたしね。それだから僕はそれで本当に、視野が広くなったと思っています。

私の恩師の於保不二雄って方はね、学者であろうと思ったら無宗教でないと駄目だ、なぜかというと色が付いてしまうと言われた。そのことが悩みの種ですよ。それで、小池辰雄に出会ってね、この先生が言われたことは、「世間では、キリスト教に入ると視野が狭くなるというけれど、私は逆だ。無色透明のキリストの光で物事をありのまま見ることができるようになった。世界が広がった。」とつまり、人間はともすれば、己っていう主観でものを見てしまう、色眼鏡でものを見てしまう。それがキリストはそれを全部取っ払ってくれたと。太陽の光で、無色透明な光で物をそのまんま受けとれる、それがキリストの光だって言われて、はぁっと思って感動しましたよ。

（三）　奥田教授における「宗教」「道徳」「法（法律）」の構造 ―― Ｇ・リペールとの違いをどう考えるか

吉田　奥田先生、今の得津さんの質問をもう一度確認させていただけませんか。先生の分析軸は三層構造ですね。宗教の世界、それから道徳の世界、そして、法の世界ですね。今日の先生のお話では、宗教の世界と道徳の世界で断絶があるということを強調されました。しかし他方で、同じクリスト教でも、所々カトリックは自分とは違いますというようなことも仰いました。

そこでそれでは、リペール教授の立場と比較対照させてみます。先ほど冒頭に紹介しました例えばリペールの本（G.Ripert, op. cit., p.31 et suiv.）では、こう書いてあるのですね。「法律家は彼の道義的理想の実現に努力しなければならない。キリスト教的道徳は法原則となり得る。」として、①夫婦間の扶助とか、②自然的父性探求とか、③子どもの保護とか、④不道徳契約の禁止とか、⑤投機の抑制とか、⑥責任の推進、⑦不当利得の排斥、⑧被用者保護、⑨権利濫用の禁止、⑩週休の確保、等々、さらに、⑪税の再配分とか書いてあるわけです。これは先生からみると、直結説でよくないということになるのでしょうか…。

奥田　いま吉田先生のおっしゃったリペール教授の挙げられた諸事例は、人間として当然のことではないでしょうか。このような理念なり制度の形成にキリスト教が寄与してきたことは歴史的事実でありましょうが、そのような理念なり制度が既に社会において、あるいは法において承認を得ているところでは、あえて、キリスト教徒だからそれをさらに促進するように努力するとかいうことではなく、人間として、誰もがその実現に努力するということではないかと思うわけです。

私のプリントに書いていますけれども、旧約聖書のレビ記というところに出ていますよね、既に。稲穂を収穫するときには、貧しい人のために少し残しておいてやれとかね。

吉田　はい。しかし、リペール教授においては、宗教規範と道徳規範、法規範との一体化の例としてひかれます。他方で、先生のご議論では、宗教と道徳・法との峻別を説かれますから、ちょっと違いますよね。その辺の関係をお聞きしたいのです。

奥田　私が高次の宗教的規範や理念を直接に法制度の中に持ち込むべきではないと申しますのは、例えば、キリスト教では離婚を禁じています。キリストの言葉に「創造主は初めから人を男と女とにお造りになった。それゆえ、人は父母を離れてその妻と結ばれ、二人は一体となる。だから、二人はもはや別々ではなく、一体である。従って、神が結び合わせてくださったものを、人は離してはならない。」（マタイによる福音書一九・四～六）とあります。キリスト信者ならば、これを素直に受け入れるでしょう。しかし、キリスト信者であっても、いろいろの理由で家庭生活が破綻してしまっている夫婦に対して法律上も離婚は許されないとして、離婚を禁ずることはできないと思います。ましてや、キリスト教徒でない人々に対して、離婚は神の意志に反するから許さない、ということでよいでしょうか。私は、宗教は人間の内面の事柄であって、一人ひとりが神様との関係を正しく保持すべきもので、これを他人に押し付けてはならないと考えています。一人ひとりが、全く内発的に、神・キリストの心を心とし、御心に適う生き方をしたいと心から願って生きるならば、多くの問題は解決するのではないかと考えています。

リペールの挙げておられる諸事例は、人間に共通の道徳規範レベルの事柄であって、キリストが説かれたのは、もっと高次元の神の絶対愛、絶対善というべきもので、人間の考えるレベルを遥かに超えていると思います。

吉田　道徳とは別の次元の、それとは違う絶対的のレベルのお話といわれるのは…

奥田　もっと次元は高いですからね。隣人愛といったら、己を捨てて他者を助ける。

講演の終りにおいて引用いたしました有名な、「敵を愛せよ」との教えもそうです。それまでは、「隣人を愛し、敵を憎め」と命じられているけれども、「わたしは言っておく。敵を愛し、自分を迫害する者のために祈りなさい。あなたがたの天の父の子となるためである。父は悪人にも善人にも太陽を昇らせ、正しい者にも正しくない者にも雨を降らせてくださるからである。自分を愛してくれる人を愛したところで、あなたがたにどんな報いがあろうか。…自分の兄弟にだけ挨拶したところで、どんな優れたことをしたことになろうか。…だから、あなたがたの天の父が完全であられるように、あなたがたも完全な者となりなさい。」（マタイによる福音書五・四四〜四八）と。これは、誰にでもできるといったものではない。いや、誰もできない。もう、神・キリストの前に降参するしかない。キリストはそれを実践された。理不尽な裁きで十字架に架けられながら、「父よ、彼らをお赦しください。自分が何をしているのか知らないのです。」（ルカによる福音書・三四）と祈られた。これを私は心の中で大切にしたい。神・キリストが一人ひとりの心の中に働いて、その御力で内側から人を造り変え、キリストと同質の人間にしていただかなければ、ただ、理想だ、理念だ、道徳だというだけでは、できることではないと考えています。

吉田　そうすると、ちょっと言い方の違いということになるのでしょうか。正義っていうのはリペールですと、こうクリスト教的な宗教道徳みたいなものが正義という書き方をしている個所もあるのですよね。しかし、先生は他方で、「相対的世界における人間的正義」という言い方もされました。結局、実質は宗教の思想は、道徳・法に影響を与えるという意味では、大差ないのだけれど、宗教の絶対世界と、人間の相対世界における道徳・法とは、区別・峻別しておきたいという整理でよろしいでしょうか。

（四）責任問題（特に、戦争責任の問題）を宗教的にどう理解したらよいのか。

吉田　それでは、若い方の発言が続かないので、「埋め草」的に質問させていただきますね。お聞きしたいのは、帰責の問題、責任の問題に関わります。それは、実は法律学の根本問題で、またそれは、法律学だけではなく、道徳の世界においても重要課題でしょうね。これが宗教では、どのように扱われているか、というのが私の質問です。

先ほど、親鸞の悪人正機説の話もされましたが、過日、宗教学者の山折哲雄さんのもの（例えば、悪と往生―親鸞を裏切る『歎異抄』（中公新書）（中央公論社、二〇〇〇）、親鸞を読む（岩波新書）（岩波書店、二〇〇七））とかを見ていますと、悪も、人間は小さな悪はつきものだ。それを全部救っていくのが、その宗教の世界っていいますかね、この点は、奥田先生も言われたことだと思うのです。しかし他方で絶対悪というようなものがあり、同様の扱いにならないと山折さんは言われていますが、この点で、ゲッセマネの祈りをするクリストの世界（マタイ伝二六章三九節、四二節）ではどうなるのでしょうか。北大には、たくさん南京大学からの留学生も来ていますが、例えば、南京大虐殺だとか、あるいは、戦争の虐殺問題とか、北海道での非道で残虐な強制連行・労働の問題とか…。

奥田　ああ、ナチスの問題とかね。あれもありますね。

吉田　キリストは、そういう問題をも、つまり、そういうとんでもないことをしでかした人も救ってしまおうというご趣旨なのでしょうか。

奥田　それはキリストに訊いてください。私は答えられません、それは。

（五）戦後補償問題、さらに関係修復（歴史和解）などへの道徳的・法的対応の高まりと宗教との関係

吉田　僕は、細々ながら、戦後補償問題への民法的アプローチという分野の研究もしているのですが、これは、法律学、とくに不法行為の救済論・制度趣旨という根本問題ともかかわってくるように思います。この点、従来法は道徳問題を扱わなかったばっかりに、現場ではとても大事な、「良心の変革」っていいますか、「悔悛」という問題をかつて法は触ってこなかったわけですが、近時の諸外国での議論を見ていると、大きな動きを感ずるのです。

アメリカ法学を始め、諸外国では、そういう戦争問題とか、先住民の扱いとか、奴隷制ないし黒人に対する虐殺暴動とか、そういう補償問題についての道義的気運の高まりということを受けて、法も黙っちゃおれないと、道徳とタイアップして、そういう不法行為の救済論の議論を深めなければいけない、という議論になってきております。そういうことに対して、先生の目から見ると…どういうことになるのでしょうか。

奥田　それに対しては、何にも抵抗しません。結構な話だと思います、それは。そうなれば。

吉田　でも、キリストがそういう人も救うのですか、と訊いた時、キリストに訊いてくださいと言われて何か禅問答みたいで…。

奥田　そうですよ。僕はキリストに訊いていただかないと、僕はキリストではありませんから。ユダヤ人の大虐殺なんて、そんなもの予想もしない事態ですよね。まあ、ネロのときにもいろいろありましたが。それが向こうの霊の世界でね、向こうの世界でどうなっているか、こんなの私は覗くことはできません。でも、必ず正しい神の裁きがあるということは信じています、私は。はい。正しい裁きは必ずあると。

吉田　でも、こう、やっぱり相対的な現実世界においても、それに向かっての努力というのは必要ではないでしょうか。

奥田　それは、当然です、当然ですよ。それは尊いことです。それだけで何かが成るとまでは言わないというだけのことなんです。人間は努力を積み重ねてね、山を登っていくのは尊いことです。そのことと、人間一人ひとりの魂の救いの問題とを私は分けて考えています。キリスト教界においても、キリスト教的道徳とか、キリスト教的実践を重視して、今おっしゃったような様々の政治的・社会的問題に積極的に取り組まないようではキリスト者の名に値しない、という主張が強くなされます。私は、そうは思いません。最も大切なこと、根源的なことは、一人ひとりが全存在的に神・キリストに向き合うこと、神がキリストを通して一人ひとりに何を与えようとなさっているのか、何をお望みになっているのか、その御心を知ること、受け取ることだと思っています。イエス（キリスト）においてご自身を表した神は、キリストを通して、キリストによって、一人ひとりに永遠の生命、死んでも死なない命を与えようとなさっている。これを観念や概念ではなく、根源現実として、リアリティーとして体受すること、それを大切にしたいと考えています。キリストの霊生を賜り、キリストの霊性に与った人間が、その先どのような生き方をするか、何を天命と自覚し、どのような活動をするかは、一人ひとりにおいて異なってよいし、異なるだろうと思います。

吉田　それでは例えば、南アフリカ共和国では、周知のＴＲＣ（truth and reconciliation commission）〔真実和解委員会〕が発足し、そこでマンデラ大統領がとった方針というのは、アパルトヘイトの関連の殺戮、色々の差別、そういうとんでもないこと、これも絶対悪だと思いますけれども、被害者はその責任問題を赦しましょうという前提で、加害行為をどんどん加害者に話させましょう、というようなアプローチをしましたね。

奥田　それはそれで、素晴らしいことではありませんか。それは、それができたら。

吉田　いやしかし、これはなかなか、通常の人間、先ほどから出ている、自己愛がある人、復讐心がある人だったらなかなか難しいことです。しかし現場の実践的行為として、こうした「一歩進められた」行為もなされています。ここには、先生が繰り返される「峻別論」「断絶論」では割り切れない、宗教の世界ないし道徳の世界と法制度との相互的影響関係が認められるように思われるのです。そしてそれは、絶対愛に近づこうとする努力ではありますよね。それでも先生は、人間は、自己愛的・利己主義的存在であり、人間の「相対世界」の道徳的規範状況は、変わらないと言われるのでしょうか。

なおこの点で、他方で対応に苦慮するのが、一一〜一三年前に生じた「アーミッシュの赦し」の事例です（これは、二〇〇六年一〇月に、男性がアーミッシュの学校に乱入し、女児五名を殺害し、さらに五名に重傷を負わせ、自殺したという事件ののちに、アーミッシュの遺族たちは、自殺した男性の家族を訪ねてその男を赦すと伝えて、同人の葬儀には、多数のアーミッシュが参列したというものです）。この被害者側の態度は、近時横行する復讐・報復の増幅という行動様式とは対極にあり、「関係修復のあり方」を考える際には、興味深く、アメリカ社会では、「素晴らしい」と好意的対応をした人も多かったようです。しかし、この報道を知ったときには、私には、なんだか「人間離れ」したものに思われ、それはまさしく先程の「ゲッセマネの祈り」を想起する行為でして、宗教倫理と日常の道徳ないし法倫理とのギャップも感じており（そして、アーミッシュにおいても、この宗教上の赦しと司法上の償いとは区別しているようです。D・クレイビルほか（青木玲訳）・アーミッシュの赦し――なぜ彼らはすぐにその犯人とその家族を赦したのか（亜紀書房、二〇〇八年）参照）、奥田先生の言われることもその限りでは、納得しているのです。

奥田　かつてのリンカーンの奴隷制廃止のための戦いとか、今おっしゃったマンデラ大統領の方針とか、そういう国の指導的立場にある方が、命がけでそのような信念を実践されるということは素晴らしいことだし、それを支えているのは宗教的信念ないし確信だと思います。国民がそのような指導者を選ぶということがあってのことですね。その努力をね、皆さんがはい、はい、って受け入れたら素晴らしいことになりますよ、ガンジーにしてもそうですしね。はい、受け入れてくださったら、そりゃぁ、もう、言うことなしですよ。

問題は、そのような基盤を作りだすものは何かということです。わが国においては、残念ながら、政治の世界でも利益誘導型でないと票につながらないとか、教育の世界でも人間の理想とか、天職の自覚のもとに自己の才能を磨き育てるということではなく、他人よりは有利な、良き地位、良い生活につながることを目指しての受験競争、進学熱と一体化した教育しかできない状況でしょう。

＊（注）この「絶対悪とクリスト教」との関係につき、この研究会の翌日、たまたま札幌独立キリスト教会で、深瀬忠一教授の「平和を作り出す人たちは幸いである（マタイ伝五章五節、九節、四四－四五節）」と題する講演、その後の質疑討論でも問題とされ、示唆を得た。すなわち、深瀬教授によれば、原則として、キリスト教は人間の罪のすべてを赦すけれども、例外的に「聖霊を汚す罪は赦されない」（マルコ伝三章二九節、マタイ伝一二章三一節、三二節）とのことで、聖霊を汚す罪とは、キリストによれば、何でも赦されるということに乗じて、（いわばモラルハザード的に）どんどん悪の深みに入っていくことが対象とされるから、絶対悪も関係してくるのではないかと思われる。

そして、深瀬教授も奥田教授と同様に、国家と宗教との関係など懸念されながら、宗教と道徳・法とを切り離されるが、これまでに人間世界における戦後責任なり平和に向けての道徳的積み重ねは貴重であり、その実績は重要であるという見解を示された。実は、私は、今回の企画では、両教授の対談を企画していたが、深瀬教授の体調上の問題もあり、かなわなかった。それにもかかわらず、貴重なご教示をいただいた深瀬教授に心より、謝意を表し、ここに付記して、この教示を読者と共有したいと考える（吉田邦彦）。

（六）日本社会における宗教的・道徳的規範状況の脆弱さと奥田教授の宗教活動の問題意識

奥田　それでは、日本の社会で果たしてそういう地盤ができていますか？ということを僕は、訊きたいですね。日本の社会でそんなことを言って、はあその通りですっていうだけの精神土壌があるかっていうことを訊きたいんですよ、はい。私から見たら、日本の宗教性っていうのはものすごく浅いと思っています。

吉田　その跳ね返りとして、その反映として、道徳的な規範意識も非常にいい加減な面もあるという…。

奥田　ええ、自分の利益なり安全が保たれる限りで少しでも他の人にもということで…

吉田　ですから、やはり先生の問題意識として、間接的ではありますが、宗教レベルと道徳レベル・法レベルでは、繋がっているように思われるのです。だから、先ほど紹介したリペールの見解に対しても、正面からは否定されませんでしたね。

先生が普段なさっておられる、宗教世界との関わりでの先生のご努力（例えば、毎週日曜日の先生のご自宅での聖書を読む会合）というのは、——理論的には一応断絶説ですけれども、——そうしたことを通じて、宗教的規範意識というのが定着していけば、それが延いては、道徳的な意識、さらには法意識、法規範へと間接的ながら繋がっていくという考え方に裏打ちされているように思われるのです…

奥田　定着するにはね、一人ひとりの魂が、本当にキリストにあるいはお釈迦様に直結して欲しいというのが私の願いなんです。いい加減な精神論でね、精神主義でごまかして欲しくないっていう気持ちがあるんです。偽善を生むから。

吉田　それはよくわかります。先生の偽善的な権威主義を排しようという姿勢ですね。その点は、先生の紹介のところでも述べたところです。

奥田　それなんです。徹底なんですね。

吉田　ちょっとすみません、私は昨日三時間半くらい、先生との議論をやっていますから、あのう、ちょっと今、埋草的に続けているのですけれども・・・。どうでしょう、せっかくの機会ですから…。

藤原正則　国家責任・戦争責任と言っても、個人の犯罪とは違いますから難しい問題ですね。僕はあの、声を荒げて他人を糾弾して、特に道徳的に他人を非難するのは嫌いなんですけれども、その前に自分のことを考えた方がいいと思うんですけれども、残念ながら私は、自分の自我だけなんで。しかもそういう自我って訳がわかんないんですね、方向性がなくて。その場その場で。だから一体僕は何だろうっていつも思っているんですけれども。玉葱の皮むきだろうという感じで。

奥田　それでいいんじゃありませんか。

藤原　はい。自分が法律学をやっているかどうかわかりませんけれども、法律学は先生がおっしゃいましたように、技術ですから、何とかできるのかなと思って、やっているだけなんです。

奥田　どうもありがとうございます。

（七）　実定法学上の問題 — 特にエホバの証人患者の輸血問題、詐害行為取消権の問題など

吉田　あの、請求権競合論の話は民事訴訟法にも関係しますけれども（笑）、何か…ご質問ありませんか。訴訟物論争は、民訴では大々的に議論され、私は、講義・演習とも、三ヶ月章先生でしたので、新理論を強く教え込まれたのですが、実務への影響力は、あまりなかったのかなあと、今となっては思います。やはり、奥田先生のように、手堅くいかないとうまくいかないということなのでしょうか。民訴の高見先生など、何か追加発言ございますか。

奥田　もう、そんな話はいいじゃありませんか（笑）。

高見進　いや、もうありません（笑）。

吉田　それでは、少し医事法学上の論点をお聞きします。先ほども先生は、日本社会における規範的無秩序状況についてのご不満を述べられましたが、昨晩も議論したように、中絶とか、「エホバの証人」の輸血拒否の問題としては、先生は、——（間接的か、直結的かの議論はともかく）今日お話しになられたような宗教的バックグラウンドとも関係して、——個人的には、明確にいわゆるプロ・ライフの立場を採られて、近時の安易な中絶を認めることを支持するような「自己決定論」には、批判的なことがわかりました。

それでは、そうしたハードケースが出てきた場合に、先生は、法解釈者として、どのように対峙されるのでしょうか。宗教上ないしそれをベースとする道徳的・法的規範的立場をあまり出さずに、自己嫌抑的に、先例の射程・妥当性などという形で、比較的技術的処理を試みられるのでしょうか。エホバの最高裁判決（最判平成一二・二・二九民集五四巻二号五八二頁）が出たころは、先生は、最高裁におられて、そしてあれは第三小法廷ですから、コミットされていますね。先生は、当時どのように議論をリードされたのでしょうか。

あの事件については、当時日本医事法学会などに、エホバの教団の方が来られて、大変歓迎すべきで画期的判断だとしていましたが、先生の規範的判断は、かなり違うところがありますね。もしあの事案が、妊婦のケースだったり、子供に信者の両親の意向から輸血を拒否して死なせてしまうという事案だったりしたら、かなり事情は違います（教団は、すべての場合に輸血拒否を正当化するようですから）。私は、あの判決で宗教的信条に関する人格権侵害という構成が、独り歩きするのは危険だと思いますが（詳しくは、吉田邦彦「信仰に基づく輸血拒否と医療」同・契約法・医事法の関係的展開（有斐閣、二〇〇三）三九二頁以下（初出、二〇〇〇））、先生は対抗利益である生命の保護のために、どのように論議されたのでしょうか。

奥田　「エホバの証人」への輸血事件は、かなり特殊なものです。救命のための医療行為としての輸血と信仰上の理由に基づく輸血拒否のいずれを是とすべきかという一般論ではなく、あの事案においては、無輸血治療をしてくれる医療機関を探し求めていた患者（原告）に対して、自分のところでは輸血はしないからという説明を受けて、安心して入院治療を受けたところ、その医療機関においては、手術を実施する必要が生じ、かつ、輸血以外には救命できない事態が生じたときには輸血をすることを医療スタッフにおいて申し合わせており、しかも入院から手術の実施まで一か月ほどもゆとりがあったにもかかわらず、このような医療方針を秘匿した上で手術を実施し、輸血の必要が生じたので輸血に踏み切ったというものでした。生命の尊重、救命を任務とする医療側にとっては、死を招く結果になりかねない「輸血拒否」は徹底容認できないことでしょう。他方、信仰者にとっては生命を失うことになってもなお守るべき規範ないし価値（大切なもの）があると信じていることも事実です。本事案における医療側の対応は、いかにも医療の立場優先であって、たとえそれが医療者としての良心に基づくものであったとしても、患者（原告）の信仰を踏みにじったものと評価されても致し方のないものと私は考えたのです。手術までの一か月の間に、医療機関において患者に対し、いざとなれば輸血するかも知れないとの医療方針を説明することによって、患者が別の医療機関を探すなり、退院して自然の成り行きに任せるなり、どのような道を選ぶにしても、それは患者自身の信仰に基づく決断の結果であって、医療機関が患者を見放したということにはならないでしょう（全く判断能力を欠いている場合や、意思能力を欠いている場合は別である）。信仰の自由は、それが他人に危害を加えるものであれば容認され得ないが、誠実真摯な信仰に基づくものであれば、第三者からみて不可解なものであっても、踏みにじってはならないものではないでしょうか。誤解を招かないために付言するならば、このような信教の自由の主張は、成人の本人限りのものであって、子供の生命・健康に関して、親の信仰に基づく輸血拒否は認めてはならない。私は、以上のように考えています。

吉田　他害がなければ、信仰に基づく自殺（ないし自殺的行為）について、先生は、比較的寛大であるというように受け止めました。その限りで、死ぬ権利などにも出てくる「自己決定」論などにも、先生の特色は出てくるのか…など議論は、続けたいのですが、先に進めましょう。

水野吉章（誌上参加）　債権者取消権の問題について、日米比較をしながら勉強している関西大学の水野と申します。先生の債権総論の体系書の特色の一つとして、詐害行為取消権につき、どうも責任説については、納得がいかないということでしたが、その点は、近時の訴権説についても同趣旨なのかと推測しています。先生が納得されないところのエッセンスだけでも、お教え下さいませんでしょうか。

奥田　責任説の核心部分は概略、次のようなものです。詐害行為の取消しは「責任的取消」であるとし、取消判決が確定すると、詐害行為は、債権者の債権と債務者の財産との間に存する責任関係に生じた効果に関してだけ、かつ、総債権者の利益において無効となる（責任的無効）。受益者または転得者に移った財産（物または権利）は「他人の債務のための物的有限責任」の形となり、債権者がこの財産に執行するためには、債務名義として、取消しの相手方に対する責任判決が必要であるが、この責任判決は取消請求と併合して請求することも可能である。財産自体に対する執行ができない状態にあるときは、相手方はその財産の価額を限度として債務者の総債務につき人的有限責任を負うが、これについては、債権者は取消請求に併合して将来の給付を命ずる判決、または、取消後に現在の給付判決を得ることができる。

このような責任説の主張に共感を覚えつつも、私が責任説へと踏み切れない理由は、責任的取消しあるいは責任的無効という観念が一般になじみがないこと、債務名義として責任判決の取得が必要であるところ、現行の訴訟手続において責任判決という制度がすんなりと組み込まれうるのか確信が持てないこと（現在の裁判実務がこれを受容するかどうかについての疑問）にあります。翻って、判例の相対的取消し（取消しの相対効）の理論的難点の一つは、「債務者」（人）と「責任財産」とを切り離して、取消しの効果は債務者には及ばないが、債務者と切り離された責任財産には及ぶという無理な（こじつけとも言える）説明をしなければならない点ですが、これは、一つには債務者を取消訴訟の被告としないことから、そのような無理な構成をせざるを得ないのだと思います。今回の債権法改正の検討委員会の審議においては、受益者等とともに債務者を被告とする方向で考えられているようなので、債務者を被告とすることに難点がないということであれば、債務者への財産の回復が無理なく認められることになると考えます。

なお、近時の訴権説については、残念ながら私は十分に勉強できていませんのでお答えすることができません。

（八）おわりに ― 奥田教授のキリスト教の位置

奥田　いろいろお話ししましたけれども、正直申しまして、ここまでキリスト教の話なんかを話したことは初めてですよ、私は。今までそんな機会はなかったですよ。福音伝道の場所では、キリストのことを話す。学問的なところでは学問のことを話す。全然二つの交わらない平行線みたいなところで私は来たんですけれども、この今日の会で初めてここまで、いろんなことを立ち入って話できたっていうのは本当に、それは吉田さんの企みが成功したのか、失敗したのか知らないけれど（笑）、本当に私そう思います。しかも、若い方々が真剣に聞いてくださったことに、私はとても感動しています。

吉田　ここにいる若い皆さんも、感銘を受けていることと僕は思います。

奥田　私は本当にそういう意味ではね、ありがたいと思っています。

吉田　ラジオ深夜便のときには、ずっと起きていたのですけれど、朝の四時五時にもかかわらず、夢中になってノートをとりました。そのくらい、あの時も、そして今日のお話も、訴えるところがあると思います。…いろいろ今回の企画の準備の過程で、ご依頼する際に失礼がありましたら申し訳ありません。お許しください。

奥田　いやいや、とんでもありません。しかし、やはりね、物事の見方においてカトリック的な世界観なり、カトリック教会の世界と、ルターに始まるプロテスタントの世界っていうのは非常に断絶があるように思います。ルターは神の義、それは人間を裁く義だったのですね、その義の前に立ちすくんでしまって、徹底的に自己を否定しました。そこから、「神の義は福音のうちに顕れ、信仰より出でて信仰に進ましむ」（ロマ書一・一七、文語訳聖書）とのパウロの言葉によって初めて、神の義は人を裁く義ではなく、キリストの贖罪を通して人を救う義であることに目覚めたと言われています。カトリックの方は善行を積み重ねていけば何かに到達するっていう、そういう人間性というものをかなり肯定した上で、割合に一般の人が近づきやすいようなシステムをとっているんではないかという感じです。カーニバルでもね、そうでしょう、今の間に飲食など楽しむだけ楽しんで、その後に断食の季節が来るとかね、人間集団を巧くコントロールするようにできていると思うんです。

それに対してルターに始まった信仰の道は、神の前における徹底的な自己否定を要求します。自我を立てること、それが罪だという。「我キリストと偕に十字架につけられたり。最早われ生くるにあらず、キリスト我が内に在りて生くるなり。」（ガラテヤ書二・二〇、文語訳聖書）とのパウロの告白の通りに、十字架において己の死を信受し、キリストに自己を明け渡して、ひたすら神・キリストが求めたもうところに従って行く。しかも、それは一人ひとりの生き方の問題として、具体的に何をなすかは皆違っていていいはずです。だから、よく「クリスチャンならこんな場合どうしますか」とか、「このような場合にでも、クリスチャンは、これこれでなければならないのか」といった質問をされますが、しかもそれは極めて難しい、答えにくい問題を突き付けられることがありますが、それに対して私は、「わかりません。」と答えることが多いのです。世界のあちらこちらで起こっているさまざまの心痛む問題、日本の各地で起こっている同様の問題、それらの一つ一つについて、的確な判断を求められ、しかも、それに対して貴方はどう対処するのか、何か行動を起こすべきではないか、と迫られても、「私は、今自分に賜った役割、使命を黙々と果たすだけです。その責任は主キリストが引き受けてくださいます。」と答えるしかありません。

それから、吉田先生が、一番根底の宗教の世界、道徳の世界、それと政治・経済・法律の世界との繋がり、そして学問、例えば私たちの携わる民法学との繋がりを密接なもの、あるいは有機的なものにしたい、との強い意欲をお持ちのように拝察いたします。私は、樹木の話で申しましたように、樹木というのは根っこが下に向かっていく、幹や枝は上に天に向かっていく、まるで方向が違います。しかし根っこがない樹木というのは必ず枯れますわね。しかも、根っこの世界は見えないですね。だから宗教の世界というのは見えない根っこの世界なんです。根っこが本当に健全なら樹齢千年ということになるかもしれません。この健全な根っこがあってこそ健全な道徳という幹が育ち持続する。政治・経済・法律また然り。その点で、吉田先生のご主張はよくわかります。でも、根っこの世界でこうだから、それをすぐに地上の世界に持ち込んでね、いろいろやりますと偽善者が生まれてくる。キリストの道徳の厳しさなんて、それは桁違いですからね。色情を抱きて女性を見た者は既に姦淫を犯したのだというのも同じなんです、誰もついていけない。「悪人に手向ってはならない。だれかがあなたの右の頬を打つなら、左の頬をも向けなさい。あなたを訴えて下着を取ろうとする者には、上着をも取らせなさい。…求めるものには与えなさい。あなたから借りようとする者に背を向けてはならない。」（マタイによる福音書五・三〇〜四二）もし、これをそのまま法の世界に持ち込んだら、もうガタガタですよ（笑）。ね、そうでしょう。不法行為法も不当利得法も成り立たない。

人間の世界っていうのは、始めは冷たい利己的世界からだんだん温かい利他的世界へと進化していく、それは吉田先生のおっしゃった通りだと思うんです。ただ、私は、人間の本質に対する見方が厳しいのだと思います。神・キリスト抜きで、生まれながらの人間の良心や善意の積み重ねだけでは、ベターな世界は築かれるかも知れないが、根源悪が除去されるには至らないだろう、とそんな風に考えているのです。

吉田　今先生が言われた「根源悪」は、先ほど私が質問した中で申しました「絶対悪」とは、全く違うものですね。念のために。

藤原　先生、すみません、塩野七生という小説家の『神の代理人』という小説、読まれたことありますか？

奥田　いやぁ、ありません。

藤原　ああ、そうですか。あの、デカメロンの最初の方に出てくる話で、敬虔なユダヤ人という話をご存じですか？ある所に善良なユダヤ人がいて、周りに住んでいるキリスト教徒が、ユダヤ教徒のところだけが欠陥なので、何とかキリスト教に改宗させようと思って、お願いしたんですよ。そこまで言ってくれるならということでそのユダヤ人が、バチカンにお参りに出かけるといったんです。そこでそのキリスト教徒が顔面蒼白になって、バチカンに行って法王や周りの枢機卿の姿を見たら、絶対にキリスト教徒にはならないだろうと、これじゃあ魂を悪魔に売るようなもんだと思ったんですけど、帰ってきたらたちまち改宗した。なぜかと聞いたら、法皇様や枢機卿があれだけでたらめをやっていても、キリスト教が滅びないのは、よくよく神様が偉大なんだろうと、いう話が出ているんですけれども、僕はある意味では、そういうカトリックのでたらめさが好きです。人間、先生は今おっしゃいましたけど、とりあえず生きてる人間に、地上に住んでいる人間に、安心感と幸福を与えるのは、まあ宜しいんじゃないですか。

奥田　だからね、ここから先を聞いて欲しいんです。私が言いたいのは、キリストはね、ご自分を犠牲にして万人を救い上げてくれたんですよ。だから、神様に気に入るようにどうするとかもう、一切いらないんです。ただ、人が本当にキリストと同じような生き方をしたいと思えばキリストに帰依していってていいのだけれども、修行を積んだから天国へ受け入れるとか、そんなんじゃないって。功利主義はもう成り立たないという、それだけは知って欲しいんです。誰でも心砕けて神・キリストの前に平れ伏すならば、もう過去・現在・未来の全部が許されているんです。そこまで徹底して欲しいんです。お釈迦様の大慈悲（大慈大悲）、それを成就したのはキリストの十字架の贖罪です。これを命題として信じたって駄目です。先ほど引用したガラテヤ書二章二〇節のパウロの告白の通り、キリストの十字架に自分も共に架けられ共に死んでいる、「最早われ生くるにあらず」という霊的根源現実を祈りの中で体受しなければ本当の世界は始りません。キリストの救いは絶対です。魂の砕かれた人間を無条件に救いたもう。キリストが十字架に架けられた時、その傍らで同じく十字架に架けられていた片一方の盗賊が、「イエスよ、御国に入り給ふとき、我を憶えたまへ」と言った時、即座に「われ誠に汝に告ぐ、今日なんじは我と偕にパラダイスに在るべし」と言われたでしょう。あれなんですよ。そこを知って欲しいんです。カトリックはどちらかというと善行を積み重ねて聖者の域に列せられる、そういう方式ですけどね。

藤原　カトリックだけならまだいいんですけど、プロテスタントの中には道徳強要する方がいらっしゃって、一部のプロテスタントの中には激しく…

奥田　だからね、私は、プロテスタントは嫌いなんですよ。

藤原　しかも、先生がパリサイ人の話であげましたけれど、そういう人間はイエス・キリストの教えの通り、新しい墓みたいなもので、表面は白く塗っているけれども中はウジ虫が湧いているというのがよくありますよね。

奥田　偽善が一杯はびこっているんですよ。僕はそういうものに耐えられないこともあって、「一匹狼」っていうのかな、我が道を行くっていう行き方をしています。まあ、恩師は小池辰雄先生でしたけどね。その群れの方々が残っておられるので、月一回、その方々をサポートする働きをしていますけども。京都の集まりも平常は一〇人程度の集まりですけどね、クリスマスやイースターには四〇人から五〇人、あちらこちらから集まってこられるけれども、日頃は一〇人多くて一五人の小さな集いで日曜日やっています。

藤原　錦織（成史）先生も御一緒ですか?

奥田　はい、そうです。

藤原　ああ、そうですか。前に錦織先生がこちらに来られて集中講義をやっていただいた時に、札幌の観光案内しようと思ったら、一切そういうのはなしで、内村鑑三先生とその周りだけ回って、それが終わったら本当に帰ろうかなという顔されたのを覚えています。

奥田　（笑）あの方は私より輪をかけて純粋かもしれませんから。私のほうがよっぽど俗物かもしれない（笑）。ま、そういうことでね、何かね、ピューリタンは窮屈でものすごく狭いと思われている。ほんとうは、そうじゃないんです、徹底的にね、徹底的に許された人間は、あと何をしてもいいという自由があるんですよね。けども、許されているからって勝手なことはしたくないって、そういうことなんですよ。全部許されているんですよね。けども、許されているからって勝手なことはしたくないって、そういうことなんですよ。そこを理解して欲しいんです。ね、「善人なおもて往生す、況や悪人に於いてをや」と親鸞は言いましたね。キリストも、ご自分が十字架に架けられることによって、どんな人間も、全部そこで救い上げたんです。ただ、嫌だって言って拒否している人には自分を押し付けないから、キリストは。魂の世界はごまかしがききませんからね。そういうことだと思うんです。絶対の世界、絶対次元なんです。絶対次元と人間の相対的な善悪とをごっちゃにして欲しくないという、これが私の無因性の理論なんですよ。無因性、独自性なんて言うんですけれど、カトリックはどちらかというと合体させる方だと思っているんですね。

私の場合はいったん断絶した上で、完成に向かうわけで、いつかは実現するだろうと思っています。それは一人ひとりの心から始まっていく。一人ひとりから始まる。集団じゃない。集団主義じゃない。一人ひとりにキリストが宿って一人ひとりがキリストのお宮になればそれが灯をともすわけですね。そういうものがあちらこちらに生まれれば、夜だって輝くはずです。そう思っているんです。心からそういう風に、強制されてじゃない、刑罰が恐ろしいからじゃない、本当に心から神・キリストの世界を願うという、そこでの自発性こそが人間の尊厳だと思います。

私はね、最近、いや昔からそうですけど、非常に愛読している本にサズー・サンダー・シング（Sadhu Sunder Singh）という方の本があるんです。いま手にしているのは徳間書店から出た『聖なる導き　インド永遠の書』（訳者は、林　陽、一九九六年六月三〇日　初版）で、これ今は手に入るのかどうか知りません。このサンダーシングは、一八八九年九月三日、北インド、パティアラ（今のウッタル・プラデシュ）州ランプルの裕福な領主の家の末子として生まれました。家は代々ヒンドゥ教の一派であるシク教を熱心に奉じ、母はサンダーには殊のほか愛情を注ぎ、彼が将来、神に一生を捧げるサードゥー（聖なる人）となることのみを願い、訓育した。ところが、一四歳のとき、母と兄が急逝し、耐えがたい悲しみと孤独にさいまなされた。神を求めて苦闘した末、祈り続けてもなお神から道が示されなければ、日の出前に鉄道自殺を遂げる決意をした。一九〇四年一二月一八日の朝三時、彼は凍てつく寒さの中で水をかぶり、救いの道を示したまえと一心に神に祈った。四時半、突如、室内が明るい光に照らされた。光はさらに強まり、浮かぶ光輪の中から神々しい人の形が現れた。それは、予想していたインドの神仏ではなく、イエス・キリストだった。その体には、二〇〇〇年前に受けた傷の跡がくっきりと見えた。顔は慈愛に満ち満ちていた。少年は、顕現したキリストの前に崩れ、これまで一度たりとも味わったことのない、真の心の平和と歓喜を見出した（前掲書における訳者の解説から）。この日を境に彼はキリストを伝える生涯へと踏み出すのですが、宗教的転向を理由に家から追放され、そのとき持たされた毒入り弁当で死ぬ寸前にまで至りました。毛布一枚、聖書一冊しか持たず、裸足で行脚し、迫害と苦難に遭うこと度々でしたが、常に臨在するキリストが不思議な方法で彼をお救いになったという。彼は、しばしば、祈りと瞑想の中で、キリストに出会い、キリストと問答を交わしています。それを読むと本当に感動します。僕は、むしろ、そういうものを日本の方々が読んでくだされればね、キリスト教に対するイメージが変わると思うんです。

サンダーシングは先程の著書の中で、キリスト教のことを次のように言っています。

「キリスト教とは、『我は道なり、真理なり、生命なり』といわれたキリスト自身のことである。このようなことは、他のどんな既成宗教にもみられない。他の宗教は儀式や教義に基づいているが、キリスト教は永遠にわれわれと共にいる生けるキリストご自身に基づいている。キリストが弟子たちに自分で書いたものをいっさい残さなかったのは、主が常に彼らとともに、彼らの内にいて、彼らを通して働き続けるからである。『わたしは世の終わりまであなた方とともにいる』と堂々といえた預言者は一人もいない。それは、神のみがなしうることだからである。

われわれは、主が今に至るも彼の民とともにおられること、彼らを通して働き続け、今現在も働かれ、これからも働かれることを知っている。それは、『神がすべてのすべて』となるためである。」（前掲書四一六頁）

私は、このサンダーシングのこの考え方に全く同感です。私のキリスト教というのは世間の今のキリスト教会のキリスト教とはかなり違うと思います。でも、私は、これこそが永遠なるものだと信じております。一人一派でもいいじゃありませんか。何教？何派？何も派はありません。キリスト直結です。私の恩師はキリスト様です。キリスト教ではありません。「教」は人間が作り上げた教義でしょう。私はキリストっていう人格、霊的人格そのもの、それに直結している。太陽が一つで、みんな太陽の光を受けて生きている。万物が生きている。自然界の太陽、それは霊の世界ではキリストが太陽である。仏教の方ではお釈迦さまが太陽でしょう。でも、キリストは私にとっては太陽だと。太陽は一方的に熱と光を与えて、お返しを求めていないでしょう。それが太陽、キリストもね、天の「父は悪人にも善人にも太陽を昇らせ、正しい者にも正しくない者にも雨をふらせてくださるから」、だから「あなた方の天の父が完全であられるように、あなた方も完全な者となりなさい」と言われたでしょう。誰がそんなことができますか、手放しでは。天の父の完全性、それは「愛における完全性」です。「愛」のない私の中に、「愛」そのものでありたもうキリストが内住してくださって初めて、「愛の人」「愛の姿」に変えられていく。私はそう思っています。だから自分の側に誇るべきものは何もありません。僕にとってはもうキリストだけが僕をあらしめているんでね、それを外したら僕には何にもないです。こうしたことを吉田さんに申し上げたつもりなのですが、よくわかっていただけなかったのかな、という思いです。

吉田　いえいえ、全くそんなことはないです、繰り返し申しあげていますけれども。先生、もう六時も過ぎましたので、そろそろ締めくくりたいと思います。本当に、貴重なお話ありがとうございました。先生は、明日、もう土曜日にお帰りになられて、翌日日曜日の先生のご自宅での、キリスト教の集いの講演に備えられます。

（九）奥田民法学・研究者倫理の独自性――とくに功利主義批判の昨今のわが法学界における含意

吉田　先生からいただいた本を拝見しますと、本当にこの先生の話で人生を救われたという方の話とか出ているわけですね。そういう意味で、ちょっと民法学者でこれだけこう人生哲学の面まで広く語ってくださる方っていうのは……私は、知らないですね。

奥田　ここまで熱中している人間はいないでしょうねえ。

吉田　ですから私は期待通りのお話をしてくださって本当に感謝に堪えません。最後にもう一度奥田民法学の比類ない特質を考えてみますと、先生は、研究者人生のかなりのエネルギーをその人生哲学ないし研究者倫理のようなものの究明に捧げられていること、そしてそれが先生の民法学のブレのなさ、透徹した立場（そしてこれは、私には結果的には、宗教を拒否された於保先生の「学問のための民法学」に近いように思われます）を支えていることが挙げられるように思われます。

奥田　そう思ってくださればありがたいんですけどね。

吉田　先生は、民法研究者如何にあるべきか、という問題に早い段階で深く悩まれて、キリスト教を媒介として、人生哲学ないし倫理を磨かれました。そしてそこには、日本社会で風靡する（理念・理想不在の）世俗的な見栄・競争・野心、あるいは物欲的利益に支えられる行動様式の批判、あるいは、クリストに類比させるような公平無私の規範的判断（権威に阿らない判断）、また功利主義批判というものがあったと思います（それは「無因説」であろうと、先生の人生哲学から民法研究に表出するものではないでしょうか）。

そして考えてみると、――法律家（弁護士）倫理以上に――研究者倫理（研究者の生き方）について、通常ほとんど問題にされなかったように思います（それは、「発見のプロセス」における自由ゆえに、そのモラルないし背景は問題にしなくてもよいということからでしょうか）。しかし、利益誘導的に大学の制度改革が進行し、集団主義的な研究気質の横行、あるいは平易化教育の席巻のもとに、研究者倫理の不在も相俟って、構造的に「学問精神」が危機にさらされている今だからこそ、先生のスタンス（これも広い意味での「方法論」といってもよいと思います）は、燻銀の如く貴重な遺産として立ち現れ、謙虚に耳を傾ける必要があるのではないでしょうか。大学紛争時と同様に、否それ以上に研究者精神も揺がす「激動の時期」である昨今ほど、先生の如く「精神の平安」を得て、淡々と後世に残る（個人主義的）研究スタイルを持続することが問われているときはないと思うからです。

では、年度末の大変お忙しいところでのお話で、誠にありがとうございました。

先生は、実は、最近も、学士院や京都大学でも、最近の動向、例えば、法科大学院制度とか、外部評価とか、競争資金の問題とか、あるいは民法改正のことについての（批判的）ご意見とか述べられておりまして、それについて自由にお話しいただくことも考えていましたが、今日は時間がなくなりましたので、割愛ということになりました。

しかしその部分がなくとも、われわれは、例えば、最後の方に言われた、「功利主義は、目下学界に、蔓延っているけれども駄目なのです」ということは、先生ならではの、貴重な箴言として受け止めるべきもののように思います。先生はよく、例えば、マタイ伝一九章二一節以下の、「富める者」の話を引き合いに出されますし、また、イザヤ書一一章一節以下の「知恵と識別の霊」「思慮と勇気の霊」「畏れ敬う霊」、そして逆に徳を欠落させた知識の濫用の問題にも触れられます。

本日の奥田先生の講演が、いかなる意味を持っているのか、ということ、どうして、「わが民法学界切っての高潔の士」というか「求道者」のように誠実に学問するものの姿勢を求めてこられた先生をわざわざお呼びした趣旨、その先生が功利主義に麻痺した昨今の状況を控えめに批判なさったことの意味を、各自お汲み取り下されればと思います。もう贅言は、繰り返しません。今日は本当にありがとうございました。もう一度拍手をお願いします。


（初出、北大法学論集六〇巻三号（二〇〇九））

第六章　韓国民法・韓国法文化と日韓架橋

――高翔龍教授

高民法学の紹介

吉田邦彦

（１） 高先生の略歴

高翔龍先生、今日は本当に、北大にようこそおいでいただきました（挨拶韓国語）。高先生の経歴を紹介させていただきます。

先生は一九三九年四月に、済州島《チェジュド》でお生まれになりました。一九六四年、成均館大学を卒業後、そこの大学院修士課程を終えられまして、東京大学に留学されました。東京大学で一九七一年修士修了、七七年に博士課程修了ということで、韓国の民法の先生の中で、東大の博士号を取られた最初の先生です。その後も、そうした方は、ほとんどいないということで、日韓民法学の架け橋のパイオニア的な存在であるということはよく知られていることと思います。

海外研修を終えられて、一九七七年にソウル市立大学にお勤めになられましてから、一九七八年には、母校成均館大学に戻られ、一九九〇年から二年間は、法科大学長、一九九二年から一九九五年までは、成均館大学の本部教務処長、そして二〇〇四年に同大学を定年退職なさって、現在そこの名誉教授です。また、二〇〇三年には、六四歳で、わが国の学士院会員にあたる韓国学術院会員とのことです。それから、東大を始めとして、いろいろ日本の大学の法学部で非常勤講師を勤められておられましたけれども、現在は大東文化大学の法科大学院で、専任教員といいますか、看板教師として現役でご活躍中のところであります。

（２） 高民法学の紹介――とくに、「借家権の承継」論文について

高先生については、二〇〇五年に信山社から『二一世紀の日韓民事法学』という大著が出されておりますけれども、その巻末に先生の研究業績というものが納められておりまして、これは本当に、読み上げておりますと先生の報告時間がなくなってしまうくらいたくさん、民法全体にわたるご研究がございます。それから、日本語の文献といたしまして、我々にとっての韓国法の導きの書として、『現代韓国法入門』（一九九八年）というものを

信山社から出しておられます（さらに、『アクセスガイド外国法』（東大出版会、二〇〇四年）三三一頁以下〔高執筆〕も、注目すべき研究導入の文献です。また、本シンポ後に、『韓国法』（信山社、二〇〇七年）に接しています）。ここでは、この度先生を北大にお招きするに当たり、改めて読ませていただいた博士論文について、一言紹介させて頂きます。

東大でのドクター論文は、皆さんも良くご存知だと思いますけれども、法学協会雑誌九六巻三号四号、七号、一〇一巻八号（一九七九年、一九八四年）と、四回連載で「借家権の承継（一）～（四・完）」というタイトルで書いておられます。高先生は、来栖先生の指導、その後、星野先生の指導を受けられて、先ほど申しましたように博士課程を修了されました。「借家権の承継」と言えば、昔から論じられている古典的テーマで、しかし、借地借家法もまだきちんと対処できていない、①相続法理と②団体法理、それに、③借家権という居住権をどう見るかという問題の結節点ともいえる難問だと思います。この法協論文で、強く印象付けられることを申しますと、第一に、日本法研究者として取組まれ、しかもドイツ法、イギリス法を渉猟して、日本法のレベルを引上げる、本格的な力作論文を書かれていると言うことです（今日、外国人の研究者の論文スタイルとして、通常予想する日韓民法の比較法ではないところに、教授の意気込み、志の高さを感じますね。文章もネイティブと変わらない素晴らしいものです）。第二に、教授の基本的スタンスとしては、星野教授の家庭共同体説（星野英一・借地・借家法（法律学全集）（有斐閣、一九六九年）五九三－五九六頁）をベースとしながら、比較法的研究によりその厚みを増し、さらに、単に団体法の問題（②）に解消するのではなく、居住権の特性（③）に眼を据えて、その社会権的性格から、個人主義的な相続法理に制限を付する理論的根拠を究明されたところ（とくに、法協一〇一巻八号一二七五頁以下）が、オリジナルと言うことになると思います（「市民法」「社会法」という区分は、今日では余り使われず、私自身も、③について、「居住福祉」とか「人格的所有」ないし「商品化制限」というところから、その特性を引き出そうとしますが、問題意識は、共通するところが多く、そういう意味で、高先生のこのお仕事は、居住福祉法学の一環で捉えることができると見ています）。そして、日本の借家立法では、未完のプロジェクトですが、高教授は、この学問的成果を見事に自国韓国での立法に結実されました（大韓民国住宅賃貸借保護法（一九八一年法律三三七九号及び一九八三年改正

（法律三六八二号））九条がそれです）。

第三は、民法解釈方法論として、当時支配的な方法論である日本のリアリズム法学ないし星野教授の利益考量論の影響を強く受けていることが指摘でき、それは例えば、借家権の承継の問題を具体的な問題（例えば、（ａ）延滞賃料の負担の仕方、（ｂ）敷金返還請求権、（ｃ）権利金返還請求権、（ｄ）費用償還請求権、造作買取請求権、修繕請求権）に即して、実質的に徹底的に考えるというところに出ていますし、また、敷金の帰属を考える際に、誰が出捐したかを決め手とするという実質的な解釈論（同号一二一九頁）もその表れだと思います（民法四七八条に関連して、問題とされる預金者は誰かという問題について出捐を問題にするという発想（これは、平井教授が判民報告で初めて説かれたと聞いています。さしあたり、加藤一郎＝平井宜雄編・民法の判例（第三版）（有斐閣、一九七九年）の平井解説参照）と類似していますね）。また、延滞賃料は、居住利益の反対給付なので、同居者（承継人）が責任を負うとするのが実質的に妥当だが、借家人死亡前の延滞賃料債務は、相続人が承継するが、借家権承継者も連帯債務を負うとし、解除には、両人への催告が必要だとし、それにより同居人が知らない内に相続人の賃料不払いで解除されてしまうという不都合を回避しようとされる解釈論（同号一二五三頁）は中々緻密かつ妥当で、教えられました。

思うに、星野方法論は、私も含めて、「空気」ないし「体質」のように沁み込んでおり、それを踏まえて、どう格闘するかが、後進の課題ですが、高先生は、見事に実践されているように思いました（居住権の理論的説明を付されるところは、利益考量論を超える側面があると私は見ています）。余談ながら、星野先生の「日本民法学の形成と課題」という論文講読の演習は、高先生が来日された時から始まりました。このゼミは、毎回当てられた各報告者は、準備に一〇〇時間当てなければならないと伝え聞くハードなゼミで、ともかく重要なテーマの論文を網羅的に徹底的に読まされるものです。おそらく今日のマニュアル志向の強い学生からは、拒否されてしまうものかもしれません。しかし、この星野ゼミに何年も出ていると、大体「重要な」テーマについての重要論文を全て読破できて、研究者としての基礎訓練を与えられたように思いますし、何よりも論文を読む楽しさを教えてもらいました（「重要な」ということの意味は、比較法的に大きな論文の対象となるテーマということで、たくさんの条文のある民法について、根幹をなすテーマとそうでないテーマとを振り分けて、そのような意味で「立体的に」民法を見せてくださったのもこのゼミの大きな効用だったと思います。例えば、先生も評釈などで書いておられる民法九四条二項類推適用、九六条三項、あるいは、「相殺と差押」などのテーマは、「一見華々しく論じられているけれども実に矮小なテーマだ」といわれたことなども強く記憶しています）。

段々横道に逸れて、星野ゼミの紹介のようになって来ましたけれど、私は、この星野先生の論文ゼミに四回出させていただいて、多いほうだと思っていましたが、高先生は七回だということで（星野英一・前掲『二一世紀の日韓民事法学』「序文」vii頁）、これには本当に脱帽で、改めて先生の勉強振りに敬意を表している次第なのです。このように、星野先生の薫陶を受けられて、韓国の代表的な民法研究者である（ソウル大学の郭潤直教授などと並ぶ両雄とのことです）ことは、私のほうから申し上げるまでもないことでしょう。

（3） 高民法学形成の背景など

留学されて東京の滞在が長期に及びまして、その頃は、今と違いまして、韓国も独裁政権の頃でした。また先生は済州島翰京面のご出身で、小さい頃に「四．三の悲劇」があり、その騒動が隣村まで来てきたということで、少し違っていたら、高先生もどうなっていたかわからないということだったようです。それから、全斗煥《チョンドファン》大統領の時には、韓国の全南《チョンナム》（全羅南道《チョルラナムド》）の光州《クワンジュ》の悲劇もございますし、それから、先生のドクター論文の最後のほうで、以下のように書かれてあります。「昭和四三年に東大に外国人研究生として留学した際に、たまたま東大紛争に遭遇し、研究室を利用できなくなった。私に対して、人間としての勇気と学問への道を教示され、その後、修士課程・博士課程までご指導くださった」と来栖先生・星野先生への謝辞が書かれているのです（同号一二九〇―九一頁）。東大の法研で、同時期に勉強された（私の隣におられる）瀬川信久教授は、もっと高先生の当時のことをご存知だと思いますが、ことのほか、独裁政権期の韓国からの日本留学は、大変だったと推察しますし、帰省などもままならなかったことでしょう。

なお先生から、北大での講演として私がお聞きしたのは、ほぼ一〇年前（一九九六年）、「韓国における法意識」のお話（法学会報告）で、先生が、単に解釈論オンリーではなく、法社会学なども広く研究の視野に入れておられることをそのとき強く感じましたし、前掲『現代韓国法入門』では、憲法にも分析は及んでいます。先生の幅の広さは、今井先生を代表とする科研のグループとして北大でその後報告してくださって、北大法学論集に投稿しておられるもの（「光復（解放）から半世紀が過ぎた韓日関係の視角」北法四七巻五号（一九九七年）、「韓国法の歴史」同四八巻四号（一九九七年）、「宗中財産と名義信託」同四九巻三号（一九九八年）、「韓日両国における権利能力なき社団」同五一巻六号（二〇〇一年））を見ても分かります。

また、先生がとても情に厚い方であることは、衆目の一致するところで、あるとき先生が、「韓国では、一度親しくなると、家族のように親しくなるのです」といわれたことを印象的に覚えています。私は、近時は、しばしば韓国を訪ねるのですが、ソウルに参った時には、奥様ともどもとても丁寧に私のような若輩にも接して下さいます。他方で、何年か前に、戦後補償ないし強制連行について、論文を書きました（吉田邦彦・多文化時代と所有・居住福祉・補償問題（有斐閣、二〇〇六年）第八章（初出二〇〇一～二〇〇二年）ときにも、「吉田さんが初めて論じてくださったですね。皆韓国では、そのように思っているのです。」といち早く反応し、励ましてくださったのも、先生でした。いつも、気を遣われて、遠慮がちに接しておられる先生にも、「きちんと筋道を通す」という韓国人の側面をお持ちであることをそのとき垣間見る思いでした。

今日は、非常にお忙しいところを無理にお願いしまして、自由に先生の設定されたテーマでお話ししていただこうということで、私のほうからは、例えば、「韓国民法の四〇～五〇年」というような感じで、先生の民法研究のことをお聞きできればと思っていました。そして、今お忙しい中を、完全原稿を持ってきてくださいまして、報告してくださるということで、非常にその真摯な姿勢に感銘を受け、頭が下がる思いであります。

それでは、インフォーマルな会合でございますので、自由に進めて行きたいと思います。私が長々と紹介するよりも、先生のご業績は『二一世紀の日韓民事法学』をお回しいたしますので、皆さんご覧ください。それでは、先生よろしくお願いいたします。

韓国民法の特色
―日本法との比較―

高　翔龍

一　はじめに ― 論題の由来

ただいま吉田先生から身に余るほどのご紹介を賜りました高と申します。とくにこのたび、吉田先生・瀬川先生・鈴木先生・それから、大先生でいらっしゃる五十嵐先生の前で、こういう貴重な場でお話することができることを光栄に存じます。

先ほど吉田先生からのご紹介もありましたが、一九九六年に北大のほうに参りまして、法意識という観点から、韓国法を紹介したことがございます。それをきっかけにして、今井先生、今日ご参加の鈴木先生と一緒に、日韓法文化研究会で三年間付き合わせていただいたことがございますし、二〇〇四年一〇月から大東文化大学法科大学院で（日本法との）比較法を担当しておりまして、自分なりに日本の法文化を理解しているつもりであったのですが、日頃、韓国と日本の異なる法文化に気付くことが数え切れないほどでございます。一九九六年七月に北大法学会の招待を承り「韓国人の法意識」についてお話したことがございますが、一〇年過ぎた今日、尊敬する先生らの面前でお話しすることができたことは、一生忘れられない光栄のことと存じます。きょうは、「韓国民法の特色」というテーマをもってお話して参りたいと思います。

日頃、韓日両国間において、さまざまな文化の交流が活発に行われております。二〇〇二年度に韓日共同主催したサッカーワールドカップをきっかけに、スポーツ文化の交流が活発に行われており、二〇〇三年から「冬のソナタ」というドラマをはじめとして、「チャングム」といったドラマなど、「韓流」と呼れる韓国ブームが起きました。このような文化を通して日本人は韓国文化の一面を体験しているのではないかと思われますが、それは韓国においても「日流ブーム」とまでとはいえないかも知りませんが、若者が好んで読んでいる日本の漫画や小説、またはアニメなどを通して韓国人は日本文化の一面を体験していることと同様であろうと思います。学術の面でも、様々な領域において韓国に対する関心が高まっており、本格的な共同研究も現れ始めています。このような傾向は民事法学にも見られ、この一〇年ほどの間に、韓国法につき、日本語で書かれたものも相当に増えてきている次第でございます。

このように、韓日両国間では多様な文化交流が活発に行われてきますが、たがいに「近くて遠い国」であると言われていることには、あまり変わりがないような気が致します。その理由として、韓日両国間の歴史認識の差、二つの国の類似性と異質性の混同といったことを挙げたことがありますが[1]、これらのことは今日においても同じであると言えるのではないかと思います。韓国には「一〇年経つと江山が変わる」という諺があります。それは、一〇年過ぎれば大自然も変化し、人間万事も当然変わりゆくものであるという意味でありますが、韓日関係について見れば、終戦後五〇年が過ぎた現在においてもなお「近くて遠い国」のままであるという感じがするわけでございます。

法は、単に技術的なものではなく、その社会が生み出した固有の文化の一つであると思います。比較法的側面から考える場合に、二つの国の間に、はじめから全く違った法制度を発見することもあれば、全く同じ法制度を発見することもあります。しかし、外見上は同じ法制度であっても、その中身が異なる場合があるということに注意を払わなければならない。すなわち、韓国法や日本法、中国法その他の外国法を理解しようとするにあたっては、その国の歴史や文化、人々の法意識といった法文化を全般にわたって理解し、相互の違いを正確に認識するという作業を最初に行うことが極めて重要なのであるでしょう。異なる法文化を発見することは、その社会、その国の法を理解するにあたって不可欠な要素であると思います。国際関係において、しばしば他国の法文化を誤解することにより、国家間の様々な紛争が生じることがあり、それは私人の間においても同様であると思います。
私は、若い時に長期間日本留学を経験し、帰国後にも数回にわたって日本の法文化に接する機会があり、自分なりに日本の法文化を理解しているつもりであったのですが、今でも韓国と日本の異なる法文化に気がつくことがあります。現在、大東文化大学法科大学院と早稲田大学法科大学院で、広い意味でのアジア法の中における韓国法と（日本法との）比較法の講義を担当しており、今年で四年目になりますが、将来の法曹を志す若い人達に対して韓国の法文化を知らせたい、正確に理解してもらいたい、そしてアジア法を専門分野とする法律家になって、これからの韓日両国間にかかる「友情の橋」としての役割を担ってほしいという希望をもって臨んでいます。

以下では、民法上の財産編と親族・相続編の順に、その特色と思われるいくつかの制度をとりあげて、可能な限り日本民法と比較しながらお話を進めて参りたいと思います。発表にあたって、このようなテーマで発表なさった吉田邦彦教授の論文(2)、韓国民事法学会で発表なさった大村敦志教授の講演(3)の示唆に負うところが多く、この場を借りて感謝の意を表したいと思います。では、本論に入らせていただきたいと思います（以下敬語省略）。

二　民法財産編の特色

(1)　不動産の二元化（土地と建物）

韓国民法は、大陸法を継受して立法されたにもかかわらず、建物を土地の構成部分として認めているドイツ法やフランス法とは異なり、土地と建物を各々独立した不動産として規定（九九条一項）し、不動産登記簿も土地登記簿と建物登記簿に二元化されている。何故に従来の慣行と異なって土地と建物が二元化されたかは明らかにされていない。

土地と建物を二元化された法制は、日本法の場合も同様である（日本民法八六条一項）。

以下で、従来、土地と建物はどう扱われていたかにつき、その沿革的側面から若干考えてみる。

（一）「土地家屋証明規則」と「韓国不動産ニ関スル調査記録」

不動産に関する近代的公示制度の嚆矢としては、一九〇五年の「第二次韓日協約」による統監府時代（一九〇五〜一九一〇年）が始まった一九〇六年の勅令第六五号により制定された「土地家屋証明規則」があげられる。この統監時代に設けられた「不動産法調査会」（委員長は伊藤博文（統監）の法部顧問である梅謙次郎）は、不動産法を制定するために一九〇六年七月より不動産慣例調査に着手する（「韓国不動産ニ関スル調査記録」（一九〇六．八）など、五巻の調査報告書を発刊した）と同時に一九〇六年（光武一〇年）一〇月二六日、勅令第六五号で「土地家屋証明規則」、一九〇八年（隆熙二年）七月一六日勅令四七号で「土地家屋所有権証明規則」など、不動産に関する法律を緊急に制定した。

土地家屋所有権証明規則によると、土地や家屋について売買、贈与、交換、典当（担保方法の一種）をなす際に、当事者が提出した契約書を府尹・郡守（府・郡の知事）が審査し、「土地建物証明簿」に所定事項を記載、証明した後、契約書一通を当事者に交付した。同規則により、初めて土地と家屋がそれぞれ独立した不動産として取扱われるようになった。しかし、不動産法調査会が行った「韓国不動産ニ関スル調査記録」によると、地域によっては土地と家屋を一元化して売買などが行われていた。すなわち、京城（ソウル）では、建物所有権は多くの場合において土地所有権に従い(4)、大邱では、家屋と土地の所有者が同一人の場合において家屋を譲渡するときは、土地は家屋に付随して移転する(5)、釜山では自分の所有地に建てた家屋を売渡したときは、その敷地も家屋と共に移転するということであった(6)。

このように、土地と家屋の一元化に関する慣習または一般人の意識は、今日においても根強く残っている。その例を一つ挙げよう。

(二)　民法上の土地賃貸借

民法は土地賃貸借につき、「建物の所有を目的とする土地賃貸借はその登記がなくとも、その地上の建物の登記をしたときは第三者に対して賃貸借の効力を生ずる」（六二二条一項）と規定しており、この点は、日本借地借家法第一〇条一項に定められている意味・内容と同様である。六二二条一項は建物を所有する土地賃借人の保護という制度であるにもかかわらず、これと関連する紛争は非常に少ない（判例は二件ほどあるが、いずれも地上建物登記前にその土地に関し第三者が物権を取得した場合である。大判二〇〇三・二・二八、二〇〇〇다（ダ）六五八〇二、六五八一九）。このことは、その機能があまり果されていないということを意味する。この点は日本の場合と異なる。その機能が果されていないというのは、土地と建物を一つの不動産として認識してきた古来の慣習や韓国人の意識による。今日においても、他人の土地を賃借して自分所有の建物をたてるという意識はあまりない。その反面、土地所有者は自分所有の土地に他人が建物をたてるための土地を賃貸するという意識もあまりない。すなわち、建物をたてるためには、まずその土地を買って、建物をたてるというのが韓国人の一般意識だからである。

以上のように、韓国の不動産売買に関する従来の慣行は、土地と建物は一元化されていたこと、今日においても韓国人は建物を「買う」と言う場合には当然土地も含む意味としてとらえる。このようなことから、慣習法上の法定地上権が広く認められている故であろう。

結局、不動産の二元化（土地と建物）は、沿革的側面からも、大陸法の継受という側面からも適合しない制度であるということは否定できないだろう。

(2)　法人でない血縁団体とその団体財産の名義信託

(一)　法人でない団体（権利能力なき団体（社団・財団））

法人でない団体（社団・財団）について、判例・学説は「ある団体が法人として認めるに適した実体が存在すれば、

法人に関する規定の中で法人格を前提とするものを除いてすべてこれを類推適用する」という立場をとっている（大判一九九七・一・二四、九六다（ダ）三九七二一）。[7] この点は日本の場合と同様であると思われる。しかし、日本法と著しく異なる点は、韓国不動産登記法三〇条は法人でない団体（社団または財団）であっても、その団体の名義で団体所有の不動産を登記することができるという規定を設けていることである。すなわち、不動産登記法三〇条一項は「宗中、門中その他代表者又は管理人がある法人でない社団又は財団に属する不動産の登記に関しては、その社団又は財団を登記権利者又は登記義務者とする」と規定している。したがって、韓国の判例・学説が説いている「法人格を前提とするもの」とは、どのようなものであるかは明らかにされていない。このような定義については甚だ疑問である。というのは、法人でない団体も不動産登記法三〇条により法人格がなくともその団体の名義で登記することができるからである。[8] もちろん、その団体の訴訟当事者能力は認められており（民事訴訟法五二条）、またその団体の所有財産も共同所有の形態である総有として認められている（民法二七五条）。

不動産登記法三〇条は、権利能力なき団体の一つの例として「宗中、門中」を挙げており、これは血縁団体をいうものである。では、具体的にどのような団体であるかを紹介することも、韓国の家族関係を理解するに役に立つのではないかと思われる。

（二）「宗中」という血縁団体

「宗中」という血縁団体が初めて法律上登場したのは、日本植民地時代が始まって（一九一〇年）間もない一九一二年（大正元年）の「土地調査令」（制令二号）による。

「宗中」とは、一言でいえば、同一の始祖から生じたすべての者によって構成される最大の父系血族集団をいう。一九一一年（明治四四年）に慣習調査を行った朝鮮総督府取調局長官回答によれば、宗中（「門中」とは、宗中よりその範囲が狭い団体。今日においては同じ意味で用いられている）という団体の人格に関し、「朝鮮ニ於テ一門或ハ門中ト称

スルハ親族ノ団体ニシテ人格ヲ有セス而シテ門中所有ノ財産ハ共団体ヲ組織スル親族ノ共有ニ属シ門長ハ当然代表権ヲ有セス唯実際ニ於テハ門中協議ノ上門長ヲシテ代表セシムルコト多キモ是レ素ヨリ門中親族ノ委任ニ因ルモノナリ」(9)とし、その団体は法人格がないものとされた。このような慣習は今日においてもあまり変りがない。すなわち、判例は一貫して「宗中は共同先祖の後孫中、成年以上の男性を宗員として構成される自然的集団で」「その目的である共同先祖の墳墓守護と祭祀および宗中員相互間の親睦を目的とする自然発生的な宗族集団体」（大判一九八五・一〇・二二、八三다카（ダカ）二三九六、二三九七）である、と定義している。しかし、二〇〇五年に大法院大法廷は、共同先祖の後孫中、成年以上の男性を宗員として限定した慣習法は、男女平等の憲法精神に反するもので、共同先祖の後孫中、性別を問わず成年になれば、当然に宗中の構成員となる（大判二〇〇五・七・二一（全員合議体）、二〇〇二다（ダ）一一七八）と判示し、従来の判例を修正した。したがって、今日においては成年以上の「女性」も宗中の構成員となる。

日本の判例もごく限られた血縁団体にせよ、沖縄における血縁団体であるいわゆる「門中」が権利能力なき社団にあたるとされた事例がある。すなわち「沖縄における血縁団体であるいわゆる『門中』が家譜記録等によって構成員の範囲を特定することができ、慣行により、有力家の当主を代表機関とし、かつ、毎年一定の時期に構成員の総意によって選任される当番員を日常業務の執行機関として定め、祖先の一人によって寄附された土地等の財産を門中財産として有し、これを管理利用して得た収益によって祖先の祭祀等の行事、門中模合（頼母子講の一種）その他の相互扶助事業を行ってきたなど、判示のような実態を有する場合には、門中は権利能力なき社団にあたる」（最判昭五五（一九八〇）・二・八、民集三四巻二号一三八頁）と説いている。また最近、最高裁は、沖縄本島において入会権はなお存続するということを前提として入会団体の会員資格の一つとして一家の代表者に限る「世帯主要件」とその入会権者の後継者となった「男女子孫要件」という「血縁的要件」が満たすことを要求していること（最判平成一八（二〇〇六）・三・一七、第二小法廷。本判決の評釈として、大村敦志・ジュリスト（No.一三三二）六四頁がある）は、「地縁的要件」は別として、狭い意味の韓国の「門中」と類似した血縁団体の一つの類型として考えられる。このことは、歴史上韓国の慣習法上の門中となんらかのつながりがあるのではないか。今後、研究すべき、興味のある分野であろう。

㈢　土地調査令（一九一二年）と宗中財産の名義信託

韓日併合後、朝鮮総督府は土地調査事業（一九一〇年―一九一八年）の一環として一九一二年八月に「土地調査令」を発布して、土地所有者はその所有関係を管轄機関に届け出るようにした（同令四条）。高等土地調査委員会は、その届け出により「土地所有者ノ権利ハ査定又ハ裁決ニ依リテ確定」（同令一五条）する。その査定および裁決は土地所有関係に対する最終的な宣言であったが、それは裁判所の判決を圧倒するほどの強い効力が認められた行政処分であった。土地調査局は、査定の確定または裁決に対しては、その事由の如何を問わず、これを司法裁判に回付する方法はないと断言し、判例も、「土地調査令ニ依ル査定又ハ裁決ハ一ノ行政処分ナルトモ其査定又ハ裁決確定シタルトキハ同令第十五条ニ依リ土地所有者ノ権利ハ之ニ因リテ確定セラレ同令第十六条ニ規定スル再審ノ申立ニ因リ変更セラレサル限リハ其査定又ハ裁決名義者ハ従来所有権ヲ有シタルト否トニ拘ラス絶対ニ其土地所有者ト確定セラルヘキモノトス」（朝高判大正六年（一九一七）・三・二七、朝高判集四巻二〇七頁）として、再審の申立により変更されない限り、土地の所有者として確定されたのである（要するに、当局は、紛争を抑制し、紛争解決を簡素化するため、査定および裁決に抵触する判決を防止しようとしたのである）。もし、土地所有関係を一定期間内に届け出をしなかった者は巨額の罰金に処せられた（同令一九条）。問題は、その当時、法人ではない宗中（門中）の名義で宗中所有の財産を登記する方法がなかったということにある。すなわち、一九一二年の朝鮮不動産登記令（日本不動産登記法の依用）に宗中といった権利能力なき団体の名義で登記する規定がなかったために、やむをえず、宗孫、宗中員といった個人の名義で、または宗中の代表者である数人の名義で登記しなければならなかった。

このように、歴史上やむをえない事情によって行われた登記につき、終戦後の大法院は「名義信託」による登記という新しい法理を創出したのである。すなわち、判例は不動産の名義信託に関して「当事者の信託に関する債権契約により信託者が実質的には自分の所有に属する不動産の登記名義を実体的に取引関係のない受託者に売買等の形式で移転しておくことをいうものである」（大判一九七二・一一・二八、七二다（ダ）一七八九大判集二〇・三・民事一五一）と説いている。したがって、「対内的関係においては信託者が所有権を保有し、それを管理・収益するから、公簿上の所有名義だけが受託者に移ること」（大判一九六五・五・一八、六五다（ダ）三一二）になる。それゆえに、対外的関係においては受託者が不動産の所有者となり当該不動産に対する「処分権」を有する。すなわち、判例は「宗中がその所有の不動産を宗会員に信託し登記簿上その宗中員の名義で所有権の登記を経たときは、宗中とその受託者である宗会員との間にいわゆる信託行為の法理が適用される。したがって、この受託者である宗会員からその不動産を譲受けた第三者は、その者の善意・悪意を問わず、適法に信託者である宗中の不動産の所有権を取得するものと解さなければならない。なぜならば、信託行為において受託者は、その対外的関係では完全な所有者としての権利を行使することができるからである」（大判一九五九・一・一五、四二九〇民上六六七、同一九六三・九・一九、六三나（ナ）三八八、大判集一一・二・民事一一四、同一九六六・一・三一、六五다（ダ）一八六、同一九六六・二・一五、六五다（ダ）二五三一等）と判示していることは、受託者にその「処分権」を認めたものと解されよう。このように、判例は「信託行為の法理」というものをとりあげて名義受託者に当該不動産に関する処分権を認め、その論理必然的な帰結として取引の相対方を無条件的（善意・悪意を問わず）に保護する立場をとってきており、確固たる判例法として形成されている。[10]

(3)　不動産物権変動と登記

韓国民法における不動産物権変動の場合は、日本民法の場合と同様に法律行為による物権変動と法律の規定による物権変動がある。しかし、両国の民法は、前者の場合に著しく異った点があることに注意を払う必要があろう。

（一）朝鮮民事令および旧民法と意思主義（対抗要件主義）

日本植民地時代に韓国で適用された民事に関する基本法令は朝鮮民事令（一九一二（明治一五年）三月制令七号）であり、その第一条は「民事ニ関スル事項ハ本令其ノ他ノ法令ニ特別ノ規定アル場合ヲ除クノ外左ノ法律ニ依ル」とし、「左ノ法律」として同条一号に挙げられている日本の「民法」が、韓国にも適用された。さらに、同令は不動産物権変動に対する特別規定を設け、「不動産ニ関スル物権ノ得喪及変更ニ付朝鮮不動産登記令ニ於テ登記ノ規定ヲ設ケタルモノハ其ノ登記ヲ受クルニ非サレハ之ヲ以テ第三者ニ対抗スルコトヲ得ス」（一三条）と規定し、対抗要件主義をとっていた。

これらの法令による日本民事法の適用は、現行民法が施行（一九六〇．一．一）されるまで、引き続き適用された（これを旧民法または依用民法という）。したがって、旧民法時代（一九四五．八．一五―一九六〇．一．一）は、不動産物権変動の効力発生に関しても日本民事法によっており、日本民法一七六条が適用され、登記を対抗要件とする対抗要件主義をとった。

（二）現行民法と形式主義（成立要件主義）

現行民法は登記を物権変動の成立要件とする成立要件主義（または形式主義）をとっているが（一八六条）、成立要件主義をとった理由は何か、その立法過程を若干探ってみる。

（a）韓国民法一八六条

不動産の物権変動は、法律行為または法律規定など様々な原因によって、その効力を生ずる。この点については日本法と変わらない。しかし、法律行為による不動産物権変動は、その不動産の登記をしない限り効力を生じないという点で、日本民法の場合と著しく異っている。すなわち、韓国民法一八六条は「不動産に関する法律行為による物権の得喪および変更は、登記しなければ、その効力を生じない」と規定し、公示方法としての登記を不動産物権変動の

「成立要件」として定めている。これとは対照的に、日本民法一七六条は「物権の設定及び移転は、当事者の意思表示のみによって、その効力を生ずる」と規定し、当事者の意思表示のみにより物権変動の効力を認める。ただし、その不動産物権変動は、登記をしない限り、第三者に対抗することができないと規定され（一七七条）、登記が不動産物権変動の「対抗要件」として定められている。要するに、一般論として、韓国民法は成立要件主義をとっているのに対して、日本民法は対抗要件主義をとっているという。しかし、韓国民法は、成立要件主義をとっているにも拘らず、登記の公信力を認めていないという点で、ドイツ法とは異なり、日本法と同じであるといえよう。このように、韓国法が、登記を成立要件としながらも、登記に公信力を認めていないという点は理解しがたいところであろう。

（b）立法過程

（イ）現行民法が旧民法の場合と異なる成立要件主義を採択した理由は何であろうか。

立法過程においても賛否両論が激しく対立した。学界は、形式主義の採択に対して、主に次のような理由から反対の立場をとった。①登記主義（形式主義）の利点として、法律関係の画一化が主張されるが、画一化それ自体に絶対的価値があるのではなく、むしろ法律関係を完全に画一化できないことが、法の世界における普遍的な現象である。②登記主義の採用の可否は、登記に対する信頼性、すなわち、どこまで真の権利関係の表示が実行されているかにかかっているが、（当時の）韓国では、あまり実行できていないのが実情であり、このような状態で登記主義を採用すれば多大な弊害を生ずることになる。③登記主義を採用しながら、登記に公信力を認めないというのは跛行的措置である。(11)

国会の審議過程においても、賛否の意見が激しく対立した。政府は、旧民法がとっている意思主義（対抗要件主義）から形成主義（成立要件主義）に転換しようとする理由として「物権法制において、可能な限り、一般取引に安定と確信を与えるためには、形式主義がすぐれている(12)」ということをあげている。

国会法制司法委員会で民法案に賛成の立場をとった側の委員は、形式主義について「権利関係を明確にし、また、物権がいつ設定され、移転されたか、その時期を明確にすることが、取引安全を図る上で進展した法制である[13]」と述べ、さらに、形式主義を採択した理由につき、物権の排他性と関連させて説いている。すなわち、「物権という権利は、排他性をもつのが本質であり、債権とは違うこと…（省略―筆者、以下同じ）…つまり、第三者に対して、自分が所有権を持つ、自分に財産権があることを主張できるという排他性が…本質的なものであり、この物権については、登記がないと排他性を認められない。その結果、第三者に対抗することもできない。…そうなると、排他性のない所有権を認めることになり、それでは何の意味もない[14]」と説き、形式主義をとる民法案について賛成する立場をとった。それに対する反対の意見は、先に述べた学会の意見を土臺として、不動産物権変動については旧民法の態度を維持しようとする立場をとった[15]。すなわち、その理由として、①法律関係を簡易・便利にする。②意思表示主義の原則に符号する。③形式主義を採用するためには、実際に登記が奨励されなければならないが、現実はそうなっていない。④形式主義は公信力と密接に関連しているため、形式主義を採用すれば公信力を認めなければならなくなるが、現状では公信力を認定できるだけの条件が整っていない。よって、意思主義を採用すべきであるという立場をとった。

結局、民法が形式主義を採用するに至った理由は、何よりも、現行民法の制定当時まで適用（依用）されていた日本民法上の意思主義・対抗要件主義の下で発生する問題点を是正しようとするところにあった。つまり、物権変動の存否とその時期を明確にし、取引安全を図り、当事者間の法律関係に生じる矛盾を避けようとするところに、その主たる目的があったのである[16]。

(ロ）現行民法が形式主義を採用しながら、登記の公信力を認めない理由は何であろうか。

立法当時の民法案起草委員長は、国会法制司法委員会で次のように陳述している。「…この契約においては、できるだけ一般取引界に安定と確信を与えようとすれば、形式主義に長所がある。…だからと言って、その原因が無効、あるいは、全く原因のない、当事者にとって全く効力がないような場合には、形式主義の信憑性を与えない。つまり、折衷的意味がこの中に込められております[17]」と説き、登記の公信力を否定することを明らかにしている。登記の公信力を否定する理由については、形式主義採用に反対する意見からも明らかになっているが、結局のところ、上記起草委員長の発言どおり、韓国法は、意思主義と形式主義との折衷的意味を有する韓国型物権変動主義（形式主義を採択しながら登記の公信力を否認する）を採用したものとであるといえよう。

(三) 物権変動の時期

韓国民法において不動産物権変動の時期は明白になっている。既述したように、不動産の物権変動は、登記をしなければその効力が生じないから、登記をしたときが物権変動の時期となる。したがって、韓国民法では、日本民法の一七六条の解釈をめぐって生じる不動産の物権変動の時期に関連する問題は生じない。

三 民法親族・相続編の特色

(1) 家族法の変遷

韓国家族法は、民法典の第四編の親族と第五編の相続で構成されている。家族法が立法される際には、儒教倫理に基づいた保守的・慣習的特性が考慮され、主に韓国古来の慣習をもとにして制定された。その結果、親族・相続編は旧習である宗法制度（中国・周時代の宗族の組織規定。始祖を中心とする嫡長子孫により無限に継承（百世不遷之宗））の基本原理を骨組にした男系血統中心に立法され、憲法および民主主義理念と相反する規定が多く設けられた。したがって、民法が施行された直後から学界や女性団体らは、男女平等にもとづく民主的家族法改正の必要性を強く訴えつづけてきたが、一九九〇年一月に革新的に大幅な改正が行われた。さらに、二〇〇五年三月に戸主制度の全面廃止、姓不変原則の大幅な修正等を中心とした革命的な改正が行われ（二〇〇五年三月三一法律第七四二七号）、今日に至っている。

現行家族法の特色を理解するためには、韓日併合時代から今日に至るまでのその変遷過程につき、若干概観する必要がある。

（一）　韓日併合時代における家族法

先ほど述べたように、日帝政府は、一九一二年三月十八日に制令第七号で「朝鮮民事令」を制定し、四月一日からこれを施行したが、この朝鮮民事令は、日帝支配下の韓国における民事に関する基本法令であり、同令により、日本の民法典と各種の特別法および付属法が韓国に依用されることになった。すなわち、朝鮮民事令第一条は、朝鮮の「民事ニ関スル事項ハ本令其ノ他ノ法令ニ特別ノ規定アル場合ヲ除クノ外左ノ法律ニ依ル」と規定し、依用される法律として日本民法および信託法、商法など二三個の各種特別法・付属法を挙げている。ただし、親族・相続について、朝鮮民事令第一一条本文は「朝鮮人ノ親族及相続ニ関シテハ別段ノ規定アルモノヲ除クノ外第一条ノ法律ニ依ラズ慣習ニ依ル」と規定し、これをもって朝鮮民事令の公布当時、親族相続に関しては日本民法の規定が適用されず、韓国の慣習法が適用された。しかし、その後、日帝の植民支配と同化政策が強化されるにつれて朝鮮民事令第一一条は四回にわたって改正されたが、第四回改正（一九三九年一一月一〇日）により大幅に改正された（制令一九号）。すなわち、日本民法の氏に関する規定（旧民法七四六条）、裁判上の離縁に関する規定（旧民法八六六条ないし八七五条。ただし、隠居と関係のある旧民法八七四条但書および夫婦養子に関する八七六条は除外）、婿養子縁組の無効ないし取消に関する規定（旧民法七八六条および八五八条）が依用されると同時に「朝鮮人ノ養子縁組ニ存リテ養子ハ養親ト姓ヲ同シ縁組ノスルコトヲ要セス。但シ死後養子ノ場合ニ於テハ此ノ限ニ在ラス。婿養子ハ妻ノ家ニ入ル。婿養子離縁又ハ取消ニ因リ其家ヲ去ルモ家女ノ直系卑属ハ其ノ家ヲ去ルコトナク胎児生レタルトキハ其ノ家ニ入ル」という異姓養子制の規定が新設・追加された（朝鮮民事令第一一条ノ二）。この改正によって韓国家族法（慣習法）上の不変の大原則である同姓同本不婚制と異姓不縁組制が廃止され、かつ婿養子制度が移植された。さらに、韓国人の精神的基盤である絶対的な「姓不変の原則」が、一九三九年（昭和一四年一二月二六日）「朝鮮人ノ氏名変更ニ関スル件」（一九三九年朝鮮総督府令二二二号）という法律により、任意的とはいえ、韓国人の氏名を日本式に変えるという、いわゆる「創氏改名」が事実上強要されるに至った。強要されたというのは、日本氏名に変えない者には就職が困難になる等の不利益があったからである。

以上のように、日帝は、韓国強占初期に家族法関係について日本民法を依用せず原則的に韓国の慣習法を適用していたが、漸次的に植民地同化政策を強化しながら日本民法の適用範囲が拡大された。

(二)　米軍政時代

韓国は一九四五年八月一五日の光復（終戦による解放の意味）後、同年九月七日から米軍政が始まった。米軍政当局は、特に、朝鮮姓名復旧令（一九四六．一〇．二三軍政法令一二二号）を発布して日帝時代の創氏制度を廃止し、同法令による届出および戸籍記載手続規定に関する朝鮮姓名復旧令施行規則を公布した。この法令により日本氏名に変更された朝鮮姓名が祖先伝来の姓に復帰された。その後、一九六〇年一月一日に現行民法が施行されたが、特に家族法は六回の改正を経て今日に至っている。

(三)　現行家族法

第三次（一九九〇．一．一三）、第四次（一九九七．一二．一三）、第五次（二〇〇二．一．一四）家族法の改正を通して家族法は男女平等（親族姻族範囲の調整、嫡母庶子関係の廃止、法定相続分の調整、国籍法の改正による父母両系血統主義への転換）や財産権保障（相続回復請求権の出訴期間の改正（九九九条二項）、限定承認規定の改正（一〇一九条三項））といった憲法の基本精神に基づいて革新的に改正されたが、その後も、改正法に対して、全般的に社会的状況に適していないか、個別の制度が男女平等など憲法上保障されている基本権を侵害しているといった批判が絶えなかった。このような問題を解決するため、長い歴史の中で絶対不変的な制度として認識され、受け継がれてきた「姓不変原則」を大幅に修正する、またこの原則と不可欠な関係にある「戸主制度」を廃止すると同時に、「同姓同本不婚制度」の修正を行うなどの思いきった第六次改正（二〇〇五．三．三一）が行われた[18]。この家族法第六次改正法により、現在、韓国の伝統的家族制度は大きな転換期を迎えている。

以下では、韓国家族法の特色ともいえるいくつかの原則をとりあげ、これらについて概観する。

(2) 戸主制度と二〇〇五年の改正家族法による廃止

(一) 戸主制の沿革

戸主制度は韓国固有の制度ではない。すなわち、「我が民法の戸主制度は、立法の拙速を図るあげく、戸主と戸主権成立の由来を検討せず、日帝の旧民法基礎者らが作り出した戸主ないし家督相続制の名称を変えて承継したものである」[19]。ここでは、まず、戸主制の沿革についてながめてみる。

韓国における戸籍制度の起源は、中国の制度を継受ないし模倣して国が徴税、徴兵、賦役等の行政施策の資料とした「戸口」帳簿がその発端になった[20]。すなわち、高麗時代（九三六～一三九二年）の戸籍制度は、常民（下級身分）の戸籍と両班（上級身分＝支配階級）の戸籍に区分され、常民の戸籍は徴兵、賦役の資料とした文書であったが、両班の戸籍は特権的身分の証明書であると同時に一種の免役証の文書であった。朝鮮初期（一四〇〇年代）の戸籍制度は人民の流移および良賤身分の混流を防止することが重要な目的の一つであった。したがって、人民の逃亡と壮丁の戸口漏落、良賤身分の混流を防止するなど戸籍の正確を図るため、一四〇七年（太宗七年）に隣保正長法が制定されると同時に一四一三年（太宗一三年）には号牌法が制定され、併用実施された[21]。朝鮮後期に至り、一八九六年（建陽元年）に「戸口調査規則」が公布（一八九六．九．一．勅令六一号）された。

当時の戸籍に表現された戸主および家族とは、同一生活圏内にある現実の戸口を意味し[22]、かつその戸籍には、戸主の年齢、本貫、職業、前居住地および四祖（戸主の父、祖、曾祖、外祖）、同居の親族以外の寄居人、雇用者の口数、家屋の所有の有無などを必要的記載事項としていた。このように、当時の戸籍は現実に同居する者に限って編成されたものであるから、それは、まさに戸籍との関係のない現行住民登録法による「住民登録」と一面似ている点があった。したがって、現実同居人を中心に編成された朝鮮時代の戸籍制度と今日における居住と全く関係のない法律（戸籍法）上の戸籍制度とは根本的に異なる[23]。このような朝鮮時代の戸籍制度は、朝鮮初期に導入された中国の宗法制度の儒教理念による家父長制家族制度と共に家族関係の慣習として形成され、「家父長」と「戸主」を同一のような意味としてとらえられ、それが今日に至るまで韓国人の一般意識の中に根強く残っているゆえではないかと思われる。

しかし、ここで注意を要するのは、朝鮮時代には、子女に対する父権、妻または妾に対する夫権があるだけで、父または夫としての資格外に特別に家長としての権利は認められなかったことである[24]。父権または夫権以外に統一的支配権としての「家長権」制度が韓国に初めて登場したのは日本植民地時代であった[25]。すなわち、韓国では日本の明治民法が創案した戸籍上の家族団体の家や戸主権の観念がなかったが、後に日帝が朝鮮民事令の改正による日本家族法の適用範囲の拡大、「第二次韓日協約」（一九〇五．一一．一七）による統監府時代（初代統監、伊藤博文）の「民籍法」の制定（一九〇九年法律八号）施行、韓日併合後の慣習調査の歪曲と「朝鮮戸籍令」の制定（一九二二年（大正一一年）勅令一五四号）施行等を通して日本式家制度や戸主制度が韓国に移植されたのである[26]。

日帝時代の朝鮮戸籍令は、当時の日本戸籍法と同様に、長の「戸主」と「その家族」によって一つの戸籍（つまり「家」）を編成するようにした。戸籍の記載事項も韓国の「姓」の「本貫」を除けば、当時の日本戸籍法とあまり変らなかった（同令一一条）。

さらに、朝鮮時代の相続制度には父系継承の祭祀相続と財産相続の二つの相続制度しかなく、戸主権やその地位を承継する戸主相続制度はなかった。日帝が朝鮮の慣習を調査するに際し、慣習調査問項を日本民法の体系に基づいた規定を調査項目として設けて調査した結果、その報告書である上記「慣習調査報告書」や「民事慣習回答彙集」の内容は実際の慣習と一致しない部分が多かった。戸主相続制度がその一つの例である。すなわち、「慣習調査報告書」は「朝鮮ニ於ケル相続ニハ祭祀相続、財産相続及戸主相続ノ三種アル、…（省略―筆者）…戸主相続ハ戸主タル地位ノ承継シテ祭祀相続ヲ為ス者ハ同時ニ戸主ノ地位ヲ承継スルモノトナル」(27)とし、戸主相続の慣習があるかのようにし、祭祀相続人が同時に戸主相続をするという報告書が出されている。このことは、日帝の天皇制的家族国家主義理念を植民地同化政策として韓国に強制移植させ、体系化を図ったものと解されている(28)。

このように韓国に強制移植された法律上戸主制度は、漸次的に韓国人の伝統的な儒教的家族観にすいこまれ、まさに古来から伝わってきた韓国固有の制度のように考えるようになった。終戦後にも家父長制家族制度の意味のある戸主制度についてはあまり抵抗がなく、戸主権、親権、夫権を縮小し、個人意思自治の範囲を拡大するという趣旨の下で引き継いで一九六〇年一月一日新民法七七八条以下に戸主と家族制度が設けられ(29)、今日に至っている。

(二)　民法上の戸主制度

(a)　戸主相続制（一九九〇年改正前家族法）

民法七七八条は戸主について「一家の系統を継承した者、分家した者又はその他の事由により一家を創立若しくは復興した者は、戸主となる」と定義した後、「戸主の配偶者、血族及びその配偶者その他本法の規定によりその家に入籍した者は、家族となる」（七七九条）とし、家の制度を設けて、各人は戸主または家族の身分をもってその家に所属することになっている。家には必ず戸主があり、戸主相続によってその地位が順次に継承される。このような戸主制度は一九九〇年民法改正によって「戸主権の相続から承継へ」といった大きな変化が生じた。

一九九〇年改正前の民法は「戸主相続制」を設けて、戸主が死亡または国籍を喪失したとき、などの場合に戸主相続が開始されるが（九八〇条一号）、戸主相続人になる者は被相続人の直系卑属男子が先順位になり（数人であるときには最近親を先順位とする。例、長男）（九八五条一項）、戸主相続人はその戸主相続権は放棄することができない（九九一条）。また「戸主の直系卑属長男子は本家の系統を継承する場合の外には養子になれない」（八七五条）と規定して直系長男子の養子縁組を禁止していた。

さらに、「養子として養父と同姓同本でない者は養家の戸主相続をすることができない」（八七七条二項）とし、父系血統主義を貫いていた。

（b）戸主承継制（一九九〇年改正家族法）

しかし、今日において、このような戸主制度は現実的な必要性と実効性を失ったまま、男子中心思想維持のための非民主的・観念的な制度として機能しただけで、その廃止は以前から主張されてきた。一九九〇年改正の第三次改正案では、このような主張が受け入れられて戸主制度を廃止することになっていた。しかし、国会の審議過程で戸主制度は家族法の根幹になっている制度であり、これを廃止する場合、法律体系と家族関係を中心とする社会全般におよぼす影響があまりにも大きい、という主張が強力に提起された。結局、第三次改正の一九九〇年改正家族法は、戸主制度はなお存置するが実効性のなかった戸主の諸権利・義務に関する規定と男女平等の精神に反する規定、戸主継承を目的とする諸制度を削除し、戸主相続を戸主承継に改正した。その結果、改正法上の戸主制度は、家父長的要素がほとんど削除され形式的な名だけが残る状態になった。

（三）二〇〇五年家族法改正による戸主制度の廃止

二〇〇五年三月の家族法改正により、「戸主制度」が全面廃止された。すなわち、「戸主」に関する規定と、「戸主制度」を前提とする入籍・復籍・一家創立・分家等に関する規定が削除され（現行七七八条・七八〇条および七八二条ないし七九六条）、二〇〇八年一月一日より施行される。[30]

二〇〇五年改正法の主要骨子の一つが「戸主制度」の廃止である。この点に関しては、改正の過程である国会法制司法委員会公聴会（二〇〇四年一二月三日）に出席した陳述人らによる賛否両論が激しく対立した[31]。改正に反対する側からは、儒教思想の根強い韓国社会において戸主制度が廃止されれば、伝統的家族制度の根幹が崩壊し、社会的に大混乱をもたらすことになるという意見が強く主張された。

これに対して賛成する側からは、「戸主」を中心に「家」を構成する「戸主制度」は、憲法上保障されている男女平等思想および個人の尊厳と価値を充足させることができず、また、時代的変化に伴って増加する多様な家族形態にも適合しないので、全面的に廃止されるべきであるという意見が主張された。

この改正過程の途中で、「戸主制度」に関する違憲審査が憲法裁判所で行われていたが、二〇〇五年二月三日、戸主に関連する「七七八条（戸主の定義）、七八一条一項（子の入籍、姓および本）、八二六条三項本文（妻の夫家への入籍）その根拠と骨組になっている戸主制は、婚姻および家族生活において個人の尊厳と両性の平等を規定した憲法第三六条第一項に違反する[32]」という違憲判決が下された。

(3)　姓不変の原則

「姓不変の原則」は、以下に概観する「父系姓本継承制」や「夫婦別姓制」といった原則を生み出した。これらの制度を理解するために、まず「姓」と「本」の意味については、若干の説明が必要である。

「姓」とは出生の系統を示す標識である。古来より父系中心社会である韓国においては、「姓」は原則的に父系血統を表示するものであり、「姓」によって各個人の所属している血統を分別することができた。しかし、同一の血統を有する多くの人が各地に分散したとき、各地域に分散した各派を表示するための標識が必要となった。そのために生じたものが「本」である。すなわち、各地に分散した各派の祖先の発祥地名を意味するもので、通常は「本貫」と呼ばれている。

このように「本貫」は、父系血族系統を表示する際に「姓」と不可分な関係にある。というのは、「姓」だけで血族系統を表示することはできず、「本貫」を並称することによってはじめて同族であることが表示されるからである。すなわち、韓国には祖先の発祥地を異にする同姓が多く、これを区別する必要があるため、必ず「姓」に「本」を付ける。[33]例えば、「金」という一つの姓をとってみても、その本貫は、「金海」、「慶州」、「光山」、「金寧」、「安東」等、様々であり、「金」という「姓」をもつ人でも、その本貫が「金海」なのか「慶州」なのかによって、祖先の父系血統が異なるのである。このように、「本」は血族系統を示す「姓」と不可分の関係にあり、「同姓同本」であれば、一応、同一父系血族に属するものとされる。

しかし、「同姓同本」がすべての場合に同一父系血族（同族）を意味するわけではない。「同姓同本」でありながら祖先を異にする場合、すなわち、同一父系血族でない場合もある。例えば、新羅の敬順王を先祖に持つ金海金氏（ここで「氏」とは一族を意味する。以下も同じ）と大駕洛の首露王を先祖にもつ金海金氏、崔文漢を先祖に持つ江陵崔氏と崔立之を先祖に持つ江陵崔氏等は「同姓同本」であっても、同一父系血族ではない。逆に、「異姓同本」であっても同一の父系血族とされる場合もある。例えば、安東「金」氏と安東「権」氏、金海「金」氏と金海「許」氏が同族とされていること等が、よく知られている例である。

民法は「姓」には必ず「本」を付けるようにしている（七八一条、戸籍法一五条四号）。すなわち、「姓」は父系血統を表示し（七八一条一項）、「姓」の変更は特殊な場合（父母の知らない子は法院の許可を得て、姓と本を創設する）以外には認められない（七八一条三項但書）とし、「姓不変の原則」をとっている。ただし、「入夫婚姻」（夫が妻の家に入籍する婚姻）による出生子は母の「姓」と「本」を受け継いで母家に入籍するものと規定し（八二六条四項）、「姓」は父系血統を表示するという大原則の例外を認めている。

以上のように、「姓」と「本」の制度は、長い歴史の中で絶対的な不変の制度として認識され、受け継がれて今日に至っている。このような「姓不変の原則」は、次に概観する「父系姓本継承制」や「夫婦別姓制」といった原則を生み出した。

(4) 父系姓本継承制（子の父系血統継承）とその変化

二〇〇五年の改正前家族法は「子は、父の姓および本を継いで父の家に入籍する。ただし、父が外国人のときは、母の姓と本を継ぐことができ、母の家に入籍する」（七八一条一項）と定め、父が韓国人であれば、子は父の「姓」と「本」を継ぐという父系血統尊重主義の不変原則である「父系姓本継承制」をとっていた。しかし、このような父系血統尊重主義は、二〇〇五年の改正法により、大幅に修正された。

（一）子が母の「姓」と「本」を継ぐ場合

先に述べたように、改正前民法は子の「姓」と「本」について「姓不変の原則」を根幹として、父の「姓」と「本」を継ぐという原則を規定（第七八一条一項本文）していたが、二〇〇五年の改正家族法（以下「改正法」とする）は、七八一条一項但書を二項に移し、代わりに「ただし、父母が婚姻の届出の時に母の姓および本を継ぐよう協議した場合には、母の姓および本を継ぐ」（同条一項但書）という規定を新しく設けた。したがって、このような協議がある場合には、その父母から生まれる全ての子は、母の「姓」と「本」を継ぐことになる。この但書により、父系血統尊重主義は大幅に修正され、母系血統尊重主義への転換さえも可能にするような変化がもたらされたものと思われる。

（二）子の「姓」と「本」を変更しうる場合

改正法は「子の福利のために、この姓および本を変更する必要があるときには、父、母または子の請求により法院の許可を得てこれを変更することができる」（七八一条六項本文）と定め、子の「姓」を変更する制度を新しく設けた。この新設規定は、「姓不変の原則」を根幹とする「父系姓本継承制度」を大きく変えることになる衝撃的なものであるといえよう。

問題は「子の福利のために子の姓および本を変更する必要があるとき」とはどのような場合であるかということである。ここでは二つのことが考えられる。まず、父の「姓」と「本」を継いでいた子が、母の「姓」と「本」に変更する場合を考えられるが、実父の「姓」から実母の「姓」への変更という意味で、上記（一）のような場合と同様に考えてよいと思われる。問題は、子の母が再婚したときに、その子が義父の「姓」と「本」に変更するような場合である。二〇〇五年の改正の主目的の一つは、後者を認めることである。

改正過程において、主要な例として挙げられているものは、子の母が再婚した場合である。すなわち、母と一緒に住んでいる子は、たとえ母が再婚しても、実の父から受け継いだ「姓」と「本」は変わらないので、母の再婚相手の「姓」と「本」が異なる場合が生じる。例えば、改正法によっても、金（キム）姓の父と李（イ）姓の母の間に生まれた子は、原則的に金姓となる。父母が離婚しても、その子の「金」という「姓」は変わらない。たとえ、その子を養育する母が、朴（パク）姓の男性と再婚したとしても、その子の姓が金であることには変わらない。ゆえに、母の再婚相手の姓（朴）とは異なるわけである。

したがって、このような場合に、外見上は父子関係にみえても、姓が異なるため、その子の母が再婚したことが容易に知れてしまう。その結果、その子が幼稚園や小学校でいじめの対象になりやすくなる等、父の「姓」と異なることにより子が被る精神的苦痛や社会的不利益等が大きいということが改正の主な理由であった(34)。

もちろん、「姓」と「本」を変更するには、法院の許可を得なければならないが、子の母が離婚と再婚を繰り返すたびに、子の「姓」と「本」が変わる可能性もある。そもそも、「姓」とは本来、単純な個人の称号ではなく、出生の系統を表示するものであるという原則を守るのであれば、「姓」の継承には実親子関係が存在しなければならず、姻族に過ぎない義理の父の「姓」に従わせるということは問題であろう。さらに、本人の意思に関係なく、父祖から受け継いだ自分の「姓」が変更されることが、果して本当にその子の福利に適するものであるかどうかは疑問である。

子本人も法院の許可を得て姓を変更することができるが、子本人が未成年者であり、または法定代理人が請求することができない場合には、七七七条（親族の範囲）の規定にしたがって親族または検事が請求することができる（同但書）。

(5) 養子の父系血統継承とその変化

(一) 慣習法上の同姓同本養子制度

韓国の伝統的な慣習法上の養子縁組は、父系血統を受け継ぐ男子が祭祀を継承することを前提とした同姓同本の血縁者養子縁組である。すなわち、韓日併合後の一九一二年「慣習調査報告書」によれば、「朝鮮ニ於ケル養子ノ習ハ祖先及自己ノ祭祀ヲ行ハシムルタメ擬制ノ子ヲ作ル必要ニ出テタルモノニシテ養子ヲ為スハ畢竟祭祀者（養親死亡ノ場合ニ付テ言フ）又ハ祭祀者タルヘキ者（養親生存ノ場合ニ付テ言フ）ヲ定ムルニ外ナラス故ニ祭祀者又ハ祭祀者タルヘキ者アルトキハ養子ヲ為スコトヲ得ス而シテ祭祀者タルコトヲ得ル者ハ男子ニ限リ女子ノ祭祀者タルコトヲ認メサルヲ以テ男子アルトキハ養子ヲ為スコトヲ得ス[35]」とし、当時の養子制度の目的は祭祀を継承するもので、男子に限って認められている。さらに、「養子縁組ハ男系ノ血族間ニノミ行ハレ男系ノ血族ハ常ニ同姓ヲ称スルコトヲ以テ養子ハ依然トシテ本姓ヲ称ヘ之ヲ変更スルコトナシト雖モ常ニ養親ト同姓ヲ称ス[36]」とし、養子になる者は、養親との同姓同本の血縁関係にある者でなければならない[37]。養子縁組の要件として「養子ト為スコトヲ得ル者ハ養親トナル者ト同列ニ在ル男系ノ血族タル男子ノ子ニシテ且男子ナルコトヲ要ス」とし、その例として「同父兄弟ノ子（男）其他男系ノ血統タル従兄弟、再従兄弟、三従兄弟、四従兄弟等ノ子（男）」を挙げて、「是レ一ハ男系ノ血統ヲ以テ親族ノ基礎トシ其断絶ヲ防ク趣旨ニ出テタルモノ[38]」であるとしている。かかる養子は、養子縁組の日より養親の嫡出子たる身分を取得し養親およびその血族との間に実子と同一の親族関係が生ずる[39]。

このような慣習法上の同姓同本の養子制度は厳格に守られて、それに反する異姓養子を縁組する場合に、一九〇五年の刑法大典五八二条の五項本文は「異姓の子孫を乞養して立嗣する者は、苔六十に処し、其子は本宗に帰させる」とし、刑法上処罰の対象になるなど、厳しく異姓養子の縁組は禁じられた。

（二）朝鮮民事令第一一条による異姓養子制の導入

朝鮮民事令の第四回改正により「朝鮮人ノ養子縁組ニ在リテ養子ハ養親ト姓ヲ同シクスルコトヲ要セス。但シ死後養子ノ場合ニ於テハ此ノ限ニ在ラス。婿養子ハ妻ノ家ニ入ル。婿養子離縁又ハ取消ニ因リ其家ヲ去ルモ家女ノ直系卑属ハ其ノ家ヲ去ルコトナク胎児生レタルトキハ其ノ家ニ入ル」（第一一条ノ二）という規定が新しく設けられ、異姓養子制が導入された。異姓養子制の導入は、氏の創設制度とともに日帝の「内鮮一体」、「皇国臣民化」という同化政策を目的としたものである。[40]

異姓養子の一つである婿養子制は、終戦後、現行韓国民法が施行（一九六〇年一月一日）されるまでの韓国大法院（日本最高裁に該当）は、「婿養子縁組は倭政退却と同時に無効である」（大判一九四八年民上制三四八号、一九四九．三．二六．破毀自判）との判決を下したが、いかに婿養子縁組の導入について反発があったかをその判決理由から読みとられる。すなわち、「我邦古来の法典又は慣習上無子な者として養子を選定するには、必ず同姓親族でその子行に相当する者であることを要する。……（中間省略—筆者）……婚姻において同姓間は勿論異姓であっても至近族戚間の嫁娶を絶対不許である。それは、親属の倫綱を尊重し、親属相姦の定律と相須して乱倫を禁防するためであり、真実に人倫と礼儀を尊崇する我が国憲民風の精華である」とし、家族関係に関する慣習一般論を述べた後、本件において「往年倭政期間に所謂婿養子制度を盲従した者であることを知るべきであり、婿養子たる者は養子として同姓系統に不合致であるのみならず、妻父、媤父、養父および子、婿、子婦の名分を雑紊乱し、その結果、婚姻かつ養兄弟間嫁娶に帰属し、一大乱倫行為になることを未免する者である。このような蛮夷的婿養子制度は倭政退却と同時に自然消滅したことはいうまでもなく、それに依って成立された婿養子関係は公序良俗に違反するがゆえにその成立当初から無効である」と判示し、その婿養子関係を無効にした。

(三) 民法上の異姓養子制度

このような婿養子制は、一九六〇年一月一日施行された現行韓国民法に引き継がれたが（八七六条一項「女婿による ために養子縁組することができる。この場合に、女婿である養子は養親の家に入籍する」）、一九九〇年一月一三日の民法（家族編）改正で廃止された。その理由の一つは、婿養子制は日本の民法旧規定上のもので家制度のために受け入れたが、婿が養子を兼ねることは韓国人の法感情には合致しないということである。もう一つは、一九九〇年の民法（家族法編）改正により、戸主「相続制」が戸主「承継制」に変わったために（民法九八四条以下）、異姓の戸主承継も可能となり、婿養子にこだわらなくなったということである。したがって、韓国の伝統的な慣習法上の養子縁組は、父系血統を受け継ぐ男子が祭祀を継承することを前提とした同姓同本の血縁者養子縁組であったが、今日においては、それ以外の血のつながりのない他人同士の養子縁組、すなわち、「異姓養子」縁組が認められている（民法八六六条以下）。

問題は、異姓養子の場合に、その養子の「姓」と「本」については民法上の規定がないため、養親の「姓」と「本」に変わるのかということである。養子縁組後にも「姓不変の原則」にしたがって養子の「姓」は変わらないということが韓国人の一般的な意識である(41)。しかし、「入養（養子縁組）促進および節次（手続）に関する特例法」（「入養特例法」として一九七六年一二月三一日法律二九七七号で制定され、以後八回の改正を経て現在の法律名になっている）により縁組した養子（この法律によって養子になる者は、一八歳未満の要保護児童とされている）については、養親の希望があれば養親の「姓」と「本」を継ぐことができるとされている（同法八条一項）。

（四）特別養子制度の導入

二〇〇五年改正法は、親養子（特別養子）制度を導入して、「親養子は夫婦の婚姻中の出生子（嫡出子）とみなす」（九〇八条ノ三、一項）とし、法律上養親の嫡出子たる身分を取得することにした。したがって、親養子の姓については規定がないが、七八一条に基づいて養父または養母の姓にしたがうことになる。

親養子制度において注意すべき点は、一年以上の婚姻中である夫婦の一方がその配偶者の一五歳未満の親生子（嫡出子）を親養子として縁組する場合（九〇八条ノ二、一項一号但書）には、夫婦共同ではなく単独で家庭法院に親養子縁組の請求をすることができるという点、また親養子の縁組前の親族関係は、親養子の縁組が確定されたときに終了するが（九〇八条ノ三、二項本文）、夫婦の一方がその配偶者の親生子（嫡出子）を単独で縁組した場合においての配偶者（親生子の父または母にあたる）およびその親族関係は終了せずに存続する（九〇八条ノ三、二項但書）という点である。

(6) 夫婦別姓制

「姓不変の原則」により、結婚しても「姓」は変わらない。先にも述べたとおり、「姓」とは、父系血統を表示（第七八一条一項）し、身分や戸籍の変動があっても変わらない血統を標識するものであり、これが古来より伝わる韓国の慣習法であった。したがって、「婚姻により他家に入籍しても、あえて姓を変えず、夫婦が姓を異にし、母子が異姓を称するのが通例[42]」とされた。夫の「姓」も妻の「姓」も、それぞれの父系血統主義思想の結果として、婚姻後も変わらないのである。このように、韓国における「夫婦別姓制」は、本来、「個人の尊重」や「男女平等」といった理念に基づくものではなかったが、今日においては、これらの理念にも合致するため、二〇〇五年の改正法においても「夫婦別姓制」は修正されなかった。

日本の場合には、「夫婦は、婚姻の際に定めるところに従い、夫又は妻の氏を称する」（日本民法七五〇条）とし、韓国のような夫婦別姓制をとっていない。しかし、結婚した際に夫婦同姓か夫婦別姓を自由に選択できる「選択的夫婦別姓制度」導入について、法務省は一九九六年の法制審議会の答申を受けて、その法案化に着手し、自民党の推進派は、二〇〇二年と二〇〇四年に家庭裁判所の許可を条例に例外的に夫婦別姓を認める妥協案を法務部会に提出したが、了解は得られなかった。野党は、同制度導入の民法改正案を一〇回以上国会に提出しているが、審議入りも難しい状況である。(43) 家族や社会の枠組みの基本にかかわる制度の改正でもあり、大変重要な問題であると思われる。

(7)　同姓同本不婚の原則とその修正

(一)　同姓同本不婚制の沿革

同姓同本不婚制とは、同一の「姓」および同一の「本」を継承する父系血族間における婚姻を禁止する制度である。この制度は、元来中国・周時代に始まり、漢時代に入ってはじめて確立した制度であるという。宗法制度が完成した周時代において同姓者は必ず同宗として、同族という支配的観念が同姓婚を禁じさせた。礼記の曲礼では「為其近禽獣也」といい、同姓者間で婚姻することは禽獣に近く、人倫を紊乱させる、とされ同姓不婚原則を表明していた。(44) 明朝律である大明律（一三九七年）は「凡同姓為婚者各杖六十離異」とし、同姓間で婚姻した者はそれぞれ杖六〇の刑に処し、離婚させるという同姓不婚制をとっていた。韓国では、朝鮮時代（一三九二〜一九一〇年）に入って儒教思想を建国理念として中国の大明律を朝鮮の法として依用することになり、それに従って同姓婚が徹底的に禁じられた。(45) 朝鮮末期に至り、刑法大典（一九〇五年）の五七二条は「氏貫が倶同である人が相婚したか、または妾を娶した者は笞一百に処し、離婚させる」と規定し、同姓同本間の婚姻は処罰の対象になった。以来、同姓同本の父系血統間の婚姻が禁じられた。

二〇〇五年の改正前民法八〇九条一項は、このような同姓同本不婚制を継承して、「同姓同本である血族の間では、婚姻することができない」と定め、「同姓同本不婚制」をとっていた。

（二）同姓同本婚姻禁止の根拠

同姓同本の血族間における婚姻を禁止する根拠は、先に述べたように、伝統的には儒教思想による美風良俗や倫理的理由であり、優生学的理由が根拠となるのは終戦後ではないかと思われる。しかし、人口の激増、社会活動領域の広域化、道義・美風良俗の内容が変化したこと等により、一定の親等範囲外の同姓同本者間においては、倫理的・優生学的理由を禁婚根拠とする妥当性が失われている。さらに、禁婚の範囲を父系血統に限ることは男女平等の原則にも反する。また、その範囲が広過ぎることで、個人の重大な権利である婚姻の自由を蹂躙するという結果をもたらしている。

このように、親等数の如何を問わずに、同姓同本の血族間の婚姻を禁止する改正前の第八〇九条第一項については、制定当初から激しい賛成・反対の論議が展開され、その議論は最近まで続けられてきていた。その間に、同姓同本者間の事実婚の増大や、そのような内縁の夫婦間に生まれた子供を救済する必要性が重大な社会問題となり、国会は、そのような問題に対処するため、特別限時法を制定した。すなわち、一九七七年、一九八七年、一九九五年の三回にわたり、およそ一年限りの限時法（一九九五年法は一九九五．一二．二六．～一九九六．一二．三一．まで）として、「婚姻に関する特例法」という法律が制定され、その期間中は、同姓同本である男女間であっても、九親等以上であれば、婚姻届の提出を認めるという措置がとられた。

ところが、一九九七年七月、憲法裁判所は、同姓同本不婚規定である民法八〇九条一項を違憲とする決定を下し、「同姓同本禁婚規制は、人間の尊厳と幸福追求権を保障する憲法理念に反すると同時に、婚姻の範囲を男系血族に限定した性差別は平等の原則に反する」ので、「現行民法条項が改正されるまで裁判所および行政機関はこの法律の適用を中止する」ものとし、「立法府が一九九八年末までにこの条項を改正しなかった場合には一九九九年一月一日よりその効力を失う」（憲法裁判所一九九七・七・一六、九五憲가（ガ）六～一併合）とした。

（三）改正法における同姓同本不婚制の修正（近親婚等の禁止）

一九九七年の憲法裁判所の違憲決定により、同姓同本不婚規定（八〇九条一項）はその効力を失ったため、改正法は、憲法裁判所の違憲決定に従い、改正法八〇九条の標題も「同姓婚等の禁止」から「近親婚等の禁止」へと改め、同条一項は「八親等内の血族（親養子の縁組前の血族を含む）の間では、婚姻することができない」と改正された。したがって、今日においては、九親等以上であれば同姓同本血族間の婚姻が認められるようになった。

(8) 親生（嫡出）子の推定と嫡出否認の訴えの出訴期間

（一）嫡出子の推定

嫡出子推定に関する韓国民法八四四条二項は、日本民法七七二条二項と全く同じ内容を定めている。すなわち、「婚姻成立の日から二〇〇日後又は婚姻関係終了の日から三〇〇日内に出生した子は、婚姻中に懐胎したものと推定する」と規定されている。

最近、日本では七七二条二項の嫡出推定の規定にかかわる問題として、生れた子の父親は誰かという家族制度の根幹を形成する法に起こった問題として激しく議論されている。しかし、嫡出推定の規定について韓国ではほとんど問題になっていない。というのは、この「婚姻成立の日」という民法規定の意味は、婚姻の申告の日であるが、事実婚成立の日も含むと解されており[46]、判例も同じ立場をとっているからであろう。すなわち、判例は「わが国の昔い慣習によれば、たとえまだ婚姻申告がなされていなくても、夫婦がいわゆる内縁関係になって同居生活をしている間に妻が懐胎した子の出生日が、その父母の婚姻申告の後であり、その間の期間が二〇〇日に満たなくとも、このような子は特に父母の認知手続を踏まなくても出生と同時に、当然に嫡出子としての身分を取得する」（大判一九六三．六．一三、六二다（ダ）二二八）と判示している。もちろん、それを争う場合には、反証または嫡出否認の訴え（八四六条）によらなければならない。

(二) 嫡出否認の訴えの出訴期間

嫡出否認の訴えの出訴期間について、韓国民法第八四七条は、日本民法七七七条と、全く同じ内容を定めている。すなわち、「…子の出生を知った時（韓国民法は〝日〟―筆者）から一年以内に提起しなければならない」と規定しており、外見上は全く同じ規定である。しかし、韓国の憲法裁判所は、第八四七条は以下のような理由から違憲であるという決定を下した（憲裁一九九七・三・二七、九五憲가（ガ）一四）。すなわち、「…その提訴期間は、あまりにも短期間であるか不合理であるため、夫が子の嫡出であるか否かに対する確信を有する前に、その除斥期間が過ぎてしまうので、嫡出否認の訴えを顕著に困難にするか、事実上不可能ならしめる。その結果、真実の血縁関係に反する親子関係否認の機会を極端に制限することにより、自由意思にもとづいて嫡出関係を否認しようとする夫の家庭生活と身分関係で享有する人格権、幸福追求権および個人の尊厳と両姓平等を基礎とした婚姻と家族生活に関する基本権を侵害することとなる。したがって、この法律条項は、立法裁量の限界を越えたものになるので違憲であるといわざるをえない」という。二〇〇五年の改正民法第八四七条一項は、上記の違憲決定を受けて「嫡出否認の訴は、夫または妻が他の一方または子を相手として、その事由があることを知った日から二年内に提起しなければならない」と改正し、今日に至っている。

ここで、日本民法では問題とされていない同じ規定が、何故に韓国では違憲と判断されたのかを探ってみる必要がある。すると、韓国には儒教的な伝統慣習により真実の血縁関係を極めて重視する「絶対的血統継承主義」とも言うべき法文化が根付いているという背景があることを発見するのである。

(9) 非嫡出子（庶子）の法的地位

日本民法は、嫡出子と非嫡出子の法定相続分の差別を定めており（九〇〇条四号但書前段）、その規定が合憲であるか違憲であるかについて議論されている。一九九六年（平成八年）二月に公表された「民法改正要綱」でも、非嫡出子の相続分差別を廃止することが提案されたが、現在に至るまで法改正は進んでいない[47]。非嫡出子の法定相続分の差別規定につき、最高裁は憲法一四条に違反するものとはいえないとして合憲と判断している（最大決平成七・七・五民集四九・七、一七八九頁、最一小判平成一六・一〇・一四判時一八八四号四〇頁）。

韓国民法は、非嫡出子（庶子）の法的地位についての規定を設けていない。その規定がないということは、相続の場合に嫡出子の相続分との差別がないことを意味する。朝鮮時代の家族法は、儒教倫理に基づいて形成された慣習法であり、儒教の封建的家族制度の下では一夫多妻が公認されていた。したがって、庶子は、私生子（妾の子女）より、むしろ婚姻中の出生子に近いし、かつその父は庶子が自分の子であると主張することによる争が多かった[48]。民法上の認知制度（八五五条）は、民法が一夫一妻制を正式に採用することによってはじめて導入されたものである。

第三次改正（一九九〇・一・一三）の家族法は、嫡母庶子関係を認めていた。すなわち、「婚姻外の出生子と父の配偶者、その血族および姻族との間の親系と親等は、その配偶者の出生子と同一のものとみなす」（七七四条）と定めて、父の認知を受けた婚姻外の出生子と父の妻の間に彼らの意思によらず法律上当然に母子関係が生ずるという法定母子関係を認めていた。しかし、嫡母庶子関係が当事者の意思とは関係なく法定母子関係を成立させるということは、家父長的制度の名残りであり、妾制度の残存物として、妻の人格に対する侮辱であるという理由で、その廃止が主張されてきた。一九九〇年改正法は、このような主張を受け入れて、嫡母庶子制度を廃止し、今日に至っている。したがって、今日における彼らの関係は単なる姻族関係に過ぎない。

＊　　＊

以上に申し上げたものが、「韓国民法の特色」といえるか否かについて私自身も疑問をもっておりますが、思いついたいくつかの法律制度をとり挙げたことに過ぎませんので、ご了解お願い申し上げます。ご静聴有難うございました。

(1) 高翔龍・現代韓国法入門（信山社、一九九八年）「はしがき」
(2) 吉田邦彦「日韓民法学の課題と将来」民法学における法と政策（平井先生古稀記念）（有斐閣、二〇〇七年）三三頁以下。
(3) 大村敦志「日本から見た韓国民法学―日韓比較民法研究序説・再論」韓国民事法学会（二〇〇六．六．一六）
(4) 尹大成・韓国民事法制史研究（昌原大出版部、一九九七年）、八頁。
(5) 上掲書・五六～五七頁。
(6) 上掲書・六六～六七頁。
(7) 郭潤直・民法総則（博英社、二〇〇二年）、一二六頁。
(8) 詳細は、高翔龍、民法総則（法文社、二〇〇四年）一五〇頁以下参照。
(9) 朝鮮総督府、民事慣習回答彙集（一九二二年）、七三頁。
(10) 詳細は高翔龍、「宗中財産と名義信託」北大法学論集四九巻三号（一九九八年）、一四三頁以下参照。
(11) 民事法研究会、民法案意見書（一九五七年）六七頁。
(12) 第二六回国会定期議会速記録（以下「速記録」と称す）第三〇号（一九五七年）六頁以下、民議院法制司法委員会民法案審議小委員会、民法案審議録、上巻（一九五七年）一一八頁。
(13)「速記録」第四五号一九頁。
(14) 上掲書
(15)「速記六」第四六号四頁以下。
(16) 洪性載「不動産物権変動と登記主義の課題」二一世紀の日韓民事法学（高翔龍先生日韓法学交流記念）（信山社、二〇〇五年）一七七頁。
(17)「速記録」第三〇号六頁以下。
(18) 詳しいことは、高翔龍、「韓国家族法の大改革」ジュリスト（№．一二九四）二〇〇五．七．一五、八四頁以下参照。
(19) 田鳳徳「戸主制度の歴史と展望」大韓弁協誌一九八二・一〇月号、三三頁。
(20) 鄭光鉉、韓国家族法研究（서울大学出版部、一九六七年）、一三八頁。
(21) 詳しいことは、上掲書・一二五頁以下参照されたい。
(22) 上掲書・一二八頁。
(23)「住民登録法」（制定一九六二．五．一〇法律一〇六七号、一部改正二〇〇六．三．二四法律七九〇〇号）は、住民を登録させることにより、住民の居住関係等人口の動態を常時明確に把握し、住民生活の便益を増進させて、行政事務の適正な処理を図ることを目的として制定された法律である。住民は同法に基づいてその居住地の管轄行政機関（例、市、区役所等）に一定の事項（姓名、性別、生年月日、世帯主との関係、本籍、住所等。同法第一〇条）について申告する義務がある（同法一一条）。

(24) 朴秉濠「韓国の伝統家族と家長権」韓国学報一九七六、二輯、九二頁。

(25) 李勝雨「韓国家族法上の戸主制度」二一世紀の日韓民事法学（高翔龍先生日韓法学交流記念）（信山社、二〇〇五年）、七八頁以下参照。

(26) 山田鐐一／青木勢津／青木清・韓国家族法入門（有斐閣、一九八六年）、一七頁。

(27) 慣習調査報告書・三四三頁。

(28) 李勝雨・前掲論文八一頁。

(29) 鄭光鉉・前掲書（附録編）三頁、四四四頁。

(30) 戸主制度全面廃止により「戸主」と「家族」で構成された「家」を単位とした現行戸主制（戸籍法一九六〇・一・一、法律第五三五号）の代わりに、二〇〇七年五月に「家族関係登録等に関する法律」（二〇〇七・五・一七法律八四三五号）が制定され、二〇〇八年一月一日から施行される。同法により戸主を中心とする家単位で戸籍を編制した方式から国民個人別で登録基準地にしたがい「家族関係登録簿」、すなわち、一人一登録簿に編制される。

(31) 第二五〇回国会、法制司法委員会会議録（以下「会議録」と称す）、第一四号（二〇〇四・一二・三）、一八頁以下（廃止賛成意見）、一二七頁以下（反対意見）、参照されたい。

(32) 憲裁二〇〇五年二月三日、二〇〇一憲가（ガ）九・一〇、一一～一五、二〇〇四憲가（ガ）五。［決定要旨］①憲法は、国家社会の最高規範であるがゆえに、家族制度が、たとえ歴史的・社会的産物であるという特性を有しているといえども憲法の優位から乗り越えることはできない。家族法が憲法理念の実現に障碍となり、憲法規範と現実との乖離を固着させることに一役買っているとすれば、そのような家族法は修正されなければならない。②戸主制は、姓の役割に関する固定観念を基礎とする差別であって、戸主承継順位、婚姻時の身分関係形成、子の身分関係形成において、正当な理由なくして男女を差別する制度である。かかる制度により多くの家族は現実生活と家族の福利に適した法律的家族関係を形成できず、様々な不便と苦痛を被っている。崇祖思想、敬老孝親、家族和合といった伝統思想・美風良俗は、文化的・倫理的側面において継承・発展させることができるものであるから、これらを根拠にして戸主制のような明白な男女差別性を正当化させることはできない。③戸主制によって、当事者の意思または福利とは無関係に、男系血統中心の家の維持と継承といった観念に根をおろした特定な家族関係の形態が、一方的に規定・強要されることにより、個人

は、家族内において尊厳ある人格体として尊重されるのではなく、家の維持と継承のための道具的存在として取り扱われている。このことは、婚姻・家族生活の運営方法を決定する個人と家族の自律的決定権を尊重せよという憲法第三六条第一項に適合しない。（以上は、筆者が主要要旨であると思われる部分をとりあげたものである。）

(33) 二〇〇〇年一一月現在、帰化姓を除いた固有の「姓」は二八六個、「本」は四、一七九個ある。二〇〇三・一・二九統計庁報道資料による。

(34) 第二五〇回国会「会議録」第二号三〇頁左段、法務部長官の答弁。第二五〇回国会「会議録」（公聴会）第一四号五頁以下、法務部審議官の陳述。

(35) 朝鮮総督府・慣習調査報告書（明治四五年（一九一二年））三二〇頁。

(36) 上掲書・三二六頁。

(37) 朝鮮総督府・民事慣習回答彙集（一九三三年）一三頁。

【七】養子縁組ニ関スル件「二　養子ハ男系ノ同一血族タル者ヨリ取ルコトヲ要シ而シテ男系ノ同一血族ハ其姓ヲ同シウシ且本貫ヲ同シウスル者ニ限ル」

(38) 上掲慣習調査報告書、三三一頁。

(39) 上掲書・二七五頁。

(40) 姜恩和・韓国の養子制度に関する考察（東京都立大学大学院博士学位論文、二〇〇六年）、五二頁以下。

(41) 金疇洙・親族相続法（二〇〇三年）四七八頁。

(42) 李光信・韓国民法上の姓氏制度研究（法文社、一九七三年）六頁以下参照。

(43) 選択的夫婦別姓制度導入に関する世論は、内閣府世論調査報告書「家族の法制に関する世論調査」（二〇〇六年（平成一八年）一二月）参照。二宮周平、「夫婦別姓」ジュリスト一三三六号（二〇〇七・六・一五）一二頁以下。

(44) 金疇洙・前掲書、一〇二頁以下。

(45) 韓琫熙・家族法論集（韓教授停年記念、一九九九年）四〇一頁。

(46) 金疇洙ほか、註釈大韓民国親族法（日本加除出版社、二〇〇七年）四四〇頁。

(47) 棚村政行「嫡出子と非嫡出子の平等化」ジュリスト一三三六号（二〇〇七・六・一五）二六頁以下参照。

(48) 金疇洙・前掲書二六五頁。

討論

（一）入会団体と男女差別・日韓比較

吉田　高先生、ちょっと、お話の途中ですけれども、今の点〔入会集団と男女差別〕でお聞きしたいのですけれども、私は原告の一人仲間美智子さんという方と会っているのです。日本の最高裁（最判平成一八・三・一七民集六〇巻三号七七三頁）は、杣山訴訟において、男女平等論で男子孫要件は九〇条で無効としましたが、世帯主要件は問題にしなかったわけですね。世帯主は事実上男性ですから、それがあるせいで訴えている人は、仲間さんも含めてほとんど負けてしまったのですね。一見、最高裁判決は、憲法一四条なり二四条なりで男女平等の理念を実現したように見えるのですけれども、実質的に救っていないという問題があります。それで、僕は、民商法雑誌の評釈（一三五巻四＝五合併号（二〇〇七））でその批判を書いたのですけれども、最高裁は、そういう問題があることすら議論していないのですね。その点韓国大法院（二〇〇五年七月二一日判決）では、ソウルの近郊の似たような事例で、世帯主要件のようなものがあって、それを違憲としたのでしたら、韓国のほうが日本より先に行ったなと思うのですが、その点、如何でしょうか。

高　その点については、私は評釈を読んだだけですので、また後でお教えください。

（中略）

吉田　日韓の法文化の違いが本当に盛りだくさんに含まれた貴重なお話をどうもありがとうございました。山畠正男先生も来られましたので、是非、いろいろな方面からの議論をお願いします。

様々なホットなテーマが含まれておりますけれども、順序を問わずどの方面からもご自由にご議論して下さればと思います。それから、韓国民法の成文を私はここにもっておりますけれども、例えば、改正された八〇九条はハングル文字で書かれていますが、それ以外の大体のものは、漢字でも書かれていますので、読み易いと思います。参照してください。それではどなたからでもお願いします。

（二）　不動産登記の状況

五十嵐清　私のこれまでの考えを訂正する必要があるかどうかについて、質問したいと思います。不動産物権変動のところで、韓国民法は形式主義を採用したとされています。従来の私の考えでは、韓国では登記が余り普及していないし、これからもしないだろうという前提に立つと、そういうところで形式主義を採用すれば、面倒な問題が起こるだろうと思っていました。不動産の売買契約が結ばれ、代金の支払いも済み、目的物の占有も買主に移転したけれども、登記が移転されていない場合には、形式主義では所有権が移転しないので困るのではないかと思っていたのです。ただ、先年、韓国の民法学者が日本語で書いた論文を見たところ、韓国では、登記が移転しなくても所有権の移転が認められるという判決がでた、というような紹介がありました。それは、そうだろうと思っていたのですけれども、今日の高さんのお話だと、韓国では、登記が普及していて、もはやそのような問題が生じず、問題は登記に公信力を認めるべきか否かというところにしかないということのようですが、そのような理解でよろしいでしょうか。

高　現行韓国民法では、法律行為による不動産所有権の移転は、必ず移転登記をしなければその効力は生じません（一八六条）。従いまして、登記しない限り、売買による不動産所有権を取得することができません。売買による不動産所有権の移転登記なしに所有権が認められている場合があるとすれば、旧民法時代に取引された不動産の所有権、時効取得による不動産の所有権取得（二四五条一項）（特に国が相手の場合、国の財産になっているものにつき、昔から自分のものであったとして時効取得が認めることがあるわけです）、種々の特別措置法に基づく所有権取得などの場合がありますが、結局、所有権移転登記をしない限り、保護されません。

「韓国では、登記が普及していて、もはやそのような問題が生じません。」と申しましたのは、言い過ぎかも知れません。先ほど申しましたように、私が所有している故郷にある土地について未だに自分の名義にしていない有様ですが、地方に行けば、所有権移転登記をしていない事例がかなりあるといわれています。その理由につき二点ほど申しますと、ひとつは、二〇年、三〇年前に不動産を買い受けた買受人が所有権移転登記をしようとする場合に、売渡人の協力を得なければならない（共同申請主義）。しかし、売渡人が亡くなっているような場合には、その（共同）相続人の協力を必要としますが、所在が把握できない場合が多く、結局、所有権移転登記をできないまま今日に至る事例が多いということです。もうひとつは、法律制度が意思主義から形式主義へ転換したにも拘らず、地方（主に農村）の人々の登記の必要性に関する意識が薄いということもあります。

今日においては、主に都会を中心に、大部分の買受人は自分の名義で登記をしており、印鑑証明書などの偽造による所有権移転登記を巡る訴訟は、あまり生じていない。このことは、登記の公信力を認めるか否かの問題と関連するものと思われます。登記の公信力に関する立法論が議論されている理由のひとつでもあります。ところで、先生がご覧になった論文は、どなたのものでしょうか。

五十嵐　いま手元に資料がないので、後日お答えします（追記：前述の論文は、金疇洙「韓国民法の現状と課題」韓先生還暦記念『現代民法の課題と展望』韓国、一九九四年、一三五五頁以下にあります）。

瀬川信久　今、「国との関係での所有権」とおっしゃいましたが、形式主義というのは、ＡがＢに所有権を移転するときに、ＡからＢへ登記を移さないと移転できないということだと思います。ここでは二つの問題があります。一つは、所有権を移転したときに登記をする意思や慣習が無いと形式主義は機能しないという点ですが、もう一つは、Ａさんが登記を既に持っていないと移転できないのに、Ａは実は前の人から貰ったもので登記は前の人にあるので、Ｂに移転するためにＡの登記をしなければならない、そのためにＡの所有権をどう証明するかという問題です。

そこでちょっとお聞きしたいのですが、国との関係では所有権を証明すれば登記が備えられるというのは、どのような趣旨でしょうか。つまり、登記がなければ所有権が移転しないという形式主義はＡからＢへの移転の問題ですが、いまお話しなのはAまでの登記の問題で、形式主義の前提問題であるように思えるのですけれども。

高　国との関係が非常に多いのは、植民地時代の初期に実施された土地調査令（一九一二年）によります。同法令によりますと、土地所有者は所有地等を一定期間内に土地調査局に申告し（四条）、査定を受けなければならず（一五条）、もし、土地所有者がその申告をしなかった場合には、結局、土地は朝鮮総監府に帰属し、日本国有財産になる。終戦後、その土地は韓国の国有財産になってしまいました。このような場合、その当時に所有地を申告しなかった土地所有者の子孫（相続人）は、国を相手にして祖先所有の土地であることを立証（例えば、売買契約書）し、所有権移転登記請求を訴えることができる。もし立証できない場合には、時効取得（韓国民法二四五条一項）による所有権移転登記請求を訴えることができる（韓国国有財産法三条二項但書）となっているのです。

先ほど、瀬川さんが説明した、現在Aという人が実際に所有しているにも拘わらず、自分の名義になっていない、その前の人に登記がある場合は、非常に難しいです。先ほど申しましたように不動産登記法は共同申請主義を採っていますので、前の人を探せない。探しても人（共同相続人）が多くて印鑑証明書などをもらえない場合に、特別措置法によって簡単な手続によって自分名義にできることになりました。

瀬川　問題がよくわかりました。関連して、税金はどうなっているのか教えてください。日本の場合、今は登記簿に基づいて固定資産税を課しています。昔は、税金は土地台帳に基づき、所有権移転の登記とは切り離されていたのですけれども、明治初年に地券を発行したときには、課税制度と登記制度を繋げていたと思います。外国でも歴史的には両者をつなげていた場合が少なくありません。先ほどの話だと、何十年も固定資産税（土地保有税）を払わない人がたくさん居るということなのでしょうか。

高　詳しくは調べていないのですけれども、土地の場合は土地登記簿というものがありますが、市や区役所には実際誰が土地の所有者であるのかというものがあり、そちらが税金用の帳簿（土地台帳）になります。そこでは自分のものになっているけれども、土地登記簿が自分の名義になっていないということがかなりあるようです。登記簿は土地管理ではないので、現在持っている人にはおそらく税金はかかってくるでしょう。詳しくは区役所に聞かなければわかりません。

(三)　戸主・戸籍制度廃止の背景

鈴木賢　家庭法のほうで質問があります。戸主制度が、違憲であるという判決がでて廃止になりました。その背景として、戸主制度は、そもそも韓国固有の制度ではなく、日帝の天皇制的家族国家主義理念を、植民地同化政策として、韓国に強制移植させ、体系化をはかったものであるという解釈が為され、従って、こういう理解が背景にあって廃止されるという風にお書きになっています。それと、注三〇で、家を単位とする戸籍法が廃止となり、個人を単位とする登録制度に変わるというようにお書きになっています。それについて、この間、青木先生にも、世帯単位の戸籍制度も日帝からきたものであるから韓国固有の制度ではないという理由で、個人単位の編成に変わることができたのだという説明を聞きました。

この両者に共通する説明は、高先生だから伺えるということもあるのですが、いささかレトリックではないかという気がするのです。すなわち、廃止を主張する人たちが、それを実現させるために、そういうレトリックを使っているのではないかという気がするのですけれども、高先生は如何思いますでしょうか。

高　ある面、そういう気持ちがあります。と申しますのは、先ほど申し上げたように、もともと戸主制、戸籍法は漢文化から入ったものです。しかし、偶然ではありますが、もとより戸主という家父長的な風土があったわけですから、韓国の一般国民の抵抗はまったく無かったわけです。戸主制度は、言葉の上では日本のものですが、実際はそうではないということで、儒教を中心として、政治家は徹底的に守っていくということなんです。ということから、この「日帝…」はおそらく女性団体からの理由付けというように思います。しかし、戸主制度は日韓併合の時代の産物であるといわれたら、それは大変なことであろうが、戸主制度は韓国伝統のものとして意識し、守ってきたために今まで来たものです。これをもって一般人の反日の感情が出てくるわけはありません。まったく韓国のものであり、韓国の法と言って良いと思います。

鈴木　戸籍制度は、日本でもずいぶん議論があって、廃止までは行きませんが、個人別に編成すべきだという議論があって、やはり戸籍筆頭者を決めなければなりませんから、そこにジェンダーの権力関係が反映されて、要するに夫が戸主になるということが女性の従属性を生み出しているという議論があります。韓国の場合、これが実現できたのは、他方で、身分証明制度があって、個人に番号がついていますよね。これがあるので、国家が家族単位で把握する必要がないからだという議論があるのですが、日本にはそれがないのですよね。住基ネットが入れられましたけれども、あの番号でアイデンティファイする人はほとんど居ませんから。まったく空中に浮いています。

日本が個人単位にするということは、韓国とは少し状況が違うのかなという気がするのですけれども、身分証明があるということと戸籍の廃止は関係があるのでしょうか。

高　それは、全く関係がないと思います。といいますのは、日本でも最近は年金の問題などで、背番号みたいなものを考えても良いのではないかという議論もあるようです。背番号は、個人の番号を意味していますが、韓国の場合は、住民登録法によって個人が全員違う固有番号を持っています。この趣旨は、本来国民がどこに住んでいるかということを把握するためにあるわけです。

私も、自分の電話番号を忘れても自分の住民登録の番号は覚えております。しかし、政府は私の住民登録番号で、私についてあらゆる情報を得ることができます。それで、家族単位として把握する目的と個人のすべての情報を得る住民登録とはその目的が異なります。戸籍制の廃止は、戸主制の廃止に伴うものですが、その廃止の主な理由は現行戸籍制度が男女平等の原則に反する制度であるということです。

鈴木　身分証明をする時に、日本では戸籍謄本を持っていったりするわけですが、韓国では、番号があるので、それが必要ないわけです。戸籍が果たしている役割が、やはり日本とは違うような気がするんです。従って、日本だと、戸籍を動かすというのは大変な問題になるわけですけれども、韓国では番号があるので、戸籍をなくしてもあまり困ることはないのではないかという気がするのです。

高　しかし、おそらく戸籍も番号制になっていますから、自分の個人番号を渡さなければ、戸籍謄本を取ることは、実際は難しいと思います。その人の家族がどうなっているのかは戸籍謄本が必要になります。また、両親が誰なのか、本貫がどこにあるかなど、家族関係は戸籍に載っています。ということで、戸籍制度は必要であると思いますが、廃止されてしまいました。しかし、新しい家族関係登録法も、本貫・結婚関係などを書く欄があります。

鈴木　戸籍も重要な身分関係を表すということですね。

（四）　日韓の法文化的異同 ― 登記、血縁主義、筋論（個人主義、男女平等、法的責任論）

吉田　それでは、幾つか私のほうから感想とか質問をさせていただきます。今日の先生のお話における問題意識というのは、日韓の文化的な相違を深いところから明らかにされたいということですね。

そして、例えば、①名義信託のところで、第三者の善悪悪意を問わず、第三者が保護されるとありますけれども、登記の捉え方が影響しているのかなと思いました。日本の場合は、物権変動と登記については意思主義＋対抗要件主義ですから、どうしても、第三者が、実体について認識していたら事情は違うのではという発想に繋がりやすいのだと思います。それが形式主義の場合は ― 実態として必ずしも正しい登記を反映しないのは日韓共通だと思いますが ― 建前が登記主義であれば、悪意の第三者でも保護するという、やや正義に反する結論に繋がりやすいと思います。このような結果の違いは、登記の捉え方が違うところが効いているのかなと思いましたが、この点はいかがでしょうか。

また、②家族法の領域で、日本も、大なり小なり、欧米と比べて血縁主義が強いと思います。韓国は儒教思想もあるのでしょうけれども、姓へのこだわりが、先生のＤＮＡの印としての姓という捉え方にも示されているように、家族関係における血縁の持つ意味が日本以上に絶大だということを痛感しました。その分、反面では、欧米におけるような、人為的な親子関係の思想が弱いのではないだろうかと思います。他方で、子供の虐待とリンクさせて、里親制度や養子縁組の問題とか、児童養護施設という議論があるわけです。また、最近は特別養子縁組制度ができたようですけれども、わが国でも一九八七年にできましたがその実例は非常に少ない。山畠先生を前にしてこのような説明をするのは、憚れますけれども…。韓国は日本以上に少ないのかなと推測するのですけれども、それについて教えていただきたいというのが第二点です。

③それと、韓国での議論では、筋論とか名分（ミョンブン）とかいいますか、また、筋を通す（タジダ）ということも言われます。それが日本では本音と建前を使い分けますけれども、韓国では筋を通すのが強いのかなと思います。男女平等論でも、それに立つ人はとことんやってしまって二〇〇五年の最高裁（大法院）判決に繋がり、あるいは個人主義を徹底して、個人が一つの籍になってしまうという、これもやはり日本よりは、先を行っていて、個人番号云々というコンテクストも違いますし、これに対して、わが国では、婚姻家族観といいますが、核家族を単位とする戸籍のイメージから、ただちに、個人単位まではなかなか行きにくいのではないかと思います。制度改革の嵐の時代ですから、どうなるかわかりませんけれども、そのあたりは少し違うように思いました。

今日の話では触れられませんでしたけれども、私は来週、韓国に行き慰安婦の方とお会いしてきます。従軍慰安婦問題で問われた、道義的責任ではなくて法的責任、それと相俟つ形での謝罪がなければ受け入れないという、それも「筋を通してほしい」という、韓国の人独特の妥協を許さないという姿勢が出ていると思います。最近、大沼先生が、アジア女性基金を発足させた趣旨などを書かれておりますが（大沼保昭・「慰安婦」問題とは何だったのか（中公新書（中央公論社、二〇〇七年））、なかなか、そこのところで、折り合いが難しいのかなと思います。また今、手元に読んでおります本で、朴さんは韓国人の立場を本質主義（エッセンシャリズム）だとして批判的に分析されています（朴裕河・和解のために（平凡社、二〇〇六年）八一頁）。その辺のコメントもよろしくお願いします。

以上三点です。

高　朴さんは、いわゆる、非常に韓国を批判する人です。あの人は少し変わっているので、あれをまともに受け取ったら大変なことになると思います。

①については、まず、不動産登記の捉え方なのですけれども、私は、名義信託の場合も、取引の安全と言うところから、見ていくべきではないかなと思います。そういうことで、形式的に自分名義になっているから処分権があるということは、果たしてその根拠はどこにあるのか。信託法とも違うし、内部的・外部的所有権という古い理論になって、権利というものは性質上分けることができないものだと思うわけです。そうすると、この外部的所有権ということは、物権法定主義にも反するというものであるわけで、結局、登記を信頼したのか否かというところから見るべきなのではと思います。日韓民法の議論にあるように、表見代理でこの問題を見るべきだと思います。あるいは日本民法九四条二項の問題も出てきます。取引の安全のために登記を信頼した場合にどのように保護するかにつき、解釈論上その根拠を示さなければならないと思います。そういう前例の歴史に立って登記を見るべきであると私は話をしているわけです。これは、判例と全く違う立場なのです。判例はこういう見方をいたしません。

吉田　先生の発想は、我々にとって馴染むものです。むしろ、韓国の判例の立場が異様に映るのです。それがどこから来るのかということです。

高　どこから来るのかわかりません。植民時代に朝鮮高等裁判所もこのようなケースは無かったです。事例があってもこのような判決は無かったです。

吉田　処分権利と登記とが関連しているわけでもないのですか?

高　ありません。最初の判決の趣旨は、信託法の法理に従って、と書いてあります。そして、信託法理が何かは書いていません。これを探してみれば、いわゆる譲渡担保の法理なのです。韓国では、売渡譲渡担保には、（第三者が保護されるためには、第三者の）善意が必要であると、朝鮮高等裁判所で出ているわけです。それとも違います。

吉田　無知をさらけ出すようですけれども、譲渡担保についての日本における米倉先生の議論のように、実質に即して担保的に構成するという議論は弱いのでしょうか。

高　現在では、譲渡担保は、担保権と言いますが、抵当権と同じように構成する法律構成が、通説となっております。

吉田　それは形式とずれていても、実質に即した構成をするということですか。そういう柔軟性があるのに、他方では、硬いのですね。

高　それから、二番目（上記②）との関連で、家族の養子縁組の話ですが、特別養子縁組制度は二〇〇五年の改正民法で採用されましたが、「同姓同本」の養子を絶対的な原則とした儒教的父系血統を重んじている韓国で、どのような意味があるのかは疑問であります。同姓同本でない他人の子を縁組する場合には、最初から婚姻中に生まれた子として出生届をする場合がかなりあるといわれています。この場合、判例は「当事者の間に養子関係を創設しようとする明白な意思があり、さらに、その他に縁組の成立要件が全て具備されている場合において、養子縁組届出のかわりに摘出子の出生届出があった場合には、形式的には多少の誤りがあっても、縁組の効力があるものと解するのが妥当である」（大法院一九七七・七・二六、七七ダ四九二全員合議体判決、大判集二五巻二輯民二一一頁）とし、いわゆる「無効行為の転換」（民法一三八条）理論を持ち出したわけです。二〇〇二年度の統計によりますと、同姓同本でない子の縁組は一六八件に過ぎない（二〇〇三年度司法年鑑八九〇頁）ということは、このことを間接的に物語っているものと思われます。

吉田　こうした場合に無効行為の転換を認めるところは、日本より柔軟なわけですね。もっとも、その前提として、同姓同本でない――欧米では通常の――養子縁組が少ないことはよくわかりました。

高　韓国の場合は、非常に養子縁組は難しいです。

吉田　「藁《わら》の上からの養子」の養子縁組への転換の例は多いのでしょうか。

高　どのくらいかは分かりません。先の判決は無効の転換の典型的な例です。しかし、その実態は把握することが非常に難しい。と申しますのは、出生届をした後に引越ししてしまうからです。引越しして、自分の子どもだということを外部に示したいということでしょう。今でも、そういう思想（意識）が根強いですので、やっぱり、養子縁組は非常に厳しいです。

吉田　里親というのはないのですか？

高　それがですね。一〇年前のことですけれども、米倉先生の養子制度研究会がありまして、それで参加し発表したことがあります。その時、日本の場合は、養子縁組よりも里親の場合が圧倒的に多かったという記憶がありますが、韓国の里親例は、余りないです。自分の血統でないという排他的意識です。

ペットの犬は好きで大切に育てますけれども、他人の子供は育てません。韓国の血統重視の意識です。

吉田　日本で今、『春のワルツ』というドラマをやっているのですけれども、それで、孤児になった子どもを親同様に育てるというのは、今の先生のお話だと例外的なのでしょうか。

高　例外的な事例だと思います。アメリカ人は障害者を養子縁組にするので、感心します。偉いと思います。韓国人にとっては、自分の子ども以外を養子縁組して家族として世話をすることは難しいです。

吉田　虐待児童はどこにいくのですか？

高　児童相談所です。

吉田　児童相談所ではあふれかえっているのでしょうか（わが国では、児童養護施設の「子どもの居住福祉の充実」という捉え方は、まだまだ弱くて状況も悪く（先日、ゼミ生とともに、札幌の南藻園という施設を見学してきて、その点を痛感しました）、そのしわ寄せとして児童相談所に多くの児童が収容されているという事態になっていますが…）。

高　韓国での虐待児童は、多く施設で生活しています。

吉田　第三番目（上記③）の本質主義についてお願いします。

高　名分の問題ですか？これは儒教思想から来たものだと思います。儒教は両班の階級のものです。名分（筋）を命と同じものと考えます。名分が無ければ絶対に受け入れられません。慰謝料なども個人的になら名分がないということになります。堂々と、日本の政府がやるのであれば受け取るかもしれません。

吉田　アジア女性基金の大沼先生も、そのあたりをいろいろ説明されておりますが、見誤られた感じがしますよね。

高　大沼先生のお気持ちはわかります。本当にその気持ちがわかっても、名分がないということです。これが儒教思想なんです。

吉田　ありがとうございます。司会者自らがいろいろ聞いてしまいました。どうぞ若い人、何かありませんでしょうか。自分紹介を兼ねて順番にどうぞ。

（五）戸籍と男女不平等論

和田美江　いろいろな興味深いお話をありがとうございました。特に、家族法に興味がありました。先ほどの鈴木先生のご質問に関連してお伺いしたいと思います。戸籍をなくしたのは、男女不平等だということでした。鈴木先生は、戸籍が無くても個人番号があるということが理由となっているかもしれないとおっしゃっていましたが、私は、戸籍が男女不平等だといわれるには、戸籍を使うことによって現実に女性が不利益を蒙っている具体的な例がいろいろあるように思います。その具体例を教えていただきたいと思います。

高　それがあまりないのです。こういう筋です。不利ということは、戸主といういわゆる長男家の家父長思想に関するのですね。戸主相続制ということになりますと、長男が戸主を相続します。そこで娘だけですと、本能的に男を産もうとするので、多産の傾向になる。従って、人口が増えすぎました。そういうことで、三人以上生まないようにと現実的に住宅政策、保険や税金などで現実的な人口抑制政策がとられることになりました。

（この問題を抜本的に解決しようと）女性団体は男を産むためにこのような人口が増えたと主張された。そして女性団体の反対により、一九九〇年度改正によって、戸主相続制度から戸主承継制度になりました。これによって、必ず、長男が相続をするということはなくなったわけです。

従いまして、長男は戸主相続権を放棄できない戸主相続制度が改正され、任意の承継制度になって、長男は戸主相続から解放され、家の相続を長男が放棄できるようになりました。男子がいない場合には女性が戸主になれます。しかし、優先的に男子から承継する順番になっていたので、どうして、男が優先的に承継するのかというのが、女性団体らの反発もあって問題になり、現在は「戸主制度」自体を完全に廃止することになります。

何が不利になるかというと、戸主になれば、居住指定権、後見人になる権利などがありますが、家族に対する扶養などの義務だけが残ったわけです。従来の長男は相続は一＋二分の一でした（五〇％加算）。なぜ長男に五〇％加算されるかというと、長男の責任が重く、親がなくなった場合、親代わりになって自分の大学をあきらめても、兄弟姉妹を大学まで行かせ結婚させる助けをし、自分の役を終らせる。祭祀の継承もあった。そうすると、祭祀を共同にしようとしても、他の兄弟は共同に協力しない。現実には長男に義務のすべてが残っていて気の毒である。長男が祭祀の奉仕も全部行うことになっている。これらの行事を行うのは長男の責任です。法律の上で解放されても事実は従来どおり拘束されています。

吉田　山畠先生なにかコメントありませんか。

（六）　婚姻の無方式の再考の余地？ ―― 離婚の場合の日韓の相違

山畠正男　条文を見ましたら、八一二条の婚姻の成立方式が従前と変わっていないようです。私の記憶では、養子を除いて、離婚も離縁も同じ成立方式だったように思います。日本民法は、特別養子と未成年養子を除いて、婚姻、縁組、離婚、離縁を全く共通に扱い、共通の成立方式にしている珍しい立法例です。どこが珍しいかと言うと、とくに婚姻の場合、成立方式に公的関与（挙式）を伴わないということが珍しいわけです。韓国も同じなのですが、書面での届出となっています。中国はそうではありませんし、台湾も変わったように聞いていますから、韓国と日本ぐらいにしかない非常に珍しい立法例ということになります。

一二〇年前の日本民法ですから、当時は、役所に出向くのは恥ずかしい人もいる、とくに妙齢の婦人は行かないものだということで、郵送を含む書面届出にしたのですが、一二〇年後の今日そんなことは通用しないわけで、現在、もし改正するとすれば、日本民法でも、ここは当然変わるはずです。

韓国は、せっかく二〇〇五年の家族法改正に際して、なぜ、世界にもまれな婚姻の成立方式を変えなかったのか。中国は一三億人の人口でも、出頭登記主義を取っているわけです。書面届出による成立方式によると、他の立法例においては考えられない婚姻や縁組が成立することになります。たとえば、出頭主義であれば不可能な死刑囚との婚姻とか養子縁組とかが日本では行われています。今の場合、成立するが効力はどうなるかという問題も起こってくることになります。

世にも珍しい制度を維持されたのは何故か。韓国が変えてくれれば、日本民法の改正の契機にもなると思ったのに、なぜ怪しむことなく書面届出を維持されたのかということをお聞きしたいのです。

高　これについて、特に、疑問に思わなかったわけです。

山畠　どういう形で、書面届出をするのでしょうか。

高　書面というものは要式主義でして、区役所に行ったら様式があるので、それに書いて出せば本人でなくてもいけるわけです。婚姻届の場合は、効力は、それを受理した時から発生することになります。

ただ、離婚の場合は違うことになります。離婚の場合は、裁判離婚は日本と大体同じですが、協議離婚の場合は、離婚の意思確認制度があります。裁判離婚の場合は調停を通しますが、協議離婚の場合は、裁判官の前で意思を確認しなければなりません。その趣旨は冷静に考え直せということです（うまくはいきませんが）。裁判官の前で意思確認をしてそして、意思確認証書（有効期間三ヶ月）をもって区役所にいかなければなりません。

私は、それは意味が無いのじゃないかと思いますが、ただ、女性の団体のほうは、その期間をもう少し伸ばせという主張があります。女性を批判するわけではありませんが、実際はあまり考えていない主張があるのではないかという気がします。

吉田　確認ですが、今の離婚における裁判所による意思確認＋届出ということですが、一九六〇年の当初の家族法では、日本と同じ立場だったのですか？

高　そうですね。これが、一九七七年の民法改正によって採用された制度です。ただ、出頭しろというとあまりうまくいかないと思います。

山畠　ただ、日本も韓国も同じだと思いますけれども、本人の知らぬ間に他人が届出るという婚姻も起こりうるということですね。

高　そうですね。これは、絶対無効です。

山畠　裁判で無効手続をわざわざとらなきゃいけない。他人が勝手にやったことなのに。そういうことは、出頭主義では起こらないのでは？

高　でも、それは非常にまれなことであるとは思うのですよね。そのために、出頭主義をとるのでしたら…それは大変です。

山畠　でも、その届出主義自体は異例ですよ。日本と韓国と台湾（そうであるどうかわからない）くらいのものです。一三億人の人口の中国でも役所に出頭しているのです。

高　ああ。そうですか。日本も、韓国も、ずっと便利ではないですか（笑）。

山畠　便利というよりも、婚姻には公的セレモニーを必要とするという考え方からすると、どこにもそれがないわけです。中国でも、欧米の挙式に比べると、簡単な登記をするだけですが、結婚式や結婚パーティの時に、登記証を掲げて参会者にみせたりしています。公的なセレモニーは結婚自体のもっている成立要素の重要なものだと思うのです。それが、書面の届出だけでよいというのでは、出生や死亡の届出と同じでないですか。

それは違うというので、報告的届出と創設的届出に学者は区別するわけですけれども・・。しかし、形式そのものは全く共通です。

高　ああ。そうですか。

吉田　今、セレモニーの話がでましたので、――先ほどから、問題となっている法的なセレモニーの枠にとらわれずに――伺いますが、韓国では、約婚式《ヤツコンシク》（婚約式）という伝統があるとのことで、日本よりも立派にやるのでしょうか。また、結婚式《キヨロンシク》はもっと盛大にやるのですか？

高　最近、判例にも婚約して履行しなかった場合に、損害賠償を認めたものがでております。私は、結婚するとき婚約式を盛大にやったのですが、今は、やっているところは、ほとんどありません。私の長女もやっておりません。これは強制ではありません。婚約というものは要式主義ではありませんから。それに大変な行事です。ですから、ほとんどしません。

吉田　私自身は、お聞きしたいことが山ほどありますけれども。順番にどうですか。高さんどうですか。

（七）　相続分の定め方について

高影娥　大変勉強になりました。家族法のところで先生のコメントをお聞きしたいと思います。昔は、韓国特有のところがあったと思いますが、今は、改正を重ね、西欧に近いものになっていると思います。最近、法定相続分のところで、日本のように配偶者には二分の一で、残りを子ども達で均等に分けるというような改正案が出されたのを見たのですけれども。それについて如何思われますか。今は、法定相続分について、配偶者は一・五で他は一です。それを日本みたいに配偶者が二分の一で他は、残りを分けるという案をみたのですけれども…。私には、その改正案の趣旨がいま一つ理解できないのですが。

高　なるほど。配偶者（主婦）は、あまりに過酷な家事労働です。教育させる、家を守るは、ほとんど主婦がやっています。それで、配偶者（夫）がなくなった時に半分をあげるというのは賛成です。現在配偶者は子どもの一・五倍ですが、どうして、韓国の女性団体は二分の一を要求しないのかなと思っていました。それが法律案として出てきたというのであれば、それは通るのではないでしょうか。今の勢いからすれば。意見としてでたのですか。法案としてでたのですか。

高（影娥） 確か、昨年二〇〇六年七月二日に民法改正案としてでたと、結構前の記事で読んだのですけれど（追記：この改正案は二〇〇七年の部分改正においては反映されていない）。

高 その点はどうして主張しなかったのかなと思っていました。しかし、韓国の場合の問題は、日本も同じだと思いますが、生存配偶者と子どもとの関係が複雑になる場合があります。母親が亡くなってしまって、年をとった父親が、財産目当ての若い女性と結婚すると、父親が亡くなれば、その配偶者が財産の半分を持っていってしまうということを考えなければなりません。但しこれは例外ですので、例外のために、改正がされないということはないと思います。私は、基本的に反対しません。

（八）離婚後の子どもの監護

吉田 離婚の場合の子どもの監護の話ですが、昔は、男親が引き取るという法律もありましたよね。それが今は変わり、先生も先ほど七八一条との議論との関係で、母親が引き取って…という話をされましたが、実態として、そのような例が多いのですか？日本ですと母親が引き取る例が圧倒的に多いのですが。

高 それが、今までは、父親に力が無くても、父の血統主義を重んじるということで、父親側の対外的な監護権が裁判で認められていました。しかし、最近はそうではありません。誰が子どもの世話をするのかお互いに協議し、協議できない場合は裁判所に要求しますが、最近は子どもの時は、やはり子の福利のためにということで、母のほうに養ってもらうということが多いです。

吉田　実数としても、母親が監護する場合は、多いのでしょうか?

高　まだ統計は出ていないと思います。

(九)　韓国の離婚の多さの背景

吉田　韓国の離婚率が高いということでしたが、確かに日本以上ですね。どうしてでしょうか。

高　それは、最初一九九〇年の民法改正で、離婚の際に、日本と同様な財産分割請求権を認めたわけです。それは慰謝料と違うわけなんですよね。家事労働の場合は、財産分割は五〇%には及ばないが、最低三〇—四〇%の間で認めたわけです。それで急にこの時期に離婚率は高くなったという理由があります。日本でも年金関係で、今年から非常に離婚が増えるという見通しあるようなんですけれどもどうなるでしょうね。そういう事情でしたが、その後また変わりまして、今は当事者本人らは、結婚自体を再検討しているようなんですよね。結婚に拘束されたくないという意識が変わっているようです。なぜ、独身者が結婚しないかということですが、結婚の必要性の有無を考えているということです。だんだん結婚というものが必要でなくなっているということです。女性は社会進出しているので、働いて生活をすることができる。どうして夫の面倒を見なければならないのか、子どものために自分を犠牲にしなければならないのかということで、結婚自体に疑問を持っているということが、若い人たちの意識です。むしろ最近では、それが非常に強く働いていると思います。

吉田　離婚に対するスティグマというか、マイナスのイメージは変わっているのでしょうか。

高　離婚の専門ではありませんから、良くは分かりませんが（笑）。マイナス面も、子どもがいれば、子どもがかわいそうですけれども、嫌だったら離婚してもいいのではないのでしょうか。結婚と言うものは、男性にとっては便利ですけれども、女性にとっては便利ではないわけです。如何にして男から解放させるかという意識が非常に強いです。

最近、結婚する人はかわいそうだなと思います。状況が変わってきていますよ。吉田さんの適齢期の頃は、結婚するのがいい時期だったと思います。

吉田　以前に米倉先生が、アメリカにおける離婚思想として愛情至上主義をクローズアップされたことがありますが（「アメリカの離婚」）比較法研究四七号（一九八五年））、高先生のお答えを聞いていると、女性の主体性・自立性ないし愛情本位に考えるという韓国での原理志向のようなものを感じますね。

（一〇）韓国における血縁主義の強さと代理母、人工生殖、摘出否認訴訟

水野吉章　博士課程の水野です。先ほど吉田先生からも、血縁主義が強いということについて認識があったと思うのですけれども、それとの関係で、質問させていただきます。血縁主義が強いということになると、自分のＤＮＡを持った子どもが欲しいというような考えが強いような気がいたします。

高　その通りです。

水野　そうなると、代理母を使ってでも子どもを作りたいというニーズも出てくると思います。それと、更に、先ほど、話があったのですが、血縁集団というものが結構な力を持っているようなイメージを受けました。そうなると、身内の女性に産ませようということを考えたりするような方向に行ってしまうような気がいたしますがそこのところはどうなのかと思いました。他方で、お話によれば、個人主義的な男女平等の意識も強いというイメージを受けました。

要するに、血縁主義と、個人主義の緊張の中で、代理母の問題はどのように議論されているのかということをお伺いしたいと思いました。よろしくお願いいたします。

高　代理母関係は詳しくは知りませんが、まず、自分の子どもを持つためには、不妊治療（体外受精）を盛んに今やっているようです。非常に苦労して生む場合がかなりあります。養子縁組をすれば良いのですが、しかし、それはしないということなんです。子どもができない場合の代理母ということになりますが、今のところそれはあまり聞い

たことがありません。

歴史的には、両班の間で似たようなことは行われていました。両班の家で、子どもが居ないということになると、妾をとるわけにはいかない。そうすると、本妻、或いは、夫の母が、子どもだけを産んでもらうために女性を連れてくるわけです。代理母ではなく妾です、妾に子どもを生ませ、その人に一生暮らせる畑などを与える、そして追い出していくというような「チョップ（そばめ、妾）」が、かなり、行われていました。ドラマ化されて、ヨーロッパで大賞をとった映画もあります。代理母ではなく夫が直接自分の子どもを生ませるものでした。

代理母は、医学が発達した段階のものですが、今は日本のようには議論していないですが、これからはおそらくでてくる問題だと思います。

血縁主義は、嫡出子の嫡出否認の訴えに関する考え方にも現れています。子どもを出生した時から三ヶ月以内に否認の訴えをしなければならない（韓国民法八四七条）ということで、これは日韓同じです。日本の場合は、期間が問題にならないんですよね。日本では、後になって、自分のＤＮＡを持つ子どもではないとわかれば、自分の子どもでなくても育てますよね。韓国の場合は、韓国民法第八四七条が、憲法違反になっています。この規定が、父の基本権——自分の血統を持つ子供を育てる権利——を侵害する規定であるということになっているわけです。そういうことで、自分の子どもでないということを知った日から二年間は訴えができるという新しい条文を設けています。出生してから三ヶ月以内ということであれば、だいたい、自分の子どもだと思いますよね。それが、三年四年とたち、血液型が違ったり、大きくなると自分の子どもではないと分かった場合、訴える方法がないということで、この改正によって訴えることができるということになったわけです。非常に厳しいです。如何に血統主義を重んじているかということを物語っている例です。

（一一）　個人主義と血縁主義とのディレンマ

高　これは個人主義との関係ですけれども、そういう風にしながらも男女平等ということを重ねていくわけです。来年から施行される戸籍謄本をなくす類のものは、個人主義に向かった段階に入ったと思いますが、しかし、個人主義といっても、血縁関係は今でもあらゆる面で一番強いです。例えば、就職の場合も、国会議員になる場合にも、最初は血縁です。その次は、地縁（地域）、そして、学縁です。この三つの基礎がなければ、法律的な意味ではありませんが、非常に不利だということがあります。

これは非常に悪い影響なのです。結局、個人主義に行けばよいのです。口では個人主義、平等と言いながらも、実際はそうではないという矛盾があります。例えば、「高」という氏名のある人に会ったら、親族のような親しみを感じて他人とは思わないということです。高さんに聞いてみましょうか。私をどう思いますか。親戚みたいでしょ。それとも他人ですか？

高（影娥）　いいえ（笑）

高　韓国で血縁関係といえば、祖先が同じであるという意味ですぐに信頼して、親しくなる。血縁の間では信頼が裏切られることは案外無い。ここは非常に矛盾したところですね。一方では個人主義・平等といいながら、他方で、血縁を非常に重んじています。血縁は否定できません。これは六〇〇年以上続いていますからね。これから変わろうとしたら相当な時間が流れなければならないと思いますね。

（一二）　宗中について

池田雄二　修士二年の池田と申します。時間が押し迫ってきたので、一点に絞ります。宗中という血縁団体に関して、資料の中に「宗中という血縁団体が初めて法律上登場したのは、日本植民地時代が始まって（一九一〇年）間もない一九一二年（大正元年）の土地調査令（制令二号）による」とあります。宗中は韓国にもともとあった慣習なのでしょうか。

高　それは韓国に伝統的な血縁団体です。家族法というのは、すべて慣習法ですから、法律に宗中が登場する以前については、如何にして調べるかということですが、「宗中、門中」を書いた「族譜」という名簿を調べることになります。これが何冊もありまして全部書いてあります。僕の祖先を調べようとすれば、ここに全部書いてあります。これが一つの大きな血縁団体（同姓の）です。これでは余りにも広すぎるので、同姓と本貫というものに分けるわけです。同姓（苗字）というのは、二〇〇〇年度現在、姓は二八六個ですが、本貫は、四一〇〇ほどあります。

吉田　台湾から来られている黄さん、自己紹介されますか。

黄浄愉　修士一年の黄です。今は家族法の扶養の問題（特に相続との関係）について勉強しています。先生のお話で、韓国では、戸主相続制が承継制へ、さらにはその廃止へという変遷があったのですが、それに伴って扶養に関する法制度の変化があったかどうか、もしこのあたりで注目すべき動きがありましたら、教えていただきたいのですが…。宜しくお願いいたします。

高　先ほど申しましたように、二〇〇五年の民法改正前には、戸主は家族に対する扶養義務があったのですが、戸主制度の廃止とともにその義務はなくなりました。しかし、長男（戸主）の法律上の扶養義務がないといっても、実際上家族を扶養する義務があり、その義務を果していることには変わりがないのです。

吉田　さて、高先生とは今日の研究会は、五時までというお約束だったのですが、もう一時間近くも超過してしまいまして、四時間以上話し続けて下さっています。どうもありがとうございました。非常に内容も盛りだくさんで、もうこれは夜までいくらでも議論できそうです。

高　いえ。八時の飛行機ですから（笑）。山畠先生、最後までどうもありがとうございました。

（初出、北大法学論集五八巻五号（二〇〇八））

学術選書プラス
4
民　法

民法学の羅針盤
―― 激動の時代への先進の教訓 ――

2011（平成23）年 6 月24日　第 1 版第 1 刷発行
1254-9：P432　¥12000E-013:050-010-005

平井宜雄　淡路剛久
著作者 ©太田知行　鈴木禄弥
奥田昌道　高　翔龍
編　者 ©吉　田　邦　彦
発行者　今井 貴 稲葉文子
発行所　株式会社 信 山 社
編集第 2 部
〒113-0033　東京都文京区本郷6-2-9-102
Tel 03-3818-1019　Fax 03-3818-0344
info@shinzansha.co.jp
東北支店　仙台市青葉区子平町11番 1 号208・112
笠間才木支店　〒309-1611　茨城県笠間市笠間515－3
Tel 0296-71-9081　Fax 0296-72-9082
笠間来栖支店　〒309-1625　茨城県笠間市来栖2345－1
Tel 0296-71-0215　Fax 0296-72-5410
出版契約2011-1254-9-01010　Printed in Japan

印刷·製本／亜細亜印刷・渋谷文泉閣
ISBN978-4-7972-1254-9 C3332
1254-01011：013-050-010-005：P12000E
NDC 分類324.000-a001

◇学術選書①◇

1 太田勝造 民事紛争解決手続論（第2刷新装版） 6,800円
2 池田辰夫 債権者代位訴訟の構造（第2刷新装版） 続刊
3 棟居快行 人権論の新構成（第2刷新装版） 8,800円
4 山口浩一郎 労災補償の諸問題（増補版） 8,800円
5 和田仁孝 民事紛争交渉過程論（第2刷新装版） 続刊
6 戸根住夫 訴訟と非訟の交錯 7,600円
7 神橋一彦 行政訴訟と権利論（第2刷新装版） 8,800円
8 赤坂正浩 立憲国家と憲法変遷 12,800円
9 山内敏弘 立憲平和主義と有事法の展開 8,800円
10 井上典之 平等権の保障 近刊
11 岡本詔治 隣地通行権の理論と裁判（第2刷新装版） 9,800円
12 野村美明 アメリカ裁判管轄権の構造 続刊
13 松尾 弘 所有権譲渡法の理論 近刊
14 小畑 郁 ヨーロッパ人権条約の構想と展開〈仮題〉 続刊
15 岩田 太 陪審と死刑 10,000円
16 石黒一憲 国際倒産 vs.国際課税 12,000円
17 中東正文 企業結合法制の理論 8,800円
18 山田 洋 ドイツ環境行政法と欧州（第2刷新装版） 5,800円
19 深川裕佳 相殺の担保的機能 8,800円
20 徳田和幸 複雑訴訟の基礎理論 11,000円
21 貝瀬幸雄 普遍比較法学の復権 5,800円
22 田村精一 国際私法及び親族法 9,800円
23 鳥谷部茂 非典型担保の法理 8,800円
24 並木 茂 要件事実論概説 契約法 9,800円
25 並木 茂 要件事実論概説Ⅱ 時効・物権法・債権法総論他 9,600円
26 新田秀樹 国民健康保険の保険者 6,800円

◇学術選書②◇

27 吉田宣之　違法性阻却原理としての新目的説8,800円
28 戸部真澄　不確実性の法的制御　8,800円
29 広瀬善男　外交的保護と国家責任の国際法　12,000円
30 申　惠丰　人権条約の現代的展開　5,000円
31 野澤正充　民法学と消費者法学の軌跡　6,800円
33 潮見佳男　債務不履行の救済法理　8,800円
34 椎橋隆幸　刑事訴訟法の理論的展開　12,000円
35 和田幹彦　家制度の廃止　12,000円
36 甲斐素直　人権論の間隙　10,000円
37 安藤仁介　国際人権法の構造Ⅰ〈仮題〉 続刊
38 安藤仁介　国際人権法の構造Ⅱ〈仮題〉 続刊
39 岡本詔治　通行権裁判の現代的課題　8,800円
40 王　冷然　適合性原則と私法秩序　7,500円
41 吉村徳重　民事判決効の理論(上)　8,800円
42 吉村徳重　民事判決効の理論(下)　9,800円
43 吉村徳重　比較民事手続法　8,800円
44 吉村徳重　民事紛争処理手続の研究　近刊
45 道幸哲也　労働組合の変貌と労使関係法　8,800円
46 伊奈川秀和 フランス社会保障法の権利構造　13,800円
47 横田光平　子ども法の基本構造　10,476円
48 鳥谷部茂　金融担保の法理　近刊
49 三宅雄彦　憲法学の倫理的転回　9,800円
50 小宮文人　雇用終了の法理　8,800円
51 山元　一　現代フランス憲法の理論　近刊
52 高野耕一　家事調停論(増補版) 続刊
53 阪本昌成　表現権論〈仮題〉 続刊
54 阪本昌成　立憲主義〈仮題〉 続刊
55 山川洋一郎 報道の自由　9,800円
56 兼平裕子　低炭素社会の法政策理論　6,800円

◇学術選書③◇

57 西土彰一郎 放送の自由の基層 9,800円
58 木村弘之亮 所得支援給付法 12,800円
59 畑 安次 18世紀フランスの憲法思想とその実践 9,800円
60 高橋信隆 環境行政法の構造と理論 12,000円
61 大和田敢太 労働者代表制度と団結権保障 9,800円
62 田村耕一 所有権留保の基礎理論 予8,800円
63 金彦 叔 知的財産保護と法の抵触 9,800円
64 原田 久 パブリック・コメント手続きの研究 予8,800円
65 森本正崇 武器輸出三原則 9,800円
66 富永千里 英国M&A法制における株主保護 8,800円
67 大日方信春 著作権の憲法理論 8,800円
68 黒澤 満 核軍縮と世界平和 8,800円
69 姜 雪連 信託法における忠実義務の歴史的・理論的発展
70 中西俊二 詐害行為取消権の法理 予9,800円
71 遠藤博也 行政法学の方法と対象
[行政法研究Ⅰ] 予6,800円
72 遠藤博也 行政過程論・計画行政法
[行政法研究Ⅱ] 予6,800円
73 遠藤博也 行政救済法
[行政法研究Ⅲ] 予6,800円
74 遠藤博也 国家論—イェシュ、ホッブズ、ロック
[行政法研究Ⅳ] 予6,800円
75 小梁吉章 日本の信託・フランスのフィデュシー 予8,800円
76 渡辺達徳 契約法の現代的思潮 予8,800円
77 山内惟介 国際私法・国際経済法 予8,800円
78 大澤恒夫 対話が創る弁護士活動 6,800円
2010 高瀬弘文 戦後日本の経済外交 8,800円
2011 高 一 北朝鮮外交と東北アジア:1970-1973 7,800円